中世前期政治史研究

元木泰雄著

吉川弘文館

目次

第一部　公武政権の展開

第二部　官位と身分秩序

第三部　受領と院近臣

総論　院政の展開と内乱

一　院政時代像の転換

なぜ平氏は滅亡したのか

十二世紀も末を迎えた一一七九年、和暦では治承三年の十二月十六日。平清盛は平安京の南端、西八条にある邸宅において、時の東宮にして外孫の言仁親王――のちの安徳天皇――を抱懐し、来し方の感慨に耽りながら、来るべき新王朝の展開を夢見ていた。あるいは、古めかしい因習の渦巻く京を離れ、日宋貿易を通してもたらされる新たな文物に囲まれた福原を拠点とした、新たな王権をも構想していたのかもしれない（元木泰雄・二〇一一）。

しかし、その夢はあまりに呆気なく潰えた。治承五年（一一八一）閏二月に清盛が急死するや、嫡男の宗盛は政権を父の宿敵後白河法皇に返上し、平氏政権はわずか一年余りで消滅する。それればかりか、平氏一門は寿永二年（一一八三）七月に京を追われ、そして元暦二年（一一八五）三月、安徳天皇と一門は壇ノ浦で海の藻屑と消え去るのである。

最強の武力と王権が結合しながら、どうして平氏政権は崩壊し、滅亡したのであろうか。ふつうは、次のような理解が一般的である。荘園制度の下で貴族の圧力に苦しんできた地方武士たちは、荘園・公領制に強い不満を持っていた。そして、摂関家を模倣したり、荘園・知行国を独占するなど貴族化した平氏は、地方武士の利益を否定したために、彼らの憎悪を一身に背負い、内乱と劇的な滅亡を招いた、と。

しかし、よく考えていただきたい。もし、地方武士が平氏の貴族化を嫌悪したとするならば、彼らは貴族政権自体も嫌悪したはずであり、もっと早期に貴族政権を攻撃するべきではないか。この議論では、なぜ平氏政権の時に矛盾が激発したのか、そして十年に及ぶ内乱にもかかわらず、なぜ肝心の貴族政権が保全されたのかが説明されていないのである。

しかも、鎌倉時代には幕府と朝廷が並立しているし、彼らが蛇蝎のごとくに忌避したはずの知行国や荘園・公領体制は、中世を通して存続している。おまけに、『吾妻鏡』を一見しただけでも、源頼朝の挙兵当時の東国には多数の平氏家人の存在が確認できる（西村隆・一九八三、野口実・二〇一三、五味文彦・二〇二〇）。多くの地方武士が平氏を嫌悪したなどという解釈はもはや通用しない。

院政期を考える

もう多言は必要あるまい。院政期を武士の発展の時代とのみ理解し、古代的な貴族の没落と中世的な武士の台頭を、単純に対立的に捉えるような時代認識は、今日では全く成り立ちがたいものとなっているのである。

それでは、源平争乱と平氏政権の崩壊に至る激しい変動は、何によってもたらされたのであろうか。その解明には、前提となった院政期という時代そのものの分析が不可欠であることはいうまでもないだろう。

かつて石母田正氏は院政期について、こう書いた。院は「法を超越し、無視するところ」の「デスポット」であり、それを取り巻くのは、「収奪した財産の惜しみない濫費、行楽と寺院の濫立、権謀術数、悪徳と腐敗、気まぐれ、無気力、淫乱と耽溺であり、それは一言でいえば、日本の支配階級の歴史において前後にその比をみない頽廃の時代であった」（石母田正・一九九五）。これくらい評判の悪い時代も珍しい。しかし、こうした「頽廃」は、ある意味ではいつの時代にも見出される現象なのである。

院政期がここまで酷評された背景には、古代から見れば、律令国家が崩壊し、法皇と院近臣という胡散臭い連中が実権を握った混乱と頽廃の時代であり、中世から見れば、武士政権が成立する以前の貴族による抑圧の時代とする理解があった。結局、古代史・中世史研究のどちらの立場から見ても、最悪の時代になってしまうわけである。

最近（初出は二〇〇二年）は、さすがに院政期を古代の尻尾とするより、中世の頭と見る認識が強まってきている。とはいえ、それも荘園・公領体制や武士の台頭という側面だけから取り上げられたもので（石井進・二〇〇四b）、貴族政権や荘園領主を正面から位置づけた研究は少ない。

保元・平治の乱も、所詮は道徳的に頽廃した貴族の陰謀で発生し、勇敢な武士の力で解決されたという理解が一般的であろう。これとても、貴族と武士を単純に対立させて、武士の台頭が日本の進歩という見方から生まれた理解に他ならない。

たしかに荘園領主となる皇族・貴族・寺社は古代から継続してきた勢力である。しかし、荘園が中世的土地制度であるならば、それを基盤とする彼らも中世的な勢力に変容しているはずである。はたせるかな、近年の研究では、荘園成立の契機として荘園領主の主導権が解明されている（川端新・二〇〇〇、高橋一樹・二〇〇四）。

院政期を考える上で、貴族と武士の対立という図式を離れ、さらに荘園領主は、前代と異なる中世的な性格を有した勢力だったという側面を重視してみたいと思う。事実、この時代は荘園領主の武装が進んだ時代であった。院は北面を組織して賊徒の追討を命じたし、保元の乱では摂関家の事実上の中心藤原頼長は武士を統率した。寺社が悪僧や神人を擁して、戦闘を繰り返したのは周知に属するだろう。

また、荘園領主が主導権をもった荘園では、荘園からの収入を得る権利である職は、荘園領主から従者たちに付与されることになる。これこそ、土地を媒介とした主従関係に他ならない。封建的主従関係は決して武士の専売特許ではなかったのである。

このような、荘園を基盤とし、主従関係に貫かれた組織を権門と称する。院や女院といった皇族、摂関家、有力な寺社といった勢力はまさに権門であり、彼らの角逐を通して院政期の政治は展開していったのである。ここでは、院政の嚆矢となった後三条天皇の親政から、平氏政権の滅亡に至るまでの一世紀余りの政治史を、京における権門の動向を主軸としながら論じることにする。

二　後三条と白河の親政――摂関政治から院政へ――

1　後三条天皇の即位

政務の刷新

治暦四年（一〇六八）四月十九日、摂関家を外戚としない尊仁親王が、長い東宮の期間を経て、即位を迎えた。新たな天皇こそは、のちに「延久の聖主」と仰がれる後三条天皇、その人であった。彼の父は藤原道長の外孫後朱雀天皇、母は道長に抑圧されて退位に追い込まれた三条天皇の皇女禎子内親王（陽明門院）である。

外孫の生誕を希求した藤原頼通は、彼の即位を恐れた。寛徳二年（一〇四五）に後朱雀天皇が死去した時には、尊仁を出家させようと画策したほどである。東宮の象徴ともいうべき、壺切の剣も渡さなかったという説もある。むろん外孫が生まれた時に交代させるためである。その他、もろもろの嫌がらせが尊仁を襲った。それを耐え抜いての即位であった。

天皇は即位するや矢継ぎ早に政策を実行していった。まず、即位の翌年の二月には周知の延久の荘園整理令を発した。前帝後冷泉が即位した寛徳二年以後の新立荘園のうち、文書に不備のあるものを停止したのである。同年の閏十月には、荘園に関する文書を調査するために、記録荘園券契所（記録所）を設置した。

この荘園整理に際して摂関家領をも対象とし、関白教通の抵抗も斥けたことは、すでに周知に属するであろう。当時、本格的な荘園体制は未成立であり、経済的な打撃よりも政治的な影響の方が大きかった。すなわち、摂関も天皇に従属する存在であることがあまねく知れ渡る結果となったのである。ここに、東宮時代の抑圧に対する報復という天皇の意識が窺われるが、荘園整理はそんな単純な問題ではなかった。

天皇は、太政官庁で即位の礼を執り行った。本来は大極殿で行われるはずなのだが、大内裏は焼亡してすでに年も久しかったのである（美川圭・二〇〇二）。荘園整理の直接の目的は、公領を回復して国家財政を潤し、大内裏再建を目指すことにあった。

それればかりではない。記録荘園券契所の設置には、それまで受領が個別に行ってきた荘園の認定を中央に集中し、増加する荘園に歯止めをかける意味もあった。そして、有名な宣旨枡を決定し度量衡を統一したことには、伊勢神宮の造替や内裏造営、大嘗祭などの国家的な大事業に際して、荘園・公領の枠を越えて費用を徴収する一国平均役の賦課を容易にする目的もあったとされる。後三条によって、本格的な中世的国家財政の基礎が構築されたといえよう（石井進・二〇〇四b）。

摂関の従属

天皇には、道長の外孫であったそれまでの天皇とは立場を異にしたことから、新王朝の創始という意識があったようである。それは、天武系の皇統を否定して新たに天智系皇統を開いた光仁・桓武天皇と共通する。後三条は、延久元年（一〇六九）五月、東夷征討を企図し、石清水八幡宮に祈禱を行っているが、これは陸奥守源頼俊や清原貞衡らによる蝦夷島征討として実行されている。ここには、かつて大規模な征夷を行った桓武と同様に、夷狄の征討を通して新王朝の権威を高めようとする目的が存したと考えられる。

それにしても、天皇の親政に際して、摂関はほとんど何もできない状態であった。どうして、単に外戚関係を失っただけで、摂関家はすっかり影を薄くしてしまったのであろうか。むろん、外戚関係を失えば、ふつう言われるよう

図1　天皇家・摂関関係系図

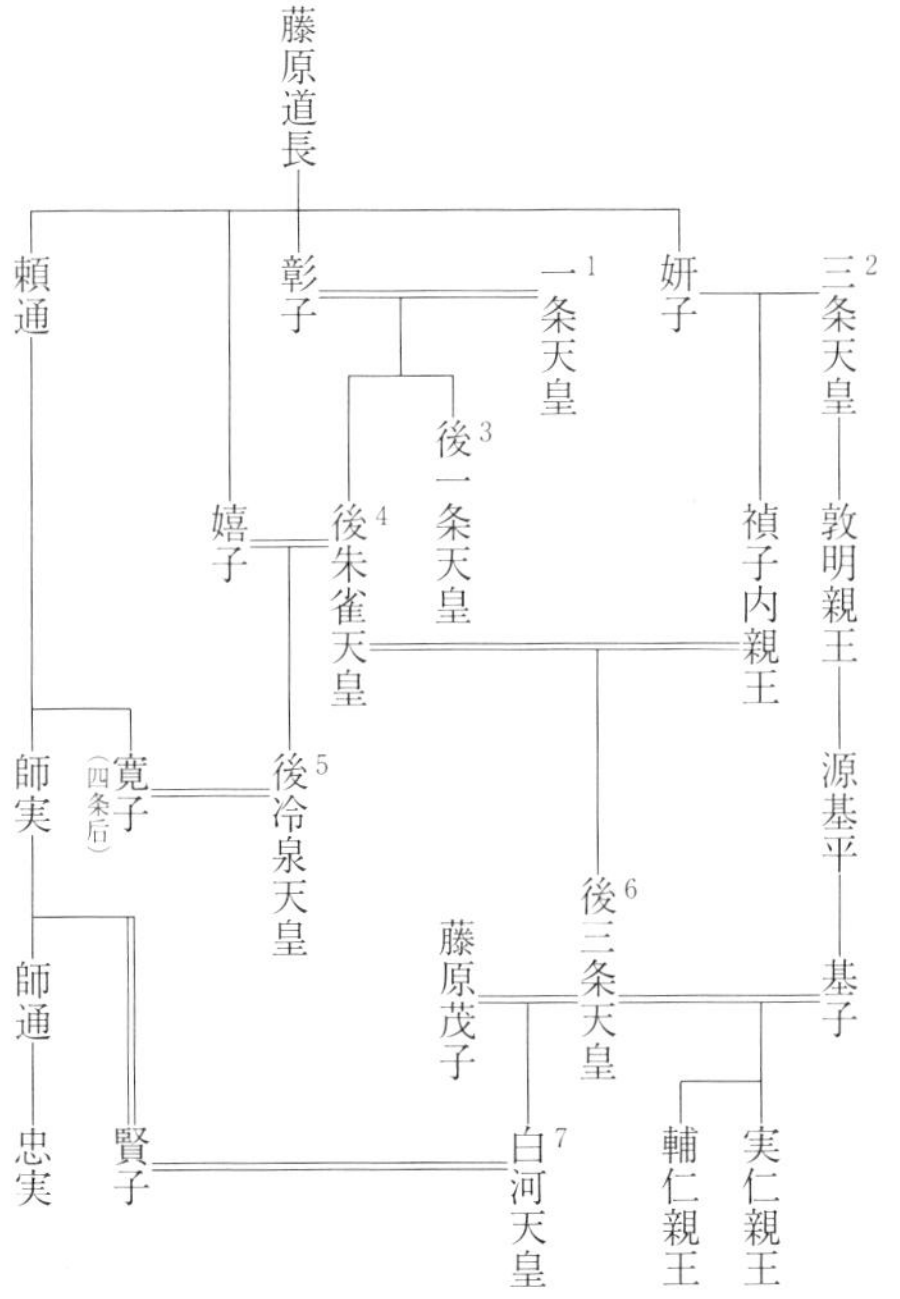

に、幼少のころから天皇に対する影響を与えることはできないし、また天皇の尊属でなければ、関白も単なる臣下にすぎなかったのである。しかし、理由はそれだけではない。

その大きな原因は、先述した頼通から藤原教通への関白譲渡にあった。鎌倉時代に成立した説話集『古事談』という書物によると、頼通は実子師実への譲渡を前提として、二〜三年の約束で教通に関白を与えたが、教通は約束に反して譲渡に同意しなかった。結局この紛議は天皇の裁定に持ち込まれ、天皇は師実を斥けて教通を関白に留めたというのである。

摂関時代にも、摂関をめぐる紛議は何度も発生していた。しかし、円融天皇の母藤原安子の遺言で兼通・兼家兄弟の抗争に決着がついたり一条天皇の母藤原詮子が、甥藤原伊周の野望を抑えて藤原道長に政権を与えたりしたように、摂関家出身の国母が再三事態を収拾してきたのである（元木泰雄・一九九六）。

親権が強力だった当時、皇位・摂関など、王権の中枢の人事をめぐる抗争は、天皇の父院・母后、母后の父である外祖父などが最終的に決定した。しかし、平均寿命が短く、皇位の父子継承が一般化していなかった当時、父院は宇多と円融の二例、外祖父も良房・兼家・道長の三例にすぎず、結局は母后の活躍が目立つことになる（目崎徳衛・一九九五）。

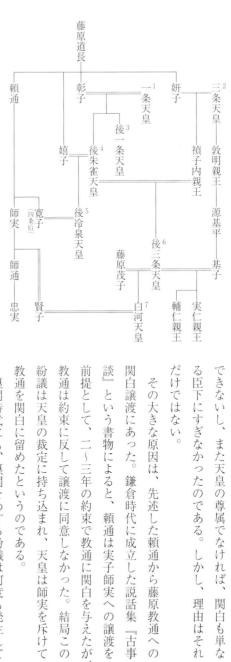

ところが、もはや摂関家出身の国母は不在なのである。こうなると、調停者は天皇以外にありえない。かくして、頼通・教通両派に分かれた摂関家は、人事の決定権を握る天皇への従属を余儀なくされたのである。さらに、教通の次の摂関についても、その嫡男信長と師実の抗争が発生し、決定は白河天皇に委ねられることになる。その一方で、天皇は頼通の嫡男師実の養女賢子を東宮貞仁（のちの白河天皇）の妃としている。これには、関白と外戚を分離させようとする天皇の意図が窺知される。事実、天皇は単純に外戚の復活を認めるような方策は取ろうとしなかったのである（元木泰雄・一九九六）。

突然の譲位

延久四年（一〇七二）十二月、四月の内裏の再建、九月の宣旨枡の制定を見届けたかのように、後三条は突然退位する。在位わずかに四年余り。その意図について、慈円の『愚管抄』は院政を行うためとするが、先例を重視した当時、突然院政を行うとは考えがたい。翌年に天皇が死去したことから、病気による退位説もあるが、死去の直前に摂津国の住吉神社・四天王寺に行幸しているし、治病の祈禱も行われていないことから、この説も成り立ちがたい。

そこで注目されるのは、天皇が東宮、すなわち白河天皇の践祚と同時に弟実仁親王を立坊させた点である。白河の妃が頼通の嫡男師実の養女であることを考えると、実仁の立坊には摂関の外戚復活の防止が意図されたと見られる。さらに、天皇は実仁の弟輔仁親王への継承を予定したように、後三条は皇位継承順を明確化するためにあえて譲位したものと考えられる（橋本義彦・二〇二〇）。

先述のように、父院には皇位を決定する権限があった。そして、白河の母・外祖父はすでに死去しており、父院と並ぶ親権の保持者も存在していない。こうしてみると、後三条は父院として皇位継承を管理する目的を有したのではないだろうか。父院としての皇位決定は、院の大きな権限であった。その意味で、当初から予定していなかったとしても、後三条が院政を創始した可能性はかなり高かったものと考えられる。

しかし、天はそれを許さなかった。延久五年（一〇七三）二月には、住吉社・四天王寺に参詣するなど、壮健に見えた後三条上皇が、五月に入って忽然として死去したのである。享年四十。まさにこれからという年齢であった。彼も摂関時代における歴代の天皇と同様に早世の運命を逃れることはできなかった。しかし、彼の即位や儀礼は延久の例として、のちの貴族たちに佳例として尊重される。新王朝の創始者として賛嘆されていたのである。

東宮時代の後三条を抑圧し、即位後には何かといがみ合った頼通は、天皇死去の報を耳にして食事を中断して天皇の死去を悼んだ。「これ末代の賢主なり。本朝の運拙きにより、早くもって崩御す」（『古事談』）と。政権の争奪という次元を超えて、その優秀さを惜しんだ頼通も、ひとかどの人物であったといえる。彼も、翌年には後を追うように慌ただしく人生の幕を下ろした。享年八十三。かくして、長い白河の時代が始まることになる。

2　白河の政務と譲位

天皇の主導権

後三条の譲位がただちに院政を目指したものではないとするならば、通常指摘されるように、白河の譲位こそが院政の開始を意味するのであろうか。次に白河親政の時代の様相と、譲位の意図について検討することにしたい。

白河親政期も、天皇が摂関を抑えて政治的主導権を確立していった時代であった。その直接の原因は、先にもふれた摂関をめぐる内紛の調停にあったのである。後三条が教通から頼通の子息師実への関白譲渡を認めなかったことから、教通の後継者をめぐって左大臣藤原師実と教通の子息信長とが対立し、その決着は白河天皇の時代に持ち越されていた。

承保二年（一〇七五）九月に教通が死去した際、師実の養女で天皇の寵愛深い中宮賢子の嘆願を受けて、白河は信長を斥けて師実を関白に任命したのである。こうして師実は摂関の座を確保したが、この調停を通して摂関の天皇に対する従属が深まったことは疑いない。

慈円の『愚管抄』によると、白河と岳父でもある師実は「アイアイマイラセテ、メテタク有ル也」と称される緊密な協調関係にあった。しかし、師実が天皇に従属していただけに、政務や行事の主導権はしだいに摂関から天皇に移行してゆくことになる。

すでに指摘されたように、後三条・白河両天皇は日記・公事書を作成して儀式における天皇の作法の確立に努め、さらに白河は自ら歌合や行幸を主催する一方、関白家女房の歌合や師実の大井川遊興を停止し、儀式面での主導権を確立していった（橋本義彦・二〇二〇）。

さらに、承暦二年（一〇七八）、白河天皇は藤原通俊を編者として『後拾遺和歌集』の編纂を開始した。勅撰和歌集の編纂は、一条天皇の寛弘五年（一〇〇八）成立の『拾遺和歌集』以来で、道長・頼通らの摂関全盛期には行われていなかった。『後拾遺和歌集』の編纂は、天皇こそが歌壇、そして文芸の中心であることを貴族たちに周知させる意味を有したのである。

仏教面では、承暦元年の法勝寺建立を忘れてはならない。白河天皇は京の東郊白河の地に、かつて道長が建立した法成寺を凌ぐ巨大な法勝寺を建立した。八角九重塔以下を有するその威容は、摂関を上回る天皇の権威を示す側面もあったと考えられる。

より重要なことは、造営に際して播磨守高階為家をはじめとする受領の成功が多用されたことである。従来の成功では私物が用いられたのに対し、この時には受領に対し臨時召物が免除されたという。法勝寺の造営こそは、成功が大きく発展し、受領による院に対する経済奉仕が盛行する契機となったのである（上島享・二〇一〇）。

また、この寺で行われた法会の内容も注目される。すなわち、創建の翌年からこの寺を舞台に開催された大乗会は、後三条天皇が建立した円宗寺における法華・最勝会とともに北京三会を形成し、天台顕教系僧侶の僧綱昇進を決定する法会に位置づけられるのである。

この結果、興福寺の維摩会を中心とする南京三会に独占されていた顕教系僧侶の僧綱昇進の経路から、天台系の僧侶の昇進経路が分離されることになった。このことは、維摩会の意義を低下させ、興福寺と結ぶ摂関の権威にも大きな打撃を与えた（平雅行・一九九二）。さらに、同寺は大規模な法会の舞台という意味を有しており（山岸常人・二〇〇四）、多様な法会の主催者という院の立場を明示する意味もあったと考えられる。

譲位の意図

『後拾遺和歌集』の編纂も終了しつつあった応徳三年（一〇八六）十一月、白河天皇は突如皇位を皇子善仁親王に譲った。堀河天皇である。通常、この譲位は院政を行うためとされるが、後三条の場合と同様、先例のない院政を当初から目的としたとは考えがたい。

譲位の真の目的は、前年に父後三条が定めた東宮実仁親王が死去した混乱に乗じ、白河が実子善仁親王を即位させようとしたことにあったと考えられる（橋本義彦・二〇二〇）。後三条は、実仁親王の次には、その弟輔仁親王を即位させる意向であったらしいが、白河は父院の意思を否定してしまったのである。このことが、後々まで政界に深い亀裂を残すことになる。

白河が善仁即位に固執した背景には、天皇の寵妃で、応徳元年（一〇八四）に二十七歳の若さで死去した中宮賢子の忘れ形見という点もある。天皇は、禁忌を犯して彼女の遺体に取りすがるほどの寵愛ぶりであったという（『古事談』）。その賢子所生の皇子を強引に即位させたことは、赤裸々な人間性を表出させていた当時の天皇のあり方に相応しいものがある。

しかし、より重要なことは、実子の即位により、父院として天皇の親権を獲得できた点に他ならない。あとでふれるように、ミウチ政治段階以来、父院は皇位を決定する大きな権限を有していた。そして、院政期において、院政を行いえたのも父院などの直系尊属に限定されており、兄や伯父などの傍系尊属が院政を行うことはなかった。白河の強引な皇子推戴は、結果的に院政への道を確実なものとした（元木泰雄・一九九六）。

一方、善仁親王の即位は、母賢子の養父として、天皇の外祖父となった摂政師実の立場を強化した。師実は、実に道長以来久しぶりに天皇の外祖父として摂政となったのである。しかし、国母賢子がすでに死去していた上に、かつて白河から関白を与えられた恩義があるだけに、師実は院との協調を続け、政務の最終決定を白河に仰ぐ姿勢をとっていた。

たとえば、師実の摂政在任中の寛治五年（一〇九一）六月、河内源氏の棟梁の座を競っていた源義家・義綱兄弟が、所領をめぐる郎従同士の対立から、相互に兵を京に動員するという大事件が勃発した。この時、公卿の議定を経た師実は白河院の意見を求め、結局「国司随兵の入京をとどめよ」（『後二条師通記』）という院の命令が官符として下されている。

関白師通の急死

かつて後三条は、摂関家の外戚関係の復活を恐れ、師実の養女を妃とする白河の皇子の即位を阻むために、東宮として弟の実仁を立てた。しかし、堀河の即位で、後三条の懸念は現実のものとなった。白河に従属する師実の時代には問題は表面化しなかったが、寛治八年（一〇九四）に師実が嫡男藤原師通に関白を譲渡すると、事態は一変することになる。

師通は天皇の外伯父で、かつての頼通のように父から地位を譲渡されたのだから、白河に負い目がなかった。このため、師通はまだ年少の堀河天皇を補佐しながら、政務の主導権を握ることになる。『愚管抄』に「世ノマツリコト、太上天皇ニモ大殿ニモ、イトモ申サデセラルル事モマジリタリケルニヤトゾ申スメル」とあるように、師通は白河院や大殿師実に諮ることもなく政務を行ったとされる。

事実、嘉保二年（一〇九五）十月に発生した、美濃守源義綱に対する延暦寺・日吉神社の強訴に際して、師通は内裏における自身の執務室である殿下直廬で公卿会議を開催して公卿たちと対策を協議し、白河院とは連絡をとったものの、師実の意見を仰ぐことはなかった。そして強訴を不当とした彼は、ほぼ独断で武士を動員し強訴を撃退したのである。

師通は院に対する反感も露わにしていた。彼は院御所の前を通りかかった際、「おりゐ（退位した）の帝の門に車立つるやうやはある」（『今鏡』）と称して、下車の礼をとらなかったり、白河院の乳母子藤原顕季の邸宅を身分不相応として破却したともされる。こうした師通の強硬な態度の前に、当時の白河は源義家のような院に近侍する者の功過定や除目・行幸など、基本的に院司や王家内部に関する問題に関与できたにすぎない。すなわち、摂関政治当時の宇多や円融上皇と同様の立場（目崎徳衛・一九九五）だったのである。

まさに、後三条が危惧した摂関政治復活の兆しが現れたといえる。しかし、その動きは突然頓挫した。承徳三年（一〇九九）六月、三十八歳の壮年だった師通が、急死したのである。嘉保二年の延暦寺強訴に際して神輿や神人を攻撃したことが、彼の急逝の原因として喧伝される結果となった。その後継者藤原忠実は当時、まだ権大納言で二十二歳、関白を継承することもできず内覧に止められた。彼は六年後になって、ようやく白河院によって関白に補任されるのである。こうして摂関の権威は再び低落することになる。

では、師通の急死がなければ、摂関政治は復活したのであろうか。摂関政治から親政・院政への政治の変化の背景には、様々な構造的変化が介在していたと考えられる。当時の貴族社会の有様について、検討することにしたい。

3　政治構造の変化

王家と摂関家

後三条は摂関を外戚としない天皇である。思えば、外祖父が摂関、またはその一族ではない天皇というと、母が藤原北家の傍流高藤流出身であった十世紀初頭の醍醐天皇にまで遡ることになる。まして後三条までの三代はすべて道長の外孫であった。

それほど緊密に形成されていた摂関の外戚関係が断絶したのである。その影響は、単に摂関の天皇に対する政治的影響力が低下したというだけに止まるものではない。このことは、天皇・摂関の継承や、そのあり方に重大な波紋を投げかけることになるのである。

ところで、摂関時代に摂関を継承した藤原北家の系統を、便宜的に摂関家ということがある。しかし、厳密にいえばこれは正しくない。家（イエ）とは、父子関係を基軸とした親族関係であり、基本的に政治的地位や家督が父子相承される状態をいう。しかし、系図を見れば一目瞭然のように、摂関政治段階においては、摂関の地位は多様な関係で継承が行われており、とうてい「摂関家」が成立していたとは考えがたいのである。

それは天皇の側も同じことであった。摂関時代の皇位継承は、中継ぎの女帝を挟みながら直系相承が行われた奈良時代と大きく異なり、兄弟・従兄弟・叔父甥など、様々な関係で行われていた。これは、ひとえに外戚関係に規定された皇位継承のあり方を反映したものに他ならない。有力な外戚によって天皇は決定され、父院の意思で後継者が定められることはなかったのである。同様に、皇子が得られるか否かで、外戚、すなわち摂関の地位は決定されたのであり、摂関の子息が自動的に摂関を継承できたわけではなかった。

後三条の即位は、そうしたしがらみを断ち切ったのである。しかも、後三条には藤原北家の傍流である閑院流出身の藤原茂子との間に貞仁親王があり、さらに在位中には三条源氏の参議源基平の娘との間に二人の皇子が生まれたのである。ここに、家長である父院が皇位を決定する基礎が築かれた。こうして、天皇の家である中世の「王家」が成立することになる。

父子関係を基本とし、摂関による政務主導という外皮を取り去った天皇は、困難な政務に直面するなかで、父院の庇護を必要としたことから院政が成立するようになる。その父院もまた、王権の継承に関する愛憎や、政務に関する判断の過誤といった人間としての弱さを露呈せざるをえなくなってゆく。このことが、院政期の政情を激動させる一因となるのである。

一方、摂関継承の紛議が天皇に調停されたように、摂関は天皇に任命される臣下の一つという立場に低落していった。そして、外戚関係の有無と無関係に父子相承され、師実以降の摂関継承は父子関係による直系相続に変化することになる。後述のように、嘉承二年（一一〇七）十二月の鳥羽天皇即位に際し、外戚藤原公実を退けて代々の摂関の子息忠実が摂政に補任されて、摂関を継承する家である「摂関家」が成立するのである。

いわば一体の親族関係にあった天皇と摂関が分離し、摂関の臣下という立場が明確化したといえる。また、王家の家長父院によって入内も規制され、摂関家の外戚継続は事実上困難となった。師通の剛直さと裏腹に、摂関政治復活は厳しくなっていたのである。

公卿の変化

単に摂関を外戚とせず、臣下にすぎない摂関と対抗した天皇としては、九世紀末の宇多天皇が名高い。彼は菅原道真をはじめとする側近を起用して藤原時平以下に対抗したが、その結果は道真の配流をはじめとする宇多の敗北に終わったのである。宇多と対照的な後三条の勝利には、単なる外戚の有無だけでは説明のつかない問題が関係していたと考えられる。

摂関時代の貴族政権の大きな特色として、ミウチ政治という概念が提唱されている（黒板伸夫・一九八〇、元木泰雄・一九九六、橋本義彦・二〇二〇）。すなわち、摂関政治は天皇のミウチの共同政治で、天皇の外戚や皇子・源氏といったミウチが高位高官を独占する。逆に、大臣の子孫でも、ミウチ関係を喪失すれば、同時に政治的地位をも失うというものである。そして、先述のように父院・母后・外祖父といった天皇の親権者が、政治中枢を決定する大きな権威を有していた点も特色である（倉本一宏・二〇〇〇）。しかし、道長のころを境として、次第にミウチ以外の公卿が増加してくることになる（元木泰雄・一九九六）。その原因の一つは、天皇への入内が道長一門のみに制約されたこと、さらに皇子の減少から、源氏も消滅したことにある。

こうした間隙を衝くように公卿に進出したのが、有職故実に長けた醍醐源氏や、実務官僚として活躍する小野宮流の人々であった。前者は安和の変で失脚した高明の子孫で、その娘明子が道長の室となったことから、彼女の兄俊賢が権大納言となった。以後、摂関や天皇との婚姻関係がないまま、隆国・隆俊と権大納言の地位を継承したのである。

また、師輔の兄実頼の系統で、『小右記』の記主実資を出した小野宮流も、代々権中納言の地位を継承している。彼らが政治的地位を継承できた一因は、有職故実や実務官僚としての識見や能力が重視されたこととも関係するのである。ここに、ミウチ以外の公卿が数多く政界に進出したもう一つの原因があったのである。

後三条・白河の側近たち

後三条や白河の親政、さらに白河院政の初期を支えたのは、実はこうした人々であった。後三条の支援者としては、即位以前には藤原頼宗・能信らがいたが、これはミウチ関係に基づく摂関時代以来の支援形態だし、彼らは後三条の即位前にすでに死去していた。

また、源氏を摂関家の対立者とし、村上源氏の師房の右大臣任官を摂関家抑圧策などとする見方もある。しかし、師房の大臣昇進は順序に従ったものにすぎない。それに、師房は道長の女婿で一時頼通の猶子となったし、師実・忠実など、摂関家代々の北政所が村上源氏出身で、師実が師房の孫賢子を養女としたように、村上源氏は摂関家と緊密な関係にあった。村上源氏を摂関家の対立者とするのは見当外れといえよう（橋本義彦・二〇二〇）。

後三条の即位後、政務を補佐したのは、多くの学者・実務官僚たちであった。記録荘園券契所の長官である上卿に

図2　醍醐源氏・小野宮流系図

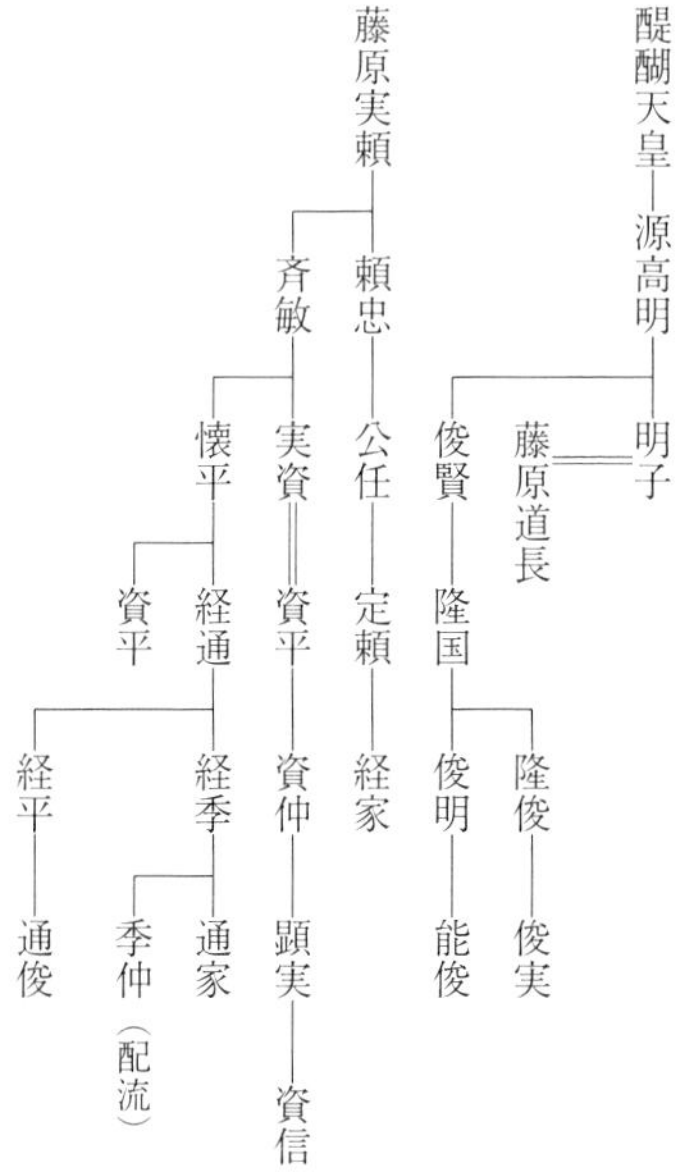

就任したのは醍醐源氏の源隆俊だったし、小野宮流の藤原資仲は、宣旨枡の制定を提唱した腹心であった。記録所の弁官を務めるなど、「あさゆふさふら（朝夕候）」ったのが東宮学士だった大江匡房であり、また彼と並ぶ側近藤原正家、やはり東宮学士から側近となった日野流の藤原実政らが活躍している。

一方、白河の場合も同様に外戚や有力なミウチの支援はなく、学者や実務官僚が政務を支えることになる。後三条以来の匡房をはじめ、隆俊の弟で嘉承二年（一一〇七）の忠実の摂政就任に影響を及ぼした源俊明、小野宮流出身で先述の『後拾遺和歌集』編纂に活躍した藤原通俊など、やはり、醍醐源氏や小野宮流の公卿たちが活躍しているのである。

こうしたミウチ以外の公卿の台頭の背景には、むろん天皇の庇護や抜擢もある。しかし、同時に特定の家職を継承し、それに伴う政治的地位（家格）を相承するイエの確立も背景にあったと考えられる。先述した王家・摂関家の成立と考えあわせるならば、貴族社会は大きな構造的な変化を遂げていたことになる。

すなわち、摂関時代のように天皇を中心に同心円的にミウチが取り巻く構造から、王家を中心として摂関家をはじめとする多くのイエが分立する構造へと、貴族社会は変容していた。ここに摂関政治と院政の段階的変化が存したのである。

天皇・院・摂関の下で政治の実務を担当する、蔵人頭・弁官といった職事弁官の活動は摂関時代から見える（井原今朝男・一九九五）が、後述するように、その顔ぶれも役割も大きく異なる。何よりも、本来は臣下にすぎない外戚の摂関に代わって、王家の家長である父院が継続して政務の主導権を掌握したことは、政治構造の変化を明示するものといえよう。

三　治天の君の登場——白河院政の開始——

1　院政の確立

鳥羽天皇の即位

関白師通の急死の結果、摂関も不在となったため、白河院は多くの政務決裁に関与するようになった。しかし、堀河天皇の成人とともに、天皇の政務決裁が図られるようになり、時として天皇と院の対立さえも見られた（美川圭・一九九六）。貴族社会の先例では、天皇親政こそが正当な形態であり、変則的な院政を忌避する空気もあったと考えられる。

ところが、嘉承二年（一一〇七）七月、堀河天皇は二十九歳の若さで死去してしまう。この時、本来後三条天皇が即位を予定していた輔仁親王は三十五歳の壮年、一方堀河の皇子で白河の皇孫宗仁親王はわずか五歳であった。しかも輔仁には、左大臣源俊房など村上源氏をはじめとする有力な支持者が存在しており、皇位継承をめぐって政界の情勢は不穏となった。

輔仁への皇位譲渡を嫌う白河院は重祚の意思も示したが、愛娘郁芳門院の死去に際して出家していたために断念し、強引に孫宗仁を即位させた。鳥羽天皇である。五歳では親政は不可能であり、当然、摂政が任命されることになるが、ここで一つの事件が起こった。

堀河天皇の関白だった藤原忠実は、鳥羽の外戚ではなかったため、鳥羽の外伯父である閑院流の権大納言公実が、摂政就任を白河院に迫ったのである。自身の母も閑院流出身の白河は判断に迷ったが、先述の俊明の催促を受け、忠実を摂政に補任した。摂政人事という重大事に際し、院の政務決裁を補佐する側近公卿の役割が浮き彫りにされる（元木泰雄・一九九六）。

『愚管抄』によると、俊明や当時の公卿たちは、摂関は代々継承される地位で、外戚とはいえ、なみの公卿が任命される地位ではないと考えたという。摂関は、外戚関係の有無と無関係に道長の系統によって継承されることになったのである。ここに、摂関の地位を父子相承する家、すなわち摂関家が名実ともに成立したことになる（玉井力・二〇〇〇、橋本義彦・二〇二〇）。

忠実は、またしても白河院の恩恵によって摂政に就任できたわけで、彼は文字通り院に従属することになる。もはや摂関政治の復活は、完全に不可能となった。かくして、白河院が政務の主導権を掌握し、国政の最重要事も、院の主催により院御所で行われた院御所議定で決定されるようになる。ここに、白河院政が本格的に開始されたのである（美川圭・一九九六）。

院政と父院

幼主鳥羽を擁立した白河院は、早速翌年正月の除目において、近臣七名を熟国（多大な収入を得られる国）の受領に任じて保守派の公卿たちを慨嘆させた。摂政忠実を人事権を通して操縦できた院は、摂政が主催した除目にも強い圧力を加え、自身の意思を反映させたのである。むろん、対立する輔仁派も存在したが、白河院は政治を主導し院政が定着するのである。このように、先例のない院政が開始された背景には、受容される素地があったと考えられる。

天皇の譲位は大化改新の際の皇極天皇を初例とし、七世紀末の持統天皇以後、奈良時代を通して一般化し、太上天皇と天皇による執政が見られるようになった。こうした太上天皇執政は、平安初期に発生した平城上皇の乱を契機として消滅したが、院政として復活したとされている（橋本義彦・二〇二〇）。しかし、太上天皇執政の場合、太上天皇も勅を発して直接太政官に命令できたこと、また祖母と孫である持統と文武、あるいは兄弟の平城と嵯峨のように、太上天皇と天皇との関係が多様であったことの二点で院政と大きく異なっている。

院政の場合、上皇に奉事した機関は院であり、太政官に直接命令することはできなかった。また、院政が可能となったのは、天皇の父・祖父・曽祖父といった直系尊属に限られていたのである。崇徳天皇が養子の約束で弟近衛天皇に譲位した際、宣命で「皇太弟」と改められたために、院政が不可能となったとする『愚管抄』の記述はよく知られている。したがって、両者を単純に結びつけることはできない（筧敏生・二〇〇二）。

院政の基盤は、やはり皇位や摂関を最終的に決定できる父院の権力に他ならない。ミウチ政治のなかで形成され、肥大化した天皇の親権を父院が独占することで、大きな院の権威が成立したのである。中世の王権は、父院とその権威に支えられた天皇によって構成されることになる。父院が即位を望んだ天皇こそが、正統君主となるのである。逆に父院の意志に反した天皇は、正当性に疑問が生まれ王権は不安定とならざるをえない。

摂関時代の王権は、外戚を中心とする多様なミウチ関係に支えられていた。ところが、父院の権威を最大の拠り所とするように変化したため、父院や正統の後継者の死去などによって王権の正当性が動揺し、紛争を惹起することになった。中世において、王権が再三分裂し、王権をめぐる政争が頻発した原因はここに存したのである。

正統王権の確立

幼主と従順な摂政を従えた白河院にとって、最後の難関は本来の正当な皇位継承者であった輔仁親王に他ならない。亡き父院後三条の意向を重視する貴族も多く、また変則的とされた院政への反発と相まって、村上源氏の左大臣源俊房やその弟の大納言師忠など、輔仁を支援する勢力は大きなものであったと考えられる。

輔仁派と白河・鳥羽側との対立は深刻なもので、院は在位中から行幸に際して源義家・義綱などに警護を命じていたし、鳥羽天皇を源為義・光信・藤原保清の三人の検非違使に警護させたという（『愚管抄』）。日本の王権は武力で争奪されることはなく、神秘的な宗教的権威によって正当性が確立されていた。しかし、王家自体が分裂し、それぞれに正当性を主張した場合には、武力による抗争の契機も生まれることになる。

先述のように、皇位は父院によって決定されたため、父院が即位を希望した天皇こそが正統君主であり、父院が望まなかった天皇は正当性に疑問が生じた。父院後三条の死去が、本来の皇位継承者輔仁の立場を不安定なものとし、逆に後三条の遺志に反する白河の強引な堀河即位が、堀河天皇の正当性に疑問をもたらしたことになる。

さて、両派の対立は、意外に呆気なく決着がつくことになる。永久元年（一一一三）、皇后宮に一通の落書があった。それは、何と輔仁親王の御持僧で、左大臣源俊房の子である僧仁寛が、兄の僧勝覚の童子千手丸を唆して、鳥羽天皇の暗殺を企てているという恐るべき内容であった。先述のように三人の検非違使が鳥羽天皇の警護に当たったのは、この事件の最中とする説もある（目崎徳衛・一九七八）。

白河院は迅速に事態を処理した。千手丸と仁寛は死一等を減じて配流、輔仁と俊房はともに自ら謹慎し、事実上政治生命を絶たれるに至った。事件の真相は不明確だが、当時すでに鳥羽も十歳を迎えており、その成長とともに、輔仁の即位の可能性は薄れつつあった。そうした焦慮から、親王の側近が犯した軽挙に付け込まれたのかもしれない。

こうして白河院は自身の皇統を正統とし、彼と直系の皇孫からなる王権を確立した。最後の難関を超克した白河は、独裁的な政務を開始する（高橋昌明・二〇一一）。さらに、白河親政段階から院を補佐し、同時に制約する面もあった有力な側近公卿が、この前後に相次いで世を去った。天永二年（一一一一）大江匡房が、永久二年（一一一四）には源俊明も没し、代わって院の意のままに行動する院近臣が政務決裁の補佐役となったために、院の専恣はいっそう深まるのである。やがて、このことを象徴する事件が発生することになる。

保安元年（一一二〇）、白河院が熊野詣で京を留守にしていた最中、関白忠実は鳥羽天皇の誘いに応じて娘勲子の入内について話し合った。これを耳にした白河院は、忠実の内覧を停止し、翌年には事実上の罷免に追い込むに至ったのである。ここから、院の摂関に対する強力な人事権が窺われるのは当然だが、同時に関白といえども天皇の配偶関係の統括という家長の権限を侵害した場合には、仮借ない処罰が加えられたことを意味する。そして、二十歳を越え、白河から自立の動きを見せた鳥羽天皇も、二年後には五歳の崇徳に譲位を余儀なくされた。以後、天皇が成人すれば幼主に譲位させ、院が政治主導権を保持し続けることが、院政の基本形態となるのである（元木泰雄・一九九六）。

2　院の専制政治

政治構造の変化

『平家物語』の天下三不如意や、『古事談』の雨水の禁獄といった逸話で知られるように、白河院は独裁的な政務を遂行した。もちろん、前者の逸話には皮肉が込められている可能性もある（林屋辰三郎・一九五五）が、それにしても白河院の権力が他の皇族・貴族たちを圧倒していたことは事実である。このため、かつては政務は院庁で行われ、朝廷はすっかり衰微したとする院庁政治論が有力であった。しかし、院庁はあくまでも院の家政を担当したにすぎず、院庁政治論は今日では否定されている（橋本義彦・一九七六）。

政務はやはり太政官で行われていたが、直接命令を下せない院が太政官を動かせた原因については、主要な官職に院近臣を送り込んだためなどと理解された（橋本義彦・一九七六）。しかし、院近臣の公卿は少なく、彼らだけで政務を壟断することは困難と考えられる。院近臣を多く含む職事弁官も、後述のように重要な政務の最終決裁に関わる者もいたが、基本的には政務の取り次ぎを主な役割としており、政務を動かせたわけではない。

そこで注目されるのは、先述のように白河院が摂政忠実を意のままに操っていた点である。摂政を通して、除目に限らず日常の政務についても院の意向が及ぼされていた（元木泰雄・一九九六、玉井力・二〇〇〇）。院は摂政の従属を介して太政官の政務を自身の意向に沿って運営していたのである。しかし、寺社強訴や神社の怪異などといった重大事となると、院の主導権が発揮され、院御所議定が行われることになる（美川圭・一九九六）。

摂関時代に重大事を議した陣定も存続していたが、この時期にはすでに形骸化しており、院御所議定が政務の中心となったのである。両者には大きな性格の相違があった。開催の場所が内裏から院御所に移ったのはもちろん、出席者も職事公卿全員から院の指名する者に変化し、時として前官や散位も招集された。そして、陣定においては関白の補佐を受けた天皇か、摂政が行っていた最終決裁も、院御所議定では院が行うようになり、摂関は単なる議定の出席者の一人となったのである（美川圭・一九九六、橋本義彦・二〇二〇）。

陣定では、議定の結果が覆されることはほとんどなく、職事公卿の意見が大きな意味を有した。しかし、院の指名で出席者が定められるだけに、院御所議定では出席者の意見の比重は低下を免れなかった。また、白河院政期では、強訴や荘園問題など、先例がないために意見の一致を見ない議題も多く、院の最終判断の意味が陣定の段階よりも大きくなっていったのである。ここに専制的な院政が確立する一因があった。

俊明と顕隆

白河の政務で注目すべきことは、彼が側近の公卿を招いて、密室で最終決裁を下していた点である。そのことを明示するのが、天仁元年（一一〇八）十月に村上源氏の左大臣源俊房の娘妧子が死去し、目前に迫った大嘗祭の関係者の多くが服喪した際の措置である。この時、白河院は院御所議定を開催して公卿の意見を聴取するとともに、それをもとに側近の大江匡房の意見を求めて最終決定を下したのである。この時、匡房が重視した権中納言藤原宗忠の意見が採用され、摂政忠実の意見は却下されている。摂政も単なる一発言者となったこと、院の決裁における側近の重要性が明示される（元木泰雄・一九九六）。

こうした重要な政治問題に関する最終決定の補佐という役割は、先述した忠実の摂政補任に際して院の決断を迫った源俊明の行動にも共通するものといえる。彼は『愚管抄』によると、「サウナキ院別当」「御ウシロミ」として白河院を支え、院の政務決裁の補佐や、摂関や太政官との政務の取り次ぎをたびたび担当している。院政初期には、こうした伝統的公卿家出身の側近たちによって、白河は支援・補佐されていたのである。

また、匡房が師通の学問の師であり、俊明が忠実の立場を守ったように、彼らは摂関家とも親しく、両者の調停役という側面も有していた。しかし、先述のように匡房は天永二年（一一一一）に、三年後には俊明も没して、白河院を支えた側近公卿が消滅する。彼らの子孫は零落し、代わって白河院の政務決裁を補佐する役割を担ったのが、『今鏡』に「夜の関白」と称された藤原顕隆であった。彼は、院政期に急速に台頭した院近臣為房の次男である。

彼は夜間に院御所に赴き、昼間の議定などに対する白河院の最終決裁を補佐する役割を果たし、時として昼間に行われた関白以下による決裁をも否定したことから、夜の関白の異名を得たのである。『愚管抄』によると、先述の忠実罷免後の関白人事に際して、顕隆は忠実の叔父右大将家忠の補任の可否について院の諮問を受けたが、彼の一言によって白河院は家忠の補任を断念したとされる。まさに、摂関の人事という国政の最重要事において大きな影響を与えたという点で、俊明を継承した顕隆の立場が明瞭である。

こうした院と院近臣による政務独裁には、恣意と紊乱という側面も否定はできないが、顕隆らは有能な実務官僚でもあり、後述のように人材登用という側面もあったのである。

図3　大江氏系図

平城天皇―阿保親王―大枝本主―大江音人―千古―維時―重光
―匡衡―挙周―成衡―匡房―維順―維光―匡範
　　　　　　　　　　　　　　　　　　　―広元

院政の定着

院近臣の詳しい分析は次項に委ねて、元来偶発的に成立した院政が周知の通り長く定着することになった背景について、検討を加えることにしたい。

その一因は、右にふれた人材登用という側面にあるだろう。摂関時代の固定的身分秩序を改変し、身分と無関係に諸分野で有能な人材を抜擢したことは、貴族社会を著しく活性化したばかりか、伊勢平氏のように、武士の台頭を促す結果ともなった。一方、荘園の成立に対応して、王家自ら荘園領主になるために適合的であったという側面もある。さらに王家領は、王家の外戚となった勢力らが形成したため（高橋一樹・二〇〇二）、各女院のもとで分有される面があった。それだけに、統括する王家家長の役割が重要だったこともある。また、先例や既存の制度で対応できない強訴・荘園といった新たな問題に、非制度的な立場から判断を下す必要が生じたことも一因であった（棚橋光男・一九九二）。

より直接的には、激発する寺社強訴に際して、迅速に対応するとともに、解決不能な事態に対応して、天皇の権威を守ったという意味もあった（美川圭・一九九六）。一例を挙げてみると、天永四年（一一一三）四月に、延暦寺悪僧の包囲のなかで行われた院御所議定がある。

事件の発端は、白河院が側近の仏師を興福寺の末寺清水寺の別当に補任したことにあった。これに怒った興福寺大衆が、強訴の際に延暦寺の末社祇園社などに乱暴したため、憤激した延暦寺悪僧が院御所を包囲し、事件と無関係の興福寺僧の配流を要求したのである。たちまち院御所を取り巻いた悪僧たちに、武士もなすすべがなかった。院は摂政以下、数名の公卿を集めて形式的な議定を開いた。宗教的権威を恐れて、延暦寺の悪僧たちを撃退することができない院は、彼らの理不尽な要求を認めてしまい、事態を泥沼化させてしまう。

この事件に象徴されるように、院は自身の恣意的な政務が惹起した強訴の対処に迫られた。摂政や限られた公卿のみの招集で開催できた院御所議定は、緊急事に際し政務の迅速な処理を可能とした。また、強訴では今回のように理不尽な要求を認める場合もあったが、院の決裁を前面に掲げることで、天皇や朝廷の権威を保つことができたのである。

院政は天皇制の外皮として、政治勢力が激しく競合する中世に対応して成立したものである。そして、公武の軋轢は院政と武士政権の対立という形をとり、結果的には天皇の権威を守って、天皇制を存続させることになったといえる。また、迅速で現実的な対応を急務としたことが、院の専制的な姿勢を不可避としたと考えられる。次に、こうした院の政治的決断を支えた藤原顕隆以下の院近臣の実態について検討してみよう。

3　院近臣の実態

院近臣の台頭

冒頭に述べたように、院政期に対する一般的な印象は芳しいものではないが、それを助長しているのが院近臣である。権謀術数と専制君主への追従に奔走する、些末な成り上がり者といったところが共通認識であろう。たしかに、平治の乱の張本人で、文武の才能もないにもかかわらず「アサマシキ程」の寵愛によって後白河第一の近臣となった藤原信頼などは、そうした院近臣像の典型といえよう。しかし、院近臣の存在形態はそう単純ではないのである。

まず、院近臣とは何かという点から検討したい。一般的な院近臣は、少なくとも摂関時代には公卿の地位からほど遠い、四〜五位程度の諸大夫層であった。この点で醍醐源氏や小野宮流のような伝統的公卿家とは区分される。そして、院庁の実質的な中心といえる四位別当として院に伺候し、主に受領に就任するが、ごく一部に弁官や蔵人頭といった実務官僚に補任される者もあり、有力な近臣は最終的に公卿に昇進している（橋本義彦・一九七六）。

林屋辰三郎氏が提起した、院政すなわち受領層政権とする理解（林屋辰三郎・一九五五）は、受領層という階層概念の設定に対する疑問などから否定された。一方、摂関時代の受領層が院政期に入って院に結集したとした橋本義彦氏の説（橋本義彦・一九七六）も成立しがたい。院近臣たちはいずれも院の抜擢で受領となっており、摂関時代の有力な受領とは家系を異にしている。院近臣たちは院権力の確立後に、院によって育成された存在だったのである。

先述のように、白河親政・院政初期には、伝統的公卿家出身の側近公卿たちの活躍が顕著であった。ところが、こうした公卿たちの系統はしだいに没落し、代わって院近臣の系統が台頭することになる。この背景には、むろん子孫の断絶や、政争に巻き込まれるなどの偶発的事情もあった。しかし、院近臣たちが強訴で配流されても救済があったのに対し、側近公卿家にはそうしたことは見られなかったのである（元木泰雄・一九九六）。

院政初期には、大きな政治力を有する伝統的公卿の力は必要であった。しかし、院政の確立とともに、それは逆に桎梏となっていたのである。専制を開始した院が必要としたのは、自身の意のままに動く忠実な院近臣たちに他ならなかった。

大国受領の活躍

院近臣のなかには二つの種類が存在している。すなわち、終生受領に終始して大国の受領を歴任し、公卿昇進に際しても晩年に位のみ三位（散三位）になる者と、受領は若年の時に三〜四ヵ国程度経験するだけで、弁官や五位蔵人・蔵人頭など実務官僚を歴任し、公卿昇進も四位のまま参議となる者とに截然と区別される（髙橋昌明・二〇一一、元木泰雄・一九九六）。

当時の公卿昇進は、散三位となる者と、四位のまま参議となる者に大別され、前者が少年や院近臣など政治的に無力であったり家格の低い者、後者が名門や有能な官人であったことは髙橋昌明氏の指摘の通りで（髙橋昌明・二〇一一）、昇進形態の相違が二種の院近臣の性格に反映している。

院近臣の大多数は前者で、そのなかには法勝寺造営で活躍した高階為家一族、白河の乳母子の藤原顕季に始まり、長実・家保兄弟や、鳥羽院第一の寵臣家成、美福門院を出した末茂流、藤原信頼を出した道隆流、藤原清隆以下の良門流などが含まれる。

彼らの多くは、院政期初期においては、政務に関与することはなかった。しかし、鎌倉初期の故実書『官職秘抄』

に、「四位上臈」の任国として受領の最上位とされた播磨・伊予両国の受領を独占するなど、「熟国」などと称された、多大な収入が得られる大国の受領を歴任して、院に対する莫大な成功に励んでいた（元木泰雄・一九九六）。白河院政期に入ると、従来のような受領の官物の納入に対する厳しい審査は行われなくなり、成功を前提として遷任や重任が認められるようになった。受領は、主従関係を介した権門の経済基盤という性格をもちはじめたのである（上島享・二〇一〇）。また、美福門院という女院を出した末茂流の家成は、御願寺領など多数の荘園を立荘し、鳥羽院政期における王家領の形成という点でも大きな役割を果たすことになる（高橋一樹・二〇〇二）。

図4　大国受領系院近臣系図

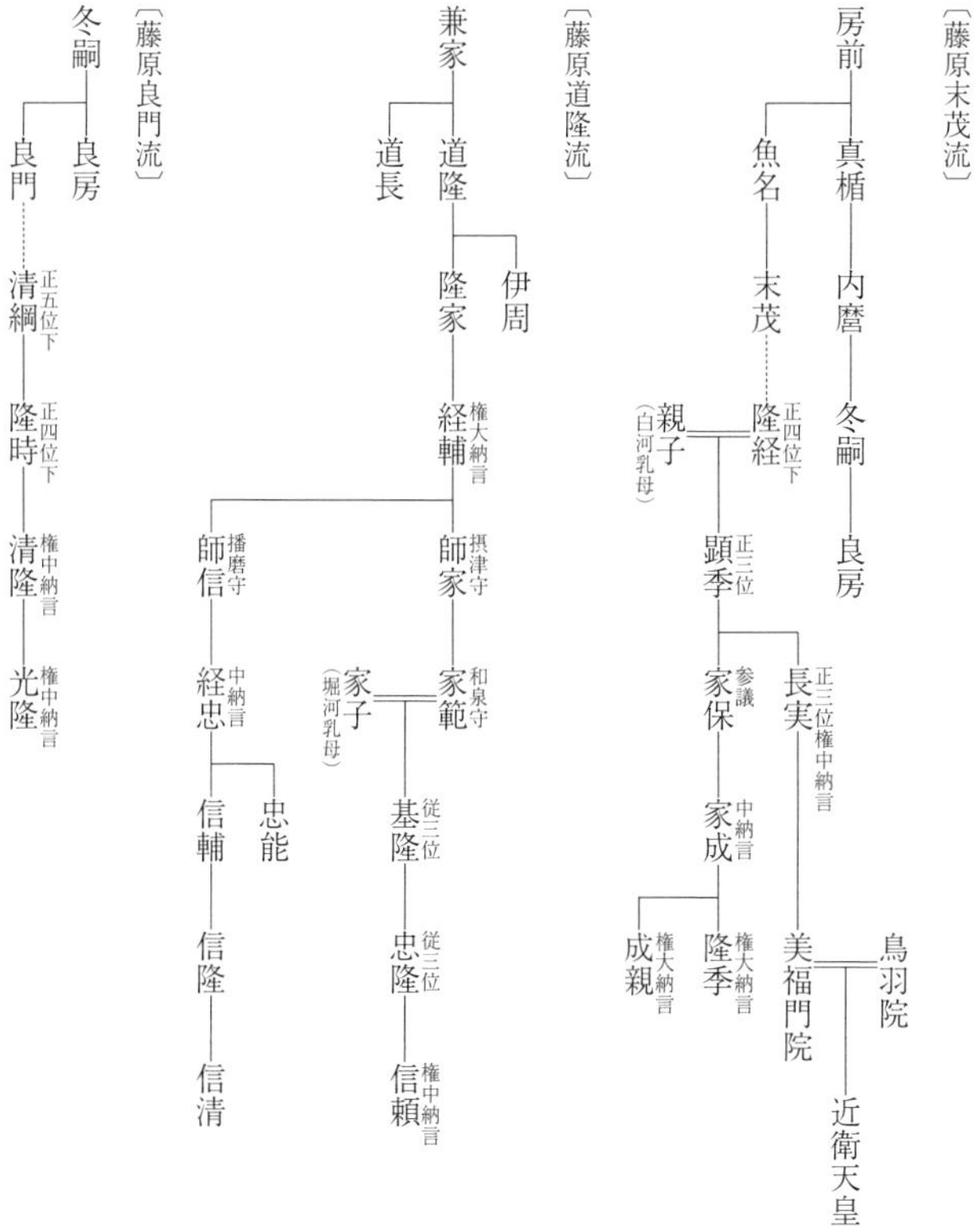

大国の受領となったのは、藤原信頼に代表されるように、無能・貪欲といった通説的近臣たちであった。その彼らが、多くの収奪に成功した背景には、現地に下向した有能な目代や受領郎従の存在が介在していたと考えられる（川端新・二〇〇〇）。『平家物語』によると院近臣藤原顕季や同為房の郎従を勤仕したのが、平正盛であった。院近臣の活動を媒介として、より下層の武士たちも院に接近する機会を得ることになる

図5　実務官僚系院近臣系図（藤原為房流）

のである。

実務官僚と人材登用

一方、実務官僚系の近臣は、ごく少数で、家系も藤原氏為房流・内麿流・桓武平氏高棟王流などに限定されるが、能吏として摂関からも高い評価を受けている。とりわけ、白河に伺候した藤原為房とその子顕隆、鳥羽院に伺候した顕頼という為房流三代は、有能な実務官僚系近臣の代表であり、彼らこそは白河・鳥羽院の政務の最終決裁を補佐する立場にあったのである（元木泰雄・一九九六）。

藤原顕隆が摂関人事の決定にも関与したことはすでにふれた。その子顕頼は鳥羽院の懐刀として、諸卿への取り次ぎや、強訴に対する院宣の通達など、重要な役割を果たした。とくに、久安三年（一一四七）、祇園社頭で闘乱を惹起した清盛とその父忠盛の配流を求めた延暦寺強訴の際、顕頼はすでに権中納言を辞していたにもかかわらず、院より特別に議定へ招請され、議定終了後には院御所に伺候して諮問に答えたことは有名である。この時、議定において左大臣藤原頼長が『春秋左氏伝』を引用した牽強付会の議論で、忠盛・清盛父子の配流を主張したのに対し、院の最終的な決定は贖銅三十斤という軽微な財産刑が課されることとなった。この背景には顕頼の合理的・現実的な判断があったと考えられる（橋本義彦・一九七六、髙橋昌明・二〇一一）。

白河院政期以後、藤原為房の子孫たちは、太政官における文書作成・伝達などを担当した弁官のうちの複数の座をつねに占めていたほか、蔵人頭・五位蔵人にも進出して天皇の側近ともなった。こうして、彼らは事実上主要な政務の取り次ぎを独占するに至ったのである。また院庁でも、為房流の一門は実務を担当する判官代にも複数就任し、彼らのみが院庁別当に昇進するなどの特権をもち、院庁の実務をも実質的に統括していた。天皇・院・太政官の実務は為房流が支配していたのである（元木泰雄・一九九六）。

井原今朝男氏は、こうした実務官僚をその役職から職事弁官と称し、摂関時代以来、彼らが政務の実質を担い、院政・親政・摂関政治のいずれもが、その上に成立しうると称した（井原今朝男・一九九五）。職事弁官の重視は卓見だが、ただ摂関時代と院政期では、家柄も入れ替わっていたし、さらに単なる取り次ぎ役から、院の政策決裁の補佐という立場に変化していた。その変化は摂関政治と院政の段階差を反映しているのである。

すなわち、彼らは低い出自ながら、院政の下で政務の中枢に参画することになった。ここに家格は低くとも、有能な貴族を政務に参加させるという、人材登用という性格を見出すことができる。久安四年（一一四八）に顕頼が死去したあと、鳥羽院政の中枢に食い込んだのが、保元の乱の立役者となる藤原通憲、すなわち信西入道であった。

四　強訴と京の武士――京を取り巻く武力――

1　南都北嶺の強訴

強訴の激化

院政期の京は、摂関時代に比べてはるかに軍事的緊張が高まっていた。その要因の一つが、南都北嶺――興福寺・延暦寺を中心とする寺社の強訴の頻発にある。強訴の主体は、ほとんどこの両寺であり、他の寺社が惹起した例はわずかにすぎない。多くの荘園を有した寺院でも、密教系の東寺・仁和寺には悪僧による強訴の事例はほとんど見られなかった。古くから独自に荘園を支配しようとしていた寺院に、強力な悪僧が出現したと考えられる。

強訴は摂関時代にも見えるが、本格化するのは白河院政の初期からで、延暦寺は寛治六年（一〇九二）の加賀守藤原為房に対する強訴、興福寺は翌年の近江守高階為家に対する強訴から、それぞれ日吉社の神輿、春日社の神木を持ち出すようになる。強訴に、祟りの要素をもち、あらぶる性格を有した神の霊威が加わったのである。そして、先述のように嘉保二年（一〇九五）の延暦寺・日吉社の強訴の際、武力で神輿を撃退した関白師通が四年後に急死して以来、強訴の宗教的権威は院や貴族たちを震撼させることになり、強訴は激増する。したがって、貴族が恐れたのは決して悪僧たちの物理的暴力ではない。

強訴の原因の多くは、荘園をめぐる紛争や末寺・法会における人事の問題であった。まさに、このころは寺社の荘園が大量に集積される時期であり、受領による収公などをめぐる紛議が頻発していた。そして、摂関時代には地方で完結していた騒擾が、寄進地系荘園の体系を通して京に波及したのである。また、この当時、院や女院によって多くの御願寺が建立され、新たな法会が増加していた。このことが、諸宗派間の秩序をめぐる対立を激化させたと考えられる（山岸常人・二〇〇二）。

ここに院政期に強訴が頻発した原因がある。興味深いことに、延暦寺の強訴の場合は前者の荘園問題が、興福寺強訴では後者の人事問題が目立つのが特色といえよう（元木泰雄・一九九六）。延暦寺・日吉社は、近江のほか、筑前をはじめ、北陸・東海方面に多数の荘園を有したが、このことと荘園紛争の激発は無関係ではない。これと対照的に、興福寺の荘園は大和周辺に密集していたこともあって、荘園問題は大和や畿内周辺に集中している。また、先述した白河院による清水寺別当補任問題をはじめ、維摩会や僧綱の人事をめぐる紛争が目につく。やはり、摂関家と結びつき、南都顕教系僧侶の僧綱昇進を決める大会維摩会の舞台となった興福寺に対する、院の介入・圧力といった問題が影響していたと考えられる。

強訴の実態

さて、強訴というと、かの武蔵房弁慶のような、薙刀などで武装した裏頭の悪僧が、関連する神社の神体・神輿を擁して内裏や院御所に殺到し、理不尽な要求をつきつける様が想起される。そして、無力な貴族は震え戦くばかり、その撃退を武士に依存したため、武士たちが京に進出し、その政治的地位も著しく向上したとされるのである。

しかし、先述の理由からも明らかなように、寺社強訴の要因は既得権益の侵害に対する回復の要求にあり、保元の乱以後の内乱期は別とすると、強訴が皇位継承をはじめとする世俗問題に介入することはなかった。このため、偶発的な場合は別として強訴は武力衝突に発展せず、寺社側の神威などによる宗教的な威圧と、それに対する武士の防禦に終始することになる。

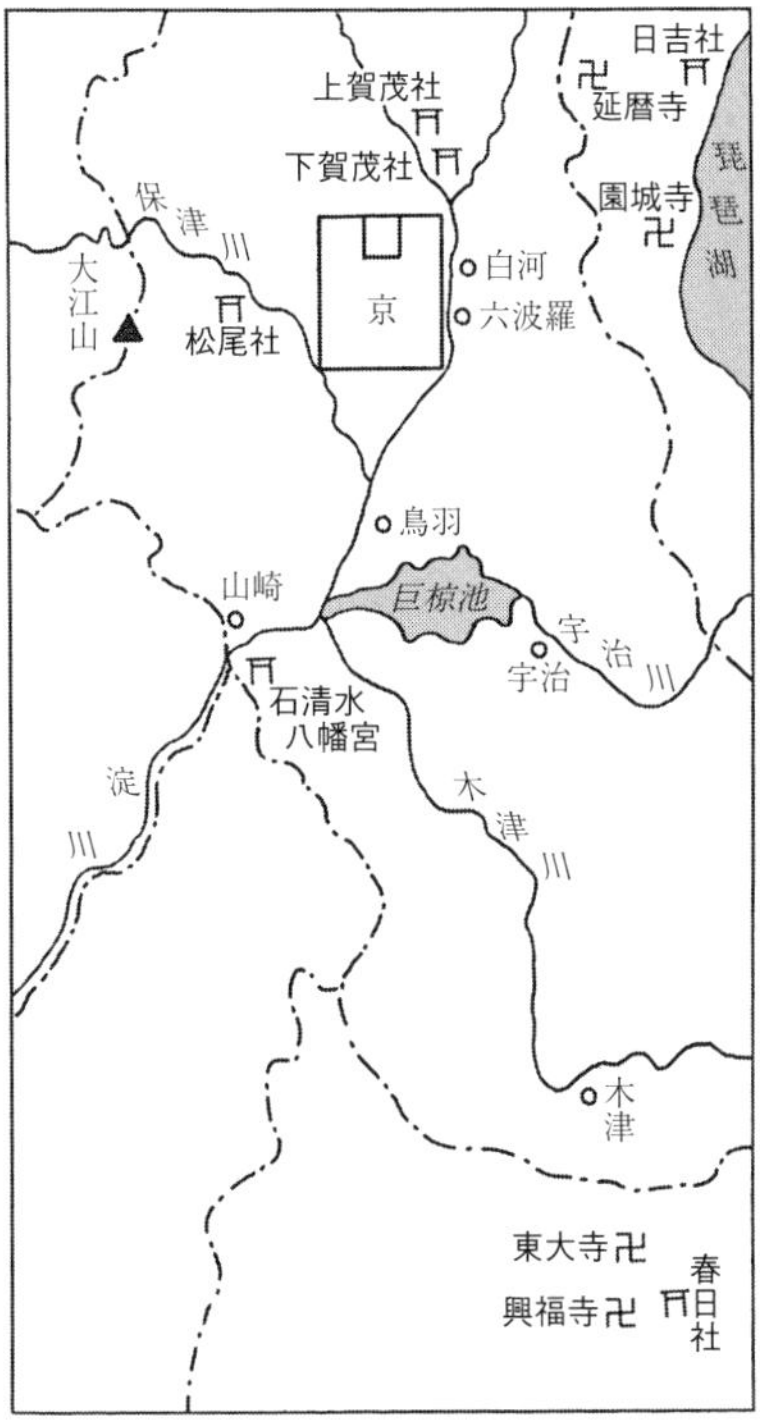

図6　京周辺の有力寺社

したがって、強訴において軍事力などはさして大きな意味をもったわけではない。事実、のちの清盛による南都焼打ちのように、寺社の武力は武士の前には無力であった。警護の武士ももっぱら防禦のみに当たり、興福寺に対しては宇治川、延暦寺に対しては西坂本付近に防禦線を構築して進入を制止し、それを乗り越えようとする者を捕らえるという方針であった。防ぎ切ることができれば寺社の要求は却下されたが、先述の天永四年（一一一三）の延暦寺強訴のように、防禦態勢が整う以前に京に侵入して院御所や内裏に肉薄されると、もはやお手上げとなった。院は悪僧たちの理不尽な要求に屈伏せざるをえなかったのである。

強訴の頻発によって、武士はたびたび動員された。強訴の防禦は軍功と見なされず、武士に恩賞は与えられることはなかったから、武士の政治的地位が上昇したわけではない。しかし、武士の必要性を高め、その人数を増やすとともに、官職と無関係に軍事動員される機会を増大させ、貴族と峻別される武士という立場を明確化したのは事実である。

なお、延暦寺と園城寺、興福寺と多武峰のように、同一位相の権門寺院相互の衝突では、剝き出しの暴力が用いられたことに注意しておく必要がある。

悪僧の活動

強訴の理由でも延暦寺と興福寺はかなり異なっていたが、悪僧たちの性格も両寺でかなり異なっていた。延暦寺を代表する悪僧としては、長治二年（一一〇五）、大宰府大山寺の支配を石清水八幡宮から強引に奪い取り、大宰権帥藤原季仲をも失脚に追い込んだ辣腕の悪僧法薬禅師がいる。彼は諸国と延暦寺を往復しながら殺害・掠奪に明け暮れたという。各地に荘園を展開し、広域流通とも関係した延暦寺・日吉社を象徴する悪僧であった。

法薬の出自は不明だが、悪僧となった人々も本来は修学に努めるはずの学僧たちであった。白河院政初期に延暦寺の悪僧を組織し、「山上合戦を企つこと数十度」と称された貞尋は、僧都という僧位をもち、父は従四位下備後守藤原良貞という貴族である。

一方、興福寺では介入を企図する院との対立が激化していた。維摩会をめぐる紛争が頻発した（元木泰雄・一九九六）のをはじめ、先述した天永四年における清水寺別当補任問題が発展した強訴でも、院が派遣した平正盛・忠盛以下の武士たちとささいなことから合戦を行って多くの犠牲者を出し、さらに白河院に対する呪詛の噂から僧侶が処罰を受けた。事態は鳥羽院政の下でも変化はない。

大治四年（一一二九）十一月、白河死去の直後、鳥羽院が寵姫三条殿の養父長円を強引に清水寺別当に任じたため、怒った興福寺大衆は長円を南都で襲撃した。これに対し鳥羽は、源光国・為義以下の検非違使を派遣し、寺内を捜検して悪僧を追捕するに至った。さらに保延五年（一一三九）には、院の支援を受けた村上源氏出身の隆覚の別当就任に反対する、大規模な強訴が勃発する。こうした院の施策に対し、興福寺では大和源氏出身の戦闘的悪僧信実が実権を掌握して、院との対決姿勢を強化するのである（元木泰雄・一九九六）。

しかし、後述するように信実以下の悪僧も摂関家の家長大殿忠実に臣従し、興福寺も権門としての摂関家に従属してゆくことになる。独自の武力と荘園を有した権門寺院も、武力に限界があるように、自立性は制約されていたのである。

2　源平両氏の盛衰

河内源氏の光と影

武士像が大きく変化しつつある。武士は、すなわち在地領主で、武士が相互に結合して貴族と対抗して武士政権を作るという通俗的枠組み——領主制論——が修正を迫られている。武士は貴族社会の一員で、京で発生し、政治的立場も様々。要するに武芸という職能を有した存在と見なされるようになった。こうした理解を武士職能論という。もっとも、領主制論で強調される自力救済は武士の成立に不可欠だし、二つの立場を止揚した見地からの武士政権の成立過程の再検討も必要である。

領主制論で、早くから東国武士を組織し、武士政権の基礎を築いたとされるのが河内源氏である。平忠常の乱を平定した頼信に続き、その子頼義は前九年合戦で陸奥の俘囚安倍氏の反乱を、その子義家は後三年合戦で清原氏の内紛を平定し、東国武士の多くを組織したと考えられている。その実態を再検討して武士政権の前提を考え直すことにしたい。

まず、頼義は最初に安倍頼時を討ったものの、黄海の戦で頼時の男貞任に惨敗し、諸国の武士・兵粮の支援もないために、清原氏の支援を受けるまでは逼塞を余儀なくされた。義家の勝利も、所詮は二手に分かれた清原氏の一方の武力を用いたものにすぎない。

所領を媒介とした主従関係が締結できない当時、まれにしか東国に下向しない河内源氏の当主にとって、広範な東国武士の組織化など困難であった。源義家が後三年合戦後に恩賞を受けなかった原因を、強大化したための抑圧とするのは俗説にすぎない。彼は受領として最も重要な職務である官物の納入を怠った上に、停戦命令を無視する失態を犯している。また、後三条の命で蝦夷征討に当たった先述の源頼俊も恩賞から漏れており、追討後に恩賞を得られないことも、決して珍しいことではなかったのである。

寛治五年（一〇九一）六月、義家と弟義綱は、河内における郎従相互の所領争いから京で兵を構えるに至った。この時の措置について、鎌倉時代の編纂史料『百練抄』は、五畿七道諸国に命じて、義家の随兵の入京と彼に対する荘園寄進を禁止したとする。しかし、当時の内大臣藤原師通の日記『後二条師通記』では、この時に命じられたのは、「諸国国司」の随兵を留めることのみで、寄進は禁じられていないのである。また同書には、翌年三月に義家の立てた荘園が禁止されたとあり、『百練抄』と食い違いを見せている。

この場合、同時代史料を優先するのが当然であり、『百練抄』を根拠に義家が諸国に郎従を有していたとは断定できない。義家は河内や美濃など、京周辺の軍事貴族層を郎従としていたが、彼らは他の受領の郎従としても諸国に下向している。入京が禁じられたのは、こうした軍事貴族層と考えられる。また、義家は摂関家などへの荘園寄進の仲介をしていたが、翌年になってこれを禁じられたのである（元木泰雄・一九九四、大石直正・二〇〇一）。

後三年合戦後、平泉の栄光を築いた藤原清衡以下の奥州藤原氏については、本来中央の軍事貴族につながる系譜をもち、摂関家から奥州の荘園の預所として起用されたと考えられている（大石直正・二〇〇一）。地方の豪族的領主の形成は、決して自律的なものではなく、中央の権門の動向との緊密な関係のもとでなされたのである（野口実・二〇〇二）。

主役交代

義家に代わって河内源氏の第一人者となったのは、同母弟の源義綱である。彼は摂政師実や左大臣源俊房にたびたび奉仕し、寛治七年（一〇九三）には陸奥で兵乱を鎮圧、ついで大国美濃の受領に就任していた。ところが、先述のように嘉保二年（一〇九五）の延暦寺強訴を受けてから不遇となり、師通の死去も影響したのか、歴史の表面から姿を消してしまう（元木泰雄・一九九〇）。

一方、承徳二年（一〇九八）に白河院の院殿上人となるなど、院に接近した義家だが、康和三年（一一〇一）に嫡男の対馬守義親の濫行を訴えられて苦境に陥った。義親は、召喚に向かった義家の腹心藤原資通とともに官使を殺害して隠岐に配流されてしまったのである。結局義家は嘉承元年（一一〇六）、不本意な状態で死去してしまう。父の死去を聞くや、義親は隠岐を脱出して対岸の出雲に渡り、院近臣でもある国守藤原家保の目代を殺害するに至った。目代襲撃は明らかな謀叛である。しかも、周辺諸国にはこれに同調する動きまで出てきた。もはや白河院も、近臣の息子だからといって追討を躊躇することはなかった。

追討使に起用されたのは、近隣の因幡守であった平正盛である。正盛は桓武平氏に属し、平将門追討の立役者貞盛から四代目の子孫にあたる。本拠が伊勢・伊賀にあったことから、伊勢平氏と称したことは周知の通りであろう。『平家物語』によると、彼は加賀守藤原為房の検非違所、播磨守藤原顕季の厩別当という院近臣受領の郎従を歴任し、彼らの推挙を得て白河院に伊賀国鞆田荘を寄進したことから、院の北面に加わったと考えられている（上横手雅敬・一

図7　清和源氏系図

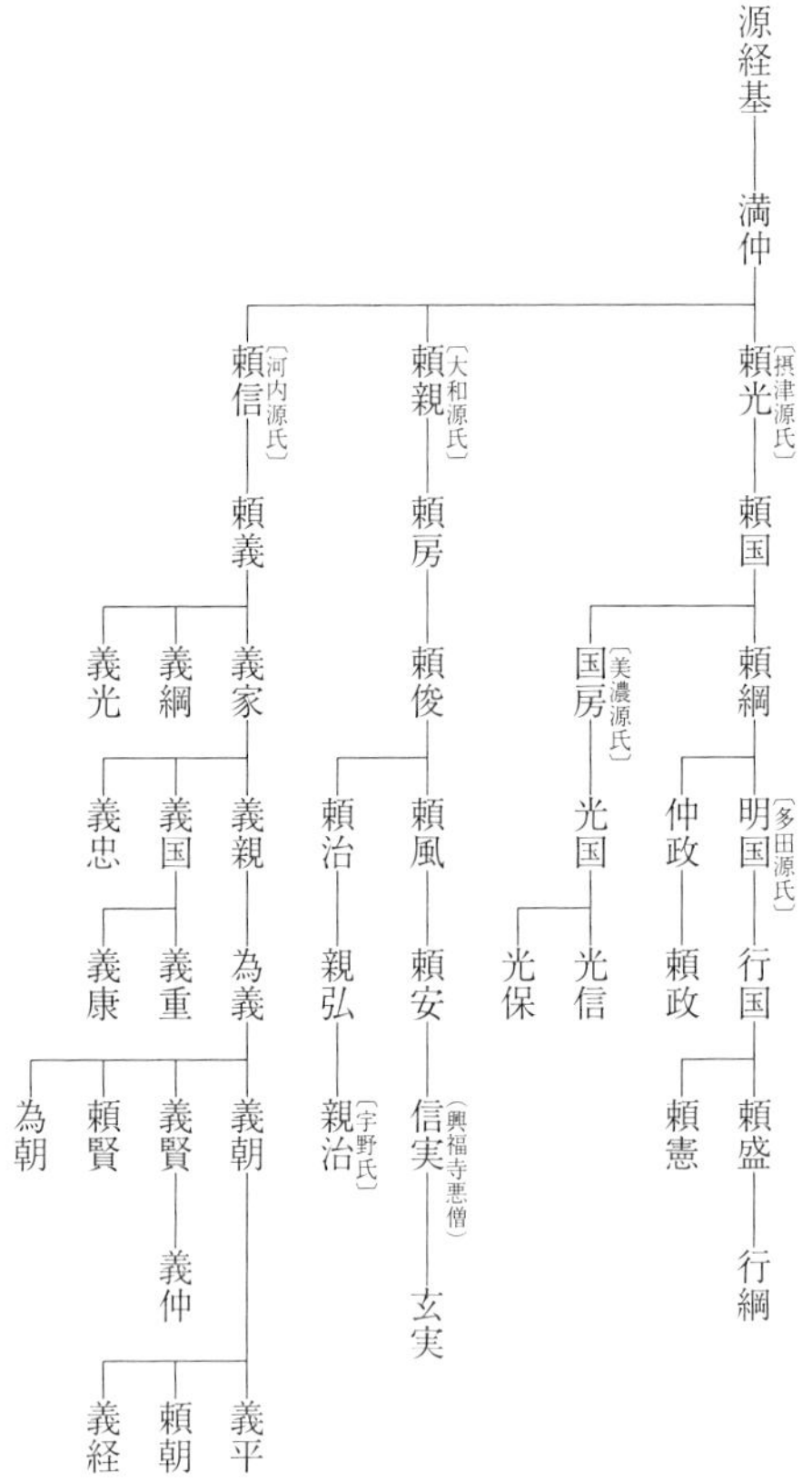

九八五）。

正盛は、嘉承二年の暮れに京を出立してからわずか一ヵ月で義親を討伐して凱旋した。あまりの鮮やかさに、義親の首を偽物とする説が長く流布したほどである。白河院は彼の帰京を待たずに但馬守への遷任を認めた。これに対し、保守派の権中納言藤原宗忠は、日記『中右記』に次のように記した。正盛は功績も大きいし、帰京前の任官は先例もあり当然だが、「最下品」の者を但馬のような「第一国」に任ずるとは許しがたい、と。

「最下品」とは、原則として六位、かろうじて五位に昇進できる貴族社会の最下層、侍品を意味する。当時は武士と侍とは同義ではなかった。宗忠は武士ゆえに差別したのではなく、「第一国」に不相応な正盛の身分の低さを非難したことになる。武士が殺生を犯すために、貴族が武士を差別したとする説もあるが、この説には何ら根拠はない。むしろ、『今昔物語集』の武士に関する叙述に「魂太ク心賢キ」などとあるように、貴族たちは武士を剛胆で賢明な存在として、高く評価していたのである（元木泰雄・一九九七）。

並び立つ京武者

義親を倒した正盛は京における武士の第一人者となった。以後、強訴などを防衛する北面の武士として、また備前・讃岐など大国受領を歴任する院近臣として活躍してゆくことになる。正盛の事績のなかでとくに注目される事件は、元永二年（一一一九）に、仁和寺領肥前国藤津荘で荘園領主に反抗した荘官平直澄を、白河院の命令で追討したものである。

この事件から、仁和寺のように独自の武力を有さない荘園領主は、荘園の秩序維持を院に依存せざるをえなかったこと、院は荘園制の秩序を維持するために大規模な軍事行動を起こすこと、そして正盛のような有力軍事貴族は荘園領主側の爪牙となって地方武士を抑圧していたことが明らかとなる。武士は、決して単純に武士相互に結合するわけではない。

もっとも、正盛はこの追討を通して、南海・西海の名士たちを統率したというから、平氏の名声を西国に浸透させることに成功したと考えられる。その立場は嫡男の忠盛に継承され、内昇殿や院庁四位別当への就任、

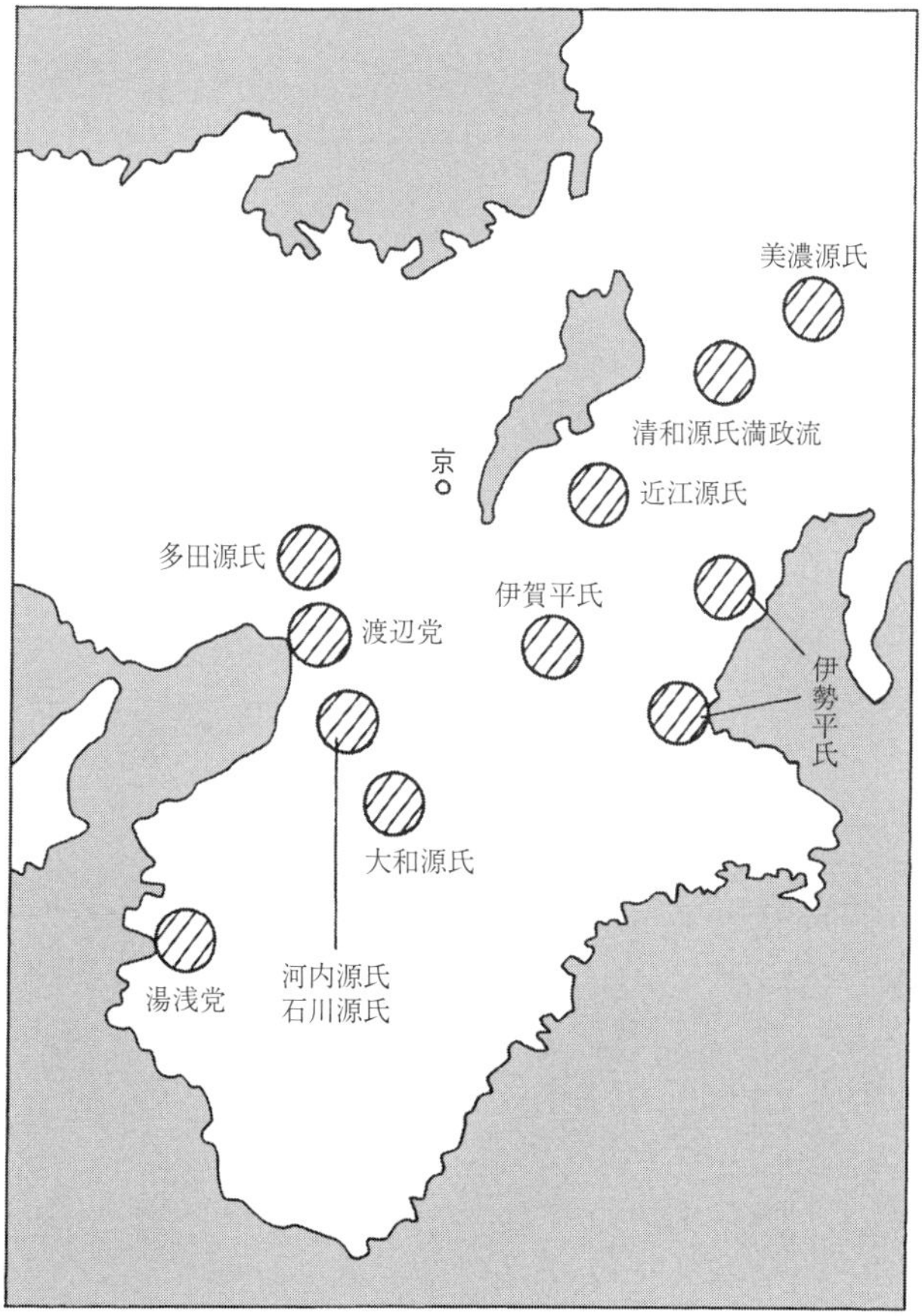

図８　畿内・その周辺の有力武士団分布図

日宋貿易にも関与したほか、たびたびの海賊追討などを通して、西国に平氏の家人などを獲得してゆくのである（髙橋昌明・二〇一一）。

これと対照的に、河内源氏はすっかり没落を余儀なくされた。義親が討伐された翌天仁二年（一一〇九）、義家の後継者となった義忠が暗殺され、その容疑を受けた義綱一門は京を脱出するが、義親の遺子である源為義と美濃源氏の光国に討伐された。これを、源氏相互の争いを激化させようとした白河院の陰謀とする説もあるが、この解釈は当たらない。むしろ、河内源氏の新当主となった為義の門出を武勲で飾ろうとする白河院の意向と考えられる（上横手雅敬・一九八一）。当初、白河院は為義を重視し、鳥羽天皇を輔仁親王派から警護する検非違使に起用した。しかし、為義自身や家人の失策から信用を失って官位も停滞し、躍進する平氏一門と対照的に長く検非違使に止められることになる。

当時の源平の有力武士は、たとえば伊勢平氏の伊賀・伊勢、摂津源氏の多田、河内源氏の河内石川のように、京近郊の狭小な所領を軍事・経済的基盤としており、それ以外の地域の武士との結合は希薄であった。それゆえに、彼らは政治的・経済的に有力な荘園領主権門に従属を余儀なくされ、その爪牙という役割を果たしていたのである。したがって、彼らは地方武士を広範に組織し、その政治的利益を代表する武家棟梁には成長していなかった。そこで、以下ではこうした源平の軍事貴族たちを、史料の用語に従って京武者と称することにしたい。

伊勢平氏・美濃源氏などが院に組織されたのに対し、院に見捨てられた河内源氏は、すでに伺候していた摂津・大和源氏一門とともに、摂関家に従属することになるのである。

3　自力救済の浸透

京の変容

王朝貴族が死・血・犯罪などにまつわるケガレを忌避したことは周知の通りである。とくに天皇をケガレから隔離するため、天皇の政務の空間左京は清浄な領域とされて（大山喬平・一九七八、棚橋光男・一九九二）、キヨメの役割を担った検非違使が、京のケガレを抑止する役割を果たした。このことは、地方で追討された謀叛人などの首を、検非違使が鴨川の河原で追討使から受け取り、獄に至る京中の大路を運んでいたことからも明らかである。

しかし、院政期に入ると京中の平穏はしだいに侵されるようになる。その背景には、都市として京が肥大化したための治安の悪化、仏教信仰による過度の寛刑主義、「あたかも大賊のごとし」と称された、強訴による破壊・掠奪などがあった。さらに、多くの京武者が京中に居住したことによる、暴力・闘乱などの横行も京の情勢を不穏なものとした。

源氏の六条堀河、平氏の六波羅のように、京武者は京の内外に居館を構えるとともに、先述のように京近郊に所領を有した。とくに所領において、彼らは公権力を排除して私刑としての死刑をも辞さない専制君主として君臨していた。そうした殺伐とした論理が京にも影響を及ぼしてゆくことになる。このため、京武者による紛争は頻発するのである。

一例を挙げると、摂津源氏の源明国は、長治二年（一一〇五）十一月に大宮五条付近で郎従を殺害して禁獄され、天永二年（一一一一）十一月には、主君藤原忠実の命令で美濃の荘園に下向した際、源為義の郎従らと闘乱を起こして殺人を犯しながら、諸祭礼を控えた京で所々を訪れ、ケガレを広めたために佐渡に配流されることになる（元木泰雄・二〇〇〇）。

一方、美濃源氏の光信は、大治五年（一一三〇）十一月、騎兵二十騎、歩兵四、五十人を率いて、白河院没後に入京した自称源義親を殺害したが、彼は本来敵人でもない者を殺害したとして非難された。このことは、逆に敵人に対する殺害の頻発を物語る。久安三年（一一四七）正月には右兵衛少尉源重俊が近江の敵人に殺害されており、京武者が事件の加害・被害双方の当事者となることも少なくなかったと考えられる。まさに、多数の京武者の居住を通して、殺伐とした自力救済の論理が京に浸透していったのである（本書第四部第一章）。

武者の世の到来

では、京の周辺はどのようになっていたのであろうか。その一例を物語る史料に「源行真申詞記」がある。これは、永治二年（一一四二）に発生した源友員殺害事件に際し、嫌疑を掛けられた友員の伯父源行真が検非違使に提出した陳述書で、これに友員殺害の遠因となった、近江国佐々木荘における一族の内紛が記されている。

すなわち、源七郎道正と新六郎友員という従兄弟の一族が相互に殺戮を繰り返し、双方の兄弟・母親が相次いで殺害されたという。母親が殺害されたのは、父の死後に後家として家長の役割を果たしていたためであろう。ここでは明らかに法や秩序は無視されており、武力抗争を通して相手の一族の殲滅が目指されていたのである（上横手雅敬・一九八一、棚橋光男・一九九二）。

もちろん、この事件はほんの一例にすぎない。同様の殺人・合戦は畿内近国でも一般化していた（五味文彦・一九八四）。東国と同様に、強烈な自力救済の論理が作用して、剝き出しの暴力が激しくぶつかり合うようになっていたのである（元木泰雄・一九九四）。

在地における武力抗争を助長したのは、所領や家長権限などをめぐる一族間の相剋だけではない。その原因の一つとして、先に述べたような京武者層による所領形成と、周辺に対する侵略も指摘できる。たとえば、美濃源氏では十一世紀後半から国房が所領周辺において活発な活動を展開し、十二世紀初頭に国房の子光国は美濃国の鶉郷を拠点として隣接する東大寺領茜部荘に対する侵略を激化させた。郷司の指揮下、郷の住民らは「強窃二盗、放火殺害」を繰り返し、茜部荘に対して武力による圧迫を加えている。

元来、京武者の所領は検非違使の介入も拒否しうる強固な自立性を持っていた（元木泰雄・一九九四）。各地の京武者は強力な支配権を背景として、住民らの武装・組織化を進め、周辺への侵略を進めていったのである。こうした京武者の動向は、広汎に自力救済の行動原理を導入し、在地の秩序を改変してゆく大きな原因となったと考えられる。

一方、本所の膝下である畿内近国では、荘園領主の所領拡大の動きも展開し、それが武力抗争に発展することもあった。たとえば伊賀国では、十一世紀末から十二世紀にかけて、簗瀬保をめぐって東大寺と国衙が執拗な武力抗争を繰り返し、ついに国守は国内の武士や延暦寺や興福寺の悪僧をも動員するに至ったのである。権門寺院の武装と畿内周辺における所領拡大の動きは、それを抑止しようとする国衙との武力衝突を不可避とし、国衙の急速な武装を進行させていったものと考えられる（元木泰雄・一九九四）。

元来、自力救済が展開して、大規模な武士団相互の合戦が頻発していた東国や九州などと同様に、畿内にも武士が多数出現し、全国的規模で武士支配が成立するのである。

調停と権門

激しい自力救済の展開は、逆に武力面における保護者を求めて主従関係を形成させることにもなった。先述の佐々木荘の事件でも、正員を殺害したのは行正が臣従していた源為義であるという噂が流れている。これは京武者によるある意味での「調停」と武士の組織化ともいえる（元木泰雄・一九九四）が、こうした動きは当然坂東でも多数看取された。

鳥羽院政期、平忠常の子孫常澄と結んで下総国の相馬御厨に介入した源義朝（為義の男）は、常澄の一族である常重から所領を奪って伊勢神宮に寄進し、義朝自ら下司となっている。所領の範囲や常重以下千葉一族の従属などから見て、これは単なる義朝の濫行、所領奪取ではなく、常重・常澄を調停し、さらに進出の機会を窺う常陸の佐竹氏などから御厨を保護する目的があったと考えられる（福田豊彦・一九七三、元木泰雄・一九九四、野口実・二〇一三）。

追討使として地方に発展する伊勢平氏に対抗する形で、河内源氏も主従関係を拡大しつつあった（五味文彦・一九八四）。しかし、単に河内源氏が独自に主従関係を形成・拡大していたわけではない。先述した佐々木荘の行真以下の住人は大殿藤原忠実の舎人であった。すなわち、忠実はその下に京武者を組織し、京武者は自身が従属する荘園領主権門の家産機構を通して郎従を獲得することで、武士団として発展していったのである。

それは坂東や九州でも同様であった。鳥羽院政期における義朝の坂東における活動は、当初摂関家領の荘官であった三浦・中村・上総介氏などと提携して行われている。また為朝の鎮西進出も、摂関家領島津荘との密接な連繫があったと考えられる（野口実・二〇〇二）。

自力救済の動きが強まるなかで、京武者が地方武士の調停を通して勢力を拡大する動きを見せるが、その背景には大きな権門の動きがあったのである。荘園支配には荘園領主の政治力と武士の武力が不可欠であった。荘園・公領制が確立しつつあった当時、荘園領主と武士が一体化した権門が出現するのも当然の趨勢だったのである。

先の仁和寺のように、権門のなかには自身の武力を有さない権門も多かった。独自の武力を有した権門は、大衆組織をもつ権門寺院、そして王家と摂関家であった。一方、先述の千葉氏が在庁官人であるとともに、八条院・伊勢神宮に所領を寄進していたように、地方武士たちは特定の権門にのみ従属することはなかった。ここに、地方武士をも含んだ公武一体化した政治権力が、成立しえなかった一因があるものと考えられる。

五　摂関家の再興――忠実と鳥羽院政――

1　脱皮する摂関家

政所と荘園集積

院政期には、摂関家はもちろん王家でも、荘園が拡大され、家産機構が整備されていった。そうした動きを、早くから顕著に示したのが摂関家である。院に従属した摂関は人事権を喪失したため、受領をはじめとする中・下級貴族や武士などの離反を招いた。そして儀式の費用の不足や、儀式出仕者の減少といった問題が発生している。それが院への従属を深める一因ともなっていたが、藤原忠実は単に院の庇護にすがるだけでなく、摂関家再建のために独自の経済基盤の獲得や人材の確保に努めていた。

経済的な打撃として、ただちに想起されるのは、受領家司の離反によって儀式の遂行が困難となったことである(橋本義彦・二〇二〇)。こうした事態に際して忠実は多数の荘園を集積することで、摂関家の経済基盤の建て直しを図ったのである(竹内理三・一九九九)。

最も目立つのが、分割された摂関家領荘園の統合であった。近衛家文書の建長五年(一二五三)十月付「近衛家所領目録」によると、忠実は頼通の女寛子、師実室の麗子、そして師実に三分割されていた頼通の荘園を、すべて自分の手中に収めている。そのほか、嘉承元年(一一〇六)十二月には、頼通の養女源子と後朱雀天皇の間の皇女祐子内親王領を、永久二年(一一一四)六月には死去した祖母源麗子領と、彼女が伝領していた冷泉宮領、堀河中宮篤子内親王領をも入手したものと考えられる(川端新・二〇〇〇)。

地方における荘園の拡大・新設も見られる。たとえば、頼通の時代に成立した薩摩・大隅両国に跨がる島津荘が大幅に拡大されたのも、同じ九州の東部に散在する宇佐八幡宮領が摂関家領化したのも忠実の時代であった。先述のように、奥羽の荘園においては、藤原清衡を荘官として起用し、経営の安定を図ったのである。

忠実の摂関在任時に、摂関家の家政を記した『執政所抄』が成立する(義江彰夫・一九六七)。このことは、忠実が年中行事の所課を安定して確保できる体制が確立したことを意味する。同書によると、所課の大半は下家司の活動と荘園からの調進によるもので、摂関家の経済基盤は荘園中心に移行しており、わずかに残る家司の所課も、受領などとしての個人的財力よりも、摂関家領の預所などとしての財力に依拠したものと考えられる(佐藤健治・二〇〇〇)。

『執政所抄』によると、多くの所課を徴収するために政所下文が発給されている。政所は忠平のころから史料に出現するが、その組織が拡充され家政上で重要な活動を開始したのは院政期であった。すなわち、政所の拡充と荘園の集積は不可分だったと考えられる。

しかし、『執政所抄』に見える荘園は、中世摂関家のそれと同様ではなく、摂関家の家産機構確立には、鳥羽院と提携した忠実の活動など、さらなる努力を必要とした（高橋一樹・二〇〇二）。また、荘園集積の進行は院や院近臣との軋轢をも惹起した。有名な上野国における五千町歩の摂関家領荘園の設定と、院による停止は関白罷免の前年であった。そのころ、摂関家や興福寺の荘園の紛議が相次いでいたのである（元木泰雄・二〇〇〇）。活発な荘園集積の動きが、院や院近臣を刺激していたことは疑いない。

侍所と主従関係

忠実と当時の摂関家にとって、経済基盤とともに大きな問題は儀式などへの出仕者の減少であった。摂関家に伺候する家政機関職員を統制し、強固に把握する家政機関が必要となるが、その役割を果たしたのが侍所であった。侍所は摂関家以外の公卿家に設置されていたが、周知の通り鎌倉幕府においても、御家人統制機関の役割を果たしていた。

摂関家の侍所は、史料上では十世紀に出現するが、当初は家政上の雑務に当たる六位級の官人である侍が候い、饗宴を行う場所であった。しかし、忠実のころの侍所には、台盤・日給簡・名簿唐櫃・着到などが備えつけられていたことがわかる。台盤が侍所の饗の場としての性格を示すのに対し、簡は清涼殿の殿上間における日給簡と同様に出勤簿の役割を果たしたと考えられ、儀式出仕者を確認する着到にも共通する性格が認められる。

この着到は政所別当である家司をも対象としていたし、また家司も含む家政機関職員が主従関係締結の際に捧呈した名簿は、侍所の唐櫃に収められていた。こうしたことから、侍所は全家政機関職員の出仕を監視し、さらに主従関係を管理する機能を果たしていたことが判明する。そうした機能を中心的に担っていたのが、侍所に常駐して着到記入や出仕者に対する催促を担当した所司であった（元木泰雄・一九九六、二〇〇〇）。

このような侍所の発展は、家産機構の整備に伴って増加した家政機関職員の組織に対応したものであるが、同時に儀式の出仕者の減少や家司以下の離反に対応し、家人を強固に統制・把握しようとした結果といえよう。侍所は、摂関家や有力公卿の家政機関として整備されている。これに対し院の場合、同名の機構もあるものの、組織は貧弱なものにとどまっており、立場の相違を推測させる。

厩と私的制裁

侍所の家人統制に対応して、違反する者への処罰も存在していた。それは厩における拘禁である。もちろん厩は、本来は乗馬を係留・飼育する場であったが、院政期の摂関家においては拘禁刑の執行の場にも用いられていたのである（元木泰雄・一九九六）。すでに摂関時代から家人に対する拘禁刑は見られたが、十一世紀末の師実の時期以後になると、拘禁の理由として、それまでの暴力ざたなどに加えて、主命違背も目立つようになり、拘禁の場所も厩が大半を占めるようになるのである。おそらくこの段階で、厩における拘禁が主従関係に対応する刑罰の制度として確立されたものと考えられる。

具体的な事例を示してみよう。長治二年（一一〇五）正月、忠実は、堀河天皇の行幸に馬を送る馬副を辞退した侍二人を、厩舎人に命じて雪解けの水が滴り落ちる下に立たせ、厩に拘禁したのである。主命違背者に対し、厳しく屈辱的な私刑が科されたことがわかる。

拘禁刑が私的制裁として制度化されたことは、摂関家家人としての立場が官人としてのそれを凌駕した結果である。拘禁された者のほとんどは六位以下の下級官人たちであるが、すでに彼らの官職は意味を失い、家政機関への依存が進行していた（吉川真司・一九九八）。

一方、四～五位の中級貴族である家司・職事が既に拘禁された例はないが、多くの者は荘園の荘官に任じられて、摂関家の家産機構に組み込まれ、それを大きな経済基盤としていた。もはや摂関家の政治的地位と関係なく、摂関家との結合が不可欠となっていたと考えられる。すなわち、家産機構の拡充と主従関係の強化は不可分の関係にあったのである。

こうした摂関家に対し、院の場合は、家産機構も拡充されるものの、先述のように侍所は整備されておらず、家人・近臣に対する統制は強固ではない。検非違使などの公権力を自在に行使できた上に、公権を基盤として近臣を育成し、潤沢な奉仕者を獲得できた院の立場が反映しているといえよう。

2　大殿忠実と摂関家

鳥羽院政と興福寺

先述のように興福寺の強訴は白河院政期から急増した。その原因の多くは院による末寺・法会の人事に対する介入にあり、白河院と興福寺の対立は先鋭化していた。永久四年（一一一六）にも、院近臣藤原顕隆の男讃岐守顕能に対する蜂起、顕隆の弟僧寛信の維摩会講師追却事件などが発生し、翌年には興福寺別当覚信が法務の辞任に追い込まれている。保安元年（一一二〇）の忠実失脚と、興福寺問題の深刻化とは決して無関係ではないだろう。

その忠実は、大治四年（一一二九）七月の白河院の死去後、しだいに政界に復活する。長承元年（一一三二）には内覧に復帰し、翌年には因縁の勲子改め泰子の鳥羽院入侍も実現した。彼女は上皇の妃となったにもかかわらず、異例なことに皇后となっている。このことは、彼女の入内勧誘が忠実失脚を招いたという鳥羽の負い目と無関係ではあるまい。以後、両者は協調を続けるし、忠実は鳥羽院とともに宇治を訪ねた鳥羽院第一の寵臣藤原家成を、王家・摂関家以外で初めて平等院経蔵に立ち入らせるなど、院近臣との関係も良好であった。そして、彼が宇治に退いたために、忠通との関係も表面上は平穏であった。

こうした政情に大きな波紋を投げかけたのが、興福寺であった。先述のように、鳥羽院政開始とともに清水寺別当問題が再燃し、院が検非違使を興福寺に派遣する事態に発展した。その後も、院の介入が繰り返されたため、大規模な強訴がたびたび発生し、興福寺と院との対決姿勢は強まってゆくことになる。このため、興福寺では大和源氏出身で、「日本一悪僧武勇」と称された戦闘的な悪僧の権上座信実が寺務を執行するに至った。

院との軋轢のなかで悪僧の勢力が強大化したのである。長者忠通は保延元年（一一三五）に悪僧の追却などを命じるとともに、さらに同四年に子息覚継を権別当に任じて寺内の統制を目指したが、目立った実効はなかった。興福寺の蜂起が白河院との関係を悪化させた経験をもつ忠実は、これを黙視できなかった。大殿忠実が政治の表舞台に再登場するのである（元木泰雄・二〇〇〇）。

忠実の興福寺統制

藤原頼長の日記『台記』によると、康治元年（一一四二）八月、氏長者藤原忠通の命として悪僧十五人が奥州に配流された。ところが、頼長によると、護送に当たったのは忠実の家人源為義であり、配流された僧こそ、実は「法文を知る」者であったが、忠実と結ぶ悪僧信実に反抗したために貶謫の憂き目を見たというのである。すなわち、この配流は忠実の興福寺悪僧に対する私的制裁であり、彼の興福寺統制の開始を告げる事件であった（元木泰雄・一九九六）。

忠実は悪僧の中心信実と提携して寺内統制に乗り出し、独自の武力である源為義を用いて、奥州配流という従来にない厳しい処罰を加えたのである。すでに、保延二年（一一三六）には両者の提携が窺知されており、先述のようにその二年後、信実は寺務執行を命ずる長者宣を受けているが、これも忠実の意向によるものと考えられる。こうした最中の天養元年（一一四四）、大和を知行国とした忠通は、悪僧の蜂起によって検注に失敗した。知行国主として悪僧統制を試みた忠通の敗北だが、それは同時に信実以下を掌握した忠実の勝利を意味する。興福寺を手中とした忠実は、以後悪僧を制御して鳥羽院との衝突を回避することに成功する。もはや興福寺の実質的な支配権は、大殿忠実に移行した。このことが、忠実・忠通父子の確執の一因となったことは、想像にかたくないだろう。

一方、忠実は僧侶に対し配流以上の残忍な私刑をも行っている。『台記』久安三年（一一四七）十月二十四日条に「人伝う、禅閤《忠実》、法橋寛誉を殺す。世以て刑罰法に過ぐるとなす」とある。忠実は刑罰として、法橋で参議為房の子息という高僧を殺害するに至った。当時、死刑は武士の所領の内部などの、ごく限られた独自の領域内で私刑として執行されていたが、ここでも同様の事態が惹起されたのである。興福寺と摂関家が一体の権門となり、興福寺が氏長者の強力な支配下に置かれたこと、そして権門としての摂関家が自己完結的な性格を有したことを意味する。悪僧の従者などに対する殺害は、忠実の後継者となった頼長の時にも再三見られる（元木泰雄・一九九六、二〇〇〇）。

こうした統制に成功した背景には、悪僧信実に寺内の支配を委ねた現実的施策や、所領問題を介して悪僧の利害を擁護した側面などもあったが、同時に先述の源為義のような爪牙となる武士団が組織されていたことも関係する（元木泰雄・二〇〇〇）。次に、興福寺の寺内統制などの担い手となった為義以下の武士団と、忠実との関係について検討したい。

源平武士団の組織化

先にもふれたが、源為義は河内源氏を継承した直後こそ白河院の信頼を受けたものの、度重なる不祥事で忌避され、続く鳥羽院からも同様の事情で排斥されてしまい、四十歳を過ぎても叙爵も許されない六位検非違使という惨めな状態となった。同い年の平忠盛が、鳥羽院政期の初期に昇殿を許され、大国の受領を歴任していたのとは大きな違いである。そうした為義は、武力を求める摂関家に接近していった。忠実に伺候した時期は不明だが、先述の「源行真申詞記」によると、保延二年（一一三六）に為義は忠実の舎人源行真を家人として獲得しようとしているから、その前に忠実に臣従したものと考えられる。

為義は一族とともに忠実、ついでその子頼長に臣従し、主君の身辺警護、悪僧や摂関家に伺候する京武者の統制などを担当した。また、彼らは久安六年（一一五〇）九月に忠実が忠通から氏長者を奪い、東三条殿を接収した際にも警護を担当している。こうしたことから、為義やその一族は、摂関家において家政的警察権を預かっていたとされる（上横手雅敬・一九八一）。

さらに為義の男義賢は、主君頼長から能登の荘を預けられて、その管理に当たっている。為義一族は預所などとして家産機構の暴力装置の役割を有していた。こうした立場は、摂関家領摂津国多田荘を支配していた多田源氏にも共通する。彼らは摂関家の家産機構に組織された存在であり、官位の上昇はもちろん、主従関係や所領の拡大という武士団としての発展も摂関家に依存していたのである。したがって、彼らは興福寺の悪僧たちと同様、家産機構に有機的に組織された存在であったと考えられる（元木泰雄・一九九四）。

こうしてみると、忠実は貴族である家政機関職員はもとより、悪僧と興福寺、河内・多田源氏以下の武士団を主従関係に組織していたことになる。主従関係と荘園を基盤とする中世的政治勢力を権門と称するが、忠実が率いる摂関家は、鎌倉時代の権門のように公家・武家・寺家と性格・職能の区分を明確にした権門ではなく、国家的な役割を果たす公家・武家・寺社権門を内包した複合的な権門であったことになる。そこで、忠実の率いる摂関家のような権力組織を「複合権門」と規定する（元木泰雄・一九九六、二〇〇〇）。

武士団や僧侶との密接な関係は、王家でも共通する現象である。したがって、院も摂関家と同様の複合権門といえるが、公的権力を介して貴族や武士を組織できた院の場合、代替わりの継承など、主従関係のあり方が摂関家よりもやや希薄であった点は注意される。

3　鳥羽院政期の矛盾

諸大夫出身の皇后

鳥羽院政の開始直後の長承二年（一一三三）、院と忠実の娘勲子改め泰子との婚姻が成立した。しかも、異例の退位後の皇后が実現し、鳥羽院と忠実の提携を象徴したが、彼女は高齢のため鳥羽の子供を出産することはなかった。一方、鳥羽への入内後も白河の寵愛を恣にしていた待賢門院から、鳥羽の心が離れるのも当然であった（角田文衛・一九八五）。その鳥羽に最も寵愛を受け、三人の皇子・皇女を儲けて政界の台風の目になったのが、院近臣藤原長実の女得子（のちの美福門院）である。彼女は、保延元年（一一三五）に皇女を出産しているので、それ以前に院に近侍したことになる。

保延五年には、のちの近衛天皇となる皇子を出産した。皇子は崇徳天皇の中宮聖子の養子という形式で親王宣下・立太子が行われた。諸大夫出身という母の身分に問題があったのであろう。この皇子は体仁親王と称されることになり、永治元年（一一四一）、わずか三歳で即位することになる。

崇徳は二十三歳、鳥羽から崇徳への譲位と同じく、成人天皇から幼主に譲位させて、院が政務の主導権を確保しようとする方策でもあった。また、養子への譲位ということで、将来の院政を約束されたことから、崇徳も譲位に応じたのである。

ところが、公表された宣命には養子の「皇太子」に譲位とあるはずが「皇太弟」に譲位とあったことから、崇徳の院政は不可能となった。先述の通り、院政を行うことができたのは天皇の直系尊属のみであった。『古事談』の説話で知られるように、崇徳には白河の落胤という噂が付きまとった。出生にまつわる噂が自身の王権を揺るがせるだけに、鳥羽院は崇徳を王権から排除しようとしたものと考えられる。むろん、この時の崇徳の怨念が保元の乱の遠因の一つともなる。

近衛の即位とともに得子は立后され、院近臣家出身者として初めての国母・皇后となったのである。彼女の従兄弟藤原家成は大国受領を歴任していたが、鳥羽院の寵愛を受けてめざましく昇進し、権中納言に至った。さらに、彼は御願寺領などとして諸国に多数の王家領を、ほぼ独占的に形成してゆくことになるのである（高橋一樹・二〇〇二）。

当初、忠実以下の摂関家一門も家成とは良好な関係を保持しており、一応政界は平穏であった。しかし、右に記したように崇徳が強引に退位させられ、宣命記述の詐術で院政を封じられると、崇徳・待賢門院周辺と、近衛・美福門院の周辺との関係は険悪となり、その波紋は政界全体に広がってゆくことになる。

美福門院と待賢門院

美福門院と待賢門院の対立は、崇徳上皇と近衛天皇の軋轢という皇統の分裂を生むことになるが、同時に有力公卿たち、さらには摂関家をも巻き込んで、政界を二分する事態にも立ち至る。このことが、のちの保元の乱における両陣営を形成する遠因ともなるのである。

美福門院の父の系統藤原氏末茂流は、元来政治力に乏しい大国受領系の院近臣家であった。それだけに、同流と婚姻関係にある有力公卿家との提携が深められることになる。その代表が堀河天皇の外戚として栄華を築きながら、その後は崇徳の外戚閑院流の前に不振となった村上源氏顕房流の雅定、摂関家の傍流中御門流の伊通らであった。

彼らは、待賢門院の兄弟で、崇徳の外戚にあたる閑院流の藤原実行・実能兄弟と鋭く対立することになる。実行・実能と、村上源氏の嫡流雅定は、大将・大臣昇進をめぐって互いに牽制・拮抗するに至った。鳥羽院はこの事態を容易に解決することができず、ついに、藤原宗忠死後の保延四年（一一三八）から久安五年（一一四九）まで右大臣が、さらに輔仁親王の皇子であった源有仁が辞任した後の二年余りは左大臣までも空席となり、この間の大臣は内大臣頼長一人という異常事態となった（元木泰雄・二〇〇〇）。

図9　待賢門院・美福門院関係系図

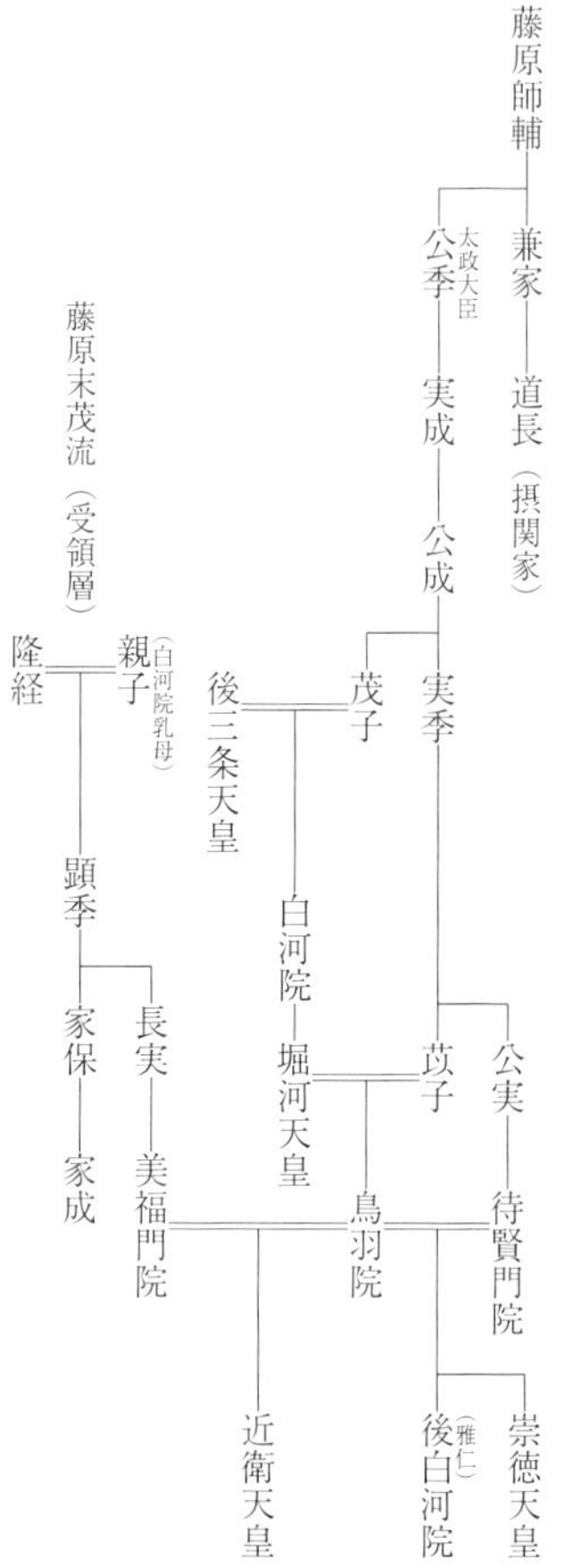

こうした政界の分裂は、摂関家にとっても無関係ではない。長男忠通は伊通の姉宗子を正室とし、次男頼長は長承二年（一一三三）に閑院流の実能の娘幸子と結婚していたのである。このため、実行・実能らが頼長に大臣昇進の促進を依頼（橋本義彦・一九六四）して接近するなど、密接な提携関係にあったため、政界の亀裂は当然二人の立場にも大きな影響を与えることになる。

そこに、両者の関係を大きく悪化させる事態が起こった。忠通は長年嫡男に恵まれなかったため、二十歳以上も年の離れた弟頼長を養子としていた。このため、頼長は摂関の正当な継承者として処遇され、摂関家嫡男の特権的地位である五位中将を経て、史上最年少の十七歳で内大臣に就任するなど、驚異的な速度で昇進していった（元木泰雄・二〇〇〇）。弟でありながら、父の偏愛を受けて摂関を望んだとする『愚管抄』の記述は、忠通の男慈円の曲筆である。

ところが、康治二年（一一四三）に待望の嫡男基実を得た忠通は、頼長への摂関譲渡を渋るようになる。しかも先述の興福寺問題をめぐって忠実との関係にも不協和音が響きはじめた。これらと、二人の女院を中心とする政界の分裂が重なり合うことになったのである。

摂関家の分裂と政情不穏

頼長は久安四年（一一四八）から室の姪に当たる養女多子の近衛天皇に対する入内工作を開始する。多子は待賢門院の甥公能の女でもあったため、美福門院は鋭く反発し、二年後には忠通と提携して、その養女呈子の入内を企図する。結局、多子は皇后、呈子は中宮に冊立され、一帝二后という形をとって事態は終結するが、頼長と忠通・美福門院との関係は決定的に悪化することになる。

そして、忠通は約束を破り、養子頼長への摂関の譲渡を最終的に拒否した。自身の決定と家長としての権威を否定されたことに激怒した父藤原忠実は、忠通を義絶した上に、彼に譲った氏長者の地位、荘園や東三条殿などの家産を奪い返して頼長に与えたのである。これによって頼長は、摂関家の家産機構のほか、興福寺の管理権、忠実から譲られた源為義以下の武力も掌握し、摂関家の中心となった。しかし、鳥羽院が忠通を関白にとどめ、頼長にも内覧の地位を与えたため、摂関家の分裂はよりいっそう深刻なものとなった（橋本義彦・一九六四）。

この結果、政界は鳥羽院を頂点としながら、忠実・頼長や閑院流と、美福門院・院近臣・忠通らとが、二つの政治集団を形成し、鋭く対立することになる。ちょうどこのころ、鳥羽院の政務決裁に関与する実務官僚近臣の第一人者として台頭してきたのが、信西であった。彼は、為房流の近臣顕頼が久安四年に死去した間隙をついて、鳥羽の側近として政治中枢に食い込み、美福門院たちの集団の参謀役となるのである。

その後、内覧頼長が政務の中心となるが、彼の保守的で、峻厳な懲戒を好む政策は、院近臣など多くの人々の反感を買った（橋本義彦・一九六四）。しかも、院領荘園形成をめぐる競合もあって、忠実・頼長と藤原家成との対立が激化する（高橋一樹・二〇〇二）。そして、仁平元年（一一五一）には、頼長は些細な紛争を機に家成の邸宅を破却するに至ったのである。この事件をきっかけに、頼長は鳥羽院の信頼をも失って政治的に孤立することになる。

しかも、仁平二年から同三年にかけて、頼長は自身の命に背いた興福寺僧やその従者を取り締まるために、彼らが隠れた仁和寺・上賀茂神社・石清水八幡宮などの寺社に、検非違使や家人を送り、再三闘乱を起こし、殺害事件まで惹起して境内・神域を汚すに至った。権門内部の統制に奔走する姿勢は他の権門との軋轢を惹起し、摂関家の孤立を深めていった（元木泰雄・一九九六）。

また、この当時、諸国でも摂関家と結ぶ源氏一門が相次いで騒擾を惹起していた（野口実・二〇〇二）。久寿二年（一一五五）には、為義の次男義賢が、兄義朝の長子義平に武蔵国で討たれている。摂関家に伺候する為義や義賢以下と、東国にあって受領への接近を通して院近臣側に立った義朝との対立が決定的となっていたのである（元木泰雄・二〇〇二）。

騒然たる情勢の下、久寿二年七月に近衛天皇がわずか十七歳で急死すると、中央の政情は激動することになるのである。

六　内乱の勃発——保元・平治の乱——

1　首都の兵乱

動揺する王権

久寿二年（一一五五）七月二十三日、鳥羽院と美福門院最愛の皇子で、皇統の嫡流の位置を占めた近衛天皇が、皇子もないまま十七歳の若さで死去した。皇位継承者を決める王者議定は、六月に正室幸子を喪った頼長を排除し、鳥羽・美福門院・忠通、そして信西の主導下で行われた。第一候補と目された崇徳上皇の皇子重仁親王は斥けられ、美福門院の養子守仁親王の即位の前提として、その父雅仁親王が践祚するに至ったのである。

雅仁は待賢門院の皇子で、即位の可能性も低かったため、遊女らが歌う俗謡今様に明け暮れる有様であった。ここに帝王学なき帝王、後白河が出現した。のちに彼が治天の君となり、貴族政権を代表して平氏政権・鎌倉幕府などの武士政権と抗争する運命など、誰も予想だにしなかったはずである。一方、譲位の際の謀略に続き、皇子の即位を阻まれて再度院政の可能性を奪われた崇徳は、大きな不満を抱くことになる。

雅仁擁立の背景には、白河の落胤とされる崇徳の皇統を嫌った鳥羽や、崇徳院政成立に伴う抑圧を恐れた美福門院、妻が乳母を務めた雅仁擁立を図った信西らの思惑もあったと考えられる。さらに、注目されるのは、この時に頼長に対して内覧が宣下されなかったことである。

内覧は天皇の代替わりごとに宣下されることになっていたため、新天皇の践祚を機会に、彼は政治の中心から排除されたことになる。やがて頼長は、宣下されなかった原因を耳にする。すなわち、忠実・頼長が京の西北の鎮守愛宕山の天狗像の目に釘を打ち近衛天皇を呪詛した——そんな噂を近衛の死去に動転する鳥羽が信用したためという（『台記』）。むろん、忠実・頼長を失脚させようとする、忠通・美福門院らの策謀であることは疑いない。

待賢門院の皇子後白河の即位とともに外戚の立場を回復した、藤原実行・実能などの閑院流の一門にも見捨てられ、忠実・頼長の失脚・孤立は決定的となった。ところが、翌保元元年（一一五六）には政界の頂点にあって、不満分子を抑えていた鳥羽院が重病に陥ったのである。皇統から排除されたものの、本来は王家の嫡流に位置した崇徳や、摂関家の中心として多くの荘園や武力を有する頼長らの存在は、権威に乏しい後白河天皇や美福門院の王権を動揺させることになる。危機に瀕した彼らは、鳥羽の存命中から周到な準備を整えて不満分子を挑発し、崇徳や頼長らを蜂起に追い込んでゆくのである（橋本義彦・一九七六）。

保元の乱の勃発

鳥羽の重病という事態に直面した美福門院や信西以下の院近臣側は、鳥羽存命中からいち早く有力な京武者を動員し、さらに七月二日に鳥羽が死去すると、天皇のもつ国家権力を通して検非違使・衛府などの武士を動員して、京やその周辺の警備を固めていった。すなわち、鳥羽が危篤に陥った六月一日には、河内源氏の下野守源義朝と同義康が後白河天皇の里内裏高松殿の、そして源光保、平盛兼らが院や美福門院、皇太子守仁のいる鳥羽殿の警護に動員された。ついで七月五日には平基盛以下の検非違使が京中の警備に当たったほか、『保元物語』によると、国司たちが諸国の武士たちを京に送ったという。

北面などの有力軍事貴族、検非違使・地方武士の動員という形態は、院政期における大規模な強訴でも見られた（元木泰雄・一九九四）。後白河陣営は国家権力を用いた最大限の武力動員を行ったのである。こうした周到な準備を背景として、崇徳や頼長に対する挑発が行われることになる。

京中に対する厳しい警護は、崇徳・頼長らを京外に排除し、ケガレを忌避する天皇の政務空間である京における戦闘を回避しようとする目的もあったと考えられる。なお、京の内外や、鳥羽・白河の意味については美川圭が詳細に論じている（美川圭・二〇〇二）。

さて、鳥羽院の死去に際して、崇徳は対面をも拒否され、王家の異端者という刻印を捺された。鳥羽の死後には、摂関家の荘園から武士を動員することが禁止され、七月八日には頼長の本宅東三条殿が接収された。『保元物語』のみの記述だが、東三条殿の捜索の結果、頼長の謀叛の動きが判明したため、配流が宣下されたという。もはや、頼長は蜂起するか、さもなくば配流によって政治的生命を絶たれるかという窮地に追い込まれたのである。

この段階になって、ようやく藤原頼長と崇徳は動きはじめた。彼らは七月十日、ひそかに白河殿に集結し、軍勢を整えた。動員されたのは、平正弘以下崇徳側近、早くから忠実・頼長に伺候していた京武者の平忠正や源頼憲、そして源為義一族である。為義も長子義朝との対立を回避すべく逡巡していたが、崇徳の説得を受けて参戦に踏み切った。むろん、摂関家家産機構と密接に関係した彼らは、頼長と運命を共にせざるをえなかったのである。

このほか、崇徳・頼長陣営には信実以下の興福寺悪僧、そして摂関家領荘園の武士団らが参戦の動きを見せている。こうしてみると、崇徳・頼長側の武力は、わずかな崇徳側近を除くと、大半は摂関家の私兵であったことがわかる。

保元の乱における両陣営の武力は、後白河側が国家権力によって動員したものであったのに対し、崇徳・頼長側はおおむね摂関家の権門としての武力を結集したものだったのである（上横手雅敬・一九八一）。

藤原忠通の家司平信範の日記『兵範記』によると、七月十一日未明、清盛の三百騎、義朝の二百騎、そして義康の百騎からなる後白河側の軍勢は、白河殿に向けて夜襲を敢行した。総勢は六百騎にすぎないが、彼らの武力に政治権力の行方が委ねられたのである。

乱の結末

迎え撃つ崇徳・頼長側の軍勢も善戦したため、合戦の雌雄は容易に決しなかった。『保元物語』が、白河殿を守る源為朝の活躍を超人的に描いていることは周知の通りである。このため、後白河側は待機していた源頼政以下の第二陣を派遣する一幕もあった。しかし、人数で勝る上に、源義朝の献策によって、夜襲に続いて放火という自力救済的な戦闘方法を用いたため、辰刻（午前八時）には後白河側の圧勝となった。敗れた崇徳上皇や頼長、それに参戦した武士たちは、白河殿から一斉に姿をくらますことになる。

崇徳上皇は出頭したものの、讃岐に配流されて、八年後にその地で死去した。重仁親王は出家して政界を去り、崇徳の皇統は消滅することになる。王権をめぐる対立が、武力によって決着を見たのは、平安時代初頭の平城上皇の乱以来のことであった。先述のように、父院によって正当性が保証されていた王権の不安定さ、また退位したあとも権力を掌握しえた二元的な王権の矛盾といった問題が、この兵乱の背景にあったと考えられる。

一方、頼長は戦場で受けた矢傷のために死去し、拘引された彼の子息たちや与党の貴族たちも配流された。この結果、頼長の系統は壊滅し、忠通が氏長者に返り咲いた。忠実は、合戦中は宇治にとどまり、乱後には奈良で逃れて来た頼長との対面を拒んだために中立を認められた。しかし、洛北の知足院に幽閉を余儀なくされ、六年後に寂しく没した。彼が配流を免れたのは、摂関家領の保全を目指した忠通の奔走の結果と考えられる。

図10　保元の乱時の勢力分布

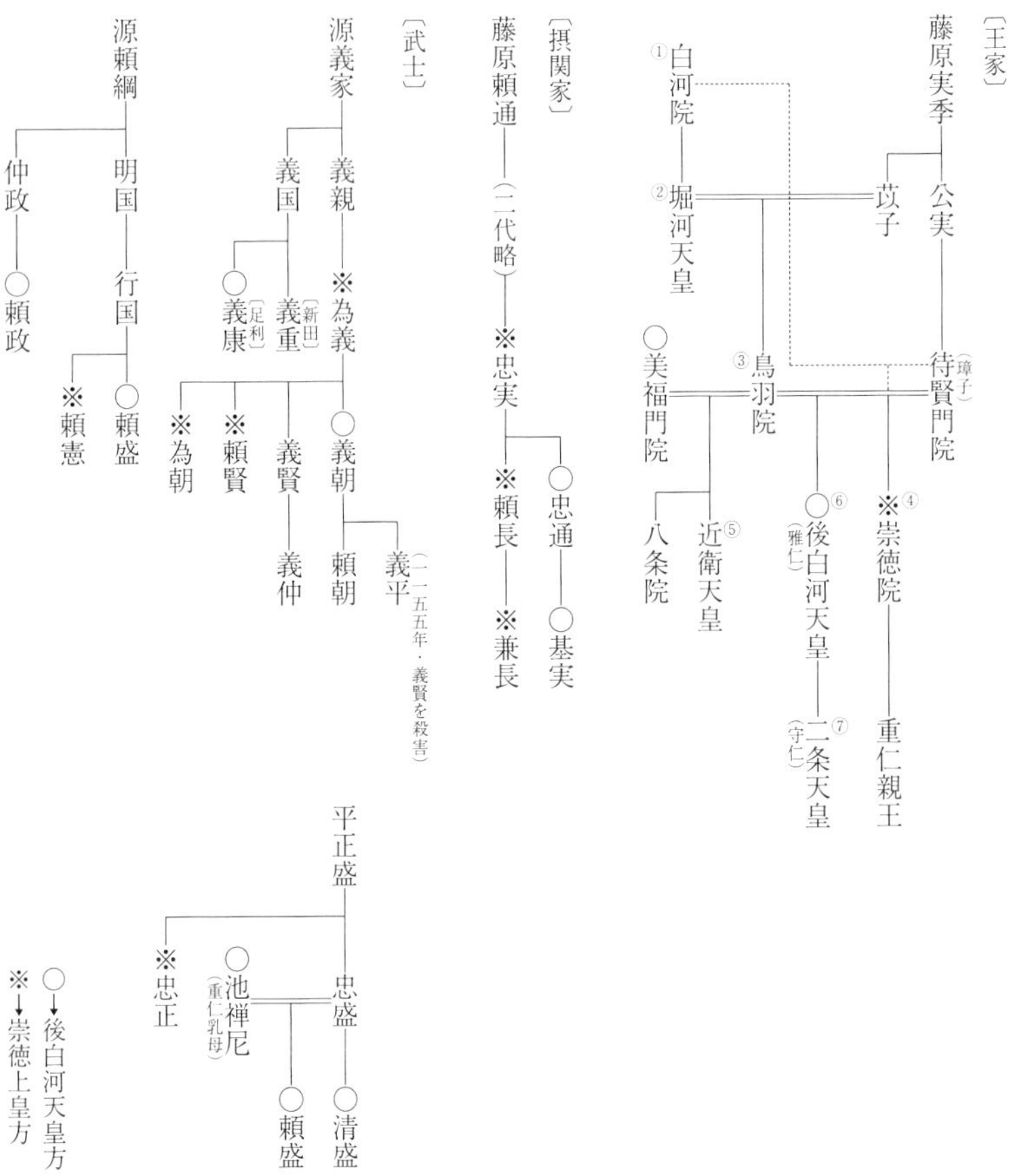

降伏した為義以下の武士たちも出頭したが、一族によって斬首されるに至った。公的な死刑の復活として喧伝されるが、敗者に対する勝者の処刑は、公的な追討も含む武士の合戦における慣習を踏襲したものである。報復を繰り返す自力救済の連鎖を断ち切るには、敵の処刑は当然とされた。処刑は一族に委ねられ、義朝は父為義や多くの弟たちの処刑を余儀なくされた。反面で、彼は長年続いた河内源氏の内紛を克服したことにもなる。

　こうして、乱を乗り越え、それぞれの政治勢力内における対立は一応解消された。しかし、政界は安定することはなく、いっそう混迷の度を深める結果となったのである。

2　混迷する政情

権門の衰退と解体

保元の乱の結果、最も大きな影響を受けたのが摂関家である。氏長者に返り咲いた忠通も、勝者とはいうものの、所詮その勝利は信西や美福門院にもたらされただけに、政治的地位は後退を余儀なくされた。氏長者の地位も宣旨で決定されることになり、摂関家の自立性は大きく後退した（竹内理三・二〇〇四）。また、保元三年（一一五八）四月の賀茂臨時祭では、後白河の寵臣藤原信頼一行の無礼を咎めた忠通が、逆に後白河から閉門や家司の解官を命じられる始末であった。当時の摂関家の政治力を象徴する事件といえる。

それればかりではない。中立を認められ所領没官を免れた父忠実から、忠通は摂関家領の大半を譲り受けることに成功した。しかし、源為義をはじめとする、荘園を管理する武士団を失っていただけに、摂関家領支配は動揺することになる（田中文英・一九九四）。たとえば、平治元年（一一五九）には、伊勢国須可荘に近隣の摂関家領の荘官と見られる平信兼が乱入、下司一族を殺傷した。また長寛二年（一一六四）には、京にほど近い河内国の殿下渡領楠葉牧で、同所に居住する武士左衛門尉光弘が、ささいなことから文官の下家司惟宗忠行を含む、厩司清科行光一族に剝き出しの暴力で威圧を加えるに至った。

さらに氏長者と興福寺悪僧たちとの連繫も、すっかり崩壊した。信実は巧みに国司と提携して保身を図るが没落、忠通の男覚継改め恵信も別当に就任するが、寺僧と対立して永万元年（一一六五）に別当を解任され、二年後には武士とともに興福寺を襲撃したために配流の運命をたどっている。こうして、鳥羽院政期の一方の政治的中心摂関家の権力はすっかり弱体化し、貴族と武士とが一体化した複合権門も解体されてしまうのである。

一方、崇徳の皇統を排除したとはいえ、王家も混乱に直面していた。正統の後継者守仁親王は保元三年に即位（一一条天皇）するが、まだ十六歳で、後見の美福門院も権威に乏しい。父院となったとはいえ、後白河は中継ぎとしての即位という事情から、院政を行って政務を主導するだけの権威も権力もなかった。彼に近臣として伺候したのも、二条天皇にも近い信西一門の他には、藤原信頼・成親など伝統的近臣家の傍流や、村上源氏の源師仲や、武士の源義朝といった待賢門院の関係者などであった。

しかも、鳥羽院と美福門院が集積した王家領の多くは、二人の間の皇女八条院に伝領されていた。このため、王家領と関係の深い平氏一門など有力な鳥羽院近臣たちは、後白河から距離を置くことになる。言い換えるならば、各女院や皇族に所有され、治天の君の権威のもとで統括されていた王家領が分裂し、同時に院近臣たちも主従関係の求心力を失ったといえよう。こうして、鳥羽院が有していた権威や院近臣団、そして経済基盤は分解され、権門としての王家も事実上解体されるに至ったのである。

この結果、鳥羽院政期に併存した有力な政治勢力のうち、王家と摂関家が衰退し、かわって院に従属していた院近臣層が自立することになる。その中で主導権を握ったのが、学者政治家にして実務官僚系の院近臣である信西に他ならない。

信西の活躍

信西は俗名を藤原通憲といい、藤原氏南家の学者の系統に属し、祖父は大学頭であった。父実兼の早世で不遇となったため、あえて出家することで身分の壁を超克しようとしたとされる（五味文彦・二〇一一）。彼は当初『本朝世紀』の選進など、文化面における活躍で鳥羽院に接近した。そして、先述のように藤原顕頼死後に実務官僚系院近臣の第一人者となり、鳥羽院の政務決裁を補佐し、政務の中枢に関与するに至った。さらに、子息俊憲・貞憲を相次いで弁官に送り込むなど、実務官僚家として為房流に比肩する権威を築いたのである（元木泰雄・一九九六）。

彼が保元の乱で活躍し、乱後に政治の表舞台に躍り出た原因は、まさにこうした立場にこそ存した。彼は後白河の近臣として、その即位に伴ってにわかに台頭してきたわけでは決してない。したがって、信西は後白河に近侍する一方で、守仁親王にも俊憲を東宮学士、即位後の蔵人頭として送り込み、強い影響力を有していたのである（元木泰雄・一九九六）。

彼は、保元の乱の直後の閏九月には、王土王臣思想に基づく保元新制を発布し、寺社権門に対する厳しい荘園整理や悪僧・神人の削減を命じた。ついで、乱の翌年には諸国の受領に命じて内裏の再建を実現し、さらには京中の整備や兵仗停止、宮中における種々の儀式の復興といった施策を相次いで推進していったのである（五味文彦・二〇一一）。

この背景には、動揺した王権の権威を再興するとともに、兵乱で踏みにじられた王権の所在地を復興しようとする目的があったと考えられる。とくに、京の整備と兵仗停止には、王権の所在地としてケガレを排除すべき空間とされた京（本書第四部第一章）が、合戦の惨劇の舞台となったことに対する痛切な反省があったに相違ない。

しかし、二条天皇と後白河院との対立は依然として継続し、政界の情勢は不安定であった。そして、平治元年（一一五九）の暮れに勃発した平治の乱で、信西は殺害されることになる。次に、平治の乱の背景となった政情について述べることにしたい。

図11　信西一門系図

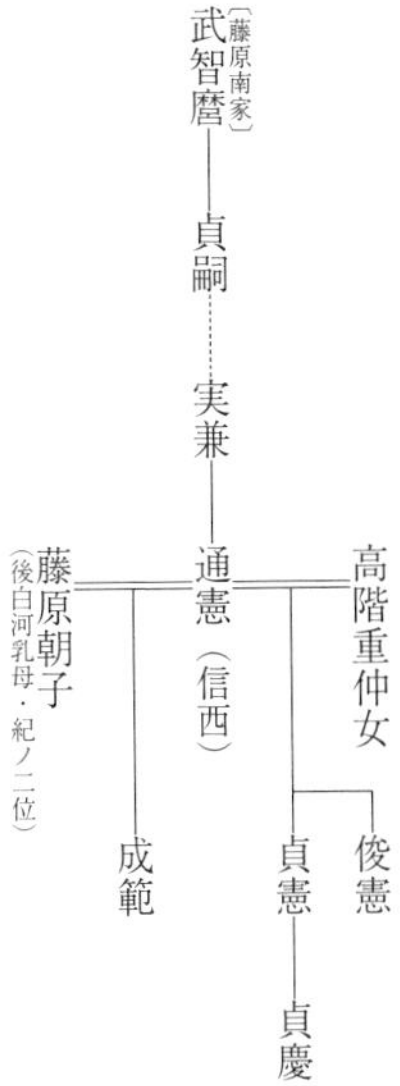

諸勢力の葛藤

『平治物語』や『愚管抄』は、人事に強い影響力を有した信西が、昇進を抑制したことから後白河近臣信頼の恨みを招き、また義朝との縁談を拒絶しながら清盛と縁組して政治的に提携したため、義朝が遺恨を抱いたなどとする。また、義朝の怨念には、清盛に比して保元の乱後の恩賞で冷遇されたことも関係していたとする解釈が根強い。

しかし、平治の乱以前の官位を比較すれば、清盛より冷遇されたという解釈は全く成立しがたいし、縁談の不調も家格から見れば当然で（元木泰雄・一九九四、二〇一一）、蜂起の原因とするのは疑問である。また、信頼が信西に不満を持ったのは事実だが、平治の乱には信頼・義朝の他に、後白河院政派の藤原成親、同光隆、源師仲、そして二条親政派の藤原経宗、同惟方も参加しており、乱は単に信頼・義朝と信西・清盛との個人的な対立によって惹起されたわけではないし、清盛については関与さえも不確実といわねばならない。

本来、権威も低く、治天の君にすがってきたにすぎない信西が、政務を主導することに反感も強かったと考えられる。先述のように、政界では平治の乱以前から院政派・親政派の対立が強まっていた。しかし、信西やその一門は後白河院・二条天皇双方に強い影響力を有して、院政・親政派双方との矛盾を激化させていた。このため、両派は日ごろの対立をこえて信西打倒という目的で結合したと考えられる。

さらに、信頼が道隆流、成親が末茂流、光隆が良門流、惟方が為房流と、院近臣の代表的家系に属していたように、事件の背景には新興の院近臣信西一門に対する、伝統的院近臣らの深刻な反感が存在していた。信西一門は、大国受領として、また実務官僚としてめざましく発展しており、伝統的近臣家の地位を脅かしていたのである。

なお、義朝は後白河院政派の一員として、信頼の命に従って行動したと考えるべきであろう（元木泰雄・一九九六）。また、後述するように、平清盛や惟方の兄光頼をはじめとする鳥羽院近臣の中心的公卿の中には、中立と考えられる者も存在している。

総じて、保元の乱の後における、王家・摂関家の分裂・衰退といった政治構造の激変に伴って発生した大きな政治混乱が、平治の乱をもたらすことになったといえよう。

3　清盛の勝利

平治の乱の経緯

平治の乱は、平治元年（一一五九）十二月、清盛の熊野参詣の最中に発生する。義朝の軍勢が後白河の院御所三条殿を急襲したのである。彼らは信西やその子息たちの殺害を目指していた。信西はいち早く京を逃れたものの、源光保らの手によって逃亡先で斬首され、首を京にさらされることになる。子息たちも解官配流の運命をたどった。院・天皇はともに、信頼らの下に監禁されるに至った。信頼・義朝らの蜂起は、緒戦において鮮やかな成功を収めた。

しかし、信西という共通の敵を倒すと、今度は院政派・親政派の相互が鋭く対立することになる。親政派は熊野参詣の途次から帰京した清盛と巧みに連繫し、二条天皇を六波羅の清盛邸に脱出させることに成功した。これを耳にした後白河院は、院近臣たちを見捨てることになる。行先は六波羅とも、仁和寺ともいわれるが、いずれにしても天皇と対立して配流された、保元の乱における兄崇徳の二の舞を回避したのである。天皇と対立した場合、上皇に正当性はない。

図12　平治の乱時の勢力分布

天皇・上皇の脱出により、自分たちの立場を正当化する根拠を失った信頼・義朝ら院政派は、六波羅の清盛を攻撃するが、挙兵時に協力した源光保の離脱や源頼政の敵対もあり、あえなく六波羅で敗北する。最後に義朝に従っていたのは、十騎以下であったという（『愚管抄』）。乱後、東国武士に何ら処罰がなかったことから見て、元来参戦した武士もわずかだったと考えられる。

降伏した藤原信頼は、六条河原で平清盛によって斬首される。保元の乱では行われなかった公卿の処刑が行われたのである。これは、信頼が院や天皇の監禁を行った上に、直接戦闘に加わって、清浄を保つべき京中で合戦を惹起した責任が問われたのであろう。

保元の乱の主戦場は、崇徳・頼長が立てこもった斎院御所の所在地白河であった。白河は当時京中との共通性が高まっていたが、基本的に京外であった（美川圭・二〇〇二）。しかし今回は、京の真っ只中にある院御所三条殿で戦闘が開始され、そこでは非戦闘員の女房たちまでが大勢犠牲となったのである。『今鏡』が「あさましき乱れ」として忌避し、二条即位の元号平治がたちまちに永暦に改元されていることからも、衝撃の大きさがわかる。信頼は、悲惨で忌まわしい事件の責任者として、後白河以下の激怒を招いたのであろう。なお、成親以下の貴族たちは配流されるが、数年後には帰京を許されている。

義朝は東国に脱出する途中の尾張国で討たれ、参戦した長男義平は逃亡ののち処刑、次男朝長は負傷が原因で死んだ。戦闘員の中では、初陣であった三男の源頼朝のみが、伊豆への配流に宥められている。『平治物語』は、清盛の義母池禅尼の個人的嘆願の結果とするが、おそらくは頼朝の母が後白河の近臣熱田宮司家の出身だったことも関係すると見られる（上横手雅敬・一九八一）。

最後の勝者清盛

信頼・義朝以下の院政派が全滅した上に、乱の平定にも貢献したことから親政派は優位に立った。しかし、翌永暦元年（一一六〇）二月、後白河に無礼を働いたとして、親政派の中心公卿で二条の外戚藤原経宗、為房流の参議同惟方が配流された。彼らを追捕したのは、後白河の命を受けた清盛であった。六月には鳥羽の北面で、二条親政派の中心的軍事貴族であった美濃源氏の源光保・光宗父子が、謀叛の疑いで薩摩に配流され、その途中で殺害された。

このように親政派が粛清された背景には、二条の若さも関係したと考えられるが、同時に親政派も乱の勃発に加担した責任を問われたものと考えられる（安田元久・一九八六）。さらに、清盛に代表されるように、乱以前に中立であった勢力の存在が、親政派に対する処罰を可能にしたのではないだろうか。結局、平治の乱以前に政治の表舞台にあった信西一門、院政・親政派は壊滅し、乱の勝利の成果は事実上清盛が独り占めすることになる。

彼が得た成果の一つは、源義朝・光保一族の滅亡により、対抗する軍事貴族が消滅したことである。この結果、清盛は諸国の反乱追討を独占的に担当し、事実上国家的な軍事・警察権を掌握することになった。同時に、乱の翌年には平治の乱の際の六波羅行幸の恩賞として、正四位下から一気に正三位に昇進して公卿に加わり、八月には参議に就任、翌年には検非違使別当を兼ねるとともに、権中納言に昇進して議政官の一員となった。清盛は武士の第一人者となった上に、公卿として大きな発言力を有するに至ったのである。

二つの兵乱を通して、最終的に清盛が勝利を収めた背景には、保元の乱以後の政治構造の変化と政情の不安定のなかで、自力救済的な要素が強まったことがあった。その結果、武士の政治的地位が著しく上昇したのである。ただ、清盛の武力には大きな限界もあった。

清盛が主従関係を締結し、自在に動かせる武士団は、平家貞一族など旧来の伊賀・伊勢の武士団などにすぎず、地方反乱などの大規模な追討では、朝廷・院の命令によって地方武士を動員する必要があった。この軍事動員形態は、院政期の京武者の延長であったが、競合する棟梁の不在もあって克服されることなく、治承・寿永の内乱にまで継続した。そして、平氏の軍制を規定し、平氏と王権とを不可分のものとしたのである。

「アナタコナタ」

永暦元年（一一六〇）十一月、親政派の失脚に続いて美福門院が死去し、後白河院が政務を主導するに至った。そして清盛以下の平氏一門は、院庁別当・判官代に就任して院政を支えた。それればかりか、清盛の室時子の異母妹滋子は院の寵愛を受け、応保元年（一一六一）九月に皇子を出産した。その直後には平時忠・教盛らが皇子の皇太子擁立を企図して解官されるなど、後白河と平氏一門が連繫し、二条の皇位を脅かすに至ったのである。

しかし、王家の正統である二条は、成人とともに強い権威を獲得した。また、中継ぎとして即位した経緯もあって、後白河には父院としての権威もなく、まして二条を強引に退位させることは困難であった。応保二年（一一六二）ごろには二条が優位に立つことになり、平治の乱で配流されていた経宗も帰京した。これとは対照的に、後白河院近臣たちが相次いで配流されたのである。

この緊張した政界で、清盛は親政・院政両派の間を巧みに遊泳したとされる。すなわち、『愚管抄』に「ヨクヨクツツシミテ、イミジクハカラヒテ、アナタコナタシケルニコソ」と評されたことは、よく知られている。しかし、旧鳥羽院近臣の中心の一人だった彼は、政治的には正統の皇位継承者二条天皇に従属していたのである。

この年の三月、二条天皇の里内裏押小路東洞院邸が新造された際、清盛は一門とともにその周辺に宿直所を設けて警護に当たった。これを諸国から動員された武士たちが輪番で勤仕する内裏大番役の最初とする説もあるが、平氏一門による警護とは性格を異にする。王権を武力で警護するのはかなり異例で、先述した白河・鳥羽と輔仁派の対立、保元の乱直前の警護など、王権の分裂の際に限定される。その意味では、二条と後白河の対立は深刻な状態となっており、二条の後白河近臣に対する圧迫は厳しいものがあった。

先述の里内裏を警護のほか、天皇から政治的諮問を受けたり、長寛二年（一一六四）には天皇の信任厚い関白基実を女婿としたりしている。後白河には蓮華王院の造営など経済奉仕を行ったにすぎない。最大の武力を有するとはいえ、それは王権に規定される面が強く、清盛も正統王権を支持し、従属する立場にあったのである。

七　王権への挑戦——清盛と平氏政権——

1　法皇と入道相国

後白河と二条の提携

後白河と二条の対立は、二条の成人とともに後者の勝利に近づくかに見えた。ところが、永万元年（一一六五）七月、二条天皇は二十三年の短い生涯を終えることになる。天皇は幼い六条天皇に譲位し、後白河院政を抑止しようとした。しかし、六条はわずか二歳で、しかも母親の身分も低かったため、政治的権威の低落は免れなかった。

さらに、仁安元年（一一六六）七月に天皇を擁護して政務を行うはずだった基実までも、二十四歳の若さで逝去してしまった。かくして、政治の主導権は六条の祖父後白河に移行することになる。しかし、自身の意志で擁立した天皇の下でこそ院政は安定する。このため、後白河は六条の退位と、滋子が生んだ皇子憲仁親王の即位を企図していたのである。

これに対し、六条の准母藤原育子の甥、閑院流の実定・実家らは天皇を支援しており、また閑院流は後白河の第二皇子で、八条院の猶子となった以仁王とも提携する動きを見せた。元来後白河の権威が十分ではなかったために、皇統の行方は微妙なものとなっていた。

清盛は、当然室平時子の甥憲仁の擁立に積極的で、後白河との間に憲仁とその母滋子を仲介とした政治的提携が成立する。後白河も清盛を支援し、永万元年八月に清盛を権大納言に昇進させた。清盛は、公卿以外の諸大夫の子息として初めて権大納言に到達したのである。

図13　平氏一門・王家関係系図

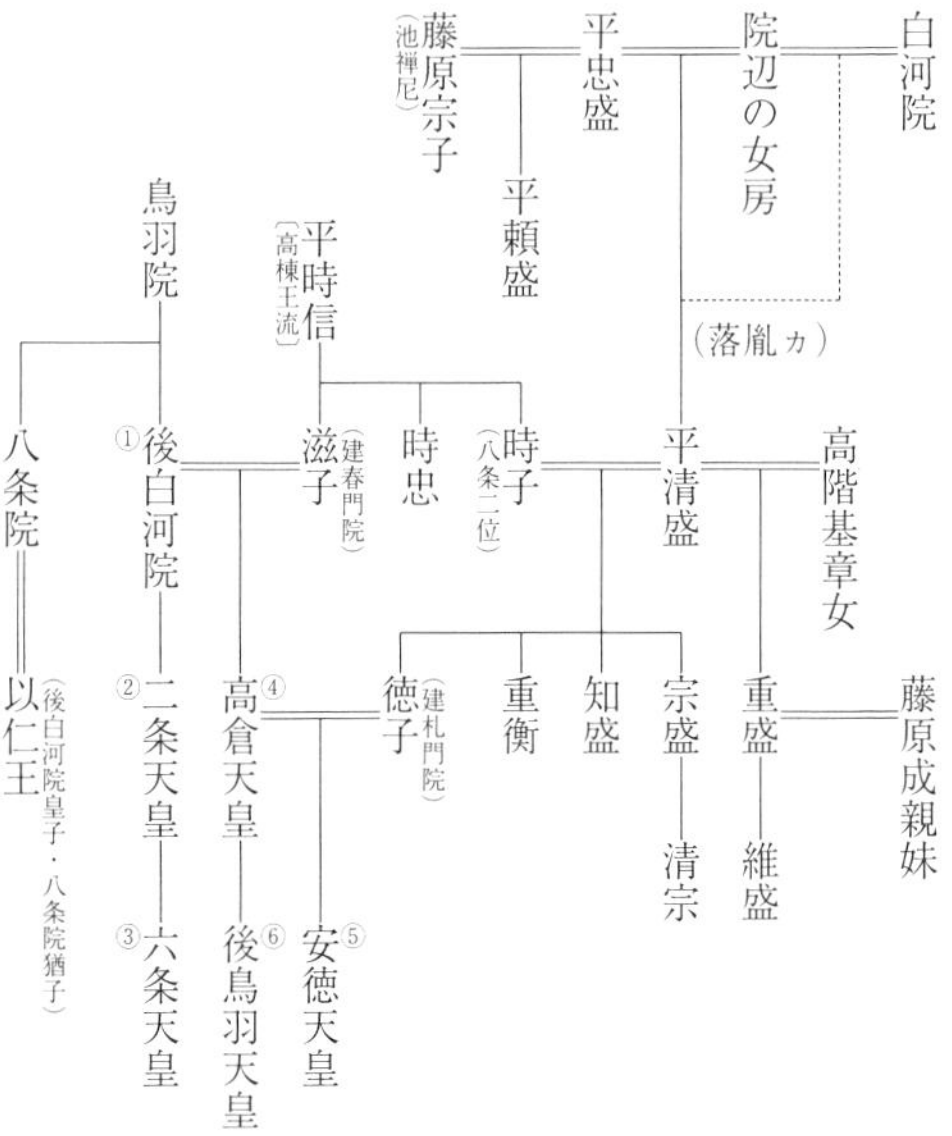

図14　平氏・摂関関係系図

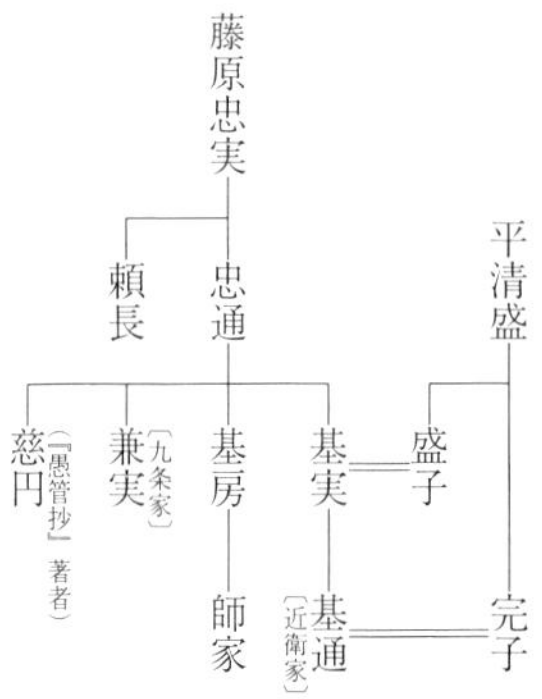

従来、清盛は一貫して後白河とは冷淡な関係にあった。保元の乱でも、清盛は後白河との私的結合ではなく、天皇からの公的動員に応じる形で参戦した。平治の乱でも当初は中立で、親政派の要請で院政派の信頼・義朝を討ったが、乱後には後白河の要請で親政派の経宗・惟方を逮捕するなど、中立は一貫していた。先述のように、後白河と二条の厳しい対立の下では、政治的には二条親政派であった。したがって、両者の政治的提携は初めてのことだったのである。

清盛は正統の天皇二条の王権に従属していたが、後白河との関係は新たな王権を擁立するための政治的提携であった。後白河は王家の家産も継承しておらず、家産機構を通して清盛を従属させることは困難であった。清盛は女婿である摂政基実の死去とともに、その遺領を後家となった盛子に管理させ、事実上自身の手中に収めた。王家の家産機構に代わる新たな経済基盤を形成したのである。清盛の自立の条件はすでに整っていた。

太政大臣と日宋貿易

対立の契機を孕みながらも、滋子（建春門院）を仲介役として、ともに憲仁の即位を目指した清盛と後白河は提携関係にあった。仁安元年十月には憲仁が立太子し、翌月には清盛が内大臣に昇進した。従来の院近臣家では権大納言昇進が最高であり、しかも鎌倉末期に至るまで、後鳥羽の外戚となった坊門信清を除いて、院近臣家から大臣に昇進した者はいなかった。したがって、清盛の人事は、まさに破格の待遇であったといえる。そして、翌年二月に、清盛は令制最高官職である太政大臣にまで昇りつめることになる。

当時の大臣は、天皇のミウチという性格を濃厚に有しており（元木泰雄・二〇一二）、摂関家を別にすると主として天皇の外戚が補任されていた。したがって、この時点でまだ天皇の外戚となっていない清盛がたちまちに太政大臣に昇進できた背景には、『平家物語』などで知られるように、巷間に流布していた白河院の皇胤という立場が関係したと見るべきである。換言すれば、太政大臣昇進によって、彼は皇胤として公認されたことになる。

清盛は間もなく太政大臣を辞し、平氏の家長という自由な立場となり、同年に諸道追討権を付与された重盛が武門としての平氏の中心となった（上横手雅敬・一九八九、五味文彦・二〇二〇）。さらに翌年、清盛の病気を機に、急遽六条に代わって高倉（憲仁）が即位し、父院として後白河が院政を本格的に開始する。清盛は摂津福原に引退し、後白河とともに日宋貿易を展開することになる。

院政期、日宋貿易は大宰府を舞台に展開され、保元の乱以前の段階で、その外港博多津には唐人町まで形成されていた。平清盛が保元の乱後に大宰大弐に就任したほか、弟頼盛も永万二年（一一六六）に大弐に就任し、当時としては珍しく現地に下向している。こうして平氏は、しだいに大宰府に対する影響を浸透させていった。そして、有力府官原田氏を被官化して、事実上大宰府を掌握することに成功したのである（石井進・二〇〇四ａ）。

このことを前提として、清盛は摂津の大輪田泊まで貿易船を乗り入れさせることに成功した。しかし、異国をケガレの充満する世界と見なし、逆に京や畿内をケガレから隔離して清浄に保とうとする貴族の感覚（村井章介・一九八八）からすれば、五畿内に属する摂津の大輪田泊を舞台とする貿易は、全く破天荒な出来事であった。したがって、大輪田泊で後白河が宋人と対面したことを、右大臣九条兼実が「天魔の所為」と非難したのも当然といえよう。

しかし、王権の中心人物たる後白河と清盛の連繋は、そうした貴族たちの反感を排除した。そして、大輪田泊における日宋貿易は半ば公的な貿易という性格を帯びるに至ったのである。この日宋貿易こそ、両者の協調を象徴するものであった。貿易は順調に発展し、輸出品としては陸奥の砂金や、九州の硫黄などが注目されているが、このことは国内各地との交易が貿易の背景に存したことを意味する（山内晋次・二〇〇三、五味文彦・二〇一四）。

福原で清盛はしきりに宋船を利用しており、同地には宋人も居住したと考えられる。また、清盛以下の別荘が甍を連ね（元木泰雄・二〇一一）、福原は都市として発展することになる。

協調の破綻

後白河と清盛の協調は、承安元年（一一七一）に清盛の女徳子が入内したことでいっそう緊密なものとなった。その背景に建春門院の活躍があったことはいうまでもない。さらに、平氏一門のなかにも清盛の嫡男重盛をはじめ、後白河院に接近する者も現れ、平氏一門が王家領荘園を形成する動きも見せていた（高橋一樹・二〇〇二）。

しかし、こうした協調の反面で、両者の間の亀裂もしだいに広がりはじめていたのである。入内に先立つ嘉応元年（一一六九）暮れ、院近臣藤原成親に対する延暦寺強訴の際、平氏一門は防禦に消極的な態度を取った。このため、後白河が清盛の義弟平時忠やその叔父で蔵人頭の信範を配流する一幕もあった。平氏は一貫して院近臣に対する延暦寺強訴の防禦に消極的である。また、後白河院庁から平氏一門の四位別当や判官代も減少していた。

安元二年（一一七六）、建春門院が三十五歳の若さで死去すると、両者の矛盾は表出することになる。女院没後に、蔵人頭・右大将をめぐり、院近臣と平氏一門が競合する事件が起こった。前者には清盛最愛の息と称された知盛を抑えて、院近臣藤原光能が任命されたが、後者については院近臣成親を斥けて、清盛の次男宗盛が補任された。平氏の家格の上昇が院近臣の官位昇進を妨げていたのである。

後白河の場合、成親のような伝統的近臣家の傍流や、光能や高階泰経、さらには在庁官人出身の僧西光など、近習と称された新興勢力を基盤としていた（五味文彦・一九八四）だけに、院近臣の官位上昇は不可欠であった。一方、清盛にしてみれば、かつての白河・鳥羽院政において、院と院近臣が政務を独裁し上流貴族が疎外されたように、後白河と院近臣の台頭によって、平氏一門が政務の埒外に置かれることを恐れていた。それだけに院近臣の昇進には神経質にならざるをえなかったのである。

さらに、後白河の幼い皇子を、相次いで高倉の養子とする動きがあった。これは、成人を迎えようとしていた天皇を幼主に交代させ、院が政務の主導権を確保しようとする、各院政に共通する現象であった。しかし、皇子が生まれないまま高倉が退位すれば、清盛も王家との姻戚関係を喪失する危機に瀕することになる。政務からの疎外を恐れる清盛が、高倉の退位工作を容認できるはずもなかったのである（元木泰雄・一九九六）。

2　法皇幽閉

鹿ヶ谷事件

後白河と清盛の溝が深まった安元三年（一一七七）四月、再び延暦寺の大規模な強訴が発生する。今回は、「キリモノ」と謳われて、院近臣の中心的存在であった僧西光の息子、加賀守藤原師高が標的とされた。この前年、彼の弟で目代として下向していた師経が、延暦寺に属し加賀と越前にまたがる白山宮の末社を焼打ちした。これに怒った延暦寺・日吉社の悪僧・神人が大挙高倉天皇の内裏に対する強訴を起こしたのである。

ところが、またしても平氏一門が強訴に対して不十分な対応を示したため、師高は配流を余儀なくされた。しかも、強訴の直後には中宮庁の仮庁舎に盗賊が侵入、さらには太郎焼亡と称される大火災が発生、大内裏をはじめ、多くの貴族の邸宅や民衆の住居が灰塵に帰した。清浄であるべき京は混乱の巷と化したのである。憤激した後白河は、親平氏派の天台座主明雲を謀叛の罪で伊豆に配流するが、途中の近江で悪僧たちに奪回されるに至った。

これを見た後白河は、五月末、福原から上洛した清盛に延暦寺攻撃を命じ、近江・越前・美濃三ヵ国の地方武士を動員する態勢をとった。ところが、六月に入ると事態は一転、北面の武士多田行綱の密告から、平氏打倒の陰謀が露顕し、院近臣の中心である藤原成親、僧西光・俊寛らが一斉に捕縛され、あるいは殺され、あるいは配流された。

院近臣たちは俊寛（『愚管抄』は静憲とする）の、京の東郊鹿ヶ谷にある山荘で平氏打倒の陰謀を企んでおり、その謀議の中心には後白河院がいたとされる。しかし、『平家物語』で強調されている「重盛の諫言」など、一門内の親院政派の動きもあって、さしもの清盛も後白河には攻撃を加えることはできなかった。また、後白河院政を停止させた場合、彼に代わる法皇の不在という問題も、攻撃を抑止せざるをえなかった要因と考えられる。

ところが、親院政派の存在と、代替王権の樹立困難という二つの条件は、二年のうちに解消されることになる。翌治承二年（一一七八）暮れ、入内以来七年間も出産がなかった徳子が、待望の皇子言仁親王、のちの安徳天皇を出産する。この結果、後白河を否定して、高倉院政・安徳天皇という清盛の理想とする王権を樹立することが可能となったのである。

しかも、翌年には平重盛が四十二歳の若さで世を去る。院と清盛の対立の板挟みのなかで彼は無力であった（上横手雅敬・一九八五）が、もはや平氏内部に、清盛と後白河の対立を掣肘しうる者は存在しなくなったのである。かくして、両者の衝突は不可避となった。

後白河院政の停止

重盛が死去する直前の治承三年（一一七九）六月、清盛はもう一人子供を失っている。藤原基実の後家として摂関家領を管理していた盛子である。享年二十四。夫と死別して十三年目であった。

彼女の死去で、摂関家領の行方は流動的なものとなり、一時後白河が預かる形となった。その直後の除目において、後白河は基実の弟関白基房の子息で、わずか八歳の師家を、摂関家嫡流を意味する特権的地位である権中納言中将に任命し、基実の遺子基通を散位のままで放置した。この人事は、基通系統を排除して、基房・師家系統が摂関家嫡流となり、摂関と宙に浮いている基実の遺領をも継承することを意味したのである。摂関家領は、平氏の経済基盤として不可欠の存在であった。摂関家当主が基房流に移ることは、平氏が経済的な面で重大な危機に瀕することを意味する（田中文英・一九九四）。

それればかりか、後白河は重盛の死去後に子息維盛が継承した知行国越前を院近臣に与え、重盛の喪中にもかかわらず、社寺参詣を行う有様であったという（『平家物語』）。後白河は摂政基房と提携して、清盛を挑発するに至ったのである。治天の君と摂政という政界の最高権威に対し、清盛も抵抗できないとでも考えたのであろうか。また、重盛の死去で、平氏内の親院政派が弱体化したことも逆に危機感をあおり、院は極端な行動に出たものと考えられる。

清盛は院の挑発に対し、十一月に至って武装蜂起という手段を講じた。福原から数千の武士を引き連れて入京した清盛は、武力を背景に京を制圧し、政敵を一掃するに至った。まず摂政基房父子を解官し、基房を配流した。ついで、明雲を天台座主に復帰させるとともに、院近臣三十九名を相次いで解官し、太政大臣藤原師長、権大納言源資賢らの有力者は京から追放した。また平氏一門の親院政派頼盛も解官するなど、院政派弾圧は徹底していた。こうして、鹿ヶ谷事件に続いて再度厳しい弾圧を受けた後白河近臣勢力は、事実上壊滅したのである。

そして、ついに清盛は後白河を洛南の鳥羽殿に軟禁し、政務を停止するに至った。治天の君が政務を停止され、幽閉されたのは空前の出来事であった。臣下が武力によって王権を改変したのも、平安時代以降では初めてのことであった。こうした強引な行動が可能となった背景には、やはり皇胤とされた清盛の権威、それとは正反対に即位以来の不安定さを払拭できない後白河の王権の脆弱さも関係したのであろう（元木泰雄・二〇一二）。

ただし、一連の事態には宣命・詔書など天皇の公式な命が発せられたり、除目が開催されており、側近を平氏一門で固めた高倉天皇の支持を得ていたことがわかる。このことが、清盛の強硬姿勢の背景にあったと思われる（上横手雅敬・一九八九)。

新王権の創出

政変の結果、後白河院政は根こそぎ否定され、新たな王権が構成されることになった。配流された基房に代わり、清盛の女婿基通が関白に就任したのに続き、翌年二月には高倉が退位して治天の君となり、安徳が践祚した。清盛は、外孫を天皇に、女婿を院と摂政に任じた。こうして、清盛はミウチで構成する、彼の理想とする王権を確立したのである。

極論すれば、清盛の血統を継受した、新王朝が開始されることになった。ここに平氏政権が成立したと考えられる(石母田正・一九八九b、上横手雅敬・一九八九)。しかし、清盛はただちに軍事独裁を開始したわけではない。彼は政変後、すぐに京から福原に帰り、政務は高倉・基通、それに嫡男となった宗盛に委ねる形をとったのである(元木泰雄・一九九六、二〇一一)。

清盛は軍事面の第一人者として、福原にありながら武力で王権を保護する立場となった。しかし、幼少の安徳はもちろん、高倉・基通も若年の上に政務経験に乏しく、宗盛も優柔不断な性格で強力な政務主導は困難であった。また、新王権は武力による簒奪政権であり、治承四年(一一八〇)五月には、当然のごとく、武力でこれを否定する以仁王の乱が発生する。結局、この事件をきっかけに、清盛の軍事独裁が開始されることになる。

一方、院・院近臣たちから奪った多くの知行国は、平氏一門や与党の貴族たちに分配された。『平家物語』に「日本秋津島は、わずかに六十六箇国、平家知行の国、卅余箇国、すでに半国をこえたり」とあるのは、この政変の結果である。多くの知行国支配は、莫大な経済基盤の獲得ではあったが、逆に大きな問題を平氏に投げかけることになる。すなわち、院や院近臣から奪った知行国では、従来の院政派の目代に代わって平氏一門や家人が起用され、各地の平氏家人が在庁官人の地位を奪うことになる。しかし、当時知行国は継続して同一国主の支配が続く傾向にあり(五味文彦・一九八四)、目代・在庁官人の支配秩序が形成されていた(川端新・二〇〇〇)。それだけに、目代・在庁官人を大きく変更する平氏の施策は、以仁王挙兵後に源頼政の知行国から平時忠に変更された伊豆のように、既存の支配秩序を混乱させて各地で鋭い反発を受けることになる(野口実・二〇二〇)。

3 清盛の闘いと死

内乱勃発と福原遷都

後白河の王権の否定、高倉・安徳の王権の樹立によって、事実上長らく続いた王権をめぐる葛藤に終止符が打たれたかに見えた。しかし、鳥羽・美福門院の最愛の皇女にして、大荘園領主である八条院の猶子となっていた以仁王は、正当性に大きな疑問のある簒奪政権が成立したことを契機として、皇位の奪取を目指したのである。

彼は治承三年政変でも所領を奪われるなど、再三平氏の圧力を受けており、蜂起に至る大きな動機があった。摂津源氏の老将源頼政が蜂起を促したとする『平家物語』の説は創作で、実は以仁王こそが蜂起の中心であったと考えられている(上横手雅敬・一九八五)。

蜂起には、八条院の支援が大きかった。頼政は美福門院や二条天皇に伺候しており、彼が以仁王を支援したのも、女院との関係によるものと考えられる。また、女院の蔵人となった源行家が以仁王の令旨を諸国に配布していった。さらに、下河辺氏のように、八条院領の地方武士にも呼応する動きも見られたのである(元木泰雄・一九九四)。

一方、後白河の帰依が深かった園城寺、氏長者基房の配流に激昂した興福寺なども、挙兵に合流する動きを見せた。権門寺院が合流した背景は、こうした個々の事情だけではない。清盛が高倉退位後最初の社参を、先例を破って厳島神社とするなど、平氏と深く関係する同社を重視し、従来の宗教界の秩序を大きく改変しようとしたことに、権門寺院は鋭い反発を示したのである。このため、延暦寺でも反平氏の機運が高まっていた。

事件は熊野からの密告で露顕し、十分に準備が整わないうちに挙兵した以仁王と頼政は簡単に討たれた。しかし、鋭く反発する権門寺院に囲繞された京に危険を感じた清盛は、一門や貴族の反対を抑えて、六月に唐突に福原に上皇・天皇以下を移すことになる。いわゆる福原遷都である。この遷都は清盛の独断であり、ここから彼の軍事独裁が開始された。

この遷都には、火災や過密化で混乱し、ケガレの排除が困難となった京（左京）に代わって、新王朝に相応しい新宮都を造営しようとした意図もあったと考えられる。しかし、突然の遷幸だけに準備不足は否めず、地形の制約もあって条坊の設定も行われなかったし、正式の遷都の宣命も出されずに終わった。また、王権を荘厳する様々な儀式・祭礼も京周辺の寺社と結合するだけに、完全な首都移転には大きな困難が伴っていた。

それでも清盛は、内裏をはじめ、八省などの首都機能の中心を福原に移転する計画を立てるに至ったのである（元木泰雄・二〇一二）。しかし、その最中に東国から思わぬ情報が届くことになる。八月半ば、伊豆国の流人源頼朝が挙兵し、同国の目代を殺害したのである。

深刻化する内乱

頼朝の挙兵は、石橋山合戦による頼朝側の敗走で終息したかに見えたが、房総半島に渡った頼朝が千葉・上総介両氏の勢力を糾合するや、逆に南関東をほぼ制圧する勢いを示した。そして、治承四年（一一八〇）十月、頼朝と甲斐源氏の連合軍は駿河国の富士川合戦において、平維盛・忠度率いる平氏の追討軍を潰走させるに至った。追討使の惨敗という結果は、平氏政権の権威を崩壊させ、内乱の全国拡大と長期化を決定づけたのである。

平氏の敗北の原因は軍制にあった。平氏の軍制は精強で少数の「私郎従」・家人と、公的に動員された「かり武者」・官軍と称される大多数という二元構成となっていた。少数の家人を基軸とする京武者の武力編成を継承したものといえる（元木泰雄・一九九四）。以仁王の乱鎮圧の対応からも明らかなように、合戦の際には、基本的に家人たちが

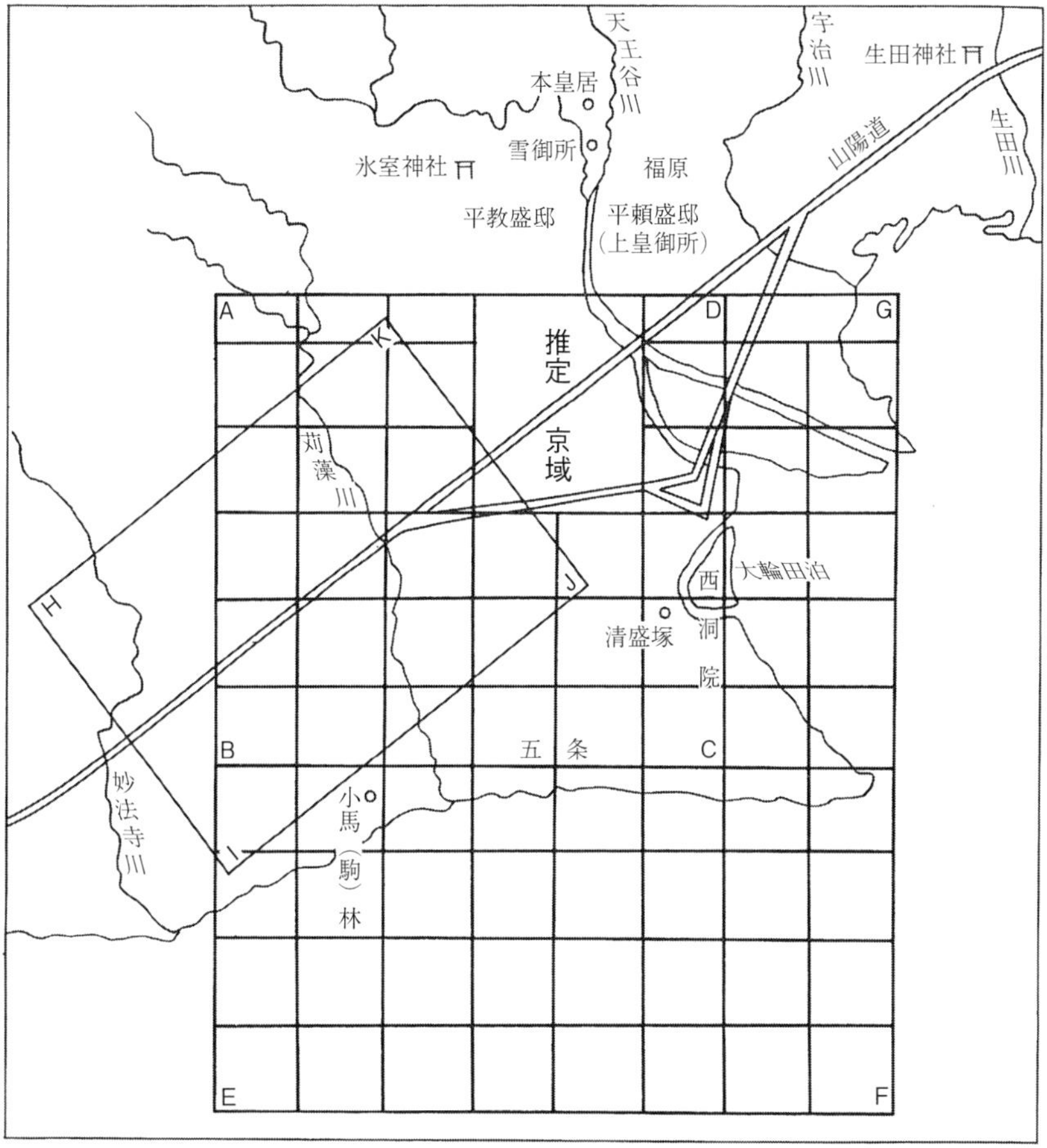

図15　福原地図
かつては，和田京の条坊が山陽道を中心とした北東から南西向きに（H—K）に設定されたと考えられた．これに対し，足利健亮氏が想定したのが，南北にまっすぐな正方位の宮都（A—D）である．なお，A—E—F—G は平安京の条坊をあてはめたもの．海岸線はおおむね江戸時代のものである（『週刊朝日百科日本の歴史 1　中世 I-1　源氏と平氏　東と西』朝日新聞社，2002 年，初出 1986 年より，一部改変）．

前衛部隊として先頭に立って戦い、大規模だが士気の低い官軍は掃討戦などに備えて待機する形態となっていた。したがって、小規模な反乱鎮圧には適合的ではあるが、今回のような未曽有の大規模な反乱鎮圧には、とうてい対応できなかったのである（元木泰雄・二〇一一）。

また東国で大規模な反乱が発生した背景が問題となる。河内源氏と東国武士との主従関係があったとする理解は、鎌倉幕府が作り上げた虚構であり、成り立ちがたい（野口実・一九九四、二〇二〇、元木泰雄・一九九四、川合康・二〇〇四）。それればかりか、当時の東国には、多数の平氏家人が存在していたことが明らかとなっている（西村隆・一九八三、野口実・二〇一三、五味文彦・二〇二〇）。各地の武士団が一斉蜂起した背景には、多数の平氏家人が存在したがゆえに、彼らと非家人との矛盾が生じたことが介在したのである（元木泰雄・一九九六、野口実・二〇一三）。

治承三年政変の結果、坂東でも平氏や親平氏派の知行国が成立した。しかし、先述の伊豆のように、それらの国々では鋭い武士団相互の対立が生まれていた。かつての知行国主である院・院近臣派の目代は追放され、従来の在庁官人に代わって平氏家人の立場が強化されたのである。そうした動きは、以仁王の挙兵以後の源氏追討問題のなかでいっそう激化することになる。ただでさえ武士団相互の対立が日常化していた坂東で、平氏方の圧力は多数の武士の反発・蜂起を招き、大規模な反乱を惹起するに至ったのである（元木泰雄・二〇一一）。

富士川合戦の敗北は内乱の全国化を決定的なものとし、京にほど近い近江や若狭においても、反平氏勢力が激しく蜂起する有様となった。世情騒然とするなか、清盛は京への還都を決断する。還都の直接の原因は、高倉院や院の側近、延暦寺からの猛烈な反対などではない。富士川合戦の敗北と内乱の激化が、福原遷都を断念させることになったのである。

最後の闘い

清盛は十一月末、福原を撤退し京に還都することを命ずる。通常、これは貴族や寺社に対する妥協・譲歩と考えられている。たしかに、内乱鎮圧と遷都の同時進行は困難となっていた。しかし、彼は消極的な目的で還都したわけでは決してない。

まず、還都直後には近江の源氏に対する追討が敢行される。今回も伊賀の平田家継以下の私郎従が前衛部隊として派遣され、ついで官軍が投入される形態が取られた。追討使は順調に進撃して、十二月中に近江をほぼ平定し、翌年には美濃に到達することになる。

追討に際して、まず延暦寺・日吉社の荘園に兵粮提供や謀叛人追捕の協力が命じられているし、十二月十日には諸国に対して兵粮米の提出が、また公卿・受領からは内裏警護のための兵士の徴発が行われている。荘園領主権門を内乱鎮圧体制に組み込み、物資の供出を命じたことになる。この体制は、翌年正月に宗盛が就任した総官制度によって強化・確立される。

還都後まもなく、後白河院の幽閉が解除されている。しかし、これは決して清盛の譲歩ではない。体調を崩した高倉院の万一に備えた措置で、後白河の政務は清盛が死去するまで再開されてはいない。しかも、その直後の十二月十一日には、院と密接な関係にあった園城寺が平氏の軍勢によって焼打ちされるのである。後白河の幽閉解除は、単なる過去への回帰ではありえなかった（元木泰雄・一九九六、二〇一二）。

一方、同時期に前関白基房も帰京を許されたが、彼も一切政務に関与することはなかった。そればかりか、暮れも押し詰まった二十八日には、周知の通り藤原氏の氏寺興福寺、そして東大寺以下南都の諸寺院が、平氏の軍勢によって完膚なきまで焼き尽くされたのである。あるいは基房の帰京は、興福寺攻撃の前提として取られた、藤原氏に対するせめてもの融和策ではないだろうか。

園城寺・南都の焼打ちには、以仁王挙兵に与同したことへの報復という意味があった。そもそも福原遷都は、権門寺院の勢力を恐れた緊急避難という性格を有した。したがって、還都の実現とともに、権門寺院との対決は不可避とならざるをえないのである。仏敵となることも恐れずに強行された二つの焼打ち事件には、京を拠点として反乱鎮圧に邁進する清盛の不退転の決意が込められている。後白河の王権と激しく衝突し、院政を停止した清盛は、荘園領主権門にも真正面から立ち向かい、従属化しようとしたのである。

明くる治承五年（一一八一）正月、高倉院が死去するが、清盛はその遺詔と称して先述の総官の設置を強行し、五畿内および周辺諸国の軍政を包括的に統御する体制を成立させた。総官宗盛の下で、国の枠を越えた軍勢の動員が可能となり、平氏は小規模な私郎従中心の軍制を脱却することに成功したのである（元木泰雄・二〇一二）。その二十日余りのちに設置された総下司については諸説あるが、おそらく丹波に限定されたものと考えられる。しかし、他の諸国においても総官の下で兵粮徴収の体制も整備されたことになる。

さらに、清盛は首都改造に目を向けた。六波羅・西八条という平氏の拠点にほど近い八条・九条付近に院御所・里内裏が移され、武士の駐屯地も整備されるなど、新拠点が構築されつつあったのである。いわば、福原遷都の失敗に代わる新首都構想が推進されていたと考えられる（上横手雅敬・一九八九）。このことは、八条院や九条家の居住、法住寺殿の造営など、左京の八条・九条付近における都市・経済機能が著しく発展していたことと関係していたものと考えられる（美川圭・二〇〇二）。

清盛の手で貴族政権は、まさに全面的に改造されようとしていた。しかし、その最中の閏二月四日、清盛は熱病に倒れ、忽然として死去する。享年六十四。

八　源平の争乱——解体と創出——

1　源平争乱の展開

平氏政権の消滅

清盛の死の二日後、彼の後継者宗盛は後白河に謝罪し政権の返上を申し出た。この結果、治承三年（一一七九）の政変以来初めて後白河は本格的に政界に復帰する。かくして、政変から、わずか一年余りで平氏政権は消滅することになる。また、八条に移っていた安徳天皇も左京の中心にあった閑院御所に帰るなど、八条・九条末を中心として整備されつつあった首都機能は解体した。東大寺・興福寺の僧侶に対する処罰も解除され、六月には再建が論じられることになる。こうして、清盛の政策はほとんど中止され、貴族政権の全面的な改造計画は雲散霧消するに至った（上横手雅敬・一九八九、元木泰雄・二〇一一）。

ただ、宗盛は清盛の遺言を楯に、後白河の制止も振り切って源氏追討だけは続行した。したがって、総官制度は存続したと考えられる。清盛の死去直後の墨俣川合戦で源行家以下の源氏に圧勝したのは、その成果の表れであろう。かくして、畿内の平定と相まって、平氏は一応美濃までの回復に成功するが、以後は飢饉もあって戦線は膠着する。

しかし、宗盛が後白河の意向に反して追討を強行したため、戦闘は私合戦という性格を有することになる。まして、後白河にしてみれば、頼朝が院宣によって挙兵したとされるように（上横手雅敬・一九八一）、源氏の蜂起を自身の救援を目指したものと見なしていた。事実、この年の八月には独自に頼朝と交渉し、頼朝からの和平提案を平氏に示している。

また、貴族たちも、諸国の源氏は後白河幽閉、福原遷都といった清盛の暴政に怒って挙兵したものと考えていた。したがって、私合戦にすぎない追討のために強引に兵粮・兵士を徴発する平氏は、貴族政権から遊離したのである（元木泰雄・一九九六）。

この段階の源平争乱には、源氏とも結ぶ超越的権威である後白河と、不安定な安徳の王権を奉ずる平氏との対立・拮抗という性格が窺われる（元木泰雄・二〇〇〇）。源氏側の武士たちは、原則として安徳と平氏政権・平氏家人と戦っており、京の貴族政権自体を否定していたわけではない点に注意する必要があるだろう（上横手雅敬・二〇〇一）。

源氏軍の上洛

寿永二年（一一八三）、事態は大きく変動する。その主役は源義仲であった。

彼は、保元の乱の前年、武蔵国において父義賢を義朝の長子義平に殺された。その際、幼い義仲は辛くも脱出し、落ちのびた木曽で成長した。治承四年（一一八〇）に頼朝に続いて挙兵したあと、いったんは上野に進出するが頼朝との軋轢を回避して北陸に向かう。そして、翌治承五年六月には平氏と結んだ越後の豪族平（城）資職を横田河原合戦で破り、北陸道一帯で反平氏挙兵を惹起したのである。

彼は寿永元年ごろ、京を脱出した以仁王の遺児北陸宮を匿ったものと見られ、これによって大きな権威を獲得することになる。八条院に連なり、以仁王挙兵にも協力した叔父たち、源義広・行家らとも連繫したほか、京との関係が深い北陸道の武士を組織することで上洛の動きを強めることになる（浅香年木・一九八一、元木泰雄・二〇〇一、河内祥輔・二〇〇二）。

北陸は瀬戸内海と並ぶ、京への食料供給源であり、その確保は平氏にとって不可欠であった。すでに寿永元年に越前付近までの追討が行われていたが、翌年夏、平氏は十万余といわれる大軍を派遣し、義仲以下を攻撃するに至った。大規模な軍勢の組織化には、総官制度が平氏家人などを介して有効に機能していたと考えられている（五味文彦・一九

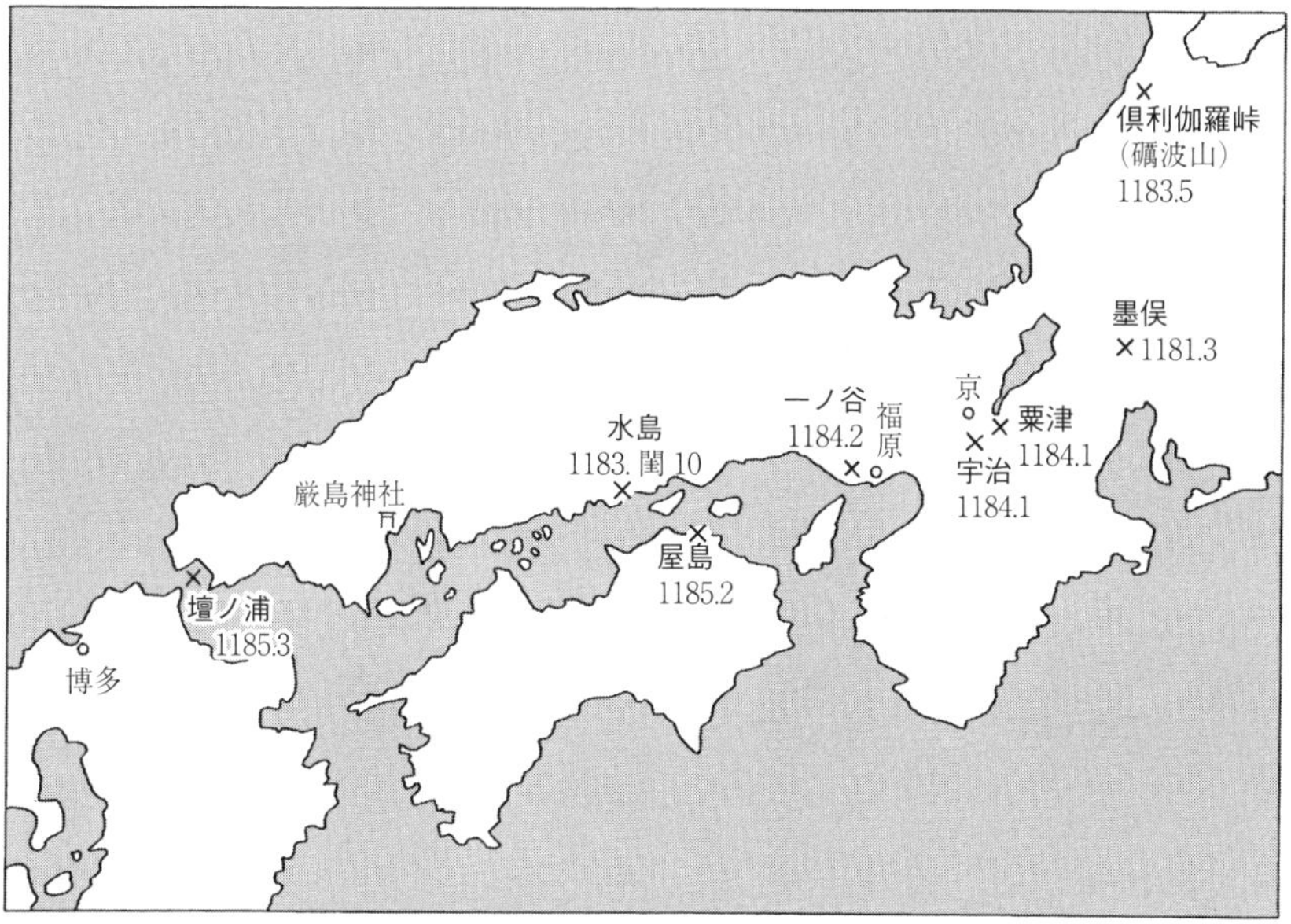

図 16　治承・寿永内乱関係地図
主な合戦場とその年・月を示した.

九九、二〇二〇)。もはや平氏は、従来のように少数精鋭の私郎従を中核として、公的に動員された多数の「かり武者」を随行させるという二元的な軍制を脱却していた。

しかし、平氏軍は越中礪波山、ついで加賀篠原の二回の合戦で大敗を喫した。勢いを得た義仲の大軍は平氏を追って京に進撃、京周辺の源氏一門などの京武者たちをも巻き込んで肥大化する。抗しきれないと見た平氏は、ついに都落ちに追い込まれることになる。

都落ちには飢饉の京を捨てるという戦略的退去の面もあった。しかし、この時に宗盛は後白河院の同道に失敗するという決定的な失策を犯したのである。清盛に対する激しい憎悪を抱き、宗盛が追討権を返還しないことに憤慨し、さらには源氏を賊軍とは考えていない後白河が、都落ちを忌避するのも当然であった。しかし、宗盛は自身を院や貴族政権の擁護者と認識しており、院の脱出をほとんど想定していなかったのである。

その代償はきわめて大きなものとなった。平氏は都落ちに際して安徳天皇と三種の神器を伴ったものの、元来皇位の正当性に疑問を抱かれた安徳の権威では、都を捨てた平氏の立場を正当化することはできない。

このため平氏は賊軍として追討の対象となるに至った。その意味では、後白河の脱出は国家権力の分裂を防いだ面もあった。さらに後白河は、入京した義仲以下の源氏を官軍に位置づけ、それまでの事態の責任をすべて平氏に転嫁して、貴族政権の免罪と源平争乱における局外中立化を実現したのである（元木泰雄・一九九六）。

壇ノ浦の悲劇

入京した義仲の軍勢は、統制の取れない烏合の衆にすぎず、しかも彼らが進入した当時の京は、『方丈記』で知られる空前の大飢饉に見舞われていた。これにより、義仲の軍勢は乱暴狼藉を繰り返したため、たちまち後白河の信頼を失った。また、義仲は安徳に代わる天皇の決定に際し、擁立してきた以仁王の遺児北陸宮を推した。これは治天の君の皇位決定権侵害を意味する。後白河と義仲との対立は、とうてい和解しえないものとなった。

義仲は入京に際して「相伴源氏」などと称された源氏一門を多数随伴していたが、彼らの多くは行家のように後白河に接近する動きを見せ、義仲の軍勢は急速に解体しつつあった（浅香年木・一九八一）。この動きを見た後白河は、義仲に対する挑発を行うことになる。

かくして、寿永二年（一一八三）十一月、義仲は院御所法住寺殿を襲撃、院方の武士を討滅し院を屈伏させた。清盛のように王権の改変は行わなかったものの、この行動は京武者の離反を招き、彼らと頼朝が派遣した上洛軍との結合をもたらした。すっかり弱体化した義仲は、翌年正月には頼朝代官の源範頼・義経軍によって討伐されることになる（元木泰雄・二〇〇一）。

この年、義仲の追討軍を水島で、さらに行家を播磨国の室山で打ち破り、瀬戸内海で勢力を回復していた平氏軍は、同年暮れには福原に到達し、再度の入京を目指すに至った。しかし、義仲に代わって京を制圧した頼朝軍は、翌年二月の一ノ谷合戦で再起を目指す平氏を破った。この結果、一門の多くを失った平氏は讃岐国屋島に後退し、再度の入京の可能性を失った。これに対し、頼朝は京・畿内をも軍事的に支配し、朝廷を保護下においたのである。かくして、頼朝は全国的な武士政権の樹立に向けて、大きな前進を遂げた（大山喬平・一九七四）。

上洛の可能性は失ったものの、平氏は以後も讃岐国屋島を拠点に抵抗を続け、頼朝軍も畿内の兵粮・兵士徴発が難航したために、方針も変転するなど、追討は停滞する（宮田敬三・二〇二〇）。結局、翌元暦二年（一一八五）二月の義経の屋島奇襲で事態は大きく変化し、三月、安徳天皇もろともに、平氏一門は壇ノ浦において滅亡の運命をたどるのである。平氏は王権の分裂に際して、奉ずる王権とともに滅亡したことになる。これ以後、京武者や頼朝軍の一部をも組織した後白河との対立が、頼朝の課題となってゆく。

2　平氏の敗因

京の武士と地方武士

平氏は、治承三年（一一七九）の政変からわずか四年足らずで都落ちを余儀なくされ、五年余りで滅亡するに至った。短期間で平氏が劇的に敗亡した原因について、東西の武士のあり方などの軍事的側面、そして王権との関係などの政治的背景の両面から検討を加えることにしたい。

まず、軍事的な側面から検討する。すでに述べたように、平氏敗北の一因は平氏の軍制の欠陥にある。わずかな家人を中核として、公的動員による多くの「かり武者」に依存した平氏軍は、内乱の当初、反平氏のために一斉蜂起した源氏の反乱軍に対処できなかった。頼朝挙兵に際して、平氏軍制は機能し、東国の平氏家人の大庭景親・伊東祐親・畠山重忠・橘遠茂らは一斉に挙兵し源氏方を攻撃したが、両総平氏や甲斐源氏をはじめとする大規模な反乱軍の前に彼らは各個撃破されるに至った。そして、前衛部隊の敗北で士気の上がらない官軍は、富士川合戦で惨めな大敗を喫したのである（元木泰雄・二〇一一、野口実・二〇二〇）。

東国の家人らが敗北した後、平氏は畿内や西国の武士たちを動員して対処した。しかし、実戦戦闘からかけ離れた武士たちでは、生死をかけた自力救済による激しい戦闘のなかで錬磨された源氏側の東国武士に歯が立たなかったのである（近藤好和・二〇〇〇、元木泰雄・二〇一一）。

源氏軍について、本来の武士以外の者が戦闘に参加したために、「兵の道」に反する奇襲などが多かったといった解釈も見られるが、源義経が次々と奇襲を行ったのは周知の通りであり、彼に三草山合戦で夜襲を献策したのが有力武士の田代信綱であったように、身分のある武士も奇襲を行っていたのである。説話などで見るかぎり、従来の東国の合戦でも「兵の道」は必ずしも守られてはいなかった（元木泰雄・一九九七）。結局、戦法の相違は、実戦戦闘の経験の有無によるものと考えるべきである。

一方、源氏側は反乱軍ゆえに、敵方所領の没収と、恩賞としての給与という大胆な施策が可能となり、多くの武士の組織に成功したのも疑いない。軍事奉仕と、武士の根本的な要求である所領拡大とが、初めて結合したのである。こうして、武士たちが所領拡大を目指して、戦場であくまでも勝利を追求するという、きわめて好戦的な組織が形成されることになった（川合康・二〇一〇）。これとは対照的に、家人以外の武士を、原則として所領を媒介とした主従関係に組み込めない点に平氏の限界があった。

武士と王権

武士は単独で行動できず、武士団を形成しなければならない。したがって、自己の正当化が不可欠であり、王権とは不可分の関係にあった。先述のように公的な動員に依存する度合いの大きかった平氏の場合、王権との乖離は絶対に回避すべき問題であった。このため、清盛は対立するようになった後白河院を治承三年政変で幽閉し、安徳の即位と高倉院政を実現して、王権自体を自身に適合するものへと大きく改変し、従属させたのである。それだけに、宗盛の失策は致命的な意味をもった。彼は清盛の死後に後白河の全面的な復活を許しながら、軍事面のみは独自の路線に固執し、後白河との乖離を招いた。そして、後白河は諸国の源氏と連繫をとり、彼らの行動に正当性を与えたのである。

一方、挙兵に際して、頼朝は以仁王の令旨や後白河の院宣を必要としたし、木曽義仲も当初は以仁王の遺児北陸宮を擁した。当然、源氏の諸将たちも王権と結合していたのである。しかし、彼らは単に王権の権威に依存していたわけではない。敵対者との激しい自力救済の戦闘のなかで勝利を重ねながら、独自の権威を獲得していったのである。戦乱の最中、各地に独自の地域的軍事権力が成立したのもその結果といえる（野口実・二〇〇二）。

また、自力救済のなかで権威を獲得した義仲は、先述のように入京後に後白河と鋭く対立すると、院御所法住寺殿を襲撃し、院を強引に従属させるに至った。王権と不可分に結合した平氏とは異なる存在形態の軍事貴族が、内乱を通して成立したのである。しかし、義仲の場合は、あわただしく上洛して地域的軍事権力としての立場を喪失するとともに、王権との関係が不安定となったために京武者の離反を招き、結局は孤立のなかで滅亡を余儀なくされた。

これに対し、頼朝は地域的軍事権力の立場を固守しながら、後白河の王権の擁護者として行動した。このことが、頼朝の安定の成功の一因となった。同時に、正統性の欠如から、いったんは清盛に打倒された後白河の王権は、無力化されながらも頼朝の擁護で生きのびることができた。それは、古代以来の天皇制自体を存続させる結果ともなったのである。

内乱の意味

十年にも及ぶ治承・寿永の内乱は、大和朝廷以前の時代を別とすれば、それまで日本史上経験したことのない空前の内乱であり、当然その影響は深甚なものであった。

通常、この内乱の背景には、荘園・公領体制に反感を持つ地方武士の動向があったとされ、それは今日でも通説の位置をしめている（石母田正・一九八九a、五味文彦・二〇一四）。しかし、冒頭にも述べたように、鎌倉幕府も荘園・公領体制に依存しているし、寿永二年（一一八三）十月宣旨で頼朝が早々に年貢・官物の京上に応じたように、荘園・公領体制に対する反感が根本的な矛盾であったとは考えがたい（元木泰雄・二〇〇一）。宣旨以前の段階でも、伊勢神宮への年貢納入や武士の国衙への貢納は見られるのである。

内乱の推移をたどると、治承三年政変における清盛の後白河幽閉、安徳擁立といった王権改変に対する疑念が、以仁王や権門寺院の蜂起の引き金となった。また、平氏一門が大量の知行国を獲得したことによって、諸国に平氏家人と従前の在庁官人との矛盾が鬱積することになる。そして、以仁王与党などに対する追討が、地方の矛盾を激発させる結果となったのである。

すなわち、貴族政権の中枢を占める王権、厳島神社などの宗教施設、そして平氏家人である多くの地方武士といった、ミウチ関係・主従関係を通して平氏と私的に結合する勢力と、その他の勢力との抗争・軋轢こそが内乱の要因となっていたといえる。

こうしてみると、平氏は保元の乱以前の院や摂関家と同様に、公家・寺社・武家の三種の勢力を包含した政治勢力である複合権門に他ならない。そして、複合権門内部の勢力に対する利益の優先が、他勢力との軋轢を激発させ、内乱を勃発させるに至ったのである。

荘園・公領体制の成立は、その頂点に立つ王家・摂関家の権門化を不可避とした。荘園・知行国を支配するための武力に組織化が、また巨大な宗教勢力に影響力を振るうために権門内における宗教施設の存在が、それぞれ不可欠となっていた。こうして複合権門が成立するが、権門の利益優先の姿勢や政治的自立性は政情を不安定なものとしてしまう。保元の乱の一因が、摂関家の権門化にあったことは先述の通りである。

その意味で、内乱は院政期における政治構造の矛盾の激発であった。平氏は、王権そのものを内包し、さらに多くの地方武士をも組織した、従来の権門よりもはるかに大規模な勢力を有していた。それだけに他に対する圧迫は強まり、軋轢も激しいものとならざるをえない。京を中心に王権、宗教秩序をめぐる抗争が展開し、さらに地方において、国内支配の特権や所領をめぐって平氏家人と非家人とが対立し、大規模な内乱が勃発する結果となった。平氏による多くの地方武士の組織化が、地方の矛盾を激化させたのである。

内乱による地方の混乱のなかで多くの地域的軍事権力が分立し、武士勢力の抗争が激化していった。この結果、武力の担い手である武士の政治的地位は急上昇することになる。そして、地域的軍事権力の一つであった義仲の上洛によって、平氏は都落ちに追い込まれ、安徳の王権による自己正当化が困難となって没落、滅亡する。その義仲も、地域的軍事権力としての基盤を喪失した上に、復活した後白河の王権との衝突を惹起して孤立、滅亡の運命をたどるのである。地域的軍事権力の立場を固守しながら、後白河の王権の擁護者を目指した頼朝が、最終的な勝利を収めることになる。頼朝は、平清盛より徹底した形で、対立しうる勢力を一掃し、国家的な軍事・警察権を独占する立場を築いてゆくことになる。

むすび

最後に前後の時代と対比しながら、院政・内乱期の特色にふれてむすびとしたい。保元の乱で敗死した左大臣藤原頼長の日記『台記』には、多数の男色の記事が見られる。男色の公然たる横行から、この時代の腐敗臭を嗅ぎ取ることは容易であろう。一方、保元・平治の乱や源平争乱において、武士たちは主君や股肱の臣の死に鎧の袖をぬぐう。ここに、情宜的な主従関係を基盤とする新しい倫理と道徳の台頭を見ることも、また容易である。しかし、実はこれらは楯の両面にすぎない。

院政期は、中世を通して存続する荘園・公領体制が成立し、王家・摂関家、そして寺社勢力が権門化する時代である。権門の家産機構には、律令国家の官僚機構から疎外された官人たち、自己の発展を日指す軍事貴族たちが競って加わっていった。こうして、家産機構を基盤とし、主従関係を基軸とする権門が、併存することになる。

このような権門は武力を内包しており、寺社の強訴をはじめ、権門相互、あるいは権門と国衙との間における武力抗争の契機も強まり、武力も大きな意味を有するに至った。そして、摂関家の権門化を背景として勃発した保元の乱を皮切りに、平氏の台頭は十年にも及ぶ治承・寿永の内乱を惹起した。あいつぐ兵乱は武力の重要性を飛躍的に増大させ、軍事権門を分立させ、平氏政権、鎌倉幕府を成立させることになる。

一方、親族関係の変化も政治のあり方を大きく変容させることになる。摂関時代は、政界は濃密なミウチ関係を中心としており、天皇と摂関は血縁的に相互依存の関係にあって、「天皇家」も「摂関家」も未成立であった。これに対し、父権が決定的な意味をもつようになり、イエが成立するのも院政期の特色である。摂関時代には見られなかった、政治的地位の父子相承が見られるようになる。さらに、ミウチの制約を脱却した父院の独裁が開始され、政務の簡素化や、院近臣の大胆な抜擢が行われるようになる。

また、摂関時代においては、皇位・官職といった律令制的な機構・制度が依然として決定的な意味をもっていたのに対し、院政期には荘園・公領体制とイエの成立に伴って、家産機構が大きな意味をもち、王家の父院や摂関家の大殿、平氏における太政大臣入道清盛といった非制度的な家長が、政界や諸権門の最高実力者として定着するのである。

王権を荘厳する宗教儀礼も整備された反面、皇位の正当性は父権という人間的な、不安定な要素によって保証されるようになり、皇位をめぐる抗争は熾烈なものとなる。中央で兵乱が勃発した直接の契機はここにあった。また、この点で、ミウチ関係に包摂され、安定した摂関時代の王権とは大きく異なるといえよう。

こうした激動に突入した院政期は、時代精神の面でも前代と大きく異なる。従来の国家機構の変質とともに、自力救済の原理が浸透し、京の内外で多くの合戦や殺人が発生した。こうした殺伐とした時代に、末法思想が浸透するのも当然といえよう。

さらに、このような現象は、有力者への依存を強化することになる。それは武士相互に限るものではない。貴族や寺社の世界も含めて、主従関係が強固に形成され、それを基軸とする権門が構築されてゆくことになる。この結果、親密で情宜的な人間関係が形成され、命を懸けた主君への奉仕が生まれる反面、男色関係さえも半ば公然化し、公武・聖俗を問わず広範に見られるようになる。男色と献身的な主従関係は、まさに紙一重のところにあったのである。

権門は地方に荘園を拡大し、地方武士をも包括しようとする。しかし、地方武士たちは国衙や複数の権門に依拠しており、単一の権門に内包されることはなかった。ここに、地方武士も含める形で、公家・武家が一体化した権力が最終的に成立しえなかった一因があるだろう。また、地方武士の組織化を進めた平氏も、逆に組織から排除された武士たちの反発を受けて、滅亡を余儀なくされるのである。

権門の組織と保護を離れた地方武士は、独自の地域的軍事権力を形成することになる。その一つが、後白河と結んで形成された頼朝の権力、すなわち鎌倉幕府だったのである。幕府は地方に成立して独自の支配領域を有するとともに、軍事という独自の職能を帯びた権門となった。寺社を除いて権門は武装解除され、鎌倉幕府が圧倒的な武力を独占することになる。独自の武力を有した権門の角逐は収束し、公武両政権の分立の時代が開幕するのである。

参考文献

浅香年木『治承・寿永の内乱論序説』（法政大学出版局、一九八一年）

石井進『石井進著作集　第一巻　日本中世国家史の研究』（岩波書店、二〇〇四年a、初出一九七〇年）

石井進『石井進著作集　第三巻　院政と平氏政権』（岩波書店、二〇〇四年b）

石母田正『石母田正著作集　第七巻　古代末期政治史論』（岩波書店、一九八九年a）

石母田正『石母田正著作集　第九巻　中世国家成立史の研究』（岩波書店、一九八九年b）

石母田正『古代末期政治史序説』（未来社、一九九五年、初出一九五六年）
井原今朝男『日本中世の国政と家政』（校倉書房、一九九五年）
上島享『日本中世社会の形成と王権』（名古屋大学出版会、二〇一〇年）
上横手雅敬「院政期の源氏」（御家人制研究会編『御家人制の研究』吉川弘文館、一九八一年）
上横手雅敬『平家物語の虚構と真実　上』（塙書房、一九八五年、初出一九七三年）
上横手雅敬「平氏政権の諸段階」（安田元久先生退任記念論集刊行委員会編『中世日本の諸相　上』吉川弘文館、一九八九年）
上横手雅敬『源平争乱と平家物語』（角川書店、二〇〇一年）
大石直正『奥州藤原氏の時代』（吉川弘文館、二〇〇一年）
大山喬平『日本の歴史九　鎌倉幕府』（小学館、一九七四年）
大山喬平『日本中世農村史の研究』（岩波書店、一九七八年）
筧敏生『古代王権と律令国家』（校倉書房、二〇〇二年）
川合康『鎌倉幕府成立史の研究』（校倉書房、二〇〇四年）
川合康『源平合戦の虚像を剝ぐ―治承・寿永内乱史研究―』（講談社、二〇一〇年、初出一九九六年）
川端新『荘園制成立史の研究』（思文閣出版、二〇〇〇年）
倉本一宏『摂関政治と王朝貴族』（吉川弘文館、二〇〇〇年）
黒板伸夫『摂関時代史論集』（吉川弘文館、一九八〇年）
河内祥輔『新版　頼朝の時代―一一八〇年代内乱史―』（文藝春秋、二〇二一年、初出一九九〇年）
五味文彦『院政期社会の研究』（山川出版社、一九八四年）
五味文彦『平清盛』（人物叢書、吉川弘文館、一九九九年）
五味文彦『平家物語、史と説話』（平凡社、二〇一一年、初出一九八七年）
五味文彦『鎌倉と京―武家政権と庶民世界―』（講談社、二〇一四年、初出一九八八年）
五味文彦『鎌倉時代論』（吉川弘文館、二〇二〇年）
近藤好和『中世的武具の成立と武士』（吉川弘文館、二〇〇〇年）
佐藤健治『中世権門の成立と家政』（吉川弘文館、二〇〇〇年）

平雅行『日本中世の社会と仏教』（塙書房、一九九二年）
高橋一樹「中世荘園の立荘と王家・摂関家」（元木泰雄編『日本の時代史7　院政の展開と内乱』吉川弘文館、二〇〇二年）
高橋一樹『中世荘園制と鎌倉幕府』（塙書房、二〇〇四年）
髙橋昌明『増補改訂　清盛以前―伊勢平氏の興隆―』（平凡社、二〇一一年、初出一九八四年）
竹内理三『竹内理三著作集　第六巻　院政と平氏政権』（角川書店、一九九九年）
竹内理三『日本の歴史六　武士の登場』（中央公論新社、二〇〇四年、初出一九六五年）
田中文英『平氏政権の研究』（思文閣出版、一九九四年）
棚橋光男『大系日本の歴史四　王朝の社会』（小学館、一九九二年、初出一九八八年）
玉井力『平安時代の貴族と天皇』（岩波書店、二〇〇〇年）
角田文衞『待賢門院璋子の生涯―椒庭秘抄―』（朝日新聞社、一九八五年、初出一九七五年）
西村隆「平氏「家人」表―平氏家人研究への基礎作業―」（『日本史論叢』一〇、一九八三年）
野口実『武家の棟梁の条件―中世武士を見なおす―』（中央公論社、一九九四年）
野口実「豪族的武士団の成立」（元木泰雄編『日本の時代史7　院政の展開と内乱』吉川弘文館、二〇〇二年）
野口実『坂東武士団の成立と発展』（戎光祥出版、二〇一三年、初出一九八二年）
野口実『増補改訂　中世東国武士団の研究』（戎光祥出版、二〇二〇年、初出一九九四年）
橋本義彦『藤原頼長』（人物叢書、吉川弘文館、一九六四年）
橋本義彦『平安貴族社会の研究』（吉川弘文館、一九七六年）
橋本義彦『平安貴族』（平凡社、二〇二〇年、初出一九八六年）
林屋辰三郎『古代国家の解体』（東京大学出版会、一九五五年）
福田豊彦『千葉常胤』（人物叢書、吉川弘文館、一九七三年）
美川圭『院政の研究』（臨川書店、一九九六年）
美川圭「京・白河・鳥羽―院政期の都市―」（元木泰雄編『日本の時代史7　院政の展開と内乱』吉川弘文館、二〇〇二年）
宮田敬三『源平合戦と京都軍制』（戎光祥出版、二〇二〇年）
村井章介『アジアのなかの中世日本』（校倉書房、一九八八年）

目崎徳衛『西行の思想史的研究』（吉川弘文館、一九七八年）
目崎徳衛『貴族社会と古典文化』（吉川弘文館、一九九五年）
元木泰雄「十一世紀末期の河内源氏」（古代学協会編『後期摂関時代史の研究』吉川弘文館、一九九〇年）
元木泰雄『武士の成立』（吉川弘文館、一九九四年）
元木泰雄『院政期政治史研究』（思文閣出版、一九九六年）
元木泰雄「『今昔物語集』における武士」（安田章編『鈴鹿本今昔物語集―影印と考証―下巻』京都大学学術出版会、一九九七年）
元木泰雄『藤原忠実』（人物叢書、吉川弘文館、二〇〇〇年）
元木泰雄「頼朝軍の上洛」（上横手雅敬編『中世公武権力の構造と展開』吉川弘文館、二〇〇一年）
元木泰雄「源義朝論」（『古代文化』五四―六、二〇〇二年）
元木泰雄『平清盛の闘い―幻の中世国家―』（角川学芸出版、二〇一一年、初出二〇〇一年）
安田元久『後白河上皇』（人物叢書、吉川弘文館、一九八六年）
山内晋次『奈良平安期の日本とアジア』（吉川弘文館、二〇〇三年）
山岸常人「顕密仏教と浄土の世界」（元木泰雄編『日本の時代史7　院政の展開と内乱』吉川弘文館、二〇〇二年）
山岸常人『中世寺院の僧団・法会・文書』（東京大学出版会、二〇〇四年）
義江彰夫「摂関家領相続の研究序説」（『史学雑誌』七六―四、一九六七年）
吉川真司『律令官僚制の研究』（塙書房、一九九八年）

第一部　公武政権の展開

第一章　院政期の権門
——内乱と武士政権の分立——

はじめに

本章の課題は、院政期に成立したとされる中世的政治勢力「権門」の性格を規定するとともに、院政期から内乱期を通して軍事権門が分立し、権門の職能が分化した過程を解明することにある。

かつて、院政期は弱体化した貴族政権と、未だ権力に至らない武士勢力との拮抗状態を利して、院が独裁的な権力を振るった時代とされた。とくに院政に近代天皇制を投影した、「ボナパルティズム」論に基づく石母田正氏の理解(1)は長く戦後の院政期研究を規定した。こうした公武の対立を中世の基軸とする領主制論に修正を迫ったのが黒田俊雄氏の権門体制論である(2)。中世を単に貴族と武士の対立・抗争という図式で理解するのではなく、公家・武家・寺社といった職能を異にする中世的政治勢力、権門が、対立する一方で相互補完しながら農民と対峙する時代と規定された。そして院政期こそが、権門体制成立の画期とされたのである。

黒田俊雄氏の定義した権門の条件とは、経済的な自立性を有した荘園領主であるとともに、公卿身分、もしくは政所の設置を可能とする政治的地位を有するものとされた。したがって、荘園・公領体制の成立する院政期は、同時に権門体制の成立する時代であり、院・摂関家はもちろん、延暦寺・興福寺といった大寺院、そして平氏などの武家棟梁も院政期に活動した権門ということになる。

このような視点の転換によって、従来武士の前に屈する古代的勢力とのみ見なされていた荘園領主権門の評価が改められ、多大な成果がもたらされたことはいうまでもない。しかし、権門体制論にも多数の問題点が存している。そのうち、院政期と深く関係する点では、まず権門の概念自体が曖昧であること、権門体制論が基本的に鎌倉前期の構造論にすぎず、院政期における権門の成立と展開といった動的把握が困難であること、そして貴族の中世的自己変容を強調するにもかかわらず、彼らが武力を内包できず軍事権門を分立させた原因が不明確なことである。通説である領主制論にかわり権門体制論を援用した政治史を構築するためには、こうした問題点の克服が急務といえよう。

かつて拙著において、院、大殿藤原忠実統率下の摂関家、平氏政権を、公家・武家・宗教権門を内包した複合権門と概念化して、職能分化した鎌倉時代の権門と区別し、その台頭と軋轢が保元の乱以下の相次ぐ内乱を惹起したこと、そして保元の乱における摂関家の壊滅、院の権門としての弱さ、政界を領導できる院の不在に伴って、平氏が権門として自立するという見通しを述べておいた(3)。しかし、これらの旧稿では政治過程の分析に主眼を置いたために、権門の性格規定を十分に行っていないし、鎌倉幕府の問題や、その主要な武力の担い手である在地領主の問題を捨象している。そして、他ならぬ軍事権門が分立した構造的な原因を十分説明していないのである。

そこで、本章ではまず院政期において分立した権門の性格を再検討するとともに、複合権門である院・摂関家の問題を分析し、ついで初めての軍事権門でもある平氏が貴族政権から分立した背景や矛盾を取り上げ、最後に鎌倉幕府という軍事権門が確立する原因について、地方武士の展開も視野に入れながら分析を加えることにしたい。

一　権門の成立と展開

1　権門の成立

院政期に先行する摂関時代は、律令国家から権門体制への移行期と見なされている。政治構造を概観すると、政治中枢は天皇とミウチ関係にある摂関・源氏などの上流貴族に独占され、その下に職能分化した中級貴族が存在していた。『今昔物語集』巻十九—四の有名な説話に[4]、源満仲が天皇以下多くの公卿に用いられたとあるように、特定の上流貴族と中級貴族の強固な結合は一般化しておらず、それは道長など特別な権力者が出現した場合に見出された。こうした道長の下の主従関係が、院政期における権門の先駆となる面もあり、近年は摂関家などのあり方を初期権門と理解するようになっている[5]。

先述のように、黒田氏以来、本格的な権門成立の時期とされているのが院政期である。権門の条件は荘園を基盤として経済的な自立性を有した荘園領主とされ、公卿もしくは政所の設置可能な政治的地位を有し、政務に介入できる勢力とされたのである。経済的自立性と密接に関係するが、官司による統属ではなく、所領などの家産機構を通した主従関係が基軸となる点も、権門の大きな条件の一つと考えられる。

大田文の研究を通して、荘園が鳥羽院政期に爆発的に増大したと考えられていることは周知の通りである[6]。時期的に少し早くから荘園領主化する寺院も含めて、院政期に荘園領主が本格的に成立したことは疑いない。しかし、領家職以上を有する荘園領主を等しく権門と称してよいのであろうか。かつては、地方の在地領主が京の貴族・寺社に寄進することで、荘園は成立したと考えられてきた。しかし、現在ではむしろ院・摂関家が地方に拠点を確保し、大きく囲い込む形で荘園は成立したと考えられるのである[7]。したがって、弱小な貴族・寺社が自ら荘園を確保し、荘園領主となることは困難と考えられる。彼らは、強大な荘園領主に依存して下級の職を有していたにすぎない。

また、摂関家の家政でさえも国政に大きく依存している点が明らかにされたように[8]、荘園領主の経済基盤の自立性には大きな限界が存したのである。つとに解明されているように、荘園の職の体系の頂点にある本家たりえたのは、王家と摂関家のみであり[9]、一般貴族はそうした体系の一部に依拠する存在にすぎない。たとえば、摂関家に次ぐ家格を有する公卿家の一つ村上源氏でさえも、諸荘園の領家職を有していたにとどまる[10]。なお、早くから荘園を集積し独自の経済基盤としていた延暦寺・興福寺といった大寺院も、門跡などを頂点とする、経済的に自己完結的で独立性の強い権門といえる。

経済的自立性はもちろん、家産を維持する武力を保持できた荘園領主もごく限られたものであった。たとえば、元永二年（一一一九）に仁和寺領肥前国藤津荘の武士平直澄が仁和寺より派遣された荘官に暴行を加えた際、仁和寺の僧寛助から依頼を受けた白河院は北面の武士平正盛に命じて直澄を追討させている[11]。この事件が物語るように、多くの荘園領主は独自の暴力装置を有さず、荘園内における問題の解決を院の武力に依存しなければならなかった。白河院政初期、政権から転落して武士の離反が相次いだ摂関家も、儀式に参列する武士の動員を院に依存する有様であった。後述するように、複合権門として独自の武力を保有した院と、鳥羽院政期における忠実復権以後の摂関家、そして大衆を擁した南都北嶺などの大寺院を除けば、自身の武力で荘園内部の紛争を解決できた荘園領主は存在しなかったのである。

むろん家産機構を有する存在を、史料用語から権門と称すこと自体は誤りとはいえないが、政治的・経済的に院政期を動かし、自立性を有した権門と評価することはできない。彼らの多くは王家・摂関家に従属しており、院近臣のように現象的にはそれらを操る側面があったとしても、本質的にはその家産機構に組織される存在であり、公卿の多くはより大規模な権門を構成する要素であった。このように、武力と経済力の両面において自己完結的な権門といえるのは、王家と摂関家、そして大衆を擁した権門寺院ということになろう。

2　寺社と女院

権門の中で、とくに自己完結性が高いとされるのが、有力な寺社権門である。とりわけ、延暦寺・興福寺が強大な武力と多数の荘園を有して、大きな勢力を誇ったことはいうまでもない。しかし、自己完結性の高さと関連して忘れてならないのが、寺社が原則として政治不介入であった点である。後述する保元の乱の興福寺や、権門寺院と平氏政権が対立した源平争乱期を例外として、寺社勢力が武力で政争に介入したことはなく、彼らは主として自身の既得権益の侵害に対して強訴などを行ったにすぎない(12)。

権門体制論がもたらした弊害の一つは、公家・武家と並称したために、寺社権門の勢力が過大に評価された点にある。彼らの強訴は院政期の政界を震撼させたとされるが、その本質は宗教的な示威行動であり、為政者は神罰を恐れて物理的暴力で排除することができなかったために、譲歩を余儀なくされたにすぎない(13)。悪僧・神人は歩兵であり、騎射を原則とする武士に比して武力としては弱体であった。平氏の武力によって蹂躙された治承四年（一一八〇）十二月の園城寺・南都に対する焼打ちをはじめ、関白藤原師通が積極的に排除しようとした嘉保二年（一〇九五）十月の延暦寺・日吉神社の強訴（『中右記』嘉保二年十月二十四日条、『愚管抄』巻第四）や、偶発的とはいえ武士と合戦となった天永四年（一一一三）四月の興福寺上洛（『中右記』天永四年四月三十日・五月一日条）などの際、悪僧・神人たちは武士によって簡単に蹴散らされているのである。

武力的な弱さは、権門としての自立性の限界をも意味した。南都北嶺の一方の雄である興福寺は、末寺清水寺別当や維摩会講師の人事に対して院から度重なる介入を受け、しだいに大殿忠実率いる摂関家への従属を深めていったのである。[14]

ただし、宗教権門と世俗権力との武力による全面的な衝突は内乱期を除いてほとんどないが、宗教権門相互が激しい戦闘を展開していた点は注意される。たとえば、隣接する延暦寺と園城寺、延暦寺の大衆と堂衆、興福寺と多武峰などは院政期において再三の抗争を繰り返し、つねに多くの死傷者を出していた。宗教権門と世俗権門・権力という異なる位相においては宗教的権威を前面に掲げたが、宗教権門相互という同一の位相においては剝き出しの暴力による抗争が展開していたことになる。

一方、本家として大きな権威をもち、院政期に荘園領主として巨大化した存在に女院がある。とくに荘園・公領体制が確立された鳥羽院の下で集積された王家の荘園の多くは、院の寵妃美福門院を経て、鳥羽と美福門院の皇女八条院に伝領された。こうして成立した八条院領が中世王家の中心的荘園群の一つとなることは周知の通りである。[15]彼女は巨大な財力を基盤として政界にも影響力をもち、以仁王挙兵を武力も含む様々な面から支援しているように、権門としての一定の自立性を有していたと考えられる。

しかし、八条院が政治に介入できた背景には、本来鳥羽院の正統な皇統の継承者として、女帝に擁立される可能性さえも有した政治的権威（『愚管抄』巻第四）と、二条没後の後白河・高倉・安徳といった王権の正統性への疑問とが、彼女を政治の舞台に押し上げた側面があったことを忘れてはならないだろう。[16]以仁王の敗死後、そして後白河が正当な王権として復活したあとは、もはや八条院の政治的活動は見られないのである。

その他、摂関家出身の高陽院・皇嘉門院なども荘園領主として大きな経済基盤を有したが、政治的には家長に従属していたし、荘園に居住する武士団などを組織する動きは見られなかった。女院は荘園領主として経済的には大きな存在ではあったが、政治的に独自の動きを示すことはなく、権門としては大きな限界をもっていたと考えられる。

3　複合権門

黒田俊雄氏の権門体制論の特色は、先述のように公家・武家・寺社という職能分化した権門が対立しながらも相互に補完しあって併存したとする点にある[17]。これに対し、院政期にはこうした職能分化は不完全で、三種の職能を内包した権門、すなわち複合権門が成立していたことを拙著において指摘した。複合権門は、公家としての政治的権威と、それを実現する武力、そして寺社権門をも内包して宗教界にも大きな影響を有した存在であった。

このうち院は、天皇・王権を内包するとともに、主従関係を結んだ貴族である院近臣、同じく主従関係にある伊勢平氏以下の北面の武士、そして近臣僧侶を補任した御願寺などを組織した複合権門であった。摂関家の場合は、一門の公卿や家司をはじめ、鳥羽院政期に大殿として君臨した忠実やその後継者頼長の下で、国家的武力である源為義以下の河内源氏や多田源氏以下の源平武士団、そして維摩会などの法会の舞台となる大寺院である興福寺と春日社が内包されていた。さらに、平氏においては、安徳天皇・高倉院をも含む近親皇族・公卿、一門や家人である諸国の武士団、そして厳島神社が内包されていたのである[18]。

これらは程度の差こそあれ、いずれも国家的機能を果たす勢力であった。たしかに鎌倉幕府においても、武士である御家人の他に政所職員などの吏僚として活躍した貴族や、多くの宗教施設が内包されていた。しかし、大江広元らの吏僚は、一時的な政治交渉などを除けば幕府内部で活動する存在にとどまるし、鶴岡八幡宮以下も幕府およびその支配下の宗教施設にすぎない。したがって、後述する後鳥羽院は別として、外見はともかくも機能の点で、鎌倉時代の権門と院政期の複合権門とは決定的に相違するのである。

院政期において、支配者である貴族と暴力装置である武士が一体化し、さらに位相を異にしながら大きな勢力を有する宗教界を統制する宗教権門を必要としたのは、当時の政治構造を考えれば当然のことであった。また、それらは荘園支配のためにも不可欠の要素であり、独立した荘園領主権門の下でこれらが一体化するのは必然的な成り行きといえよう。

白河は応徳三年（一〇八六）の退位後まもなくから、院近臣や北面の武士を組織していたし、承暦元年（一〇七七）の法勝寺建立以後、御願寺を通して僧侶を組織してゆくことになる。こうした近臣・武士・僧侶との関係は、政治的地位の付与・上昇を通して継続される。主従関係が荘園の家産機構と結びつくのは、本格的に荘園・公領体制が確立する鳥羽院政期以後のこととなるのである。しかし、鳥羽院が集積した荘園が八条院に譲渡されたように、院の家産機構は院権力を支える副次的要因でしかなかった。同様に主従関係も必ずしも重代相伝ではなく、鳥羽から後白河への移行のように治天の君の交代とともに院近臣は大きく入れ替わる場合が多い。基本的に院は国家権力を掌握しており、それによって貴族・武士・僧侶を組織・動員することが可能である。動員される中から主従関係も形成されることになるため、院の権力にとって主従関係も副次的なものにすぎない。

これとは対照的に、摂関家の場合は主従関係や家産機構に依存する面が強い。それだけに、統制に服従しない者に対する処罰は厳しいもので、悪僧に対する配流、さらに死刑さえも見られたのである。久安三年（一一四七）十月に忠実は、法橋という僧位を有し、大蔵卿藤原為房の子息であった興福寺僧寛誉を刑罰として殺害している。また頼長のもとでも、統制に反して他の神社などに逃亡した悪僧やその従者の追捕・殺害が行われ、その舞台となった寺社との軋轢をも生じている(19)。こうした私刑の執行は、独自の小宇宙を形成した所領内で残酷な私刑を行った武士と共通した性格を有するものだが、権門としての摂関家が自己完結的な性格を有したことを裏づける現象と考えられる。

一方、摂関家の家人となった源為義以下の武士団や信実等の悪僧と、忠実・頼長とは強固な主従関係にあったといえる。為義の場合、官位の昇進はもちろん、家産機構を通した経済基盤や家人の獲得なども摂関家に依存していた。単なる傭兵や一時的な関係ではなく、摂関家の家産機構と武士団が有機的に結合したことになる。院領荘園の支配を通した院と平氏以下との関係にも共通する側面が認められる。

二　軍事権門の分立

1　保元の乱

院政期においては、優勢な院のもとに自立した権門として摂関家が存在し、軍事貴族は原則として院または摂関家に組織されていた。かかる院政期の政治構造を根本的に改変したのが保元の乱であった。乱の契機は治天の君鳥羽の死去による王権の弱体化であり、それに伴う不満分子忠実・頼長の巻き返しを封じ込め、さらにはその政治生命を絶つことこそが乱を惹起した信西以下院近臣の目的であった。

後白河天皇側の武力が国家権力によって動員されたのに対し、崇徳上皇側は主として複合権門である摂関家の私兵に依存していた。後白河陣営では、鳥羽存命中に源義朝以下の有力軍事貴族が、そしてその没後には検非違使・諸国衙の武士が動員されている。この三種の武力は、院政期の強訴などにおける最大の動員形態を踏襲したものであり、権門的な要素は希薄である。ただ、鳥羽院が存命中に軍事貴族を動員した点に、軍事貴族と院の個人的結合という側面も表出している。

一方、崇徳上皇と連携した忠実・頼長の側は、源為義・頼憲・平忠正など、摂関家の家人である軍事貴族、摂関家領荘園の武士団、そして興福寺悪僧と、権門としての摂関家の武力の最大限の動員を行った。名目的に崇徳上皇を擁するとはいえ、王家の中枢から排除された彼にはほとんど有効な武力を動員する力量はなかったのである。また、これまでの武士は王権に従属してきたが、保元の乱では為義以下が天皇という正当な王権に背き、摂関家との主従関係に基づいて参戦している。ここから、複合権門摂関家において貴族と武士が有機的に結合し、両者が一体化した政治勢力の形成・発展が判明する。[20]

周知の通り、保元の乱は早期に武力を組織していた後白河陣営の圧勝に終わった。乱後、為義以下の頼長方の武士は処刑されたが、これには敗北した摂関家に属した武力を壊滅する目的もあったと考えられる。また、信実以下の悪僧と氏長者の主従関係も消滅し、忠通以後に復活することはなかった。さらに、寺社権門の成熟に伴う悪僧の時代の終焉[21]とともに、彼らの華々しい活動そのものが影を潜めることになる。

忠通が復権した摂関家でも、平信兼などの軍事貴族は存在したが、忠実・頼長の時代に比べて弱体化は否めず、結局忠通の死去後に摂関を継承した基実は、清盛の女盛子との婚姻を通じて平氏と提携し、その武力に依存することになる。[22]武力の弱体化とともに、複合権門としての摂関家の自立性と政治力は著しく低下し、以後は平氏・院・鎌倉幕府といった有力権門と提携して辛くも政治的地位を保持する存在に転落するのである。

一方、勝利を収めた鳥羽・後白河方は国家権力を介した動員で、天皇と武士との私的結合の要素は低いものであった。しかも、院と北面以下との主従関係も鳥羽の死去で消滅したし、残された後白河天皇は本来中継ぎとして即位しただけに権威に乏しく、退位後も強力な北面の組織化は困難であった。また、鳥羽院の家産機構も後白河に相伝されることはなく、その面でも武士を組織することは不可能だったのである。このように、保元の乱を契機として、貴族と武士とが家産機構を介して結合し、荘園領主権門が武士を強固に組織する動きは消滅した。すなわち、複合権門摂関家は解体され、鳥羽が統率した複合権門としての院は、治天の君の交代に際して権門としての弱さを露呈させて分解したのである。こうして、公家主導の複合権門は消滅し、公家権門の中世に向けての自己変容の動きは頓挫を余儀なくされるに至った。

乱後は王権と摂関家の弱体化によって、乱の勝利に貢献した旧鳥羽院近臣層の政治的自立が目立った。しかし、政治的主導権を握った信西の権威も不十分で、彼らは後白河院政派と二条親政派に分裂して対立し政情は著しく不安定となった。かくして、平治元年（一一五九）に平治の乱が勃発することになる。[23]

新興勢力信西一門の台頭に反発した院政派の藤原信頼・成親、親政派の藤原経宗・惟方など伝統的院近臣家が結束、院政派の源義朝の武力で信西を葬った。しかし、共通の敵を倒した反信西派は親政・院政両派に分裂し、平清盛の武力と提携した親政派が信頼・義朝以下の院政派を一掃したが、親政派の経宗・惟方も乱後に後白河より処罰を受け、結局勝利は清盛が独占するに至ったのである。この経緯からも明らかなように、平治の乱は保元の乱による権門解体に伴う政治混乱によって発生した兵乱であった。しかし、その結末は新たな権門を生み出すことになる。

2　平氏の権門化

武士は長らく王権に奉仕する存在であった。王権に従属することで正当性が確保され、郎等以下の集団を組織することが可能となるのである。平将門が反乱の過程で独立国を称したこと、そしてのちに同じ東国に鎌倉幕府という武士政権が成立したことから、武人は当初より貴族に対抗する意識をもち、政権獲得を目指したとする短絡的な見解があるが、[24]これは明らかな誤りである。『将門記』に見えるように、将門の独立国家騒動は謀叛人として追い詰められた結果だし、彼の行動を支えたのは桓武天皇の五代の子孫という血統の意識であり、武力は権力を獲得するための手段と考えられたにすぎない。また、永承元年（一〇四六）に源頼信が石清水八幡宮に献じた告文（石清水田中家文書、『平安遺文』六四〇号）のように、武人は王権への奉仕を本分と考えていたのである。かかる武士が貴族政権から軍事権門を分立させる第一歩は、いうまでもなく平氏の権門化にあった。

保元の乱以前の伊勢平氏・河内源氏をはじめとする軍事貴族は、官位も四・五位という中・下級貴族程度にとどまり、所領も狭隘な本領の他は権門の家産機構に依存していた。在京活動を原則とするだけに地方の広範囲な武士団と結合することは困難で、その武力は本領に居住する武士団や京周辺の弱小な軍事貴族から構成されていた。したがって、彼らは家産機構の預所などとして権門に奉仕し、地方武士とはむしろ対立する性格を有するなど、原則として政治・経済両面で院・摂関家に従属する従順な存在だったのである[25]。

しかし、平治の乱後の清盛の立場はそれとは大きく異なっていた。まず、彼は乱における勝利とともに正三位に昇って公卿の壁を突破し、権門としての政治的地位を獲得していた。しかも、その地位を裏づけたのは、二つの兵乱の鎮圧者としての立場と、河内源氏以下の壊滅によって唯一の国家的軍事・警察力の保有者という地位を獲得したことにこそあった。すなわち、平氏は軍事という職能を前面に出した初めての権門となったのである。

かかる突出した軍事権門が成立した背景の一つは、院・摂関家という権門の桎梏が失われたがゆえに、政治的に自立した平清盛や源義朝が独自の政治行動を展開し、権門や国家権力の枠を越えた武力による衝突を余儀なくされたことにある。そして、政治力・武力にまさる清盛が最終的な勝利者となったのである。

また平氏は権門の家産機構との関係でも、従来の軍事貴族とは大きく立場を変えた。まず、従来平氏が依存してきた王家の家産機構の大部分は八条院に譲渡され、治天の君たる後白河の手を離れた。さらに、清盛は巧みに摂関家領の主要部分を押領し、政治力を低下させた摂関家の家産機構を新たな平氏一門の基盤に組み換えていった。したがって、後白河院は、白河・鳥羽のように家産機構を通した平氏の統属が困難となっていたのである。

しかも、正統王権の継承者二条と非正統天皇であった後白河の分裂と、それに続く二条天皇の死去は、王権の権威を相対化させて平氏の自立をより容易にした面もある。また、有力な院近臣家でも大納言昇進が限度であったように大臣の壁は厳しく、当時は天皇のミウチ以外にこれを突破することは困難であった[26]。ところが、清盛は仁安元年（一一六六）に内大臣、翌年には太政大臣にまで昇進したのである。この背景には、清盛を白河の落胤とする見方、東宮憲仁の外護者という立場が関係すると見られるが、かかる権威を有した清盛を後白河が政治的に従属させることは困難だったといえる。

かくして、平氏は軍事権門として自立したが、同様に軍事権門とはいっても、のちの鎌倉幕府と比べるといくつかの大きな相違が見られる。まず、地方武士の組織化が僅少にとどまった点である。鎌倉幕府が地方武士を体系的に御家人化して権門の基盤としたのに対し、平氏の場合は所領争論の調停や追討行為などを通して、偶発的に接近した若干の地方武士を組織したにすぎない。大規模な追討などに際して、平氏は天皇・院の命令で地方武士を動員できたのであり、ことさらに主従関係に組み込む必要もなかったのである(27)。反面、平氏は高倉天皇の擁立に大きな影響力を有し、京の政界や後白河の王権をも左右しうる立場にあった。承久の乱以前の幕府が朝廷に対し、親幕府派の公卿等を通して間接的に意志を伝えたにすぎないことと大きく異なっていたのである。

したがって、平氏は王権にも深く関わり、また王権との協調を前提として国家的軍事・警察権を独占する体制にあった。このため、高倉天皇の擁立で一致していた平氏と後白河の関係に亀裂が入るならば、両者の協調関係は全面的に崩壊せざるをえなかったのである。

3　治承三年政変

平清盛と後白河院が衝突した直接の原因は、安元二年（一一七六）に高倉の母で清盛の義妹である建春門院が死去し両者の調停者が不在となったことにある。しかし、両者の衝突の本質的な原因は、彼女の死去とともに後継者のない高倉の地位が不安定になり、成人天皇を退位させる院政期の慣例と相まって、後白河が高倉退位工作を開始したことにこそ存した。天皇との姻戚関係を喪失することは、軍事面で公権に多くを依存している清盛の立場を著しく弱体化するものであった(28)。そして、平氏の肥大化と後白河院近臣との官位をめぐる抗争も介在し、翌安元三年ついに院・院近臣による平氏打倒の陰謀が企図され、その露顕とともに院近臣の多くが処刑される鹿ヶ谷事件が勃発したのである。

この事件によって、平氏が自立した後に院のもとに新たに組織されつつあった院近臣・北面・僧侶などが処刑された。したがって、鹿ヶ谷事件による敗北は後白河院の権門化、言い換えれば白河・鳥羽のごとき複合権門の長となる可能性を奪うことをも意味したのである。また、後白河は重盛・頼盛などに対して官位・権限を授与して近臣化を図り、平氏を院権力に組み込もうとした。しかし、彼らは平氏一門の家格の上昇とともに公卿の地位にあったことから院との結合には限界があり、清盛に代わって一門を統制することもできなかった。それでも、鹿ヶ谷事件で重盛が清盛を諫止したように、一応は後白河との仲介者の役割を果たしていただけに、治承三年（一一七九）の重盛の病死は後白河をいっそう追い詰める出来事であったと考えられる。

以後の後白河は権門として平氏と対抗することを放棄し、治天の君が有する公権を通して平氏の抑圧を図った。八月の重盛死後にその知行国を没収して院近臣に与えるとともに、十月には清盛の女婿藤原基通を抑えて院に近い藤原基房の嫡男師家に権中納言・中将を与えたのである。権中納言・中将の地位は摂関家の嫡男を意味しており[29]、この人事は摂関が基房からその子師家に譲渡されることを明示したものであった。しかも、同年六月に平盛子が死去した際に、院は名目上彼女が管理し実質的には清盛の支配下にあった摂関家領を奪っており、この摂関家領が基房・師家に譲渡される可能性が高まったのである[30]。このことは平氏一門が摂関家領における所職喪失の危機に直面したことを意味し、さらに平氏の権門としての経済基盤に大きな打撃が加えられようとしていたことになる。ここに至って清盛は武力による政変を敢行し、後白河の政務停止、関白基房や多数の院近臣の解官・配流を行って反対勢力を一掃した。翌年、清盛は外孫安徳を即位させ、女婿高倉に院政を行わせるとともに、女婿近衛基通を摂政に任じて近親で権力中枢を固めた。公権力と権門の対立という図式は、保元の乱における後白河陣営と崇徳・頼長陣営の対立と共通するが、今回は清盛の側が圧倒的武力を有した上に、高倉天皇が事実上清盛の意向を支持したために清盛が圧勝したのである。

この政変では、従来王権に従属してきた武士が初めて王権に反逆し、自身のミウチによる王権を樹立したことになる。清盛のミウチであるとともに、その武力に保護された安徳・高倉の王権は、権門としての平氏に内包される存在といえる。換言すれば、安徳・高倉を擁立した体制の成立は、権門としての平氏による国家権力の乗っ取りでもあった。平氏は王権と平氏一門の武力、そして宗教施設としての厳島神社を内包した複合権門となったのである。厳島神社は小規模だが、高倉院が退位後初めての参詣先とするなど、既存の寺社権門の秩序を打破・改変する動きを見せていた。

なお、この政変の背景には、摂関家領をめぐる平氏の防衛という点以外にも、重大な問題が伏在していた。まず、先述したように公権を通した地方武士の動員を前提とした平氏にとって、王権との一体化は不可欠だったことがある。また、たびたび挑発を繰り返す非正統王権の後白河を否定し、自身に連なる新王朝を擁立しようとした清盛の野心もあったのではないか。軍事防衛上の問題でもあるが、福原遷都の強行には明らかに新王朝の首都造営という目的があったと考えられる。そして、武力による王権への反逆は、代替王権を可能とする皇子の存在と、白河の皇胤という清盛の意識なくしてありえないことであった。

かくして清盛の武力に支えられた体制が成立したが、周知の通り治承三年政変からわずか半年後の治承四年（一一八〇）五月には、八条院の保護や権門寺院の武的支援を受けた以仁王の挙兵が勃発し、瞬時にして激しい内乱が発生することになる(31)。その原因は、平氏一門による王権の独占に対する以仁王以下の皇族の、厳島神社の重視に対する寺社権門の、そして平氏家人の重視に対する非家人武士団の、それぞれ不満の爆発にあった。すなわち、平氏は奪取した国家権力を通して権門内の利益を貫徹しようとしたために、諸方面で他権門との軋轢を惹起し内乱を勃発させたのである。複合権門である平氏が権力を掌握したがゆえに、興福寺・園城寺以下の権門寺院も世俗の抗争に介入し、ついには同年暮れには園城寺・南都の焼打ちという世俗権力と寺社権門の全面衝突が発生することになる。

また内乱の背景として忘れてならないのは、安徳・高倉の王権の正当性に対する疑問である。この王権は後白河からの簒奪によって成立したものであったし、治承三年政変以来、一貫して清盛の武力に擁護された王権であった。当時の王権は「継体守文」（『玉葉』寿永二年〈一一八三〉八月十四日条）を原則とするものであり、武力と結合した王権には疑問の目が向けられることになる。これと対照的に、後白河は幽閉されて直接武力を把握せず、しかも平氏に反抗する勢力に擁立されたために、結果的に正当化されることになるのである。

三　鎌倉幕府の成立

1　内乱と地方武士

治承・寿永の内乱は以仁王挙兵に始まる中央の争乱を皮切りに、平氏家人と非家人の対立が各地で大規模な合戦を続発させ、富士川合戦における平氏追討軍の惨敗を契機として、国家の支配機構に対する同時多発的な反乱が勃発することで全国に拡大した。その根底には、平氏の擁立する王権に対する不信が伏在していたことは先述の通りである。また、保元・平治の乱が所詮は中央の軍事貴族相互の合戦にすぎなかったのに対し、治承・寿永の内乱は全国の地方武士を巻き込んだ点で画期的な意味をもつといえるだろう。

平氏は偶発的契機によって結合した特定の地方武士のみを家人として強固に把握していたが、大規模な武士の動員に際し非家人を公的権力によって動員しうる以上、主従関係の拡大も不要であった。しかし、王権の分裂に伴う以仁王挙兵以後の軍事的緊張の中で、こうした体制の矛盾が激発することになる。たとえば相模国では、清盛の「私所レ遣」の家人大庭景親に大きな軍事指揮権を与えた（『玉葉』治承四年〈一一八〇〉九月十一日条）ために、三浦・中村氏をはじめとする非家人の武士を圧迫して彼らを蜂起に追い込んだ。これと同様の形で諸国において兵乱を惹起し、内乱の勃発を招いたのである。権門的な軍事組織が公権との矛盾を惹起したことになる。

とはいえ、地方武士の組織という点で、平氏は従来の権門とは比較にならない規模を有していた。当時の権門と地方武士が結合した事例としては、院が地方武士を武者所に組織したこと、保元の乱で忠実・頼長らが摂関家領の武士を動員したとされることなどがある。しかし、軍事動員の機会はごく稀であったし、院と結合した地方武士も僅少で、摂関家は崩壊、鳥羽院領を継承した源平争乱期の最大の荘園領主八条院も政治から後退したために、[32]これらの権門と地方武士との結合は発展しなかった。

また、たとえば下総の千葉氏が在庁官人であるとともに、千葉荘を八条院に、相馬御厨を伊勢神宮に寄進していたように、地方武士は一般的に国衙や複数の荘園領主に従属していた。[33]しかも、彼らは国衙によって武士として認定され、[34]保元の乱などに見えるように国衙の命令に従わねばならない面もあった。こうしたことから、院政期に家産機構を通して地方武士を組織した権門は成立しなかったのである。

これに対し、平氏は家産機構のみならず軍事行動や独自の所領安堵などを通して多くの地方武士を組織した。しかも、その主従関係は内乱を契機に強固に機能したのである。それが、かえって多くの非家人を圧迫し、平氏打倒の火の手をより熾烈なものとする結果となったのは皮肉であった。[35]治承四年（一一八〇）以来、権力を増大させた平氏家人の圧力に危機感を抱いた各武士団は、以仁王の令旨や後白河の院宣を獲得した源氏武将を核として結合して、各地で一斉に反平氏蜂起を行った。その中で勝利を収めた頼朝は、相互対立を繰り返していた東国武士を一応調停して組織化に成功する。

反平氏家人という共通の目的を通して、分裂した家産機構を超越した地方武士の組織が可能となったのである。こうして頼朝は従来権門に包摂されていなかった東国武士を幕府という権門に統合し、地方武士を組織した本格的な権門を成立させたのである。

2　幕府と王権

治承五年（一一八一）、高倉院と平清盛が相次いで死去したため、後白河院政が復活する。しかし、軍事的権限を掌握していた宗盛は軍事面で院への従属を拒んだため、安徳を擁する軍事権門平氏と、武力を喪失した治天の君後白河が並立する状況となった。そして、前者は寿永二年（一一八三）に源義仲によって京を追われ滅亡の運命をたどる。こうして、結果的にではあるが、武力と結合した王権は否定され、武力を有さない後白河こそが正当な王権として存続することになるのである(36)。

後白河は北陸宮を擁する義仲(37)と鋭く対立し、無力であったために法住寺合戦の敗北によって幽閉を余儀なくされたが、頼朝は後白河を救援し無力な王権の保護者として幕府を永続的な組織としていった。後白河以下の貴族政権と幕府は相互補完の関係を形成し、幕府は東国の地域政権という性格とともに、全国家的には軍事・警察権門という性格を帯びることになり、その構成員も軍事・警察権の担い手と位置づけられてゆくのである。幕府は東国に存在したがゆえに、朝廷の一般政務に介入せず、京・畿内の寺社と結合することもなく、軍事権門という職能を明確化したといえよう。

むろん、後白河が義経と密接な関係を結んだように貴族政権も独自の武力を組織する動きを見せ、それは承久の乱まで継続した。また、鎌倉幕府も軍事権門として当初から自己完結していたわけではない。頼朝は、大姫入内工作(38)を通して自身のミウチによる王権を樹立し、幕府を複合権門化しようと試みたのである。この動きは大姫、その妹三幡の相次ぐ死去で失敗に終わり、源氏将軍の無力化によって消滅した。また、九条兼実の失脚といった大きな代償を必要としたことから、大姫入内工作を頼朝最大の失策、あるいは彼の単なる貴族志向として批判するのは誤っている。

兼実を通した朝廷に対する遠隔操作の限界を考えれば、頼朝が王権自体を取り込もうとするのは当然のことだったのである。

また、いうまでもなく軍事権門はつねに朝廷と相互に連携していたわけではない。文治元年（一一八五）十月、頼朝が後白河による頼朝追討院宣を否定したように、王権に反抗することもあった。むろんこの院宣自体が理不尽なものであったが、鎌倉幕府の御家人である東国武士の多くが王権に対して低い帰属意識しか有していなかったことも関係するだろう。彼らは元来自力救済の中で武士団を形成したが、自力救済の世界には王権の保護や権威を否定する側面が存在していた点は注意する必要がある(39)。すなわち、彼らはつねに所領確保を目的として行動しており、そのためには朝廷・荘園領主の直接的な保護を期待することはできないし、時として国衙や荘園領主に反抗することもあった。しかも、かつて安徳の王権を否定した経験などもあって、王権の権威をより相対化していったことも事実で、このことが承久の乱の前提となる。

一方、後白河の後を継いだ治天の君後鳥羽は、幕府の圧力が減退したこともあって、先述のように独自の武力の組織を推進した。院と西面の武士との関係は、幕府の主従関係に対抗しうる、きわめて強固な結合であった。公家・僧との主従関係は当然のことで、後鳥羽のもとでそれまでの院よりも私的要素の強い、複合権門が形成されたと考えて相違ないだろう。後鳥羽が統率した権門は、その意味では院政期的なものだったのである。

しかし、かかる権門は幕府との軋轢を惹起し、承久の乱で粉砕される運命にあった(40)。これによって最後の複合権門は消滅するのである。幕府は武力の独占において朝廷に対して優位に立ち、単なる王権への奉仕者を超克することになる。

むすび

以上、院政期における権門の存在形態を検討し、軍事権門が分立した背景について論及してきた。主要な論点は以下の通りである。

院政期の荘園・公領体制の確立とともに権門は成立するが、武力を有して権門内部の問題を自身で鎮圧できる自己完結的な権門は、院と摂関家と寺社のみであり、寺社は宗教的権威は強力であったが、武力的には弱体であった。また荘園領有体系の頂点に立つ女院も基本的に家長である院に従属する存在であった。院と、鳥羽院政期における摂関家は武力・宗教的権威をも内包する複合権門となり、主要な軍事貴族は両者に従属していた。しかし、前者は権門としての結合は弱く鳥羽院の死去で解体し、後者は保元の乱において国家権力の前に敗北・壊滅する。

正統王権を継承した二条天皇の死去、後白河の家産機構からの独立などの結果、最大の武力を有した平氏は権門として自立する。そして治承三年政変で対立する後白河院政を停止し、権門に内包された安徳・高倉の王権を樹立して、複合権門によって国家権力を乗っ取るに至った。しかし、王権の正統性への疑問、権門利害の貫徹による他勢力との衝突から内乱が勃発し、平氏は滅亡する。無力ゆえに正当化された後白河を擁護する武力として頼朝は幕府を組織し、時として王権と対立したり王権を内包する複合権門化の動きを見せるが、軍事権門として固定することになる。以上が概要である。

源氏将軍の断絶後、執権北条氏が幕府の実権を握るが、彼らはその出自の限界ゆえに幕府の軍事権門化を推進する。得宗専制の成立も軍事的優位と身分的劣勢の矛盾の一環といえよう。こうした歪みを是正すべく、公家の側から後醍醐が、そして武家の側から足利義満が統一権力を樹立する試みを行うことになる。

注

(1) 石母田正『古代末期政治史序説』(未来社、一九九五年、初出一九五六年)。
(2) 黒田俊雄「中世の国家と天皇」(『黒田俊雄著作集　第一巻　権門体制論』法蔵館、一九九四年、初出一九六三年)。
(3) 拙著『院政期政治史研究』(思文閣出版、一九九六年)。
(4) 「摂津守源満仲出家語」第四。
(5) 吉川真司「摂関政治の転成」(同『律令官僚制の研究』塙書房、一九九八年、初出一九九五年)。
(6) 石井進「一二―一三世紀の日本―古代から中世へ―」(『石井進著作集　第三巻　院政と平氏政権』岩波書店、二〇〇四年、初出一九九三年)
(7) 川端新「院政初期の立荘形態―寄進と立荘の間―」(同『荘園制成立史の研究』思文閣出版、二〇〇〇年、初出一九九六年)。
(8) 井原今朝男「中世国家の儀礼と国役・公事」(同『日本中世の国政と家政』校倉書房、一九九五年、初出一九八六年)、同「中世の天皇・摂関・院」(同前掲書、初出一九九一年)、同「摂関・院政と天皇」(同前掲書、初出一九九二年)など。
(9) 上島享「庄園公領制下の所領認定―立庄と不輸・不入権と安堵―」(『ヒストリア』一三七、一九九二年)。
(10) 橋本義彦『源通親』(人物叢書、吉川弘文館、一九九二年)。
(11) この事件の概要と意味については、髙橋昌明『増補改訂　清盛以前―伊勢平氏の興隆―』(平凡社、二〇一一年、初出一九八四年)参照。
(12) 拙稿「院政期興福寺考」(拙著注(3)前掲書、初出一九八七年)。
(13) 拙著『武士の成立』(吉川弘文館、一九九四年)。
(14) 拙稿注(12)前掲論文。
(15) 八条院の荘園や院司については、石井進「源平争乱期の八条院周辺―「八条院庁文書」を手がかりに―」(『石井進著作集　第七巻　中世史料論の現在』岩波書店、二〇〇五年、初出一九八八年)。
(16) 八条院と皇統の問題については、五味文彦『平家物語、史と説話』(平凡社、二〇一一年、初出一九八七年)に言及がある。
(17) 黒田注(2)前掲論文。
(18) 拙稿「摂関家における私的制裁」(拙著注(3)前掲書、初出一九八三年)、「院政期政治構造の展開―保元・平治の乱―」(拙著注(3)前掲書、初出一九八六年)、同「平氏政権の崩壊―治承・寿永の内乱の史的意義―」(拙著注(3)前掲書、初出一九九二年)。

(19) 拙稿注(18)前掲「摂関家における私的制裁」。
(20) 保元の乱における軍事編成については、上横手雅敬「院政期の源氏」(御家人制研究会編『御家人制の研究』吉川弘文館、一九八一年)、拙著注(13)前掲書、拙稿注(18)前掲「院政期政治構造の展開」。
(21) 久野修義「覚仁考―平安末期の東大寺と悪僧―」(同『日本中世の寺院と社会』塙書房、一九九九年、初出一九八〇年)。
(22) 田中文英「平氏政権と摂関家」(同『平氏政権の研究』思文閣出版、一九九四年、初出一九六八年)。
(23) 平治の乱に至る政情については、拙稿「院の専制と近臣―信西の出現―」(拙著注(3)前掲書、初出一九九一年)参照。
(24) 保立道久『平安王朝』(岩波書店、一九九六年)、義江彰夫『神仏習合』(岩波書店、一九九六年)など。
(25) 当時の軍事貴族については、拙著注(13)前掲書。
(26) 拙稿「平安末期の村上源氏」(本書第二部第二章)。
(27) 拙稿「後白河院と平氏」(拙著注(3)前掲書、初出一九九二年)。
(28) 高倉退位工作については、拙稿注(27)前掲論文。
(29) 中納言・中将の意味については、拙稿「五位中将考」(本書第二部第一章)。
(30) 摂関家領問題と治承三年政変の関係については、田中文英「高倉親政・院政と平氏政権」(同注(22)前掲書)参照。
(31) 内乱勃発の背景については、拙稿注(18)前掲「平氏政権の崩壊」。
(32) 八条院の場合も、以仁王挙兵の際に、女院領荘園の武士下河辺行平が頼朝に挙兵を伝え、軍事貴族だが、同じく女院領足利荘の武士足利義清が参戦している。
(33) 当時の東国武士の動向については、野口実『坂東武士団の成立と発展』(戎光祥出版、二〇一三年、初出一九八二年)が詳細・包括的に論じている。
(34) 国衙によって武士が認定された点については、石井進「中世成立期の軍制」(『石井進著作集　第五巻　鎌倉武士の実像』岩波書店、二〇〇五年、初出一九六九年)参照。
(35) 平氏の家人と非家人の対立については、拙稿注(18)前掲「平氏政権の崩壊」参照。
(36) 拙稿「王権守護の武力」(薗田香融編『日本仏教の史的展開』塙書房、一九九九年)。
(37) 木曽義仲による北陸宮擁立とその意義については、河内祥輔『新版　頼朝の時代―一一八〇年代内乱史―』(文藝春秋、二〇二一年、初出一九九〇年)参照。ただし、法住寺合戦後、義仲は後白河院政を容認しており、この時点でも北陸宮擁立に固執していたわけではない。

（38）大姫入内問題の経緯については、杉橋隆夫「鎌倉初期の公武関係―建久年間を中心に―」（『史林』五四―六、一九七一年）参照。

（39）東国武士と自力救済の関係については、拙著注（13）前掲書参照。

（40）鎌倉初期の公武関係、後鳥羽院の動向などについては、上横手雅敬「鎌倉幕府と公家政権」（同『鎌倉時代政治史研究』吉川弘文館、一九九一年、初出一九七五年）、同「幕府と京都」（同前掲書、初出一九七一年）、同「鎌倉幕府と摂関家」（同前掲書、初出一九七四年）参照。

第二章　源氏物語と王権

一　光源氏と王権

高麗人に相を占われた幼い光君は、「国の親となりて、帝王の、上なき位にのぼるべき相」であることを告げられる。しかし、彼が帝王となれば「乱れ憂ふる」こともあるとされた。母を早く失い、外戚も不在であった光君にはとうてい皇位は望みがたく、父桐壺帝は源氏姓を与えて臣下に下す。かくして、光源氏が誕生する。そして、彼の帝王の座は儚い夢と化したのである。

だが、彼は自ら帝王たりえなかったものの、思わぬかたちで天下の政務を掌握することになる。彼を後見とする冷泉帝の即位である。しかも帝は、光源氏とその父桐壺帝の寵后藤壺との密通によって生を受けた皇子であった。光源氏は内大臣に昇進し、破格の女院となった藤壺とともに帝の王権を支える。さらに、光源氏は太政大臣という最高官職に上りつめる。そればかりか、母藤壺の死去に際し自身出生の秘密を知った冷泉帝から、准太上天皇という地位を与えられるに至るのである。

帝王の相を有した光源氏は自ら帝位につくことはなかったが、密通によって生誕した皇子の即位にあい、母后、さらに出家して女院になった藤壺とともに帝を支え、やがて帝の実父として准太上天皇という破格の地位を獲得して政界の頂点に立った。ここに紫式部が構想した独自の王権の世界が存在する。

冷泉帝を支えた光源氏と母后藤壺による王権のあり方は、一見突飛なものに見える。しかし、はたしてそれは絵空事であろうか。以下では、実際の平安王朝における王権のあり方と『源氏物語』の世界とを、政治権力の所在、皇位継承などについて、具体的に比較・検討してゆくことにする。

『源氏物語』における光源氏、母后、外戚などの「後見《うしろみ》」については、すでに詳細な分析がある（吉川真司・一九九八、倉本一宏・二〇〇〇）。そこで、これらに依拠しながら冷泉帝をめぐる問題を取り上げることにしよう。

なお、本章では「王権」を天皇の権威・権力を意味する用語として用いる。王権に正当性を与え、その権力をともに支える存在を検討の対象とする。また、『源氏物語』に登場する天皇には「帝」、史実の天皇には「天皇」の称号を用いて区別する。

二　聖代と源氏物語

桐壺・冷泉帝の背景

『源氏物語』の時代背景として、摂関時代において聖代と顧みられた延喜・天暦の時代が濃厚に影響していたことが指摘されている。検討対象の中心となる冷泉帝には、天暦の治と讃えられた村上天皇との、その父とされ光源氏の父でもある桐壺帝については、つとに宇多天皇や、その皇子で延喜の治を実現した醍醐天皇との、それぞれ類似点が指摘されている（いわゆる準拠論は多数にのぼるが、国文学の成果としては篠原昭二・一九九二、日向一雅・一九九九など、歴史学の成果としては山中裕・一九九七などがある）。

まず桐壺帝についてふれておこう。帝は天皇親政を目指し、外戚の政治介入と対立するが、この点は藤原北家と対立した宇多天皇に、また文運隆盛を迎え聖代とされた点で醍醐天皇に共通性を有している。宇多天皇は、母が桓武天皇の第十二皇子仲野親王の皇女班子女王で、藤原北家を外戚としていないことから、関白藤原基経、その子時平と対立し、側近の菅原道真らを起用して親政を推進した。しかし、皇子醍醐天皇に譲位した後の昌泰四年（九〇一）、道真は時平らによって失脚に追い込まれる。

醍醐天皇は、時平の妹藤原穏子を后として王家と藤原北家との協調を復活させ、時平没後はその弟忠平を首席大臣に据えて政務を運営した。ただし、その治世に摂関を任命することはなかった。そして、『延喜式』や初の勅撰和歌集『古今和歌集』の編纂などにより、のちに延喜の聖代と称賛されることになる。

また桐壺更衣の立場と、仁明天皇の女御藤原沢子との類似も注目されている（日向一雅・一九九九、二〇〇四）。仁明天皇は桓武天皇の孫で、天長十年（八三三）に即位し、嘉祥三年（八五〇）に退いた、平安初期の天皇である。沢子は従五位上紀伊守藤原総継の娘で、天皇の深い寵愛を受けて時康親王以下の皇子・皇女を出産するが、天皇に先立って承和六年（八三九）に死去している。出自の低さ、天皇の寵愛、夭折など、共通点はきわめて顕著である。それにもまして注目されるのは、その皇子の運命である。

図17　延喜天暦時代の人物比定

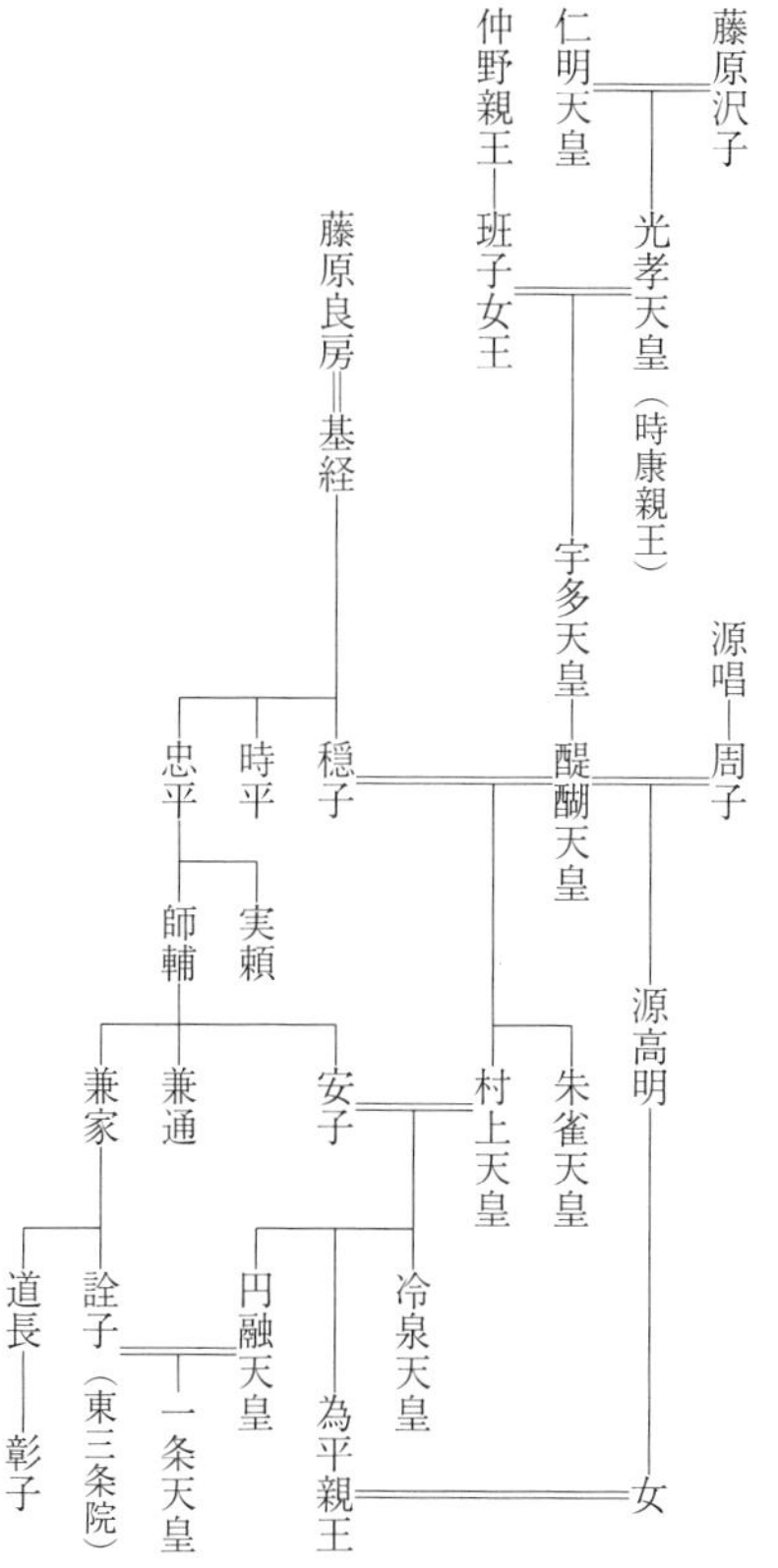

沢子所生の皇子時康親王は皇位と無縁と思われたが、仁明天皇の曽孫で藤原北家を外戚とする陽成天皇の廃位によって、元慶八年（八八四）に思いもかけない即位を実現した。光孝天皇である。光孝天皇と光源氏とが比較されるのも当然といえる。しかも彼の皇子定省は、いったん源姓を賜り臣籍に降下しながら宇多天皇

となった。このことは、一世源氏に皇位の可能性もあったことを意味しており、単なる臣下と異なる源氏の立場を物語る（岡野友彦・二〇一八）。なお、仁明天皇の代は文芸の繁栄した時代でもあり、桐壺帝には、延喜・天暦年間より以前の仁明天皇の性格も込められていた（日向一雅・一九九九、二〇〇四）。

一方、冷泉帝と対比される村上天皇は、醍醐天皇の皇子で、母は藤原基経の娘穏子である。兄朱雀天皇の譲位により天慶九年（九四六）に即位している。即位当初は母の兄藤原忠平が関白として補佐したが、三年後に彼が死去すると、終生摂関を置くことはなかった。彼は多くの后を置いたが、忠平の孫、右大臣師輔の娘安子とは琴瑟相和し、のちの冷泉・円融天皇以下の皇子を得ている。師輔が天徳四年（九六〇）に早世しなければ、外孫を相次いで即位させ、摂関政治の全盛の到来をみた可能性が高い。

村上天皇は、兄でその名も共通する朱雀天皇の譲位で即位した点、父院の意向で東宮となっていた点、さらに大規模な絵合を宮中で開催したことなど、『源氏物語』の冷泉帝との顕著な類似がある。反面、即位当時に父院はすでに死去しており、有力な外戚など、光源氏に相当する男性の後見人は存在していない。これに対し、朱雀からの譲位の背景に母藤原穏子が関係したとする説もあり、また村上の皇子憲平親王（冷泉天皇）立太子に際しても、彼女が大きな力を振るったとされるなど、母后が非常に強い影響を及ぼしている点に大きな特色がある（藤木邦彦・一九九一、元木泰雄・一九九六、橋本義彦・二〇二〇）。この点は藤壺の原型を検討する際にふれることにしたい。

聖代と摂関政治

延喜・天暦の治の特色の一つは、摂関がほとんど存在せず、天皇親政を基本としていたことである。摂関が常置されるようになるのは、安和二年（九六九）に藤原北家が政敵の左大臣源高明を倒した安和の変以降のことであり、寛和二年（九八六）、右大臣藤原兼家が強引に外孫懐仁親王（一条天皇）を即位させてから、摂関政治は全盛期を迎え、天皇の外戚関係を背景として摂関の権威は圧倒的なものとなる（吉川真司・一九九八、橋本義彦・二〇二〇）。

したがって、延喜・天暦の時代を背景とする『源氏物語』において、摂関の政治的影響力が希薄となるのは当然といえよう。朱雀帝の外戚右大臣家の栄光は、亡き桐壺帝の意向による冷泉帝への譲位でたちまちに崩壊する。皇位継承も摂関となる外戚の影響はなく、先帝の意向で決定されており、道長に代表されるように有力な外戚が皇位継承者を決定していた摂関時代と大きく異なっている。しかも冷泉帝の母藤壺は先帝の皇女であり、藤原氏出身ではない。

桐壺帝の原型の一人仁明天皇の時代は、いうまでもなく人臣初の摂政良房が出現する以前であった。宇多・醍醐天皇の治世は、宇多天皇の初期に前代の摂政基経が関白として在任したが、彼の死後は摂関不在であった。むろん宇多天皇は先述のように藤原北家との関係をことさらに忌避する面もあったが、醍醐天皇の場合は時平の妹穏子を入内させたように、藤原北家と協調の動きを強めていた。関白が不在だったのは、延喜九年（九〇九）に左大臣時平が三十九歳で早世したためでもある。

村上天皇の場合も、前代からの関白忠平が死去したあとは関白不在であった。忠平の長男実頼が左大臣に、師輔が右大臣に就任しており、先述のように師輔は中宮安子の父として、また東宮の外祖父という立場にあり、天皇との関係は安定していた。しかし、まだ摂関の設置は限定されており、天皇親政が政務の原則であった。一方、『源氏物語』の冷泉帝の治世にも摂政は存在した。光源氏のかつての岳父、すなわち葵の上の父で、すでに致仕していた左大臣が、冷泉帝の即位とともに摂政太政大臣に就任するのである。しかし、彼は冷泉帝と外戚関係はなく、その立場は光源氏派の政界の長老というだけのものであった。この原型は、安和二年（九六九）八月、安和の変後における政治混乱のなかで、師輔の兄で藤原北家の長老であった関白太政大臣実頼が、その名も同じ冷泉天皇の大伯父、すなわち非外戚ながら摂政に就任した例と考えられる。

時代は院政期に入るが、堀河天皇が死去した嘉承二年（一一〇七）、鳥羽天皇の即位に際し摂政をめぐる対立が勃発した。道長嫡流で前関白の忠実が非外戚であったために、天皇の外伯父で閑院流の権大納言公実が就任を求めたのである。すなわち、この段階になると摂政は外戚を必要条件としていたことがわかる。天皇の補佐者である関白はともかく、代行者であるために摂政は外戚と不可分となったとされ（米田雄介・二〇〇二）、そのことが摂関の権威を増大させることになる。その意味で、『源氏物語』における摂関は必ずしも外戚と結合しておらず、まだ権威を確立する前のものであったといえよう。

一方、十世紀前半には、菅原道真など、藤原氏以外の摂関の可能性もあったとされている（米田雄介・二〇〇二）。光源氏の原型の一人とされる源高明も、岳父藤原師輔の死去、皇位継承者とみられた為平親王を女婿とすることによって摂関の可能性を有したと考えられる。しかし、冷泉帝の即位に伴って光源氏は内大臣に昇進し、ついで太政大臣となるが、摂関に就任することはなかった。むろん、帝の実父という設定も関係するのだが、この場合はすでに藤原氏に摂関が固定していた影響もあったのかもしれない。

なお、太政大臣となった光源氏が摂関とならず、政務の実権を内大臣に譲渡して事実上政界の一線を退いていることから、太政大臣が摂関と分離して名誉職化した藤原兼家の時代の出来事が反映されているとされる（倉本一宏・二〇〇〇、橋本義彦・二〇二〇）。

藤壺と母后

光源氏が母の面影を求め、やがて激しく恋慕する藤壺は、父の寵后であるとともに、先帝の皇女でもあった。彼女は光源氏との密通によって皇子を生み、その皇子が即位するという数奇で劇的な運命をたどるが、光源氏の熱愛に流され、運命に翻弄されるだけの女性では決してなかった。皇子冷泉帝の即位を実現するや、光源氏とともにその養女前斎宮の入内に奔走し、冷泉の王権と光源氏の後見という立場を擁護するのである。藤壺の特色の一つは、彼女が皇女と設定された点である。先述のように延喜・天暦時代は、摂関はほとんど置かれなかったが、しかし醍醐・村上天皇と藤原北家の関係が良好であったように、藤原北家出身の女性が相次いで入内し、国母となっていた。実際に天皇の母となった皇女は、宇多天皇の母で仲野親王の皇女班子女王のみだったのである。いうまでもなく、摂関時代において天皇の母となるのはほとんど藤原北家出身の女性であり、その父や兄弟が外戚として摂関の座に就くことになる。したがって、母后として大きな権威をもち、王権を支えた女性は、朱雀・村上天皇の母として大后と称され、憲平親王（のちの冷泉天皇）の立坊を決定した藤原穏子や、冷泉・円融天皇の母として、遺言で関白をめぐる藤原兼通・兼家兄弟の対立を裁定した藤原安子であり、いずれも藤原北家の出身であった。あえて冷泉帝の王権を支える母后を皇女と設定した点に、大きな特色を見出すことができる。光源氏との不義の皇子が即位するに際し、即位に正当性を与えるためにも、彼女は先帝の皇女でなければならなかったとされる（篠原昭二・一九九二）。

また、摂関時代において女御は皇子を出産することで立后されたが、皇女は当初から皇后（中宮）として冊立されており、藤原氏出身の女性とは画然と異なる特権を付与されてはいた（山本一也・二〇〇一）。この点も、藤壺の権威を支えた一因であろう。

藤壺に関して忘れることができないのが、彼女が女院という異例の地位についたことに他ならない。紫式部が知っていた唯一の女院は、正暦二年（九九一）に院号を宣下された東三条院、すなわち藤原詮子であった。彼女は円融天皇の女御で一条天皇の母、摂政兼家の娘である。彼女は、父兼家が長年兄兼通との抗争で不遇であった上に、兼家と円融天皇との不和も関係して、皇子を出産したにもかかわらず后位を与えられることもなかった。しかし、寛和二年（九八六）皇子懐仁親王の即位に際し、摂政として絶大な権力を有した父兼家の庇護を受けて強引に皇太后に昇進を果たした。そして、父の没後、母后として大きな権力を有した彼女は、初めての女院となったのである。

王家では天皇の母、摂関家では亡き兼家の嫡女、すなわち王家・藤原北家双方の家長として詮子は女院についたと考えられる。ただ、すでに兼家が没していたように、彼女は摂関家の権威・権力を背景として女院となったわけではなく、むしろ天皇の母后という立場が大きな意味を有していた。

以上のように、『源氏物語』の背景とされた延喜・天暦時代は、王家・藤原北家の協調関係は成立していたが、摂関は断続的に設置されたにすぎず、天皇親政を基本とする政治体制であった。したがって、摂関の影響力は兼家・道長の時代のような強力なものではなかった。『源氏物語』で摂関の影が薄いのはこのためと考えられる。反面、母后が天皇の王権を支えるという動きは、醍醐の后藤原穏子、あるいは最初の女院藤原詮子のように、顕著なものがあった。

次に、実父である光源氏や母后が天皇を支えるという構想が成立した背景を検討するために、さらに当時の政治構造について分析してみることにしたい。

三　ミウチ政治と王権

ミウチ政治と母后

摂関政治の政治形態について、かつては摂関が天皇を排して独裁するという「政所政治論」が提唱されたこともある。しかし、その実態は大きく異なっていた。当時の政治は、天皇を中心として父方の父院・皇親・源氏、母方の母后・摂関・外戚などといった、天皇の血縁・姻戚関係にある人々、すなわち天皇のミウチが共同で行うものだったのである。これを「ミウチ政治」と呼ぶ（黒板伸夫・一九八〇、橋本義彦・二〇二〇）。

ミウチ政治では、皇族・藤原氏・源氏によって政治の中枢である高位高官は独占され、公卿の大半は藤原・源姓の者ばかりとなり、平安前期まで多数存在していた種々の姓が公卿から姿を消すに至った。そして、皇位継承といった重大事は、天皇・父院・母后・外戚といったミウチの中心となる人々（権力核）によって決定されていた（倉本一宏・二〇〇〇）。

むろん、共同政治といっても、彼らの立場によって役割は異なっていた。また、こうした政治形態は、摂関時代を通して継続したわけではない。兼家の摂政就任を契機に、摂関が内裏で天皇と同居・密着するようになり、外戚・摂関の権限は著しく強化され、政治形態も大きく変化したことが明らかにされている（吉川真司・一九九八）。

摂関全盛を迎える以前のミウチ政治における大きな特色の一つは、天皇に対する親権が強力で、ミウチのなかでも父院と母后が大きな政治的発言力を有していたことである。たとえば、宇多上皇も退位後、一定の発言力を有したし、一条天皇の父院円融上皇は宇多源氏を院司として組織し、一条の外祖父として摂政に就任した藤原兼家を掣肘する動きを見せた（目崎徳衛・一九九五）。こうした父院の天皇に対する親権こそが天皇に対する人事権を生みだし、のちの院政の基礎となるのである（元木泰雄・一九九六、美川圭・二〇〇二）。

しかし、宇多・円融院の政治参加も、おおむね彼らの院司や王家の私的行事に関係した問題に限定されており、国政全般に及んだわけではない。内裏に入ることを制約され、太政官に直接命令を下すことができず、しかも天皇と同居することができない父院の政治的影響力には限界があった。だいいち、十世紀段階において、皇位を父子相承した事例が少ない上に、上皇の多くは早世したり病弱であったために、当時は父院の活動はさほど顕著なものではなかった（元木泰雄・一九九六、吉川真司・一九九八）。

これに対し、天皇と同居し、直接的に影響を与えることができた母后の政治的活躍は、先述の通りである。母后は皇位継承や摂関補任をめぐる紛糾といった重大な政治的局面において、自ら政治を主導し、あるいは天皇の判断に大きな影響を及ぼしていたのである。すなわち、母后は天皇大権を代行・補佐し、政治的危機に際して天皇と摂関をはじめとする臣下との対立を仲介・緩和するなど、天皇を保護し政治を安定させる役割を果たしていたことになる。

藤壺の場合、皇位や摂関の決定といった穏子や安子のような顕著な活動が見られるわけではない。しかし、冷泉帝の後宮のあり方を規定し、光源氏の権力を保証する役割を果たしているのである（倉本一宏・二〇〇〇）。すなわち、光源氏が養育する前斎宮の入内に際し、その入内を許可するとともに、前兵部卿宮の娘の入内を阻んでいる。さらに、権中納言の娘弘徽殿女御と梅壺女御となった前斎宮の絵合でも、後者に勝利を与え、その優位を決定するのである。

そして、遺言で関白を決定した藤原安子のように、藤壺の死去後、光源氏は亡き彼女の意向によって、前斎宮の立后を実現するに至る。この遺言も含めた藤壺の一連の行動は、冷泉帝の後見、光源氏の立場を擁護し、冷泉帝を中心とした王権のあり方を規定する動きであったといえよう（倉本一宏・二〇〇〇）。

ミウチ政治と源氏

ミウチ政治のもう一つの特色は、公卿など高位高官の座を天皇のミウチが独占したことである。先述のように、平安中期において公卿の大半は藤原・源姓になり、奈良時代以前からの姓は姿を消してゆく。ミウチ政治の典型は、醍醐天皇が死去して藤原忠平を中心とする体制が成立した時期とされる（黒板伸夫・一九八〇、橋本義彦・二〇二〇）。したがって、『源氏物語』における冷泉帝の時代背景である天暦年間（九四七〜九五七）こそは、典型的なミウチ政治が展開した時代であったことになる。

ミウチ政治成立には、右大臣菅原道真の排斥のような政変も無関係ではない。しかし、実際にはミウチ政治の成立は時代の趨勢であった。たとえば、道真失脚の当時、公卿十五名のうち、藤原氏は七名、そのうち六名は、いずれも藤原北家の冬嗣の系統に属し、いずれも冬嗣の孫・曽孫の世代に属す。冬嗣以降の藤原北家は、仁明・文徳・清和の各天皇と密接な婚姻・外戚関係を構築したことを背景として、高い政治的地位を得ていたのである。また、五名の源氏・王・在原氏のすべてが、桓武から仁明に至る各天皇の曽孫までの世代に当たる。したがって、すでに当時の公卿たちは、歴代天皇の近親者・源氏と、天皇の外戚であった藤原北家冬嗣流によって独占されていたのである（元木泰雄・一九九六）。

こうしたミウチ政治が成立する背景には、藤原氏・源氏が本来特権的な地位を有していたこと、ウジの解体が貴族の自立性を弱め、父の政治的地位に応じてその子に官位を与える蔭位の制にみられる、父子相承原理の導入が貴族の政治的地位の変動を大きくしたこと、そして元来強固な社会的基盤を持たない貴族・官人層が天皇の権威に依存し、逆に王権自体も弱体であったために、貴族との間で相互依存が成立したことなどが挙げられよう（元木泰雄・一九九六）。

むろん、藤原北家や源氏も天皇のミウチでなければ公卿となるのは困難であった。すなわち、北家の場合は外戚化することが代々公卿の地位を保持する条件で、外戚化に失敗すると時平の系統のように二代程度で公卿の地位を失ってしまう。同様に、天皇の親族たることで政治的権威を獲得した代々の源氏も、天皇の孫か曽孫の世代でミウチとしての権威は薄れ、公卿から転落するのである。

源氏は嵯峨天皇の皇子が源の姓を与えられたことに始まり、平安前期の各天皇から出現している。彼らの多くは学才に優れており、出自の高さと相まって一世源氏はおおむね大臣の座を獲得した。皇位の可能性もありえたことは先述の通りである。こうしたことから政治的野心を抱く者もいたが、すでに王家との緊密な関係を有していた藤原北家冬嗣流の前に、政治主導権の獲得はもちろん、娘の入内を実現することも困難な状態であった。九〜十世紀の天皇の后に、源氏出身の女性はほとんど見出されない（角田文衞・一九九四）。源氏の有力公卿たちは、あくまでも一代限りの天皇の藩屏という役割を担っていたと考えられる。

そうした限界に挑んだのが、醍醐天皇の皇子で、嵯峨源氏出身の源周子を母とする源高明であった。学識に優れた高明は早くから頭角を現したが、当初は藤原北家と対立するのではなく、右大臣藤原師輔の女婿に迎えられ、その一門となっていたのである。このままであれば、師輔とその外孫の皇子たちを中心とするミウチの一環に組み込まれ、摂関である師輔を補佐する大臣となるはずであった。ところが、天徳四年（九六〇）に師輔が、その四年後に国母を目前にした中宮安子が急死したことで、政界の秩序は動揺し高明は政権への野心を抱いたのである（橋本義彦・二〇〇二）。

病弱な東宮憲平親王の弟で、皇位継承者と目された為平親王を女婿としたことは、自身が外戚となり、政権を目指す布石に他ならない。為平親王が即位すれば、源氏初の摂関もありえたと考えられる。しかし、その野望は藤原伊尹・兼家をはじめとする藤原北家の結束の前に頓挫を余儀なくされた。為平親王は立坊を阻まれ、政権の野望は無惨に消えうせた。そればかりか、安和二年（九六九）の安和の変によって大宰府への貶謫を余儀なくされ、政治生命まで絶たれたのである。ここに源氏摂関の可能性も消滅し、摂関は藤原氏に固定することになる。

出自の高くない母から生まれ、優れた資質を有して政権の座を目前にしながら没落するという波瀾に富んだ生涯が、光源氏像に影響を与えたとされるのは多くの先学が指摘したところである。高明以後も、宇多源氏の雅信・重信兄弟など、有力な源氏公卿は出現するが、もはや摂関をめぐって藤原北家と争うことはなくなる。紫式部は、源氏の隆盛と限界を見極めた上で、あえて源氏公卿の覇権を物語としたのである。

光源氏と王権

『源氏物語』が作成された当時、すでに源氏摂関の可能性は消滅していた。先述のように、太政大臣に就任した光源氏が摂関とならなかったのはその反映であり、同時に太政大臣もすでに摂関と分離し、一種の名誉職となっていたことを物語る（倉本一宏・二〇〇〇、橋本義彦・二〇二〇）。女院の問題とあわせて、延喜・天暦時代を背景としながら、十世紀末における政治的変化を敏感に反映させていたことになる。

したがって、光源氏には本来臣下として政治主導権を獲得することは困難だったのである。その彼が栄光の頂点に立てたのはなぜか。その一因は、冷泉帝の母藤壺が皇女であり、有力な外戚がなかったことである。先述のように、致仕していた左大臣が摂政太政大臣となるが、外戚関係はない。このことが光源氏の覇権を可能とした第一の条件であった。母后の大半が藤原北家出身という歴史的事実を無視して、紫式部があえて藤壺を皇女と設定した最大の理由がここにある。

冷泉帝の即位に際し、光源氏に王権を支える後見の地位を与えたのは亡き父桐壺帝の遺言であったし、冷泉帝の後宮における覇権を確立させたのは、先述のように藤壺に他ならない。父院・母后の威光に支えられ、後見として光源氏は冷泉帝の王権を支える中心人物となり、政治主導権を確立したのである。

ミウチ政治の当時、政治主導権を獲得するためには、天皇に直接影響を与える母后との連携は不可欠であった。こうした政治権力の特質を反映した構想といえる。多くの摂関の事例からも明らかなように、通常は父娘、または兄妹・姉弟関係で母后との連携は実現していた。ところが、光源氏はそれを密通と、両者の不義の皇子の王権を共同で支援するという異常な形態で実現したのである。

そればかりではない。母后藤壺の死去で動揺するはずだった光源氏の政治主導権は、彼を実父と知った冷泉帝が准太上天皇の尊号を贈ることで強固に確立されるのである。准太上天皇は架空の地位であり、『源氏物語』においてもその権限、権威などは判然としない。しかし、「准ずる」とはいえ、「太上天皇」の称号を得た彼の立場は、もはや臣下を超越し、父院と同様の立場となったと見なしてよいのではないだろうか。すなわち、光源氏は冷泉の「後見」として王権を支える臣下ではなく、もはや王権の一環を構成する存在となったのである。

しかも、帝とより密接な提携関係を構築できた外戚も母后も不在であるから、唯一の親権者として父院は帝に大きな影響力を行使しうる体制となっていた。この構図は、摂関家出身の母后も外戚も消滅し、父院が天皇の唯一の親権者として強大な権力を築いた後三条・白河院の場合と共通するものである。

外戚関係を通して獲得された摂関が、所詮は臣下として王権を支える立場であったのに対し、光源氏は父院に准ずる立場を得た。紫式部は、上皇となった桐壺帝が国政に関与していたことも描いており、わずかな期間のみ存在したにすぎない父院の権威と権力を認識していたのである。密通という異常な形態を通してではあるが、光源氏を父院に准ずる立場とすることで、摂関を超越する地位を与えたことになる。光源氏は、王権の一員となり、そして冷泉帝を保護するに至ったのである。

こうしてみると、紫式部の炯眼は、『源氏物語』における右大臣家に代表されるように、偶然に左右される摂関政治の不安定さを見抜いていた。そして、まさに彼女の眼前で開始されようとしている摂関政治全盛を超越して、父院による政権獲得、すなわち院政の出現を予期していたことになる。

四　源氏物語以後の王権

王権と父子関係

光源氏には院政との共通性が見られるが、しかし『源氏物語』の時代背景と院政期とでは、王権のあり方に大きな相違があった。それを象徴するのが父子関係である。

光源氏と藤壺との密通によって生誕した冷泉帝が皇位につき、密通が帝に露顕したことでかえって光源氏は栄華の頂点をきわめる。これが『源氏物語』の王権の物語である。もちろん、光源氏も藤壺も罪の意識に怯えるのであり、密通が許されることではありえない。しかし、冷泉帝は密通という醜聞を受容し光源氏に譲位を諮り、ついに父院に准ずる准太上天皇に擁立して自身の庇護を求めることになる。いわば紫式部は、密通という父子関係にまつわる忌まわしい事実を光源氏栄達の契機としたのである。

この前提には、不義の子という立場が冷泉帝の権威を脅かすことはないという見通しがあった。光源氏が名目上冷泉帝の兄で、場合によっては即位もありえた点や、母后が皇女であることも権威の動揺を防いだ一因である。また、優れた才能を有する後見、ミウチである光源氏に父院の権威が加わることが、密通の醜聞を超越して冷泉帝の立場を強化した面もある。当時の帝王の王権は、様々なミウチによって支えられ、権威づけられており、実父が帝王でなかったとしても、現帝の権威を低下させることはなかったのである。

しかし、逆に院政期には密通の噂が王権の分裂をもたらし、あまつさえ内乱をも惹起した例がある。いうまでもなく、保元の乱である。祖父白河院の死去後、院政を行っていた鳥羽院は、永治元年（一一四一）に長男崇徳天皇を退位させ、異母弟近衛天皇に譲位させた。この時、宣命に譲位の対象は「皇太子」ではなく「皇太弟」とあったことから、崇徳は院政の可能性を絶たれたとされる（『愚管抄』）。さらに、久寿二年（一一五五）、近衛が十七歳で夭折した際も、皇位は王家嫡流というべき崇徳の皇子重仁親王ではなく、崇徳の弟雅仁親王、すなわち後白河天皇にもたらされた。翌年、鳥羽院が死去すると、崇徳と後白河は対立し、ついに京を舞台とした兵乱が勃発するに至ったのである。

鳥羽院が再度にわたり崇徳を王権の中枢から排除した原因について、『古事談』は崇徳が鳥羽の「叔父子」、すなわち鳥羽の祖父白河院と中宮待賢門院との密通による落胤で、皇子とはいえ、実は叔父であったためという説を述べている。これについては、事実とする説が有力であった（角田文衞・一九八五）が、近年はこれを否定する考え方が提示されている（美川圭・二〇〇四）。事実か否かは別として、崇徳が厳しく皇統から排除された理由として、密通による落胤であることが噂された点に、院政期における価値観が現れている。『源氏物語』の冷泉帝は、自ら光源氏の立場を知った上で、あえてその権威で自身を擁護しようとした。帝に主体性が存したのである。しかし、崇徳天皇は自らのあずかり知らぬところで噂を立てられ、父院鳥羽によって王権から排除されている。もはや、天皇に主体性は存しない。院政期、王権の政治的中心は院に移行し、院が自らの意のままの王権を形成していったのである。

図18　院政期天皇家系図

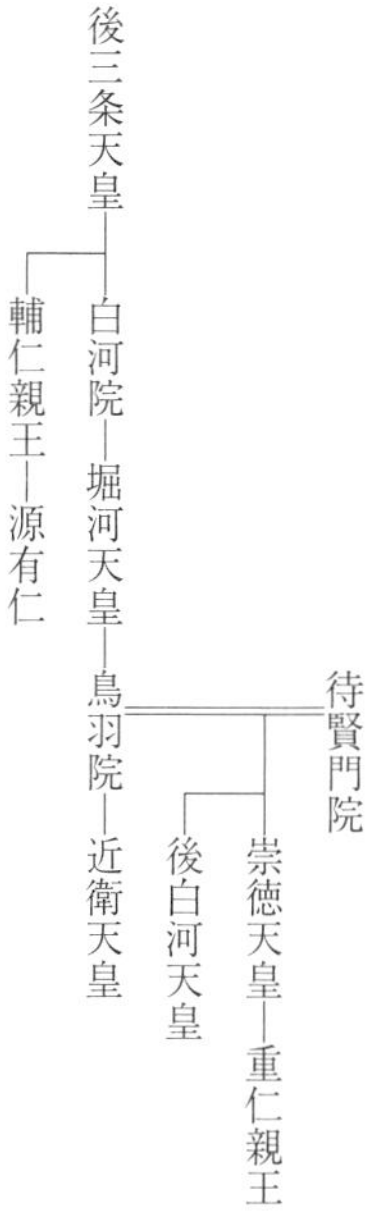

摂関家の王家に対する外戚関係が断絶して外戚・母后が権威を失った結果、ミウチ政治は解体し、父院が天皇に対

する父権を背景に権威と権力を独占する体制が生まれた。院は成人天皇を幼主に交代させることで、唯一の政治主体の地位を保ったのである。その院の権威の源泉は天皇の父権に他ならない。天皇がわが子ではないとすれば、院の権威は崩壊する恐れがあった。

鳥羽が本当に崇徳を「叔父子」と思い込んだのか、あるいは鳥羽の崇徳排除の厳しさの理由として「叔父子」説が流布したのかはともかく、父子関係が王権の唯一の基軸となり、父院が政治的中心となる院政が確立されることで、『源氏物語』が描いた母后や様々なミウチたちに支えられた王権は大きく変化するのである。

その後の源氏たち

ミウチ政治の変化は、王権中枢だけの問題ではなかった。貴族社会では、十一世紀以降、特定の家業を継承するとともに、それに伴って政治的地位である家格を父子相承するイエが分立することになる。たとえば、有職故実に通じた高明の子孫である醍醐源氏は、院政期にかけて大納言の官位を継承するし、『小右記』で知られる藤原実資が属した小野宮一門も実務官人として活躍し、権中納言の地位を継承している。

こうして天皇のミウチでなくとも、家職によって政治的地位を継承できるようになり、ミウチ以外の公卿が増大したのである。先述のように、嘉承二年（一一〇七）の鳥羽院即位に際し、外戚関係のない藤原忠実が道長の嫡流であったために摂政に就任した。この結果、外戚と無関係に道長の嫡流が摂関を継承し、名実ともに摂関家が成立したが、このこともミウチ政治から家業を継承するイエの分立へという、貴族社会の構造的な変化と連動していたのである（元木泰雄・一九九六、本書総論）。こうした変化の背景には、ミウチ自体の減少という問題も関係していた。兼家・道長によって摂関の権威が確立すると、天皇は彼らの外孫のみとなり、天皇のミウチとなる藤原氏一門は減少する。そしてキサキも限定されることから皇子も減少し、さらに皇位継承の可能性のない皇子の出家が一般化するため、源氏賜姓はごく例外的なものとなった。新たな源氏となったのは皇統から排除された花山・三条天皇の皇子であり、高い政治的地位を得ることはなかった。

むろん、院政期には源氏が公卿の数で藤原氏を凌駕したこともあり、摂関家・王家と姻戚関係を有した村上源氏、そして先述の醍醐源氏などから多数の公卿が出現していた。村上源氏は、白河院政期に俊房・顕房兄弟が左右大臣に並び、堀河天皇の外戚となった顕房の子雅実は、保安三年（一一二二）に源氏初の太政大臣に就任した。しかし、彼らの華やかな昇進も、摂関家との結合や王家の外戚化の結果であり、これは一般貴族としての昇進、家格の継承にすぎないのである。

かつての光源氏や平安前期の源氏たちは、優れた学才の持ち主であったがゆえに源姓を受けた。それだけに個人としても魅力溢れる人々であった。しかも、紫式部が光源氏に仮託したように、もともとは皇子であったがゆえに、臣下ではあっても場合によっては皇位も望みうる存在だったのである。これに対し、太政大臣に昇進したとはいえ、源氏となって代を重ねた村上源氏は単なる臣下にすぎず、往年の源氏たちとは立場を異にしていた。

院政期において唯一光源氏を彷彿とさせたのは、白河院と皇位を争って敗れた輔仁親王の皇子源有仁である。白河の父後三条天皇は、白河の子孫ではなく、輔仁ら白河の弟たちに皇位を継承させる意向であった。したがって、臣下に下ったとはいえ、有仁はわずかながらも皇位の可能性を感じさせる側面を有していた。

それだけに、白河院も輔仁の失脚後、有仁を猶子として優遇し、元服するや破格の従三位に叙したのである。これは皇子に準ずる処遇といえよう。有仁は保延二年（一一三六）には左大臣に昇進した。和歌や管弦に優れ、容姿にも恵まれた有仁は「今光源氏」と称されたという。しかし、その彼も久安三年（一一四七）に四十五歳で継子ないままに没した。

図19　村上源氏系図

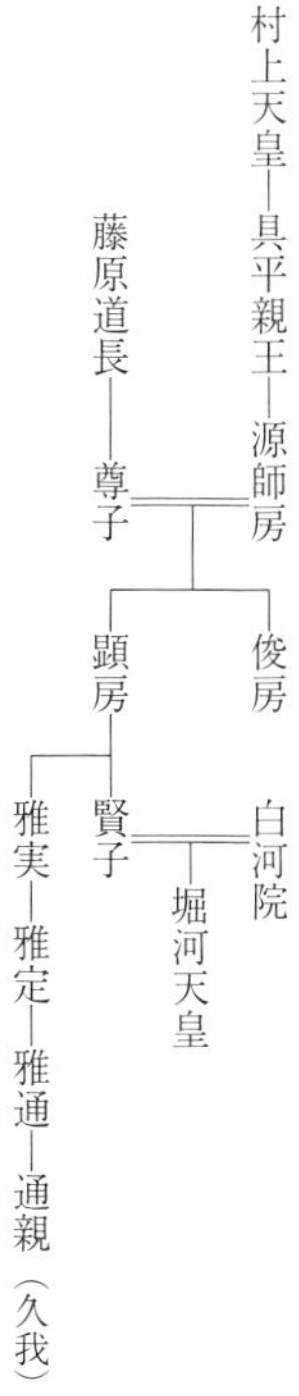

中世における源氏を代表したのは、権謀術数で大臣の座を確保した村上源氏の久我通親の一門、そして武骨な武門源氏たちとなった。光源氏の時代は完全に過去のものとなったのである。

五　王権の変容

光源氏と藤壺との密通、その間に生まれた皇子の即位、そして光源氏の准太上天皇就任という、『源氏物語』に描かれた数奇で劇的な展開の背景と、その後の王権の変化について述べてきた。その背景となったのは、摂関政治全盛以前の延喜・天暦年間（九〇一～九五七）を中心とする時代であり、当時の政治形態は天皇のミウチが共同で参画するミウチ政治であった。父院は不在がちで、摂関も大きな権威を確立しないなか、ミウチのなかでもとりわけ母后が大きな権力を有していたことと、臣下でありながら皇位もありえた一世源氏の公卿たちがもつ特異性とが、『源氏物語』における冷泉帝の王権の特異なあり方を創出したのである。

摂関政治全盛期に入って摂関、すなわち外戚の権力が強大化することで、ミウチ政治は大きく変化してゆく。光源氏の背景となった有力な一世源氏も消滅することになる。そして、父院の独裁となる院政期にミウチ政治は事実上消滅する。それは、『源氏物語』の時代が完全に過去になったことをも意味していた。

参考文献

岡野友彦『源氏長者―武家政権の系譜―』（吉川弘文館、二〇一八年、初出二〇〇三年）

倉本一宏『摂関政治と王朝貴族』（吉川弘文館、二〇〇〇年）

黒板伸夫『摂関時代史論集』（吉川弘文館、一九八〇年）

篠原昭二『源氏物語の論理』（東京大学出版会、一九九二年）

角田文衞『待賢門院璋子の生涯―椒庭秘抄―』（朝日新聞社、一九八五年、初出一九七五年）

角田文衞監修『平安時代史事典　資料・索引編』（角川書店、一九九四年）
橋本義彦『平安貴族』（平凡社、二〇二〇年、初出一九八六年）
日向一雅『源氏物語の準拠と話型』（至文堂、一九九九年）
日向一雅『源氏物語の世界』（岩波書店、二〇〇四年）
藤木邦彦『平安王朝の政治と制度』（吉川弘文館、一九九一年）
美川圭「崇徳院生誕問題の歴史的背景」（『古代文化』五六―一〇、二〇〇四年）
美川圭『院政―もう一つの天皇制―増補版』（中央公論新社、二〇二一年、初出二〇〇六年）
目崎徳衛『貴族社会と古典文化』（吉川弘文館、一九九五年）
元木泰雄『院政期政治史研究』（思文閣出版、一九九六年）
山中裕『源氏物語の史的研究』（思文閣出版、一九九七年）
山本一也「日本古代の皇后とキサキの序列―皇位継承に関連して―」（『日本史研究』四七〇、二〇〇一年）
吉川真司『律令官僚制の研究』（塙書房、一九九八年）
米田雄介『藤原摂関家の誕生―平安時代史の扉―』（吉川弘文館、二〇〇二年）

第二部　官位と身分秩序

第一章　五位中将考

はじめに

『玉葉』の寿永元年（一一八二）十二月七日条に次のような記事が見える。

少将（良経）任㆓中将㆒。尤悦思不㆑少。大将（良通）、自㆓四位侍従㆒任㆓中将㆒、不㆑経㆓五位中将㆒。此散㆓其遺恨㆒。

これは、この日行われた秋除目で、次男の少将良経が五位のまま中将に任官したことを聞いた九条兼実の述懐である。長男右大将良通が任じられなかった遺恨を散じたとあるように、兼実は子息の五位中将任官に執念を燃やしていたことになる。

ここで五位中将の有した意義が問題となるが、十二世紀後半における官職制度の実態を記した『官職秘抄』の近衛中将の項目によると、「四位少将転㆑之、執柄子息雖㆓五位㆒任㆑之」とあり、さらに南北朝時代の『職原抄』にも「五位《ノ》時任《ス》㆑之、執柄《ノ》息《ノ》外不㆑可《ル》㆑然云々」と記されており、五位中将が平安末・鎌倉時代において原則として摂関家子息にのみ許された特権的地位であったことが判明する。したがって、長兄基実の急死や治承三年（一一七九）政変による基房の失脚によって摂関家の嫡流が不安定となっていた当時、兼実が子息の五位中将任官に欣喜したのも当然であった。

平安時代の上流貴族の子弟による近衛府将官兼任の実態については、笹山晴生氏の優れた研究がある。[1]これによって、摂関時代以降、摂関家子弟は昇進に際して多くの特権を与えられ、中納言中将をはじめ、近衛の将官の兼任形態にも独特のものがあったことが解明された。そして、叙爵後には侍従・少将・中将を経て四位になることが一般的であり、五位中将となる者があったことも指摘されている。しかし、氏の研究ではその成立や補任者の実態、特色など、五位中将についての詳しい分析は行われていない。

五位中将は元服・叙爵直後に補任されるだけに、家格や父親の政治的地位を敏感に反映する側面があり、その補任者の検討は当時の政情や家格秩序の形成などを検討する上で有意義なものと考えられる。そこで本章では、平安末・鎌倉初期における五位中将の補任の実態を通して、摂関家を中心とする家格秩序の形成や特質を検討することにしたい。具体的な論点は以下の通りである。[2]

まず最初に、五位中将が「執柄子息」の官職として定着し、権威が成立する経緯を検討する。次に、先述したように基実の急死などで流動的となった内乱期の摂関家嫡流をめぐる軋轢を、五位中将の補任を通して検討したい。そして最後に、鎌倉時代における五位中将任官者を通して、当時の家格秩序にも言及したい。

一　五位中将の確立

1　摂関時代の五位中将

五位中将の先例を検討すると、天長二年（八二五）に左中将となった文室秋津をはじめとして、九世紀段階に多数の事例があり、藤原氏最初の摂政として名高い良房も同十年に三十歳で左権中将に任じられている（表1参照）。しかし、これらは中将を四位とする原則が成立する以前であるため、本章の考察からは除外する。一方、十世紀における五位中将は三例あるが（表2参照）、いずれも摂関の子弟であった。まず、承平三年（九三三）正月に摂政忠平の次男師[3]

表1　9世紀における五位中将

年　次	名　前	年齢
天長2(825)	正五位下左中将　文室秋津	39
同7(830)	従五位上右中将　大野真鷹	49
同10(833)	正五位下左権中将　藤原良房	30
承和9(842)	正五位下右中将　藤原富士麿	39
斎衡4(857)	正五位下右中将　藤原良縄	44
天安元(857)	正五位下右中将　源興	30
寛平4(892)	正五位上右権中将　源希	43
同5(893)	正五位下右権中将　藤原敏行	?
延喜16(916)	正五位下右中将　藤原兼茂	?

輔が正五位下右中将となっている。彼は良房を凌ぐ二十六歳という若さであり、五位中将に特権的な性格が生じ始めたことは疑いない。もっとも、中将以前に蔵人頭を兼ねるなど、のちの摂関家子弟の官歴とはかなり異なる面もあった。次に、摂関政治が軌道に乗った十世紀後半には、関白兼通の三男朝光が天禄四年（九七三）に二十三歳で、また関白道隆の子頼親が正暦六年（九九五）に二十四歳で、それぞれ五位中将となっている。[4]前者は、父兼通が兼家との抗争に勝利し、官位の序列を覆して関白に就任した直後の補任であり、低い官位に甘んじていた朝光を急遽厚遇した結果と考えられる。[5]しかも、彼らの就任時の年齢は師輔よりも低下しており、五位中将の特権的性格がより強まっているといえよう。

笹山氏によれば、摂関時代に宰相中将が出現し、摂関子弟などの上流貴族の特権的な地位となったという。[6]また、近衛大将には大臣に准ずる地位として、大臣昇進を促進する意味があったという点[7]を考え合わせるならば、中将には公卿昇進を促進する要素も生まれてきたといえる。したがって、五位でありながら中将に就任することは、いち早く公卿昇進をもたらすという意味を有し始めたものと考えられる。

しかし、摂関の嫡男に補任された者がないように、まだ五位中将は摂関家子息の特権的地位を象徴するような権威を有する官職となったわけではない。たとえば、長保五年（一〇〇三）二月、当時内覧左大臣とし政界の頂点にあった道長の嫡男頼通は、十二歳で叙爵して正五位下となり、侍従・右少将に任ぜられるが、翌年正月には従四位下に昇叙し少将のまま三位に昇進している。[8]また、その弟教通・頼宗、頼通の長男通房、その早世後に嫡男となった師実は、いずれも四位昇叙後に中将に補されており、五位中将を経験していないのである。

表2　10世紀以降の五位中将

名　前	父	少将就任	五位中将就任（就任時の年齢）	公卿昇任
藤原師輔	摂政忠平二男	延長9・3/13　従五上右少将	承平3・正/12　正五下右中将(26)	承平5参議
藤原朝光	関白兼通三男	天禄元・12/10　従五下右少将	天禄4・7/26　正五下右中将(23)	天延2参議
藤原頼親	関白道隆一男	正暦2・9/21ヵ　従五位右少将	正暦6・正/13ヵ　正五下左中将(24)	昇進せず
源　俊房	右大臣師房一男	永承元・9/23　従五上左少将	同2・11/13　※正五下左中将(13)	同5従三位
源　師忠	同　四男	治暦2・2/8　従五上左少将	治暦3・2/6　正五下左中将(14)	承保元参議
藤原師通	左大臣師実一男	延久4・6/22　従五上右少将	同年7/24　従五上右中将(11)	承暦元参議
源　雅俊	権大納言顕房三男	承暦4・正/28　正五下左少将	永保2・正/21　正五下左中将(19)	寛治5参議
藤原能実	関白師実四男	永保2・2/28　従五上左少将	同3・2/1　正五下左中将(14)	寛治元従三位
藤原忠実	内大臣師通一男	寛治2・2/18　正五下右少将	同年6/5　※正五下右中将(11)	寛治5従三位
藤原忠通	関白忠実一男	嘉承2・11/25　正五下右少将	同年12/8　正五下右中将(11)	天仁3従三位
藤原頼長	元摂政忠実二男	大治5・8/23　正五下右少将	同年10/5　※正五下右中将(11)	天承元従三位
藤原兼長	内大臣頼長一男	久安4・10/8　正五下右少将	同年10/13　正五下右中将(11)	久安5従三位
藤原基房	関白忠通二男	保元元・9/8　正五下左少将	同年9/17　正五下左中将(13)	保元2従三位
藤原兼実	同　三男	保元3・3/13　正五下左少将	同年4/2　※正五下左中将(10)	永暦元従三位
藤原頼実	右大臣経宗一男	長寛3・正/23　従五下右少将	永万元7/18　従五下右中将(11)	治承3従三位
藤原師家	関白基房三男	治承2・6/10　正五下右少将	同年閏6/7　正五下左中将(7)	治承3従三位
藤原良経	右大臣兼実二男	養和元・12/4　正五下左少将	寿永元・12/7　正五下左中将(14)	元暦2従三位

注　※は権官.

表2によると、摂関家とは対照的に、十一世紀半ばから後半にかけて村上源氏の一門が相次いで五位中将に就任している点が注目される。まず、源師房の嫡男俊房が永承二年（一〇四七）十一月に十三歳で、そしてその弟師忠が治暦三年（一〇六七）二月に十四歳で、さらに中宮賢子の兄弟で俊房の弟顕房の三男雅俊も永保二年（一〇八二）正月に十九歳で、それぞれ五位中将となっている。従来、賜姓初代の源氏は叙爵の段階で四位に叙せられ、その子供の世代は急速に政治的地位を下降させることが多かったために、源氏と五位中将は無縁であった。しかし、村上源氏が摂関家と密接な関係を保ちながら代々政治的地位を継承したことから、初めて五位中将が出現することになったのである。五位中将就任者はいずれも賜姓から二代目以降の源氏であり、叙爵時に五位に止められたことから、その代償措置として中将昇進が促進された面もあったものと考えられる。

逆に当時の摂関家の場合、嫡男でも叙爵は源氏賜姓初代に劣る正五位下に止まっており、叙爵の位階の制約がかなり厳格であった(9)ことを考えれば、源氏への対抗上、官職の昇進より位階上昇が優先された可能性が高い。たとえば、通房や師実は、叙爵後一年のうちに正五位下から正四位下にまで急速に昇叙し、その後に右中将となっている。さらに、この段階までは頼通と教通の対立からもわかるように、摂関家の嫡男が直系相続する形態が確立しておらず、摂関の子息も必ずしも特権的地位を保証されていたわけではなかった。こうしたことから、摂関の嫡男には、のちの五位中将のような特定の昇進の特権が出現しにくかったものと考えられる。

2　五位中将の権威

冒頭に引用した『玉葉』のように、平安末期の摂関家においては、四位昇叙より五位中将を重視する考え方が定着しており、この間に五位中将の権威が確立したことになる。次に、摂関家子息の特権という五位中将の権威が確立する時期とその背景を検討したい。

先述の『官職秘抄』は、五位少将から中将への就任は「始レ自二能実一」としており、関白師実の四男である能実を五位中将の最初の例としている。彼は叙爵で従五位上となった後、侍従を経て永保二年（一〇八二）二月に左近衛権少将、ついで正五位下昇進後の同三年二月に、少将一年の在任を経て左中将に昇進している。たしかに彼以降、摂関家の一門以外の五位中将は暫く消滅し、五位中将は摂関家の子弟の特権的地位となっており、その意味で中世につながる五位中将の先例と見なされた可能性はある。

しかし、のちの五位中将のあり方に大きな影響を与えたのは、能実の兄で、師実の嫡男である師通の任官形態であった。まず彼は、延久四年（一〇七二）六月二十二日に右少将に任ぜられた後、わずか一月余り後の七月二十四日には右中将に転じたように、ごく短期間しか少将に在任していない。これは彼以前の五位中将には見られないことであり、逆に以後摂関家子弟が任ぜられる五位中将の特色ともなる。また師実は事実上摂関家の嫡男として初めて五位中将に補任された点でも注目される。もっとも、この時の関白は叔父教通で、父師実は頼通の嫡男とはいえ右大臣だったにすぎない。したがって、右大臣の子息であった彼が五位中将の特権を与えられた背景について検討しておく必要がある。

頼通を継いだ関白教通は、その子信長に摂関を継承させせようと企図し、右大臣師実と激しく対立していた。摂関家の抑圧を目指していた後三条天皇は、この摂関家の内訌を利用し、教通の関白を保証しながら師実の養女賢子の入内を許すなど、両勢力の均衡と摂関家の分断を図っていたが[10]、師通の処遇にもこの政策が反映したと考えられる。すなわち、叙爵に際しての位階を従五位上に抑えて摂関家傍流として扱いながら、その後の昇進においてはむしろ優遇措置をとり、信長に対して優位に立たせたのではないだろうか。

いずれにせよ、師通以後は表2のように、源雅俊と藤原能実を挟んで、師通の嫡男忠実、その嫡男忠通、忠通の弟で養子となっていた頼長[11]、そして頼長の家嫡兼長[12]と、摂関家の嫡流に相当する者のみが五位中将に任命されており、雅俊以後には村上源氏からの補任も消滅することになる。しかも、忠実以下は最長でも三ヵ月、兼長に至っては五日という短期間で少将から中将に昇進しており、少将は形式化していた。このように摂関家嫡流の官職として定着した点、そして少将在任がきわめて短縮された点で、師通の五位中将就任形態はその後の五位中将のあり方を大きく規定することになったのである。

こうして、師通以後、事実上五位中将は摂関家嫡流を象徴する地位として定着するに至った。これは、源氏の特権の奪取ともいえるが、この時期には後三条の孫有仁を除いて賜姓初代の源氏が消滅するために、実質的に摂関家が位階の上でも最高の特権を有するに至ったことと関係した現象とも考えられる。また、かつては五位中将の特権を享受した村上源氏も、雅俊の兄雅実の系統が嫡流となって大臣家の地位を確立するものの、摂関家とは大きな格差を生じることになり、昇進における特権は消滅することになる。

二　嫡流をめぐる抗争

1　保元の乱後の情勢

以上のように、院政期を通して五位中将は摂関家の嫡男に対する特権という性格を確立したのである。次に、院政期から鎌倉初期に至る五位中将の変遷を検討し、当時の摂関家の激しい内紛と嫡流をめぐる抗争を考察することにしたい。なお、この時期の五位中将就任者については表2を参照されたい。

頼長の家嫡兼長は久安四年（一一四八）十月八日に正五位下右少将となり、五日後の十三日に右中将に昇進している。当時、忠実の支援を受けた頼長が実質的に摂関家の中心であり、兄忠通の後継者基実がまだ元服もしていなかったことを考えれば、兼長が事実上摂関家嫡流の位置にあったことは疑いない。なお、彼は仁平三年（一一五三）に摂関家嫡流を象徴する権中納言中将に就任しているが、翌年には彼と同年の異母兄弟師長も中納言中将に就任している。したがって、五位中将就任の有無は中納言中将以上に嫡庶の差別を厳密に物語るものであったといえよう。

一方、忠通の嫡男基実は久安六年（一一五〇）に元服と同時に正五位下に叙されており、摂関家嫡流の扱いを受けたが、五位中将を逸し、結局仁平二年（一一五二）に少将のまま従三位に昇っている。この昇進に際し、忠通の家司平信範はその日記に三位少将の先例として、寛和二年（九八六）の道長、寛弘三年（一〇〇六）の頼通、永承五年（一〇五〇）の忠家を列挙し[13]、道長・頼通以来の栄誉ある地位であることを強調している。しかし、頼通はともかく、道長は兼家の嫡男ではなかったし、忠家も道長の庶子長家の子息にすぎない。すでに五位中将の権威が確立していた当時、三位少将就任は嫡流に対する処遇とはいいがたいのである。しかも、基実は保元元年（一一五六）正月に中納言に昇進はしたものの、中将の辞任を余儀なくされている。こうした事実は、忠通が父忠実に義絶されて氏長者が頼長に移行したように、この当時頼長の系統が摂関家嫡流に位置していたことを明示するものである。(14)

しかし、保元の乱において頼長の系統が壊滅した結果、再び忠通の一門が嫡流の位置を占めることになる。乱後まもない八月二十九日に元服した基房は、ただちに正五位下に叙され、九月八日に左近権少将、そして十七日には左近権中将に昇進している。また弟兼実も保元三年正月二十九日に元服して正五位下に叙され、三月十三日に左少将、四月二日に左中将に昇進したのである。いずれも短期間で中将に昇進しており、嫡流に対する優遇措置が取られていることが明らかである。ただし五位中将となったのは兼実までで、それ以下の子息とは幼少から差別化が図られていたと考えられる。

いずれにせよ、再び忠通の子息たちは摂関家嫡流の特権を回復することになり、基房・兼実はともに権中納言中将にも任命されている。当初から忠通に摂関家分立の意図があったとは考えがたいが、(15)兼実までが特権的な昇進を遂げており、忠通の養子であった頼長は別として、このように複数の兄弟が官位面で特権的な処遇を受けたことは、師通・能実の兄弟以来見られなかったことである。このことが、その後の摂関の継承に微妙に影響を与えたことは疑いない。

なお、兼実に続いて永万元年（一一六五）七月に大炊御門頼実が五位中将となったことは破天荒な出来事といえる。彼は、関白師実の孫に当たる右大臣経宗の嫡男にすぎず、こうした摂関家傍流から五位中将が出現したのは摂関時代以来初めての出来事であった。父の経宗は二条天皇の外戚で、平治の乱後いったん後白河院の圧力で配流されたものの、二条の政治的主導権の確立に伴って長寛二年（一一六四）正月に政界に復帰し、同年の閏十月には右大臣に昇進していた。当時、二条天皇は病気で六条天皇に譲位しており、後白河院政派との鋭い対立が継続していたことを考えると、六条を擁護すべき二条派の有力公卿に対する特例的な優遇措置と考えられる。(16)

事実、二条の没後、後白河院政が確立すると彼は極端に冷遇され、治承三年（一一七九）に至るまで公卿に昇進することさえもできなかったし、また鎌倉時代に入ってから頼実の子孫も五位中将になっていない。大炊御門家が大臣家としての家格を確立するためには、平氏や院近臣との婚姻を必要としていたのである。

2　源平争乱期の摂関家

平氏政権と摂関家

さて、仁安元年（一一六六）七月における基実の急死は、摂関家の嫡流の所在を不安定なものとするものであった。関白となった基房の下で、基実の長男基通は正五位下に叙爵されたものの(17)、五位中将を逸しているし、その後も長く散位に止められ、中納言中将にも任じられていない。このため、政務の中枢から疎外されることになり、治承三年（一一七九）の政変後に急遽関白に就任した際も、自ら「年来一切籠居、万事不レ審」として兼実に政務の指導を仰がなければならず(18)、翌月には老練の家司兵部卿入道信範に「日頃籠居之人、俄居二重任一、毎事網（惘カ）然」と嘆息される有様であった(19)。

ついで摂関家で五位中将となったのは、基房の三男師家である。基房はすでに故内大臣藤原公教女との間に隆忠・家房の二子を儲けており、隆忠は摂関家嫡流として叙爵に際し正五位下に叙されているが、五位中将に補任されていない。これには、隆忠が承安四年（一一七四）の除目で少将を平資盛に奪われ、四位中将に直任されたことも関係するが(20)、それよりもむしろ師家が嫡男に位置づけられていたことにこそ大きな原因があったと見るべきであろう。師家は太政大臣藤原忠雅の女を母として承安二年に生誕したが、その際に「今度産間事、毎事過差也」と評されたように(21)特別な待遇を受けており、当初から嫡子と見なされていたものと考えられる。したがって、すでに嫡子の座を奪われていた隆忠は五位中将となることができなかったのである。

その師家は治承二年（一一七八）にわずか七歳で元服、叙爵すると、六月十日に右少将となり、翌閏六月七日には左中将に昇進している。翌年には公卿に昇進し、年長で平清盛の女婿でもある基通を抑えて権中納言・中将に就任したことが清盛の憤怒を招き、治承三年政変の一因ともなったことは周知の通りである(22)。だが、この問題は単なる中納言昇進をめぐる対立ではなく、摂関家嫡流の所在に関する軋轢でもあった。摂関家嫡流の特権であった五位中将に続いて中納言中将に就任したことは、師家こそが摂関の正当な継承者の座に就くことを意味していたのである。したがって、後白河は、このころ提携を深めていた基房・師家を摂関家嫡流に位置づけ、基実・基通の系統を排除しようとしていたことになる。ここに、基通と密接に結ぶ清盛が、武力による政変を惹起する程の深刻な危機意識を抱懐した原因が存した。

源平争乱と嫡流

ついで五位中将となったのが冒頭に記した良経である。兼実の長男良通は、基房が摂政の座にあった承安五年（一一七五）の叙爵であったため、五位中将となることはできなかった。しかし、摂関家嫡流の地位を確立したかに見えた基房・師家父子は、治承三年の政変によって失脚し、基房に至っては摂関始まって以来の貶滴の憂き目を見ることになったのである。代わって、基実の嫡男基通が清盛によって摂政の地位を与えられるが、養和元年（一一八一）に清盛が死去したためにその立場は動揺した。政治主導権を回復した後白河院が、かつて自身を幽閉した清盛の女婿である基通を嫌悪したのも当然だし、しかも先述のごとく彼は公事に疎かったために(23)、その政治的地位も不安定なものとならざるをえなかったのである。

こうしたことから考えて、良経の五位中将任命は、失脚した基房流はもちろん、基通も摂関家嫡流としての地位を確立していなかったことを物語るとともに、後白河の兼実に対する期待をも示唆していたことになる。したがって、良経の五位中将任命を耳にした兼実の喜悦も一入となったのであり、その直後に室の吉夢を聞いた彼が「折節尤可

〳悦々〳々」と書き記したのも当然であった。[24]もっとも、良経の少将在任は一年に及んでおり、年齢もそれまでの摂関家子弟の五位中将就任よりやや高い十四歳であったことから考えると、ただちに嫡流としての特権を認められたとはいいがたい。後白河の、摂関家嫡流に対する微妙な意向が窺知される。

この後、事態は兼実の思惑とは異なる方向に進むことになる。親平氏派であった摂政基通は、文字通り捨て身の転身を見せて後白河と親密な関係を結び、寿永二年（一一八三）の平氏西走後にも摂政の地位を維持した。ついで入京した義仲と結んだ基房が師家を摂政に据えることに成功するが、義仲の没落とともに基房流も政治的地位を失い、[25]代わって基通が再度摂政に就いた。後白河と結ぶ基通を退け、兼実が希求した摂政の地位を得たのは文治二年（一一八六）のことであった。

三　鎌倉時代の五位中将

以下では鎌倉時代の五位中将就任者を検討する。その人名は表3の通りで、以下の叙述については同表を参照されたい。

1　近衛家と九条家

文治二年（一一八六）、頼朝の支援を受けて執政を開始した兼実は、同年に長男良通を内大臣に任命して九条家の政治的地位を確立したが、これに対し院と結んだ近衛家も依然として大きな権威を有し続け、両家並立の様相を呈することになった。このことを象徴するように、建久二年（一一九一）二月には基通の長男家実が、ついで同六年二月には兼実の四男良輔が、さらに建久七年政変後の同九年十二月には家実の弟道経が、それぞれ五位中将に就任している。

表3　鎌倉時代における五位中将

名　前	父	少将就任	五位中将就任（就任時の年齢）	公卿昇任
近衛家実	前摂政基通一男	建久元・12/29　正五下右少将	同2・2/1　正五下右中将（13）	建久2
九条良輔	摂政兼実四男	建久5・10/30　正五下右少将	同6・2/2　正五下右中将（11）	正治2
近衛道経	摂政基通二男	建久8・12/15　従五上右少将	同9・12/9　正五下左中将（15）	正治元
源　頼家	権大納言頼朝一男	建久8・12/15　従五上右少将	同10・正/20　正五下左中将（18）	正治2
藤原良平	前摂政兼実三男	正治3・正/29　正五下右少将	建仁2・閏10/24　正五下左中将（18）	元久元
九条道家	摂政良経一男	（左中将直任）	建仁3・7/8　正五下左中将（11）	元久2
源　実朝	権大納言頼朝二男	元久元・3/6　従五上右少将	同2・正/29　正五下右中将（14）	承元3
久我通平	権大納言通光一男	建保2・10/28　従五上右少将	同3・12/25　正五下左中将（13）	承久元
近衛家通	関白家実一男	建保2・7/27　正五下右少将	同年9/14　正五下右中将（11）	建保3
藤原高実	権大納言良平一男	建保7・4/8　従五上右少将	承久2・正/22　正五下右中将（10）	承久4
近衛兼経	関白家実三男	貞応2・4/10　正五下右少将	同年10/28　正五下右中将（14）	元仁元
二条良実	関白道家二男	嘉禄3・正/26　正五下右少将	安貞元12/25　正五下右中将（12）	寛喜元
一条実経	関白道家四男	寛喜4・正/30　正五下右少将	同年3/24　正五下右中将（10）	天福元
西園寺実藤	前太政大臣公経四男	嘉禎3・正/29　正五下左少将	同4・正/22　正五下左中将（12）	暦仁2
九条忠家	故摂政教実一男	嘉禎4・4/18　正五下左少将	同年7/20　正五下左中将（10）	暦仁2
二条道良	関白良実一男	寛元元・3/30　正五下右少将	同年4/9　正五下右中将（10）	寛元元
西園寺実兼	左大臣公相三男	正嘉元・閏3/17　従五上左少将	同2・12/14　正五下左中将（10）	文応2
二条経通	前摂政良実四男	（右中将直任）	弘長2・11/4　正五下右中将（9）	文永2
一条実家	関白実経二男	文永2・6/27　正五下右少将	同年8/18　正五下右中将（16）	文永4
西園寺公衡	権大納言実兼一男	（左中将直任）	文永6・4/10　正五下左中将（6）	建治2
藤原良基	前内大臣基家二男	文永2・12/22　従五上右少将	同4・11/8　正五下左中将（32）	建治3
二条兼基	左大臣師忠弟	弘安元・3/14　正五下右少将	同2・4/24　正五下右中将（12）	弘安6
近衛兼教	故関白基平男	弘安3・7/11　従五上右少将	同年12/7　正五下右中将（14）	弘安6
鷹司冬平	前関白基忠男	弘安7・3/1　正五下右少将	同年6/23　正五下右中将（10）	弘安8
一条内実	前摂政家経男	（右中将直任）	弘安10・正/13　正五下右中将（12）	正応元
一条内経	右大将内実男	永仁7・3/24　従五上右少将	正安元7/8　正五下右中将（9）	正安2
鷹司冬教	摂政冬平男	延慶2・4/27　正五下右少将	同年6/12　正五下右中将（5）	延慶2

注　なお公卿昇進はいずれも非参議従三位に昇進.

政変で逼塞を余儀なくされた九条家も、後鳥羽院政の確立とともに復活し、建仁二年（一二〇二）には兼実の三男で良経の猶子であった良平が十八歳ながら、五位中将に任ぜられている。

このように、鎌倉初期には九条・近衛両家が交互に五位中将に就任しており、ともに摂関家嫡流としての権威を分有していたことを明示するものといえる。ここで注目されるのは、建仁三年七月、摂政良経の嫡男で十一歳の道家が、少将を経ずに五位中将に直任されたことである。少将がすでに形骸化していたとはいえ、中将直任はこれまでにない異例の人事であり、九条家に対する近衛家でも、家実の嫡男家通が建保二年（一二一四）九月に右少将を経て五位中将に就任していることから見ても、破格の厚遇ということができよう。

当時の政情を考えると、この前年に九条家を抑圧してきた源通親が死去しており、専制化しつつあった後鳥羽院は道家の父良経を摂政に据えるなど、九条家重視の姿勢をとっていた(26)。こうした院の姿勢が、道家の人事に関係したものと考えられる。なお、これと同様の中将直任は、鎌倉後期の二条経通(27)や一条内実、後述するように鎌倉後期に権勢を誇った西園寺家の子弟にも見られるが、一般化することはなかった。やはり五位中将直任は、かなり破天荒な人事だったと見るべきであろう。また、この人事には、貴族社会の基本的な昇進形態を軽視しがちであった後鳥羽院の性格が反映した可能性が高い。

一方、道家の長男教実は、父とは逆に建保七年（一二一九）に少将のまま三位に叙されている(28)。三位少将は、先述のように道長・頼通以後、摂関家傍流の忠家を挟んで、近衛家の祖基実が就任しており、ほぼ摂関子弟に限定された官職であった。そうした先例の他に、近衛将官の形骸化が進行して公卿昇進が優先された結果、教実で復活したものと考えられる。この事例は、鎌倉後期の摂関家嫡男等にも多数見出され、『職原抄』に「三位少将者執柄息ノ常ニ被レ任ゼレ之ニ」とあるように、ほぼ一般化することになる(29)。

以上のように、当時としては変則的な昇進が行われるようになったことと並行して、摂関家以外の五位中将が出現している点も、注意しておく必要があるだろう。後鳥羽院政下では、後述する鎌倉将軍家や村上源氏の久我家、摂関家傍流などに相次いで五位中将が生じており、摂関家において五位中将に代わる新たな昇進形態が形成されつつあった可能性がある。しかし、後鳥羽院政が崩壊した承久の乱以後においては、貞応二年（一二二三）に近衛兼経、安貞元年（一二二七）に道家の次男二条良実、寛喜四年（一二三二）に道家の三男の一条実経が相次いで就任したように、再び五位中将は摂関家子弟の基本的昇進形態という性格を回復することになる。

この後しばらく、『公卿補任』の尻付自体が杜撰となる[30]ために明確なことはいいがたいが、先述のごとく三位少将となる者が増加し、五位中将就任者を凌駕したほか、近衛家嫡流の家基が文永六年（一二六九）に、鷹司家嫡流の兼忠が文永八年に、そして九条家嫡流の師教が弘安六年（一二八三）に、それぞれ四位少将となったように、しだいに五摂家嫡男でも中将昇進より、四位を優先する事例が増加することになる。こうして、鎌倉後期には、摂関家子弟で五位中将に補任される者は、むしろ少数となってゆくのである。

ただし、鎌倉後期においても五位中将に任ぜられたのは、五摂家以外では後述するように西園寺家のみであり、五位中将自体が依然として大きな権威を有していたことは疑いない。先述した『職原抄』の近衛中将の項目によれば、引用部分に続いて「（五位中将に）英雄・大臣ノ息任レ之ニ、近代ノ事也」とあって、この時代に摂関家以外の補任も見られるようになるが、原則として摂関家子弟の官職という認識は継続することになるのである。

2　鎌倉将軍家

承久の乱以前には、先述のように近衛・九条両家以外にも五位中将が出現している。その中でとくに注目されるのは、源頼家・実朝の鎌倉将軍家の兄弟である。

頼家の補任

まず、頼朝の嫡男である頼家は、建久十年（一一九九）正月二十日に五位中将に任じられている。源氏全体の中では、村上源氏の雅俊以来一世紀余りを経た補任であり、その間五位中将が事実上摂関家の子弟に独占されていたことを考えるならば、まさに画期的な人事であった。なお、頼家は建久八年十二月から一年余り少将に在任していたが、近衛基通の次男道経が同時に少将に就任し、同九年十二月に中将に昇進していることと比較すれば、頼家も摂関家の庶子並の処遇であったことになる。

また、頼家は建久八年の叙爵に際しても、従五位上に叙されており、この点でも摂関家の庶子と同様の処遇を受けていた。したがって、従五位上の叙爵に続く五位中将任官によって、将軍家が摂関家に準ずる権威を付与されたことは疑いない。

さて、この人事の実現の中心となったのが、当時の政界の巨魁源通親であったことは周知の通りである。彼は頼朝の喪中にもかかわらず、この人事を強行して貴族たちの非難を浴びるに至った(31)。通親と幕府の関係については対立面が強調される傾向にあるが、将軍家との個人的関係について見れば、頼朝以来親密な関係にあったと考えるべきである。また、建久七年政変の背景に頼朝の支持が存在したように、通親にとって将軍家は政治的支柱の一つに他ならないのであり、頼家に高い権威を付与しようとするのも当然のことであった(32)。しかし、頼家は高い権威と裏腹に、権勢の座にあった期間は短かった。周知の政争に敗れて外家比企氏と運命を共にした彼に代わって、弟実朝が三代将軍となる。

実朝の昇進

建仁三年（一二〇三）九月、失脚した頼家を継いだ実朝は、叙爵では従五位下に留められており、兄のような特権を与えられてはいなかったが、翌年三月に右少将、そして正五位下昇叙後の翌元久二年（一二〇五）正月に、少将在任十ヵ月で右中将に昇進し、兄に次いで五位中将任官を果たしている。さらに彼は承元三年（一二〇九）、十八歳で公卿に昇進しているが、この年齢は兄の公卿昇進時のそれよりも一歳早かった。少将在任期間の長さ、十代後半における公卿昇進などの事実は、彼も兄と同様に摂関家庶子並の処遇を受けていたことを物語る。すなわち、鎌倉将軍は摂関家庶子と同等の権威を認められ、鎌倉将軍家は摂関家に准ずる家格を有していたのである。

この実朝は、公卿昇進後、七年間散位に止まるが、建保四年（一二一六）に二十五歳で権中納言に昇進した後は急激に官位を上昇させ、同六年十二月にはついに右大臣に至った。このように、晩年に急速な昇進を果たし暗殺されたことから、『承久軍物語』のように後鳥羽院による「官打ち」の可能性を指摘する説もある。事の実否を解明するためには、院と実朝との政治的葛藤や対立を全面的に解明する必要があるが、本章ではこの点には立ち入ることを避け、当時の実朝の家格と彼の昇進との関係について簡単にふれておくことにしたい。

まず、彼の昇進を五位中将に任命された他の公卿と対比すると、公卿昇進では当時九条家庶子であった良経より一歳遅く、同じく兼実の庶子良平より二歳早いように、摂関家庶子並であった。また、大臣家の嫡男で五位中将に就任していない徳大寺公継よりも二歳、三条公房よりも一歳遅いものであった。以後の昇進を見ると、権中納言には実朝が二十五歳で昇進したのに対し、右記の公卿たちはすべてそれより若く昇進を遂げている。反面、実朝は二十二歳で正二位となっているが(33)、この点では他の公卿たちを凌ぎ、近衛基通の嫡男家実の二十一歳ともさほど遜色ないほどである。こうしてみると、彼の官位昇進形態は特異なものといえるが、これは鎌倉にあって朝政への参加が困難なため、職事官である権中納言就任には障碍があったものの、位階は摂関家嫡流に准ずる家格を反映して順調に昇進を遂げた結果と考えられる。

そして、建保四年六月、実朝はついに権中納言に昇進し、しかも中将を兼ねた(34)。この権中納言中将こそは、先述のごとく摂関家子弟等のごく限定された者にのみ許された特権的地位だったのである。五位中将を経験し、さらにこの地位に就いた者の多くは摂関家嫡男であり、その後の実朝の昇進形態は、彼と雁行して近衛家嫡男家通が中納言から右大臣に昇進したことからもわかるように、文字通り摂関家嫡男のそれに匹敵するものであった。(35)彼が建保六年（一二一八）三月に、ことさら左大将昇進に固執したことも、左大将が摂関家嫡流が多く就任した官職であったことと無関係ではあるまい。(36)

しかし、近衛道経や九条良輔といった摂関家庶子も五位中将から中納言中将に昇進しているし、いずれも二十五歳で右大臣に昇進したほか、前者は建仁元年（一二〇一）に中納言の上臈七人を、後者は元久二年に中納言の上臈二人、承元二年（一二〇八）に大納言の上臈四人を超越する破格の昇進を遂げている。(37)こうした先例から見れば、晩年の実朝の昇進は決して異常といえるほどのものではなく、元来摂関家庶子並に位置づけられた家格から考えると、彼の昇進を「官打ち」とする説にはにわかに従いがたい。

さて、実朝の死後、摂政九条道家の四男頼経が四代将軍として迎えられたが、彼は五位中将に任ぜられず、四位中将から従三位に昇進している。当時、兄の良実・実経が五位中将に任官したことを考えると、頼経は兄たちや実朝に格差をつけられていたことになる。実朝が築いた鎌倉将軍家の権威は、頼経に継承されえなかったのである。

3　久我家と西園寺家

鎌倉時代には、先述のごとく摂関家、鎌倉将軍家以外にも久我・西園寺両家が五位中将を出している。以下両家について検討することにしたい。

まず、村上源氏の嫡流久我家では、通親の嫡孫久我通平が建保三年（一二一五）十二月に五位中将となっている。彼も鎌倉将軍家と同様一年余りの少将在任を余儀なくされてはいるが、村上源氏では院政期の雅俊以来の快挙であった。先述のように村上源氏は、雅俊の父右大臣顕房が嫡流となって以後、男雅実が源氏初の太政大臣に、その男雅定が右大臣に、さらにその甥で養子の雅通が内大臣に就任し大臣家としての家格を継承してきた[38]。

しかし、しだいに公卿昇進の年齢も上昇し[39]、また通親の男通具・通光に至っては若年で国守を経験するなど、上流貴族の昇進形態とは異なる官歴を有しており[40]、家格の低下が看取される。通親がなりふり構わぬ政界遊泳によって権勢の座に汲々とした背景には、村上源氏の没落という問題が関係していたものと考えられる。いずれにせよ、通親は土御門天皇の外祖父となり、内大臣就任に成功したのである[41]。彼自身はまもなく死去するが、村上源氏一門の政治的地位は向上することになった。

通平の父通光は三男ながら通親の嫡男にあたり、権大納言昇進に際して当時左大将だった道家を凌ぐなど、大きな政治的権威を有しており[42]、これを背景として通平の五位中将も実現したのである。通平は嫡男として、父祖の政治的地位を継承する立場にあったが、彼は貞応二年（一二二三）に二十一歳で出家したため官職も正三位右中将に留まっている。この後、弟大納言通忠が久我家嫡流を継ぎ、その子通基以後、再び大臣の地位を回復するが、以後は村上源氏一門で五位中将に任官する者は見られなくなる。

一方、承久の乱後に大きな発展を遂げ、朝廷の中心となったのが西園寺家である。公経までは閑院流の一支流にすぎなかったが[43]、彼が承久の乱で幕府を支援したことから、幕府の権威を背景として大きく勢力を伸ばし[44]、その子孫は代々太政大臣に昇進するとともに、おおむね王家の外戚を独占して、圧倒的な権威を有するに至った。そして、嘉禎四年（一二三八）正月に公経の四男実藤が五位中将となったのを皮切りに、相次いで五位中将が出現することになる。

この実藤や、次に五位中将となった公経の曽孫で嫡流の実兼などは、十代初めに公卿に昇進するものの、長期にわたって少将に在任しており、摂関家嫡流とは若干格差をつけられていた。ところが、その嫡男公衡は摂関家でも例のない二歳で叙爵し、しかも文永六年（一二六九）四月に少将も経ずに六歳で五位中将に直任されるに至ったのである。先述のように五位中将直任は摂関家でも九条道家以来一般化しておらず、また当時でも叙爵は十歳程度が通例であったことを考えれば、もはや西園寺家が五摂家を凌ぐ権威と特権を有していたことは明白である。さらに翌年にも、公経の孫公相の四男実俊が五位中将に直任されている（同日に四位昇進）。

以上のように、五位中将任官を通して、承久の乱以後、鎌倉幕府との結合と王家の外戚独占を背景とした西園寺家の強大な権勢が裏づけられることになる。

むすび

以上、五位中将就任者を通して、五位中将の権威の成立、治承・寿永の内乱期における摂関家の嫡流をめぐる抗争、そして鎌倉時代における家格秩序の形成といった問題を論じてきた。論旨は甚だ多岐にわたったが、最後に、鎌倉末の五位中将について簡単にふれて結びとしたい。

十三世紀末になると、『公卿補任』で確認する限り、摂関家・西園寺家ともに五位中将や、新たな特権的地位といえる三位少将がしだいに消滅する傾向があった。そして、摂関家・西園寺家においても、その子弟は他の貴族と同様に四位昇叙後に中将となるのが一般的となるのである。たとえば、大きな権威を誇った公衡の嫡男実衡は嘉元二年（一三〇四）に十五歳で公卿に昇進するが、彼は五位の侍従から従四位下に昇叙した後に、右中将に就任しているのである。その年齢からもかつてのような特権は認められず、官位面での特別な処遇は消滅してゆくことになる。

この原因の一つは、五摂家の固定や西園寺家の家格確立に伴って、官歴の初期における人事の特権が必要でなくなったことにもあったと考えられる。一方、西園寺家の場合、洞院家のような有力な支家が分立するなど、王家の外戚の所在によって、嫡流の所在が流動的となったことも、特権の消滅と関係していた可能性が高い。同様に、王家の両統分立、鎌倉幕府の圧力の強化をはじめとする政界の変動が、摂関家にも及んだとも考えられる。こうした点の詳細な検討については、今後の課題としたい。

いずれにせよ、鎌倉末期に五位中将の事例は消滅し、『職原抄』等の説明に見えるような性格は名目のみのものとなるのである。

注

(1) 笹山晴生「平安前期の左右近衛府に関する考察」（同『日本古代衛府制度の研究』東京大学出版会、一九八五年、初出一九六二年、以下笹山注(1)A論文と称す）、同「左右近衛府上級官人の構成とその推移」（同前掲書、初出一九八四年、以下笹山注(1)B論文と称す）。

(2) 中世における貴族の家の成立や展開の具体的様相については、平山敏治郎『日本中世家族の研究』（法政大学出版局、一九八〇年）、また高橋秀樹『日本中世の家と親族』（吉川弘文館、一九九六年）などの精細な研究があるが、家格秩序の形成については、橋本義彦「貴族政権の政治構造」（『平安貴族』平凡社、二〇二〇年、初出一九七六年）において簡潔な展望が示されているに留まる。

(3) この時期の近衛府将官の補任については、市川久編『近衛府補任　第二』（続群書類従完成会、一九九二年）によった。

(4) 頼親の五位中将就任については、市川注(3)前掲書参照。

(5) 笹山注(1)B論文によると、朝光は父兼通が関白を従兄弟の頼忠に譲渡した際、左大将に直任され、摂関家子弟の左大将直任の先例となったとされる。五位中将補任も含めて彼の官歴には摂関家子弟優遇の特権の先例となった面があったと考えられる。

(6) 笹山注(1)A論文。

(7) 笹山注(1)B論文。

(8) 以下の補任については、とくに断らない限り『公卿補任』による。

(9) 摂関家については、その後も嫡流のみ正五位下、傍流は従五位上に叙すという原則が堅持されている。また『公卿補任』正安二年藤内経項尻付によると、一条家嫡流である彼が永仁七年に叙爵して従五位上となったことについて「大納言息直叙二従五位上一事、先例不レ詳」としており、摂関家においても鎌倉末に至るまで叙爵の位階の制約が厳密に適用されていたことが窺われる。

(10) 当時の摂関家をめぐる政情については、拙稿「摂関政治の衰退」（同『院政期政治史研究』思文閣出版、一九九六年、初出一九九四年）でふれた。

(11) 頼長が忠通の養子となっていたことや、次期摂関の正当な継承者と見なされていたことについては、橋本義彦『藤原頼長』(人物叢書、吉川弘文館、一九六四年)、拙稿「院政期政治構造の展開—保元・平治の乱—」(注(10)前掲書、初出一九八六年)など参照。
(12) 兼長が家嫡であったことについては、橋本注(11)前掲書参照。
(13)『兵範記』仁平二年三月十六日条。
(14) 当時頼長は父忠実とともに、近衛天皇呪詛の容疑で失脚状態にあったが、子息の官位という点から見れば、依然として摂関家嫡流の位置を占めていたことになる。
(15) 川端新「摂関家領荘園群の形成と伝領—近衛家領の成立—」(同『荘園制成立史の研究』思文閣出版、二〇〇〇年、初出一九九四年)によると、摂関家領の配分・継承形態から当時忠通に摂関家分立の意図がなかったことが明らかである。
(16)『愚管抄』巻五「二条」によると、経宗は一部に摂関を噂される程の政治的権威を有したというが、このことが頼実の五位中将補任にも影響した可能性がある。
(17)『公卿補任』承安四年基通項尻付。
(18)『玉葉』治承三年十一月二十三日条。
(19)『玉葉』治承三年十二月十日条。
(20) この事件については、笹山注(1)B論文参照。
(21)『玉葉』承安二年八月十日条。
(22) この事件については、田中文英「高倉親政・院政と平氏政権」(同『平氏政権の研究』思文閣出版、一九九四年)が詳細な分析を加えており、当時平盛子が管理していた基実遺領の動向と関連して清盛が憤怒したと指摘している。氏は明言していないが、この問題が摂関家嫡流の所在と不可分であることはいうまでもない。
(23)『玉葉』寿永二年正月二日条によると、基通は摂政家臨時客で失策を繰り返し、同七日条では白馬の節会に遅参するなど、摂政就任数年を経ても公事に未熟であった。
(24)『玉葉』寿永元年十二月十日条。
(25) 摂関の座を失った後の基房流については、上横手雅敬「鎌倉幕府と摂関家」(同『鎌倉時代政治史研究』吉川弘文館、一九九一年、初出一九七四年)参照。

(26) 後鳥羽院政下における九条家の立場については、上横手雅敬「幕府と京都」(同注(25)前掲書、初出一九七一年)参照。

(27) この前年に二条良実は鷹司兼経に代わって摂政に就任し、二条家の政治的地位を確立していた。この人事は、かかる良実の立場と無関係ではないだろう。

(28) 『公卿補任』建保七年項尻付によると、教実は建保五年に八歳で叙爵して正五位下となり、ついで右少将に就任、以後位階が昇進し、同七年に従三位となっている。

(29) 三位少将の事例としては、一条家房(前摂政家経二男、正応二年従三位、以下年号は従三位昇進の年)、近衛家平(関白家基男、正応四年)、二条道平(右大臣兼基男、永仁三年)、一条冬実(前摂政家経男、永仁四年)、二条師基(道平男、正和元年)、近衛経忠(家平男、正和三年)がある。

(30) 建長七年に公卿昇進した近衛基平、正嘉元年の鷹司基忠・一条家経については、『公卿補任』に公卿以前の官歴が記されていない。

(31) 『明月記』建久十年正月二十日・二十二日条。

(32) 頼朝・頼家と通親との関係については、基本的に上横手注(25)前掲論文参照。なお、頼家に五位中将という破格の地位を与えたことから考えると、通親は政略のために一時的に幕府を利用するだけではなく、より深い政治的提携を考えていた可能性が高い。

(33) 実朝は建暦元年に従二位に昇進した時も右中将に叙留されているが、『官職秘抄』には「至二于二位三位中将一者、非二執柄子息一世源氏一者、不レ叙二留之一」とあり、また『職原抄』には「至二二位《ノ》中将《ニ》一者、執柄《ノ》息《ノ》外希《ナル》例也」とある。当時、藤原・源氏の庶流でも二位中将の事例は増加していたが、この点も実朝の権威を示すものでもあったといえる。

(34) 中納言中将の権威については、笹山注(1)B論文。

(35) 『吾妻鏡』建保六年三月十六日条、『愚管抄』巻第六「順徳」。

(36) 摂関家子弟の多くが左大将に直任されたことについては、笹山注(1)A論文参照。

(37) なお、後鳥羽院政期には、建仁三年に権大納言に昇進した坊門信清など、中納言・大納言段階で上﨟を大幅に超越する人事が少なくない。

(38) 通親に至る村上源氏歴代の事績の概要については、橋本義彦『源通親』(人物叢書、吉川弘文館、一九九二年)参照。

(39) 雅実は承暦元年に十九歳で非参議従三位に昇進したが、雅定は元永二年に二十六歳で参議正四位下に、雅通は久安六年に三十三歳で参議正四位下に、通親も治承四年に三十二歳でやはり参議正四位下に昇進しており、公卿昇進における特権的性格は消滅している。

(40) ともに『公卿補任』建仁元年項尻付による。通具は文治元年に因幡守、通光は建久元年に加賀守となっている。閑院・大炊御門流などの場合、院政期には受領経験者も見られたが、大臣家としての家格形成以後には消滅する。また、鎌倉初期に受領を経験した例としては大納言家の四条家の隆房の例がある。

(41) 『玉葉』建久九年正月七日条に「外祖猶必可㆑補㆓大臣㆒歟」とあり、外祖父が必ず大臣に昇進する慣例が存したことが窺知される。

(42) 通親死後も通光の昇進が迅速であったことについては、橋本注(38)前掲書参照。

(43) 公経に至る西園寺家については、龍粛「西園寺家の興隆とその財力」(同『鎌倉時代』文藝春秋、二〇一四年、初出一九五七年)、多賀宗隼「西園寺家の擡頭」(同『論集中世文化史　上　公家武家編』法藏館、一九八五年、初出一九七二年)など参照。

(44) 承久の乱後の公経の政治的地位については、龍注(43)前掲論文、上横手雅敬「鎌倉幕府と公家政権」(同注(25)前掲書、初出一九七五年)など参照。

第二章　平安末期の村上源氏

はじめに

本章の課題は、主として白河・鳥羽院政期における村上源氏の、活動の特色や政治的立場を検討することにある。村上源氏にはいくつかの系統があるが、その中心となったのは村上天皇の皇子具平親王の系統であり、その子師房が寛仁四年（一〇二〇）十二月二十六日に源姓を賜ったことを起源とする。多くの源氏が数代で公卿の地位を失い没落していったのに対し、村上源氏は長く政治的地位を保ち、中世においては武門の中心である清和源氏と並ぶ、公家の源氏の中心となったのである。

かつて村上源氏は、その血統から院と結合した院近臣の一種と考えられており、源氏公卿の増大をもって藤原摂関家の抑圧、院政の発展の指標と見なす見解が有力であった(1)。もっとも、摂関家との緊密な婚姻関係が村上源氏の発展の背景にあったことは早くから指摘されている(2)。また龍粛氏は、後三条の皇子で皇位継承をめぐって白河院と対立していた輔仁親王と、左大臣俊房の系統が密接に結合していた点を重視し、輔仁の失脚とともに村上源氏が後退したことなども指摘しており(3)、村上源氏の発展が単純に院政のそれと一致するわけではないことが明らかにされてきた。

こうした研究を受けて橋本義彦氏は、村上源氏顕房流が摂関家嫡流とともに「御堂末葉」と称されていることから、村上源氏と摂関家を対立的に理解する視角に厳しい批判を加えた。また、輔仁と結んだ俊房流没落後は、顕房流が嫡流となり、以後学才や院近臣との連繫等を通して大臣としての政治的地位を保持したことを解明し、俊房流の没落を

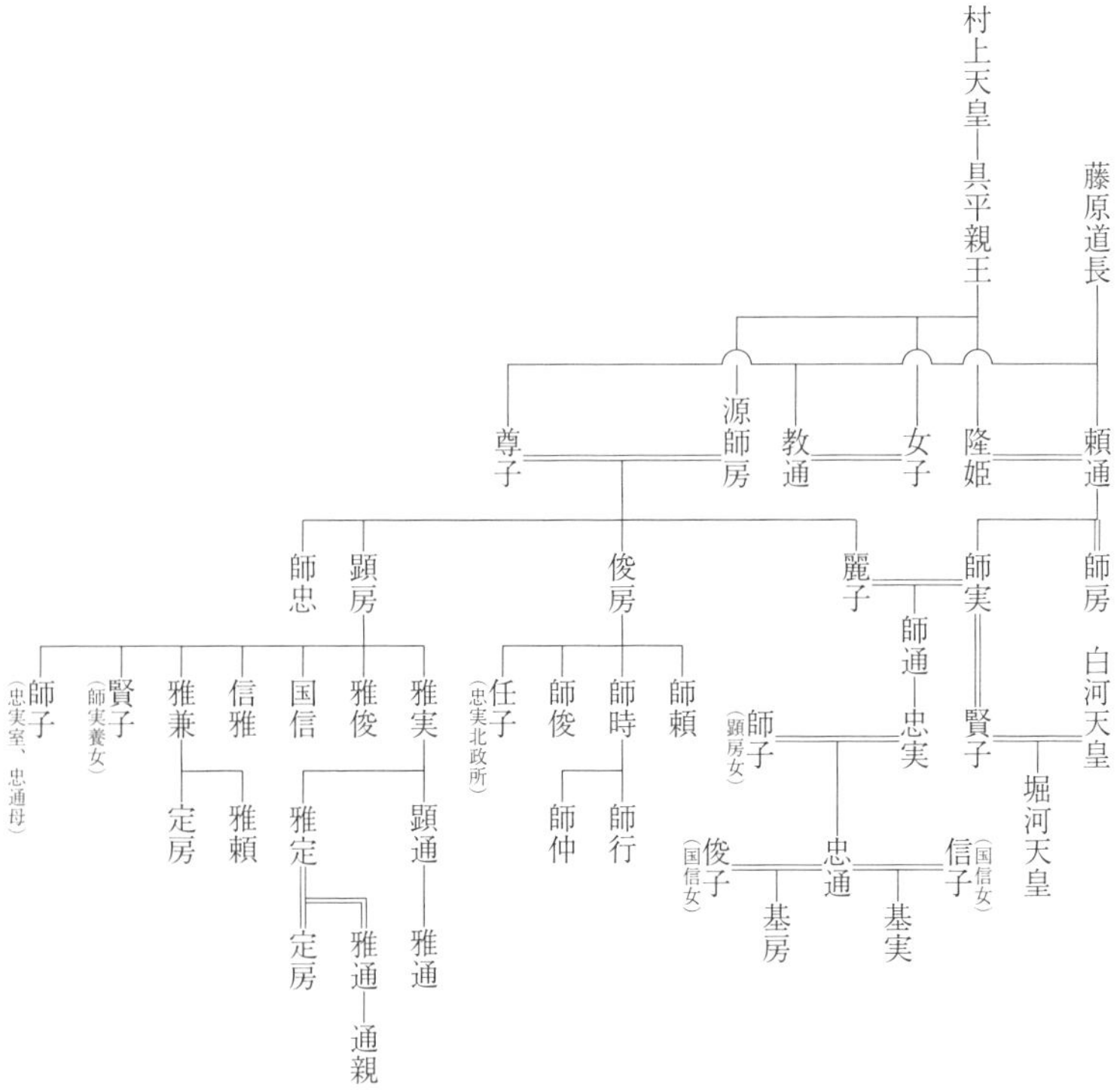

図20　村上源氏略系図（『尊卑分脈』に補足）

村上源氏全体の衰退と理解した龍氏をも批判している。(4) このように村上源氏と摂関家の結合を強調する理解は次第に定着しつつある。(5)

ただ、顕房以降の村上源氏嫡流の主要な事績については、書物の性格上橋本氏はごく簡略にふれられているにすぎない。このため、「御堂末葉」と称されるように、本来摂関家と密接な関係を有していた村上源氏が、通親の段階に至って九条兼実と鋭く対立するなど、「独立不羈」(6)の性格を有するに至った背景は必ずしも明らかとはいいがたい面もある。また、別稿で述べたように通親のなりふり構わぬ策謀の前提には、大臣家を保持したとはいえ村上源氏の政治的地位の低下があったことも疑いない。(7)

そこで、本章では顕房の子雅実以後の村上源氏一門の立場を当時の政情などと関連させながら検討し、村上源氏の危機と政治的地位を保持した背景を探ることにしたい。

一　太政大臣雅実

村上源氏の初代に当たる師房は、彼自身が頼通の養子であったことをはじめ、道長の女尊子を室とし、その間に生まれた麗子を師実の室とするなど、摂関家と密接な姻戚関係を有していたことは周知の通りである。こうした立場を背景に、官職面でも特権が与えられており、それまでは摂関家の子弟にのみ見られた五位中将に、俊房・師忠兄弟、さらに顕房の男雅俊が、それぞれ就任している(8)。さらに、摂関家との緊密な姻戚関係を背景として、顕房の女賢子が師実の養女に迎えられ、白河天皇の女御となるに至った。彼女が生んだ堀河天皇が即位した結果、外戚を回復した摂関家の政治的発言力が高まったのはもとより、顕房をはじめとする村上源氏一族の地位が著しく向上することになる。

寛治七年（一〇九三）には、左大臣俊房が左大将を兼ね、右大臣顕房の男大納言雅実が右大将となって、村上源氏が左右大臣・大将を独占したのをはじめ、師忠・雅実が大納言に並んで五人の大納言のうちの二人を占めるに至った(9)。従来、摂関家一門が任じられてきた近衛大将を村上源氏が独占したことは破天荒ではあるが(10)、このことは同時に彼らが摂関家の一門に准ずる立場にあったことを物語っている(11)。村上源氏の隆盛はさらに続き、翌寛治八年六月には俊房の嫡男師頼が頭弁に、顕房の男国信が頭中将に就任して蔵人頭を独占、同年に顕房が死去するものの康和二年（一一〇〇）には雅実が内大臣に昇進、そして同四年には顕房の男顕雅が参議となるに至って、公卿二十四人中半ばの十二人を源氏が占め、そのうちの八人を村上源氏が独占するに至ったのである。

しかし、この村上源氏の勢力は決して一枚岩ではなく、輔仁親王を囲繞する俊房の一門と、堀河天皇の外戚である顕房一門によって構成されていた点は注意される。この両勢力は、いわば皇位をめぐって真っ向から対立する立場にあったことになり、政治的動向には微妙な相違が見られる。ともに摂関家と姻戚関係を有したが、私的な場での交流は俊房流がより顕著であり[12]、白河院やその愛子媞子内親王（郁芳門院）との交流がより目立ったのはむろん顕房流であった[13]。すなわち、直接外戚たりえなかった俊房一門が摂関家との姻戚関係を政治的権威の基盤として輔仁の即位を期待していたのに対し、顕房一門は白河院の直系堀河天皇との外戚関係を基軸として政治的地位を保持していたことになる。

永久元年（一一一三）十月における千手丸の鳥羽天皇暗殺未遂事件は、俊房・師頼・師時等を謹慎に追い込み、その後も師頼が十八年にわたって参議に止められたように、俊房流の官位停滞を招いた。この結果、俊房流の立場がみる影もなく低落していったことは龍粛氏の研究がつとに指摘したところである[14]。しかも、謹慎解除後の永久三年（一一一五）正月に叙位の執筆を務めた俊房はすでに齢八十に及び、「老耄之間有狼藉事」「極見苦」と称される有様で[15]、公事に通じた学才さえも失われつつあった。

俊房流の後退に伴って、村上源氏の中心となったのが雅実である。彼は寛治七年に父の譲によって右大将に任じられ、永久三年には右大臣として父の極官に並び、そして保安三年（一一二二）には太政大臣に任じられることになる。しかし、彼は『今鏡』（村上の源氏　第七　紫のゆかり）に「いと御身の才などはおはせざりしかど、世に重く思はれたる人にぞおはせし」と記されたように、公事の才能を誇った伯父俊房や漢詩文に通じた父顕房と異なり、図抜けた才能があったわけではなかった。

また、『今鏡』に院を憚らない稚気に富んだ逸話を残したり[16]、突然忠実の大饗の尊客を辞退するなど、気まぐれな行動を見せたりしているが[17]、これらは院・摂関家と親密な同族的な意識を有した表れといえる。彼にとって白河院・忠実はともに姉妹の夫であり、堀河天皇は甥であった。言い換えれば雅実は堀河天皇を中心とするミウチ関係の中心に位置していたのであり、ミウチとしての権威に依存して政治的地位を得ていたことになる。

なお、彼は再三公卿勅使として伊勢に下向し、白河天皇末期の応徳元年（一〇八四）四月から寛治六年（一〇九二）

まで四回連続してその任に当たったのをはじめ[18]、長治二年（一一〇五）には「希代之勝事」と称された異例の大臣勅使をも務めたことは[19]、天皇の深い信頼を物語るものであり、王家との緊密な関係を象徴する出来事である。

それだけに、王家との外戚関係を失えば雅実の政治的立場は弱体化することになる。彼は保安三年（一一二二）に六十四歳で太政大臣に就任したが、『公卿補任』に「無㆓大饗㆒」とあるように、所詮名誉職にすぎない太政大臣への昇進は、彼にとって不本意な面もあったごとくである。当時、鳥羽天皇、皇太子顕仁親王（崇徳）を中心とする体制が確立しており、彼らの外戚である閑院流の権威がしだいに高まりつつあった。これに対し、ミウチ関係が希薄化した上に、政治的にさほど有能とはいいがたい雅実は、政界の長老として太政大臣に祭り上げられた面があったといえよう。彼が、崇徳の即位した天治元年（一一二四）に出家したこともその傍証となる。

顕房の子息たちは、雅実以外にも従三位神祇伯顕仲、正二位権大納言の雅俊、正二位権中納言国信、正二位権大納言顕雅、従三位権中納言雅兼が公卿となっているが、雅兼を除いて学才や公事の練達などで名を残す者は少なく、やはりミウチ関係を背景として政治的地位を向上させたものと考えられる。

二　村上源氏の後退

1　俊房流の浮沈

先述のごとく十二世紀初頭には公卿八人を占めた村上源氏だが、鳥羽院政期には公卿の数は減少し、保延五年（一一三九）末に大納言師頼が死去すると公卿は権大納言雅定ただ一人となるのである。かつては輔仁親王とともに失脚したとする解釈もあったが[20]、それが顕房流にあてはまらないことはいうまでもないし、また俊房流も鳥羽院政期にいったんは勢力を回復していたのである。以下、鳥羽院政期の村上源氏の動向を検討したい。

大治四年（一一二九）七月に白河院が死去し鳥羽院政が開始されると、白河院によって籠居を命じられていた前関白藤原忠実の復帰など、白河院政の政策を否定するかのごとき事件が相次いだが、俊房流の復権もその一つといってよい。長年参議に据え置かれた師頼・師時兄弟は、大治五年の除目で権中納言に昇進、さらに師頼は翌年には権大納言、そして保延二年（一一三六）には大納言に転じるに至った。この間の長承四年（一一三五）には師時・師俊が権中納言に並び、俊房の子息三人が公卿を占めているのである。

しかし、俊房流の春は束の間にすぎなかった。保延二年には師時が死去、師俊が出家し、同五年に師頼が死去すると一門の公卿は消滅してしまうのである。彼らの子息の官位はいずれも低く、公卿に昇進できた者は師時の男師仲一人にすぎない。彼は久寿三年（一一五六）に至って参議となり権中納言にまで昇進するが、平治の乱で藤原信頼に与同したために配流され、その後政界に復帰するものの子孫は政治的地位を失っている。

この師仲は、母である源師忠女が待賢門院の女官であったことから、待賢門院やその子崇徳院の御給で昇進を重ねて正四位下に至った。その後は、鳥羽院政下における待賢門院・崇徳の権威の低落から長らく官位の停滞を余儀なくされたが、久寿二年に待賢門院所生の後白河天皇が即位したのに伴って蔵人頭、ついで参議に昇進したのである（以上『公卿補任』）。したがって、彼は村上源氏の伝統的な権威や家格によってではなく、後白河の近臣として公卿に昇進しえたと考えるべきである。また、師仲の兄師行は鳥羽院庁において一貫して院庁四位別当を務める典型的な鳥羽院近臣であったが、このことも彼らの政治的立場を物語っている。すなわち、この一門は諸大夫層に転落したといってよい。[21]

俊房の孫たちが没落した原因は必ずしも明確とはいえないが、ただ彼らの多くが受領となっていた点には注意しておきたい。実務的才能を必要とする弁官と異なり、院近臣の中でも無能な人物が就任しているように、受領は特別な才能を必要としない役職と考えられる。このことは、俊房・師時らに見られた公事に対する優れた学才が、一門から失われたことをも明示するのである。

2　顕房流の傍流

公卿の減少は顕房流においても同様で、これも公卿たちの死去と、その子息たちの不振が原因であった。たとえば、保安三年（一一二二）に没した権大納言雅俊の子息たちは、白河院四位別当となり、のちに神祇伯に就任した顕重を除くと、知行国主藤原忠実の下で播磨守となった顕親、大宰大弐・近江守を歴任した憲俊など、いずれも受領に止まっている。『今鏡』（村上の源氏　第七武蔵野の草）によると、雅俊は京に九体阿弥陀堂を建立するなど、仏教を篤く信仰したものの、公事・学問には通じておらず、ミウチ関係以外に公卿としての政治的地位を保証するものはなかったのである。そして、子息たちもミウチ関係が希薄となった段階で公卿の地位を保持するだけの能力・才能に欠けており、結局忠実の室師子の縁故などを頼って摂関家に接近し、忠実の家司受領となったものと考えられる。[22]

他の兄弟たちの一族についても同様の事例が見える。陸奥守に止まった信雅の子息成雅も忠実に仕え、女は頼長の妾室としてのちの太政大臣師長を生むなど、やはり忠実・頼長に近侍している。[23]これに対し、権中納言国信の系統は忠通に接近し、その男信時も忠通の家司受領として伊賀・備前守などを務め、その姉妹である信子・俊子はともに忠通の室となり、それぞれ基実・基房を生み、摂関の母となったのである。

なお、信子・俊子の立場は摂関の母とはいうものの、かつての麗子や任子のように正室としての地位を得たのではなく、あくまでも妾室であったにすぎない。忠通の北政所は大納言藤原宗通の女宗子であり、また弟左大臣頼長の北政所も閑院流公実の女幸子であった。こうした婚姻のあり方も村上源氏傍流の政治的地位の下降を物語るものといえる。

以上のように顕房流傍流の多くは受領に転落しており、摂関家と密接な関係を有してはいたが、それは師房段階のような対等に近い政治的連繫ではなく、家司などとして従属する関係であった。むろん院近臣家や閑院流などの一部の公卿たちのように受領から公卿に昇進する例もあるが、摂関家の家司受領では公卿昇進は望むべくもなかった。一門の相次ぐ受領への転落は、もはや顕房流傍流の家格も俊房流と同様に諸大夫層に低落したことを意味するものといえる。

かつての小野宮流や醍醐源氏のように、摂関時代後期において、ミウチ関係を失いながらも公卿の家格を保持した家系では、学識や実務能力を背景として弁官・蔵人頭を歴任して公卿に昇進するのが一般的であった(24)。事実、顕房流でも雅兼の系統のみは弁官として活躍して公卿に地位を保持しているのである。しかし、当時は弁官家として藤原為房流が進出しており、よほどの才能がなければ新たに弁官として割り込むことが困難となっていた。しかも、雅実がさして才能もなく、ただミウチ関係にのみ依拠して昇進したのと同様に、その兄弟たちもミウチの権威に縋って高い政治的地位を得ていたために、子孫は急速に官位を低落させる結果となったと考えられる。

三　大臣家の継承

1　ミウチ関係の希薄化

村上源氏嫡流である雅実の系統も、先述のようにミウチの立場を失って政治的地位を動揺させ始めていた。『古今著聞集』（巻第一神祇第一）に「右衛門督顕通公卿勅使となり宸筆の宣命を落す事」と題する説話がある。元永二年（一一一九）に一門の伝統的役職である伊勢公卿勅使として下向した顕通は、宿所に天皇自筆の宸巻を置き忘れ、所定の奉幣の日時を守ることができなかった。これを聞いた父雅実は憤り、顕通を「家継まじきものなり」と称したというのである。この事件の信憑性については疑問が呈されているが[25]、しかし村上源氏が家格を継承してゆくためには、かかる所役における失策も許されない厳しい状況に置かれていたことを示す説話である。その顕通の早世によって家督をつぐことになったのが雅定であった。

雅定の公卿昇進は次男ということで遅れた面もあるが、兄顕通の死去で嫡子となった後の権大納言昇進の年齢も四十三歳で、父雅実の二十八歳、祖父顕房の三十六歳よりも大幅に遅れていた。また、保延四年（一一三八）から久安五年（一一四九）まで大臣に欠員があったにもかかわらず、彼は権大納言に止められていたのである。もちろん、後述するように大納言首座にあった藤原実行が崇徳上皇と結び、鳥羽院や皇后得子と対立するという微妙な政情も関係するが、それを超越できない点に大臣家としての立場の不安定さが窺われる。

橋本氏によれば、ミウチの立場が弱まった雅定以後の村上源氏は、朝儀に通じた公事の家という性格を強めるとともに、雅定が白河院の乳母子で院近臣藤原顕季の、また雅通が顕季の次男家保の、それぞれ女婿となったように、院近臣との結合を深めて、官途を保持したという[26]。おおむね首肯すべき指摘であるが、以下では彼の大臣就任の事情について、当時の大臣昇進の慣例や政情との関係から、より詳細に検討してみることにしたい。

平安後期における官職制度の実態を解説した『官職秘抄』によると、大臣は「大納言中兼二近衛大将一、歴二坊官一、并一世源氏、二世孫王、執柄・大臣子息、后宮父、当今外舅」から任じられるものであり、その他には「大業人」として十世紀の菅原道真・藤原在衡の先例があったにすぎないとする。すなわち、基本的に公事への精通などは考慮されず、近衛大将や坊官への補任といった特権、摂関・大臣家の子息といった家格、および天皇とのミウチが条件となっていたことになる[27]。

大臣子息が大臣昇進の前提の一つではあるが、鳥羽院政初期の段階では大臣家の家格は未確立であった。当時、村上源氏顕房流は摂関家以外で唯一大臣が三代続いた家だったが、大臣を継承できた原因は「孫王」「后宮父」「当今外舅」に准ずる外戚というミウチ関係にこそあった。したがって、当時の大臣昇進の最大の条件は依然としてミウチ関係であり、王家とのミウチ関係の希薄化が雅定の昇進の遅延に反映していたと考えられる。

2　雅定の大臣昇進

雅定の大臣昇進の最大の前提となったのが、保延六年（一一四〇）の左近衛大将就任であることは論を俟たない。近衛大将は長らく摂関家と村上源氏が独占してきたが、保延五年には鳥羽・崇徳の二代の外戚である閑院流の藤原実能が任じられた。実能は鳥羽の乳母子でもあり、兄実行をさしおいて著しい昇進ぶりを示していたが、彼は上﨟の大納言雅定をも超越して右大将に補任されたのである。新たな王家の外戚として台頭しつつあった閑院流の前に、村上源氏は大臣家の地位を脅かされ始めたといってよい。

雅定が左大将に就任したのは実能の補任の翌年であるが、この補任については『今鏡』（すべらぎの中、第二　鳥羽の御賀）に有名な逸話がある。すなわち、外戚閑院流の実行・実能兄弟を優遇しようとする崇徳天皇を抑えて、鳥羽院は強引に雅定を左大将に補任したというのである。翌年、雅定が鳥羽院の寵妃藤原得子の皇后宮大夫となっていることを考え合わせるならば、この大将補任の背景に得子等との密接な関係が存したことは疑いない。得子にとって雅定は叔母の夫に当たり、彼女が生んだ皇太子体仁（近衛）の即位を控えて、崇徳・閑院流に対抗するためにも、姻戚関係にある雅定の大将昇進を鳥羽院に働きかけたものと考えられる。

得子の家系末茂流は元来諸大夫層であり、かかる階層出身の国母は未曽有のことであった。その一族は院近臣として活躍していたが、政務に疎い大国受領系の一門にすぎず、得子を保護するだけの政治的力量を有していなかった。このため、たとえば議定などに参仕して意見を代弁するような、高い政治的権威を有する公卿家の後ろ楯を必要としたものと考えられる。得子の祖父顕季は多くの公卿を女婿に迎えていたが、そのうち藤原宗通・経実はすでに没し、実行は崇徳派であったため、雅定との提携が深まったのであろう。

一方、雅定にしてみれば新たな王家の外戚として台頭しつつあった閑院流に対抗するためにも、国母得子への接近は望ましいことであった。さらに、先述の『官職秘抄』に坊官歴任が大臣昇進の条件とあるように、家産機構を介した王家との結合もミウチ関係に准ずるものとして重視されており、皇后宮大夫就任も大臣昇進を促進する要素であったと考えられる。したがって、雅定の大臣昇進には、やはり国母である皇后得子との密接な関係が最も大きな影響を有したといえよう。雅定が久安五年（一一四九）七月二十八日に内大臣に昇進した後も、美福門院となった得子への奉仕に奔走している事実は右の傍証である[28]。

ただ先述のように、雅定は大将に就任した後も大臣昇進まで八年にわたって権大納言に止められていた。しかもこの間は右大臣に欠員があり、さらに最後の三年間は左大臣有仁の死去で二つの大臣が空席だったのである。この背景には、権大納言の上﨟実行や右大将実能の兄弟と、大臣昇進をめぐって牽制し合った面も存したと見られるが、雅定は閑院流の圧力と村上源氏の政治的権威の低下を痛感したに相違ない。結局、同日に実行が右大臣、雅定が内大臣に昇進するが、『今鏡』（藤波の下、第六　花散る庭の面）には、右大臣昇進に歓喜する実行と対照的に、大臣昇進にも不機嫌な雅定の姿が描かれている。ここには、長らく権大納言に据え置かれ、新興勢力に上位大臣を奪われた彼の不快感が表されているといえよう。

3　雅通と通親

さて、雅定と美福門院一門は密接な関係を有していたが、それは雅定の後継者となった雅通も同様であった。雅通は、先述のように家保の女（家成の妹）と結婚したほか、皇后時代の得子に皇后宮権亮として仕えている。彼が、非難を浴びながらあえて家成の前駆を務めるという屈辱にも甘んじたのも、単に近臣に侫るためではなく、国母の一族との繋がりを重視したためと考えるべきである(29)。直接的に外戚関係が形成できない当時、村上源氏は国母の一族と姻戚関係を結ぶことで外戚に准ずる権威を獲得し、大臣家としての地位を保持しようとしたと考えられる。もはや村上源氏の政治的権威を直接的に支える根拠は、形骸化した「御堂末葉」の立場ではなく、国母を擁する院近臣家との結合にこそ存したのである。

さて、父の出家によって村上源氏の当主となった雅通は、保元の乱の直後に権中納言に昇進し、さらに美福門院の養子である二条天皇の即位後、その中宮で美福門院の所生の姝子内親王の中宮権大夫を務め、永暦元年（一一六〇）には正三位のまま四十三歳で権大納言に昇り、翌年には正二位に叙されて大納言に転じている。しかし、二条天皇の死去、六条天皇の譲位で、美福門院と関係深い皇統は断絶し、後白河・平氏が擁立する高倉天皇に皇位が移ったため、彼は新たな庇護者を求める必要があった。

ここで注目されるのは、高倉の国母平滋子が皇太后に立てられたその日に、彼が皇太后宮大夫に補任されていることである。すなわち、いち早い変わり身を見せた雅通は、後白河・平氏一門に近接したことになる。しかし、彼は嘉応元年（一一六九）ころから健康を害し、ついに回復せぬまま承安五年（一一七五）に没してしまう。当時、嫡男通親はまだ四位の右少将にすぎず、村上源氏嫡流の公卿が消滅するという事態に立ち至ったのである。

以後の通親の活動については橋本氏の著書の通りである(30)。彼は、平氏に続いて後白河院、丹後局等に次々と接近して宮廷工作を重ね、ついに自ら土御門天皇の外祖父となって大臣に昇進することになる。大臣の地位に対する執念の背景には、村上源氏の家格の継承という目的が存したことはいうまでもない。同時に通親が源氏氏長者の立場にあったことを考えれば、自ら氏長者に相応しい地位に就くことで、十二世紀初頭の全盛期に比してすっかり公卿も減少してしまった源氏全体の再興を目指すという意志をも有したのではないだろうか。通親の主導によって実現した、将軍源頼家の五位中将補任という破格の待遇[31]にも、そうした意図が介在していたと考えられるのである。

むすび

以上、俊房・顕房兄弟以降の村上源氏の展開の概略を述べてきた。元来ミウチ関係に依存した村上源氏が、公事に通じるとともに、新たな庇護者を求めて大臣の家格を維持したことを明らかにし、鎌倉初期に異彩を放つ通親の活動の前提を一応解明した。

しかし、史料の制約から推測を重ねる結果となり、また紙幅の関係もあって、各大臣家確立の背景など、十分論じ尽くせない点が残った。大臣家の家格の確立過程の包括的な検討を次の課題として、章を閉じることにしたい。

注

（1）石母田正『古代末期政治史序説』（未来社、一九九五年、初出一九五六年）、安田元久『日本の歴史七　院政と平氏』（小学館、一九七四年）など。
（2）竹内理三『日本の歴史六　武士の登場』（中央公論新社、二〇〇四年、初出一九六五年）。
（3）龍粛「三宮と村上源氏」（同『平安時代』春秋社、一九六二年）。
（4）橋本義彦「貴族政権の政治構造」（同『平安貴族』平凡社、二〇二〇年、初出一九七六年）、同『源通親』（人物叢書、吉川弘文館、一九九二年）。
（5）たとえば、坂本賞三「村上源氏の性格」（古代学協会編『後期摂関時代史の研究』吉川弘文館、一九九〇年）も、俊房・顕房段階までの村上源氏が摂関家と同族化していたことを具体的に指摘している。
（6）橋本注（4）前掲書。
（7）拙稿「五位中将考」（本書第二部第一章）。
（8）五位中将については拙稿注（7）前掲論文参照。

(9) 以下の公卿の官職の補任は、とくに断らない限り『公卿補任』による。なお、俊房・顕房兄弟が左右大将となったことについては、『中右記』寛治七年十二月二十七日条に詳細な宗忠の感慨が述べられている。

(10) 笹山晴生「左右近衛府上級官人の構成とその推移」（同『日本古代衛府制度の研究』東京大学出版会、一九八五年、初出一九八四年）。

(11) 坂本注(5)前掲論文。

(12) 俊房は毎年二月二日の頼通忌日には、摂関家一門とともに宇治に赴いている（『中右記』嘉保元年・嘉保三年二月二日条など）し、嘉保元年五月二日に俊房が行った師房の法事では、参列した師実が行香を務め「抑関白殿下、私家八講、令レ立二行香一給事、古今未レ有二此例一」（『中右記』）と称されている。

(13) たとえば『中右記』寛治元年の記事には、白河院が顕房の久我の水閣に赴いたり（二月十日条）、媞子内親王が顕房の六条邸に居住（四月十九日条）したことなどが見える。

(14) 龍注(3)前掲論文。

(15) 『殿暦』永久三年正月五日条。

(16) 『今鏡』に見える雅実の説話については、竹鼻績『今鏡　下　全訳注』（講談社、一九八四年）の解説参照。

(17) 『中右記』嘉承二年正月十九日条。この事件についても竹鼻注(16)前掲書参照。

(18) 歴代の公卿勅使については『伊勢公卿勅使雑例』参照。

(19) 『中右記』長治二年八月十三日条。

(20) 竹内注(2)前掲書、龍注(3)前掲論文。

(21) 鳥羽院司の構成、および四位別当の立場については、髙橋昌明『増補改訂　清盛以前―伊勢平氏の興隆―』（平凡社、二〇一一年）参照。

(22) 以下の院政期の摂関家家司受領と知行国については、五味文彦「院政期知行国の変遷と分布」（同『院政期社会の研究』山川出版社、一九八四年、初出一九八三年）参照。

(23) 信雅一族と忠実・頼長の関係は、橋本義彦『藤原頼長』（人物叢書、吉川弘文館、一九六四年）参照。

(24) 醍醐源氏や小野宮流の立場や動向については、拙稿「摂関政治の衰退」（同『院政期政治史研究』思文閣出版、一九九六年、初出一九九四年）で分析を加えた。

(25) 竹鼻注(16)前掲書参照。
(26) 橋本注(4)前掲書参照。
(27) たとえば、ともに大納言家であった醍醐源氏と閑院流のうち、公事に精通し白河院の寵臣だった前者の俊明が大臣に昇進しえなかったのに対し、後者は鳥羽・崇徳の外戚関係を背景として鳥羽院政期に大臣家の地位を確立したことは、このことの傍証である。
(28) たとえば、大臣昇進直後の久安五年の『兵範記』の記事を見ると、十月二日には美福門院の殿上始に参仕、同十日には女院の入内に扈従、さらに十一月三十日には女院の熊野からの帰還を出迎えるなど、ひたすら女院への奉仕に努めている。
(29) こうした雅通の行動については、橋本注(4)前掲書参照。
(30) 橋本注(4)前掲書参照。
(31) 拙稿注(7)前掲論文。

第三章　諸大夫・侍・凡下

はじめに

鎌倉幕府における最も基本的な身分上の区別は、侍と凡下との間に認められる。ここでいう「侍」とは、決して単に武士のことを意味するものではない。先年、田中稔氏の優れた研究「侍・凡下考」(1)によって解明されたごとく、侍・凡下はともに公家法の身分規定を前提とした身分で、侍とは基本的に六位、稀に五位の朝位・朝官を有する者、(2)他方の凡下とは官位を有さない者を示す呼称と考えられるのである。したがって田中氏が例示した『法曹至要抄』上巻所載の「不拷訊事」の条文のように、有官位者すなわち侍と、無官位者すなわち凡下との区別は公家法にも共通するのであり、さらにこうした法理は在地慣習法にまで継承されることになる(3)。

このように、幕府法・公家法における身分規定の共通性が注目されるようになった反面で、両者の相違点は比較的等閑視されているのではあるまいか。法意において公家法にはない独創性を有するのと同様に、幕府法は身分規定についても公家法を単純に模倣していたわけではない。その一例として次に二つの条文を比較してみよう。

一、双六事

（中略）

案レ之、双六者、律令格式共以厳禁。六位以下成二此犯者一、可レ決二杖一百一。但五位以上可レ奏二聞事由一。有司若糺得者、先可レ申二別当一矣。

一、博奕事　侍双六者、自今以後可レ被レ許レ之。下﨟者永可レ被二停止一。四一半、双六（ママ）、目勝以下、種々品態、不レ論二上下一、一向可レ被二禁制一。於二違乱之輩一者、任レ法有二其沙汰一、可レ被レ召二所職所帯一。至二下賤之族一者、可レ被レ処二遠流一也。（以下略）

まず前者は、先にもふれた院政期の法書である『法曹至要抄』中巻の第二条である。同書の各条に付された「案レ之」以下の記述は、引用した律令格式の法意を換骨奪胎して院政期独自の法体系を記していたもので、当時の裁判規範ともなっていたと考えられている[4]。さてこの条文より明らかなことは、六位すなわち侍以下は「杖一百」という体刑にただちに処されたのに対し、五位――当時の身分概念では原則として諸大夫――以上は奏聞を経て処罰が決定されていたことである。したがって六位以下は贖銅などによって体刑を免れることはできないのであり、処罰規定において五位と六位が大きく区別されていたことになる。

一方、後者の条文は寛元二年（一二四四）十月に発せられた鎌倉幕府の追加法二百三十三条である。後半に文意の不明確な部分があるが、双六を侍にのみ許容したように、侍と「下﨟」（凡下）との区別を基本としていることは明白といえよう。幕府はその後も博奕に関する禁制を繰り返し発するが、弘安七年（一二八四）五月の追加五百三十四条では「違犯之輩」のうち御家人が所領没収に処されたのに対し、「非御家人・凡下」は「計沙汰」するものとされ、さらに乾元二年（一三〇三）の追加七百七条では「於レ侍者、可レ有二斟酌一歟。至二凡下一者、一二箇度者、被レ切レ指、及二三箇度一者、可レ被レ遣二伊豆大島一也」と規定し、基本的に侍と凡下を区分するとともに、前者には財産刑、後者には体刑を科すこととしたのである。したがって博奕に関する幕府法の身分規定は、公家法の模倣や継承としてではなく、むしろ逆に五・六位の区別を基本とする『法曹至要抄』の条文を、侍・凡下の区別を中心とするように改変して成立したことになる。

このような身分規定に関する公家法と幕府法の異同を解明するとともに、幕府法において侍・凡下が身分上の区別の基本に位置づけられた意味を探ることが、本章の課題である。そこで以下の本論では、まず幕府法に先行した平安末・鎌倉期における公家法の身分規定の実態について、先述の五・六位および官位の有無による差別を中心に、刑罰・服飾の二面について検討を加え、さらに幕府法との異同にも論及する。そして、その背景に介在する社会・身分構造の相違に関してふれることにしたい。

一　刑罰規定

田中氏の前掲論文によれば、侍・凡下間に顕著な差別が認められるのは、刑罰・服飾に関する幕府法・公家法である。そこで本節ではまず公家法における刑罰規定に検討を加え、幕府法との身分規定上の異同を解明することにしたい。

1　法曹至要抄

平安末期における公家法の実態を探るに際して、まず取り上げるべきものは、先述した法書『法曹至要抄』である。同書によって当時の刑罰における身分上の差別について検討してみよう。

『法曹至要抄』の諸条文のうち、「有二官位一」「有位有職」「有二位蔭一」などとされた者とそれ以外を区分したものは表4のごとく十ヵ条に及ぶ（ただし、このうち中ノ十一、十二の二ヵ条は五・六位の差別を前提としている）。このうち、上ノ四「減贖事」、上ノ五「官当除名免官免所居官叙位事」といった規定の存在は、一般犯罪の刑罰において、有官位者が減刑の特権を依然として有していたことを示す。身分上の区分の基本が、官位の有無にあったことは明白といえるであろう。

これに対し、五位と六位以下の者との刑罰を差別した条文は表5に掲げたように五ヵ条となる。この場合には官位の有無による差別のような原則を規定したものは含まれていないが、各条文の差別の内容はおおむね禁獄・笞・杖といった法規通りの体刑が課されるか、換刑・奏聞などの猶予が与えられるかといったもので、この点では根本的な相違は存在しない。したがって、当時の刑罰規定では、官位（蔭位）の有無を原則としながらも同時に五・六位間という二種類の身分上の区分が並行していたことになる。表4の中巻の十一・十二条に見られるように、本来六位以下を区別する条文について、さらに「有職高位（有カ）」「有位有蔭」の者と、それ以外（無位）の者とを区別する規定が設けられたことは、右の点を傍証するといえよう。

ただ、ここで注意しておきたいのは、官位の有無による区別を定めた条文の前提・典拠となった法が、大部分律ないし令であった（表4）のに対し、五・六位の区別を定めた条文は、主に格・式を前提として引用していた（表5）ことである。元来、律令においては、蔭位の制が五位以上の子弟に適用されたことからもわかるように、五位以上と六位以下の者とでは、政治・経済的な面での処遇に著しい格差が見られたが(5)、反面、刑罰上の特権の有無は官位の有無に対応しており、贖銅の額の多少、追捕の際の手続などによる相違はともかく、五位以上と区別して六位以下の者にのみ体刑を課するという規定は存しなかった。六位以下に対する刑罰上の差別は格や式を通して形成されてきたものなのである。神亀五年（七二八）三月二十八日の勅に、

> 勅諸国郡司五位以上相㆓逢当国主典以上㆒者、不㆑問㆓貴賤㆒皆悉下㆑馬。如有㆘官人於㆓本部㆒逢㆗国司㆖者、同位以下必須㆑下㆑馬。不㆑然者揖而為㆑過。其有㆓故犯者㆒、内外五位以上録㆑名奏聞。六位以下決㆓杖六十㆒、不㆑得㆓蔭贖㆒。（傍点引用者）(6)

とあるものが、六位以下を差別した早い例で、以後六位以下の者に対して、無位・無官の者と同様に所部の官司において法規通りの体刑に処すことを命じた格が、相次いで発令されることになる(7)。こうした趨勢のもとで、義江彰夫氏

表4　位階・官職・蔭を有する者とそれ以外の者とを区分する『法曹至要抄』の条文

巻	条数	名称	前文所引典拠	本文
上	4	減贖事	刑部式、名例律	(刑部式云。遠流一千五百里以下七百里以上。中流五百六十里。近流三百里以上四百里以下。死罪二。絞斬二死《ノ》。贖銅各二百斤。名例律云。応《ベカラム》二議請減《ス》一。及八位勲十二等以上。若官位勲位得レ減者之父母妻子犯二流罪以下一。聴《セ》レ贖《フコトヲ》。若応レ以二官当一者自従《ヘ》二官当法一。其加役流。反逆縁坐流。子孫犯過失流。不孝《ケウ》流。及会赦猶流者。各不レ得二減贖《スルヲ》一。又云。凡七位勲六等以上及官位勲位得レ請者之祖父母父母妻子孫此孫不レ及二曽玄一。犯二流罪以下一。各従下減二一等一之例上。獄令云。贖二死刑《コト》一限二八十日一。流六十日《ハ》。徒五十日《ハ》。杖四十日。笞三十日《ハ》。若無レ故過《テ》レ限《ヲ》不レ輸《サ》者。会レ赦《トモ》。不レ免《レ》《サ》。名例律又条云。以レ官当レ徒者罪軽《シテ》不レ尽《ンハ》二其官一。留《メテ》レ官収《ヲトレ》レ贖《ヲ》。官少《シテ》不レ尽《ハ》二其罪《ヲ》一。余罪収《トレ》レ贖。其犯二除免一者罪雖レ軽従レ例除免。罪若重仍依二当贖法一。刑部式又云。贖《フニ》レ罪無《クハ》レ銅。准《シ》レ価徴《ニハタレ》レ銭《ヲ》矣。) 按レ之。徴《ハタルコト》二贖銅一。随《テ》レ事有《リ》二日限一。限《ノ》中《ニ》不《レハ》レ輸《サ》。雖二罪笞杖一会レ赦《トモ》不レ免者也《リ》。
	5	官当除名免官免所居官叙位事	名例律	案レ之、犯二重科一之人、身有二職位一之時、随二罪法之所一レ指、辞二退其職位一者也。即其辞退之差有レ四。一者官当。一品以下三位以上以二一官一当二徒三年一。五位以上以二一官一当二徒二年一。六位以下以二一官一当二徒一年一是也。二者免所居官。先解二退所レ居之一官一。三者免官。先解二退所レ居官位勲位一。四者除名。官位勲位悉除。課役従二本色一。
	11	禁法事	獄令、令義解、断獄律	案レ之。無位白丁《ヒヤク》之類。若犯二笞〔死歟〕罪以下死〔笞歟〕罪以上一者。皆可二脱巾肱禁一。又有下肱禁《シテ》不二脱巾一之者《モノ》上。有下脱巾不二肱禁《セ》一之人上。若有《クハ》二官位一之輩犯二流以上若《クハ》除免官当一者。只用二禁法一不レ可二脱巾一。但公坐《クザノ》流私罪徒責《コウテ》レ保《ヲ》参対《セシメヨ》也。無位白丁之者犯二杖罪以下一者。只合二脱巾一不レ可二肱禁一。何者《トナレハ》杖罪以下者是為二散禁之者一。不レ関《ラ》二木索一之故也。又可《クシテ》レ禁不《スル》レ禁《セ》之罪具《ニ》在二此律《ニ》一矣。
	14	神事違例事	職制律	(職制律云。祭祀及朝会《エ》侍《シ》衛《エ》行事失錯。及違二失《セラハ》儀式一者笞四〔卌カ〕十。) 案レ之。神事違例不レ指二其社一。又不レ指二其事一。違二犯神事一。触レ類多端。若犯過之人可レ処二此科一。但有位有職之人。若罪条不レ明之類。令レ候二散禁一。若凡下之輩見決放免既使庁例也。
	42	私度・越度事	衛禁律	案レ之。無二首従一同処二徒年一。但有二位蔭一之類不レ禁二獄舎一。又為二使庁例一。
	43	違勅事	職制律	(職制律云。被二詔書一有レ所二施行一。而違者徒二年。失錯〔者リ〕杖八十。) 案レ之。奉二詔勅一之人。故違二其旨一之時。処二此科一可二禁獄一。但失錯之時得二杖罪一。因レ茲有二位蔭一之

			人至于減贖之科矣。
59	拷訊事	獄令、令義解、断獄律、刑部式、囚獄式	案之。官司拷訊囚人之時。有不如法之事者。随事得杖笞之罪。又有職有官之人。在事重任《キニ》罪名処贖銅。事軽処勘事。
60	不拷訊事	断獄律、刑部式	案之。応議請減以下《シモツカタ》。自云僧尼以上《カミツカタ》。共不可拷訊。宜拠衆証定其刑矣。然而有官位之者。及僧侶。五位以上子孫。粗有其例歟。
中			
11＊	鞍具并鞦等事	弾正式	（弾正式云。以独窠錦為鞍褥《ウハシキ》者禁之。又云。六位以下鞍鞦総不得連着。但聴着鞦衢《ツジ》及後末。紫鞦褥。紫龍頭《オモツラ》鞍杷《ノオホヒ》。緋鞦《クラシキ》等。皆禁断。又云。大臣以上。覆鞍《クラオホヒ》者用浅紫。参議以上深緋。諸王五位以上緑色。諸臣黄色。六位以下不得用。又云。参議以上。検非違使別当以下。府生以上。聴着緋鞦。又云。罷皮《シクマ》障泥《アフリ》聴五位以上着之。） 案之。有着件制物之輩。検非違使直破却。無職無蔭之類見決。至于有職高位〔有カ〕者強不科罪者。
12＊	乗車馬并累騎事	長保制、検非違使式	（長保制云。一応重禁制六位以下乗車事。外記官史諸司三分以上。及公卿子孫。及昇殿者。蔵人所衆。文章得業生。不可必制。以前云云。同宣。奉勅〔乖新制(符)〕。若干制無改旧弊。随其状跡〔迹(符)〕将加科断者。検非違使式云。累騎并乗己主鞍馬。担夫乗車馬等〔之ィ〕類。随状科不応為軽重之罪。） 案之。非色之輩乗車之時。科違式罪可決笞卌。但有位有蔭之輩。不猥決之。又累騎并乗己主鞍馬。担夫乗車馬等之類。成此犯者。事重決杖八十。事軽決笞卌。若有位有蔭之輩者。令候便所徴将来。又庁例也。

注　＊は五・六位の差別を前提とする条項。（　）は行論の関係上前文を引用した部分を示す。

の詳細な分析のごとく(8)、十世紀後半には五位以上の犯罪は勅裁、六位以下は使庁裁とする管轄区分が成立するのである。また、十世紀前半に成立した延喜弾正台式に、五・六位を区別する多数の服飾規定が制定され、さらにそれが摂関期以降の諸新制に継承されるようになるのも、同じ脈絡に属するものと考えられる（詳しくは後述）。

かかる六位以下の有官位者に対する刑罰規定上の差別の出現は、すでに官位の有無によって刑罰に関する特権の有

表5　五位以上の者と六位以下の者とを区分する『法曹至要抄』の条文

巻	条数	名称	前文所引典拠	本文
中	1	兵仗事	擅興律、弾正式、天平勝宝9・6・9勅、天暦8・11・3宣旨、天延3・3・1官符、貞観9・6・20宣旨	案レ之。於下非職之輩帯二兵仗一之時。六位以下者直決杖八十。若諸司三分。諸道博士。殿上侍臣。秀才。僧尼。及廃疾以下之輩。并五位以上可二奏請一。若検非違使糺得申二別当一。随レ仰行而已。
	2	双六事	捕亡令、令義解、雑律、刑部格（天平勝宝6・10・14官符）、弾正式	案レ之。双六者。律令格式共以厳禁〔制イ〕。六位以下成二此犯一者。可二決杖一百一。但五位以上〔已イ〕可レ奏二聞事由一。有司若糺得者。先可レ申二別当一矣。
	3	私飼二鷹鶻一事	弾正式、弘仁8・9・23宣旨	（弾正式云。私養二鷹鶻一。台加二禁弾一。弘仁八年九月廿三日宣旨云。中納言藤原朝臣冬嗣宣。奉レ勅。〔私イ〕飼レ鷹者。頃年禁断已久。而今諸人無レ有二公験一。乖レ制盗〔恣イ〕養。但仰〔宣イ〕二看督長《カドノヲサ》一厳令二禁察一。其五位以上録レ名奏聞。六位已下禁レ身申送。所レ持之鷹皆進二内裏一者。）案レ之。鷹鶻之事。鳳詔之制勿二違犯一。厳禁如レ此矣。
	7	絹絁衣袴事	弾正式、天延3・3・1官符	（弾正式云。裁二絹絁一為二猟衣袴一。縫二白絹縑一着二従女衣裳一等。皆禁断。天延三年三月一日官符云。非色衣袴。尋常之時。諸人所レ着。任二先例一同禁断。）案レ之。制物六位以下着用従二破却一。五位以上不二弾制一。仍近来称二差抜《サシヌキ》一。皆多着二用之一。
	10	雑衣服雑具禁制并聴許雑物事	弾正式	（弾正式云。禁色物従二破却一。但五位以上并律師以上。録レ名奏聞。僧尼依レ法苦使。又云。衣袖口闊無レ問二高下一同作二一尺二寸已下一。其腋闊者一尺四寸。其表衣《ウヘノキヌ》長《サ》纔着《ケヨ》レ地《ニ》。又云。綾者聴レ用二五位以上朝服一。六位以下不レ得二服用一。又云。内外諸司不レ論二把笏非把笏者一。公事公会之所悉着レ靴。自余時着レ履。注云。把笏者。雖レ非二公会雨泥之日聴レ着レ靴。又庶人等通着レ履。又云。五位以上通用二牙笏白木笏一。六位以下官人用レ木。又云。

諸衛府生以上。（左右馬寮准レ此。）除二衛仗日一之外皆着レ靴。但着二布帯一時須レ用二麻鞋一。）案レ之。如レ此犯罪之類。弾正勘糺之日。不レ論二人之高下一。皆加二糺正一。物即破却。使等所行不レ可レ異二彼勘断一。然而五位以上留レ身聴裁。公卿以上注レ名可レ経二奏聞一。但先各可下触二申別当一。然後随レ裁下行上之。自為レ例矣。

注　＊五・六位の差別を前提とする中ノ11・12条は表4に掲載。（　）内は行論の必要上引用した前文。

無を規定した律令の原則を大きく修正するものであったといえる。そして、先述した『法曹至要抄』所載の、官位の有無による差別事項にも変容を遂げつつあるものも存した。たとえば上巻五十九条「不拷訊事」について具体的な事例を検討してみると、まず長徳二年（九九六）五月二日、道長との政争に敗れ配流が決定したために逃亡した藤原伊周の行方を、その近習左京進藤原頼行に尋問する際、検非違使別当藤原実資は「所レ申若相違者」「可二拷辞（訊）一」きことを命じている(9)。また保元の乱後、藤原頼長の外戚だった式部大夫藤原盛憲は出家にもかかわらず「盛憲法師、於二左衛門府庁一、拷訊覆問（杖七十五度）」(10)という措置を蒙った。これらはいずれも国家的重大事件による例外ともいえるが、後者について『保元物語』は「五位以上の者、拷訊に寄せらるる事、先例まれなり」と記しており(11)、六位以下の有官位者に対しても拷訊を行う慣行が存したことを示唆しているのである(12)。不拷訊規定は、実質を失わないまでも、少なくとも五位以上、六位以下を差別する法に変化していたことは間違いあるまい。

こうした公家法刑罰規定における官位の有無による差別の形骸化と五・六位間の差別を強調する傾向は、鎌倉時代の公家法でも継承された。『法曹至要抄』の影響を受けながら中原章任が鎌倉末期に編纂した法書『金玉掌中抄』によると、官当・贖銅の規定は存続し一応有官位者の特権は保持されるが（贖銅の変化については次節で論じる）、『法曹至要抄』に見られたような刑罰内容を官位の有無によって区分する個々の法はすべて姿を消す。それに対し、六位以下に対する差別規定は依然として明記されているのである。

一、見決犯事

双六杖一百。・樗蒲同・兵杖杖八十。・摺衣笞卌・美服同・騎二主ノ馬鞍一同・累騎同・紅染

已上非職無蔭之輩、直ニ決放。

右の諸項目が表5および表4中ノ十一・十二条の諸規定の禁制事項とほぼ一致することは明白である。一方、見決の対象となった非職とは、こうした事項を許可された役職に就いていない者であり、無蔭とは蔭位と無関係な者、すなわち五位以上の官人およびその子孫以外の者を意味する。したがって、六位以下の官人のうち五位以上の子孫を除く者が、やはり見決―体刑に処せられていたのである。ここで単なる六位以下とせず、あえて五位以下の子孫を除外したところに、諸大夫層と侍品という家格による差別と共通する性格を見出しうる。いずれにせよ、六位以下に対する差別は、鎌倉期を通して保持されることになるのである。なお『金玉掌中抄』の「不拷訊人事」では、不拷訊の対象として「近代僧侶、五位已上ノ子孫有二其例一。自余不レ然」と記すが、田中稔氏は前掲論文において「有官位者」が見えないのは伝写の際の書き落としと推測している。しかし如上の文脈から判断するならば、「五位已上（の者およびその）子孫有二其例一」と解釈することも可能ではなかろうか。

さて、以上のように平安末・鎌倉期における公家法刑罰規定の身分上の区分は二通り存したが、しだいに五・六位の区分が重視されつつあったことを指摘した。ところで、田中氏前掲論文によれば、幕府法における刑罰規定上、侍・凡下の最大の差別は財産刑（所領没収）適用の有無にあった。そこで、次に公家法における財産刑適用の範囲について、院政期以降の史料によって考察を加えることにしよう。

2　公家法における財産刑――贖銅規定を中心に――

先にもふれた義江彰夫氏の摂関・院政期における朝廷の刑罰に関する研究(13)によると、十世紀後半までには、犯罪処理に際して犯人が五位以上の場合は追捕から行決に至るまで勅定に従って処理され、一般の六位以下は全過程使庁別

当の専決で処理するという慣行が成立していたと考えられている。もっとも、院政期に入るとともに院による勅裁は対象領域を拡大する傾向にあったというが、原則的に六位以下の者が使庁によって処罰されたことに変わりはない。

一方、院政期の使庁の実態に関する貴重な記録である藤原宗忠の日記『中右記』永久二年（一一一四）六月三十日条には、

於二贖銅一、刑部省法也。使庁之習、贖銅之科、只令レ候二散禁一計也。

とあって、この時に官名詐称により解官・贖銅十斤と勘申された内舎人重貞は、改めて召し出され「暫可レ令レ候」きことを命ぜられている[14]。散禁とは軟禁を意味する緩やかな禁法で、宗忠の筆致にも贖銅より軽罰であることが示唆されているが、しかし庁例において財産刑たる贖銅が消滅していた点は注意せねばならない。すなわち、六位以下が原則的に庁裁によって処罰されていたことを考え合わせると、彼らは財産刑の対象から除外されていたことになるのである。なお、右の史料について贖銅そのものの完全消滅とする解釈[15]もあるが、先述のように『法曹至要抄』や『金玉掌中抄』にもその規定がありにわかに従いがたい。元来、刑部省から使庁へ一時移管されたのは「雑色人」に対する贖銅徴収権のみにすぎず[16]、時代は下るが『職原抄』上に「被レ置二検非違使一之後、刑部職掌有レ名無レ実。但行二贖銅等罪一之時、移二当省一也」とあることから、原則的に刑部省において使庁裁の管轄外である五位以上の者に対する贖銅（に相当する財産刑）が存続していたと考えられるのではないだろうか。永久二年以降に贖銅納入を命ぜられた五位以上官人に散禁の形跡がないこと[17]も右を裏づける。このように考えるならば、院政期の公家法において財産刑の適用対象となっていたのは五位以上の官人に限られるのであり、六位以下の官人は散禁などの換刑は聴許されたものの、財産刑が適用されることはなかったことになる。

さらに、このことは次の二つの法令を比較することからも傍証されるのである。

一、謀書罪科事

右於レ侍者、可レ被レ没二収所領一。無二所帯一者、可レ処二遠流一也。凡下輩者、可レ被レ捺二火印於其面一也。（以下略）

一、謀書　其犯令二露顕一者、諸大夫以上者、准二贖銅儀一、可レ被レ収二公所領一。於下無二知行地一之輩上者、被レ解二却官職一。至二侍以下及諸雑掌一者、可レ被レ禁二獄其身一。（以下略）

右の二つの史料のうち、前者はいうまでもなく御成敗式目第十五条の冒頭部であり、後者はそれから百年余りを経た暦応三年（一三四〇）五月、北朝光明天皇のもとで制定された「暦応雑訴法」第七条の冒頭部である。後者が前者を範として法意を継承し、「若干の公家的補正を施したにすぎない」ことは笠松宏至氏の指摘[18]の通りであるが、その「公家的補正」のなかで最も注目される点が、前者における財産刑適用対象が侍以上であるのに対し、後者のそれが諸大夫以上であって侍には適用されていなかったことに他ならない。基本的な法意が継承されていたにもかかわらず、このように身分規定が改変された事実は、貴族社会において諸大夫すなわち五位と、侍すなわち六位との区別が伝統的に重視されていたこと、そして五位以上に対する贖銅（財産刑）適用の慣例が存在していたことを明瞭に物語っているのである。また、侍に対し雑掌等とともに禁獄を規定し、散禁などの換刑を適用しなかった点は、鎌倉時代を通して諸大夫（五位）・侍（六位）の差別が強調され、逆に官位の有無による差別は軽視されていたことを示すのではないか。

このように考えるならば、鎌倉幕府は平安末期・鎌倉期の公家法の刑罰規定における二種の主要な身分規定のうち、しだいに強調されていた五・六位の差別ではなく、あえて官位の有無による差別と密接な関係を有する侍・凡下の差別を、身分規定の基本として導入したことになる。そして、侍以上に対する所領没収——財産刑の適用は、公家法における五位（諸大夫）以上への適用という慣習の改変だったのである。以上、刑罰規定の分析によって、公家法と幕府法における身分規定の相違、幕府法における侍・凡下の差別の独自性が浮き彫りになったといえよう。

二　服飾規定

本節では、刑罰規定と並んで侍・凡下を差別する身分規定が数多く見られた服飾規定について、公家法・幕府法における特質、両者の異同を探ることにする。

1　公家新制

平安末・鎌倉期における公家法を代表するともいえる新制の条項の多くが服飾規定で占められていたことは、すでに周知に属するであろう。新制について包括的な分析を行った水戸部正男氏[19]によれば、新制における服飾規定制定の目的は身分秩序の統制にあり、とりわけ五位と六位以下との差別に重点が置かれていたとされる。この五・六位の差別は表6の延喜弾正台式以来、各新制に一貫して見られるものであるが、他方、表7のように新制では雑色・舎人・下部など凡下に含まれる者（以下、便宜上凡下庶人と称す）に対する差別も多数規定されている。[20]以下、これらによって身分規定の変容・特質について検討してみよう。

まず六位以下に対する差別について考察を加える。延喜弾正台式の規定を一見すれば明らかなように、差別の中心は五位と六位であり、ついで公卿とそれ以下が続き、凡下・庶人に対する差別はほとんどない。五・六位の差別内容は、笏の形態・材質をはじめとして、衣服・太刀・帯・馬具などの材質・形状・装飾さらに色彩などにわたる詳細なもので、外見上あらゆる面から六位以下を区別しようとする意図が強く働いているといえよう。これ以後、平安時代に発令された諸新制は、原則として延喜弾正台式を前提とし、これに対する補足という意味をもつにすぎない。ただ、その中で注目されるのは、六位以下に乗車を禁止した③長保元年（九九九）令の第九条である。この規定は若干修正

表6　延喜弾正台式服飾規定における身分規定

(1) 六位以下に対する差別・禁制

○五位以上通二用牙笏・白木笏一↕六位以下官人用レ木。
○除二礼服并参議已上半臂・五位已上幞頭一之外不レ得レ着レ羅。
○綾者聴レ用二五位已上朝服一↕六位以下不レ得二服用一。
○五位以上女、依二父蔭一得レ着二禁物一。（雖レ為二六位以下妻一、猶得レ依二父蔭一）
○錦衣者、内命婦・女王并五位以上嫡妻子、並節会之日聴二通服一。
○滅紫色者、参議已上聴二通用一、五位已上聴レ着二半臂一。
○親王以下五位以上（中略）並聴レ着二染袴一。
○純素金銀及白鑞、聴レ為二五位已上服用之錺一。
○画錺大刀、五位以上聴レ之。
○刻鏤大刀、非二新作一聴二五位已上着用一。
○五位以上聴レ用二虎皮一。（豹皮↓参議已上及非参議三位）
○玳瑁・馬脳・斑犀・象牙・沙魚皮・紫檀、五位已上通用。（白玉腰帯↓三位以上及四位参議）
○刻二鏤金銀一帯及唐帯、五位已上並聴二着用一、紀伊石帯白晳者、六位已下不レ得レ用之。（紀伊石帯隠文王者及定摺石帯↓参議已上）
○烏犀帯、有二通天文一↓六位以下不レ在二聴限一。
○六位以下鞍・鞦・総、不レ得二連着一、紫鞍褥・紫龍頭鞍把・緋鞦等皆禁断之。
○羆皮障泥、聴二五位以上着一之。（貂裘↓参議已上聴二着用一之）
○大臣已上覆鞍者用二浅黄一、参議已上深緋、諸王五位以上緑色、諸臣黄色、六位已下不レ得レ用。
○禁色、物従二破却一。但五位已上并律師已上、録レ名奏聞。

(2) 凡下・庶人に対する差別・禁制

○庶人以上、不レ得二褁子重着一。
○市（宮イ）人、不レ得下以二白綾夾纈等一為二車屋形裏一以二雑揩色一為二従者衣一、以二綵色一編レ竹成レ文為上簾。

表7　諸新制服飾規定における六位以下・凡下・庶人に対する禁制

新制	六位以下に対する禁制	凡下・庶人に対する禁制
①天暦元年（九四七）十一・十三	(1)着㆓襖子重下襲㆒	(2)諸司史生以下→着㆓縑白絹㆒ (3)諸衛舎人・諸司并院宮諸家雑色以下人等 }→着㆓手作衣袴㆒ (5)諸司雑任以下→輙着㆓絹絁皮履㆒
②天延三年（九七五）三・一	絹絁衣袴事→表5中巻第7条参照	
③長保元年（九九九）七・二十七	(8)用㆓螺鈿鞍・鐙㆒ (9)乗車	(7)男女道俗（就㆑中諸衛舎人、諸司并院宮家雑色以下人等）} 着㆓美服㆒（細美布）
④長保三年（一〇〇一）閏十二・八		(2)諸司雑任以下→輙着㆓絹絁履㆒ (4)諸司・諸衛番上以下→乗馬
⑤永久四年（一一一六）七・十二	(6)諸司、諸衛官人以下→乗車	(7)蔵人所小舎人、弁官使部、王臣家已下雑色并使庁下部等 }→騎馬
⑥建久二年（一一九一）三・二十二	(17)都鄙諸人猥号㆓五位・諸国権守・斎宮助㆒	
⑦建久二年三・二十八	(11)地下六位→著㆓奴袴㆒ ○同侍、所従已下→著㆓美衣・過度之服㆒ ○地下六位以下→尋常時用㆓螺鈿蒔絵等鞍、豹虎皮韉㆒ ○同（地下）六位已下→施㆓蒔絵、鏤㆓金銀㆒刀剣類 （○同諸衛官人→帯㆓散物剣㆒） (34)諸家侍→著㆓直垂㆒	(11)凡下輩→小袖三領已上着用 ○使庁放囚→著㆓絁類㆒、金銀錦繍等之類風流 ○猿楽田楽法師等→綾羅服 諸家雑色等→尋常時著㆓狩襖・絹裏袴・絹下袴等㆒ (19)諸司三分諸衛官人已下所従→尋常時騎馬
⑧建暦二年（一二一二）三・二十二	(15)諸司諸衛官人乗車并同従騎馬	(9)賀茂祭使、斎王禊供奉人簦車従類（小舎人童・雑色・舎人・牛飼）} 装束過差 (13)使庁放囚→着㆓絁類㆒、金銀錦繍風流
⑨「けちうのしんせい」建暦二年三・二十二	(1)ちけの六位→さしぬき（奴袴）の着用	

⑩寛喜三年（一二三一）十一・三	(11)明経・算・明法・医・陰陽道・中臣・卜部及五位侍）→着二有文狩衣一 （○諸司三分已下蔵人所衆・滝口・院宮上日輩）→着二擣衣一 ○地下六位→着二奴袴一 ○六位已下諸司・諸衛之輩→狩衣裏着二用美絹一 ○同右→襖袴裏用レ絹 侍所従已下→（美衣・絹裳・狩襖・水干・木蘭・地麴塵） （○諸司三分以下）→（蝙蝠扇過差金銀薄、不レ得レ散レ薄） ○地下六位已下→剣、施二蒔絵一、鏤二金銀一 (16)所々殿上人歴二内蔵人一之諸大夫并公卿子及孫之外（蔵人所雑色・内御書所衆・執柄家勾当・諸宮侍長除外））→用二檜網代車一 （○諸司二分并諸衛官人已下）→乗車 ○地下六位→（尋常之時、用二螺鈿蒔絵等鞍・虎豹皮韉一）	(8)上下諸人僕従→着二用直垂一出二入公門一 (11)諸家侍之外凡下輩→着二大口一 ○諸家雑色・車副・牛飼舎人・僧侶大童子→（尋常時絹裏狩衣袴、一切絹下袴） ○雑色・大童子→綾・唐綾 ○猿楽田楽法師等→綾羅打物等服・金銀風流 ○使庁放囚→着二絁類一金銀風流金銀錦繡等之類風流 (12)賀茂祭使、斎王禊前駆従類（小舎人童・雑色・舎人・牛飼等）→装束過差 (16)蔵人所小舎人・官外記使部王臣家雑色・使庁下部→京中騎馬 ○諸司三分・諸衛官人已下所従→尋常時騎馬
⑪弘長三年（一二六三）八・十三	(28)諸司諸衛輩以下）→狩衣裏厚引襦	(28)院宮王臣家下部→紅山吹打衣・引木倍着用 ○諸司諸衛輩僕従以下→狩衣水干用二木蘭地一 ○凡下輩→大口 ○使庁放囚→着レ絁、金・銅・珠・鏡・錦等風流、紐目結、二倍・三倍紺布 ○猿楽田楽法師→金・銅・珠・鏡・錦等風流 (29)賀茂祭使以下（雑色・廐舎人・牛飼等）→装束過差
⑫文永十（一二七三）年九・二十七	(7)地下六位公卿子并孫及所々昇殿人之外→着二奴袴一 (11)諸司二分・諸衛官人以下・諸院宮庁官・諸家下家司）→乗車	(7)臣下下部・雑色舎人・牛飼以下→「可レ用二布裏一」（他は禁止） ○同右→用レ帷

		○同右↓下袴「可レ用レ布」（他は禁止） ⑿舎人・牛飼・力者↓京中騎馬

注　( )内は条数。（ ）内は六位以下と明記されていないが、関連する階層の差別を示す条文。○は前掲条項に含まれる項目。↓の上が禁制の対象となった身分、下が禁止された事項。僧侶・女性に関する規定は原則として除外。

されながらも鎌倉時代にまで継承されることになるが、制定の際には「卑位凡庶之人、不レ量二涯分一、恣以乗用」することに対する批判が引用[21]されており、六位以下を「卑位」として五位以上と区分し、「凡庶」と「一体化して差別する観念の所産であることが明示されている。

一方、鎌倉時代に入ると、⑦建久二年（一一九一）三月二十八日令、⑩寛喜三年（一二三一）令といった全体で四十前後の多数の項目を有する新制が成立するが、これは⑦が内乱の終息と鎌倉幕府の成立[22]、⑩が承久の乱という大規模な政治・社会的変動を経て、新たな規範を創出しようとした結果と考えることができる。したがって服飾規定においても、僧俗各階層に対する詳細な禁制・規制が制定されており、弾正台式の全面改訂が行われたものといえよう。五・六位の差別について、弾正台式と⑦⑩の諸条項を比較すると、この間約三百年を経過しているだけに服飾自体の変化もあって単純に異同を論じることは難しいが、色彩についての禁制は姿を消す反面、衣服・馬具・太刀に関する禁制の集成という基本的性格は継承されている。また公卿とそれ以下、あるいは凡下・庶人に対する差別に比して、数の上から見ても六位以下に対する禁制が中心であることに変わりはなく、五・六位の区分に重点を置く身分規定は一貫して維持されたと考えられる。

しかし、両者の相違点も看過することはできない。すなわち、弾正台式や平安期の新制が単に「六位以下」を差別したのに対して、⑦や⑩では「地下六位」が差別の中心となったほか「侍」「諸司三分已下」といった具体的呼称が目立つようになることである。このうち、「地下六位」とは六位蔵人と区別した身分呼称であるが、六位蔵人が「重代諸大夫」[23]の職であったことを考え合わせるならば、地下六位とは主に侍品の者を意味することになる。さらに侍という呼称の明記、特定官職と家格の結合により侍品の就く官職が固定しつつあったこと[24]などから判断すると、鎌倉時代の新制では従来の単なる五・六位の差別にかわって、諸大夫に対し侍品を差別する中世的身分規定が本格的に導入されたということができよう。

次に、これと対比しながら凡下・庶人に対する差別規定について検討することにしよう。まずかかる規定は延喜弾正台式にはほとんど見られず、歴代の新制によって付加された点が注目されよう。そしてこの場合も鎌倉時代の新制⑦⑩を画期として大幅に拡充されることになるのである。一方、六位以下に対する禁制がおおむね六位以下、地下六位以下総体を対象としているのに対し、凡下・庶人に対する禁制では、史生・雑色・舎人・放免（放囚）・猿楽田楽法師などの特定の身分や職掌を帯びた者を個別的に対象とする特徴を有する。しかし、⑦第十一条に「凡下輩、小袖不レ可レ着二三領以上一」とあるのをはじめ、⑩第十一条でも「諸家侍之外、凡下之輩不レ可レ着二大口一」と規定され、幕府法と同様に侍・凡下を区分した条項も出現することになる。さらに⑪弘長三年（一二六三）令第二十八条でも、五・六位を差別する条項が全く姿を消す[25]にもかかわらず、「凡下輩大口、一切停二止之一」とあり、凡下総体に対する差別観念が定着したことを物語っている。このように、鎌倉時代の新制では凡下・庶人に対する差別を強化するとともに、彼らを凡下として総括する観念が成立していたことになり、ここでも侍・凡下の差別という中世的身分規定の導入を看取することができるのである。

以上のように、公家新制における服飾規定にも、五位と六位（諸大夫と侍）、侍と凡下という二種類の主要な身分上の区分が存在したことになる。ただこの場合、先述した刑罰規定とは逆に元来前者の差別が基本であったのに対し、鎌倉期に入って後者の差別が次第に強調されてきたことは注意されよう。かかる公家法の実態を前提として、次に公家法の強い影響が指摘されている幕府法における服飾規定を分析することにしよう。

2　鎌倉幕府法における服飾規定

公家新制において朝廷が煩瑣なまでの服飾規定を繰り返し制定して身分上下関係の統制・整序を執拗なまでに行ったのとは対照的に、今日知りうる幕府法から判断する限り、鎌倉幕府は服飾規定について、さしたる関心を抱いていなかったと考えられる。このこと自体、すでに公武両政権の基盤や性格の相違を示唆するものといえるが、鎌倉中期以降、漸く服飾に関する幕府法も散見するようになる。その早い例が、得宗北条時頼のもとで制定された六十一条からなる弘長元年（一二六一）二月の関東新制に含まれる諸条項、とくに「物具事」（追加三百六十四条）、「衣裳事」（同三百六十五条）の二条項である。

これらの内容が寛喜三年（一二三一）の公家新制の第十一条「可レ紀二定上下諸人衣服員数并服飾過差一事」と多くの部分で重複していることは、すでに水戸部正男氏の指摘するところであり[26]、幕府法の対象として考えがたい「僧正法務并大臣子」といった字句から見ても、両条が基本的に公家新制の条文を模倣したものであることは間違いない。とはいえ、表8に見るごとく、追加三百六十四条には「郎従」に対する差別が規定されるなど、独自の条項が存したことも事実である。そこで、以下表8によりながら、幕府法における服飾規定の特色、公家法との関係を探ることにするが、この関東新制のより直接的前提と考えられる建長五年（一二五三）七月の公家新制などが散逸しているために[27]、細部にわたる比較検討は不可能であり、関東新制の前後に発令された寛喜三年令・弘長三年令の両公家新制と対比することによって、幕府における身分規定の特質を析出してみることにしよう。

表8に掲げた身分規定を見てまず注目されることは、寛喜三年令まで重視されていた五・六位の差別がほとんど見出されない点である。しかし先述したように、弘長三年令においても五・六位を差別する身分規定は消滅しているのであり、このことを幕府法における独自の改変と速断することは避けるべきであろう。一方、凡下・庶人に対する差

表8　弘長元年関東新制服飾規定における身分規定

追加条数	名称	規制対象	規制内容
364	物具事	○郎等以下	殊可レ用二下品行騰一
		○郎等以下	上品羽→不レ可レ用レ之
		○殿上人已下、可レ然僧侶以外	蝙蝠扇可レ停二金銀薄泥絵等一也
		○公卿以上	輿外連子→非二制限一
		○僧正以外	僧輿→可レ止二外金物一
		○僧正・法務・大臣子息以外	僧侶輿簾革、不レ可レ用二遠文五緒一
365	衣裳事	○殿上人以下	不レ可レ着二無文穀并志之良綾奴袴一
		○諸大夫以上之外	不レ可レ着二有文狩衣一
		○五位以下	狩絹裏、不レ可レ用二美絹一
		○郎等・調度懸・雑色・大童子	不レ可レ着二絹裏狩衣一
		○衛府已下小舎人童	停二染装束一、可レ有二水干袴一
		○凡僧	不レ可レ着二綾表袴同奴袴等一
		○児、公卿子并孫以外	織物繡絹直垂可レ停二止之一
		○力者	不レ可レ着二細美布一、可レ止レ袙
		○馬長共人・猿楽・田楽	綾羅錦繡打物金銅風流
		(備考) 上下諸人直垂、不レ可レ用二細美布一、可レ為レ先二麁品一。同裏可二停止一。又大口可レ止二美絹一。	
382	鎌倉中乗輿事	○殿上人、僧侶、御家人六十歳以者之者以外	一切停二止之一
383	可レ停二止凡下輩騎馬事一	○雑色、舎人、牛飼、力者、問注所・政所下部、侍所小舎人以下道々商工人等	鎌倉中騎馬一切停二止之一

注　女房、雑仕女に関する規定は除いた。

別事項では絹裏狩衣の禁制や猿楽田楽の風流停止、追加三百八十三条における騎馬禁止など共通する項目が少なくない。幕府が公家法における凡下・庶人に対する差別に強い影響を受けていたことは疑いないといえる。しかし、単純な模倣ではなかったことは「大口」に関する禁制から明白である。寛喜三年令・弘長三年令でともに「凡下」に禁じられた大口について（表7参照）、幕府は「上下諸人」に対し「大口可レ止二美絹一」としたにすぎない。公家法における侍・凡下の差別の枠組を基本的に継承しながらも、個々の条項について幕府は独自の改変を加えていたことになる。

　幕府法の服飾規定における身分規定の特質は、右の弘長新制の二法令を継承・改訂した弘安七年（一二八四）十月二十二日新制の第一条からより明確なものになる。「倹約事」と題された追加五百六十三条の条文は次の通りである。

元三狩衣可レ用二一具一。五位以上狩衣可レ用レ縠。止レ単可レ為二帷浅黄并地白一。直垂、帷不レ可レ入レ紺。児、女房裳、止二精好一可レ用二麁品一。同衣小袖浮線料、綾立文、格子以下懸織綾止レ之、可レ用二筋并染綾練貫等一也。但凡下輩者、不レ可レ許レ之。上童美女止二重袙一、可レ為二薄袙一。力者装束、止二浄衣一可レ為二直衣一。凡下輩、烏帽子懸足袋、可レ止レ之。

この条項は特定の公家新制を前提とするものではなく、幕府が独自に定めた服飾規定である。ここでは、五位以上のみに対し「縠」の狩衣への使用を認める差別もあるが、基本的には凡下に対する差別に力点が置かれていることはいうまでもない。凡下は、狩衣・直垂・帷・衣・小袖などに綾を使用すること(28)、「烏帽子懸足袋」の着用を禁じられているが、かかる規定は無論公家法にはなく幕府法独自のものだったのである。

以上、公家法と密接な関係にある服飾規定についても、幕府法は公家法における二つの主要な身分上の区分、五・六位（大夫と侍）、凡下以下のうち、後者の区分を取り入れたこと。しかしその差別規定は単なる模倣でなく、幕府独自に規定したものであったことを指摘した。

三　侍の位置づけ――むすびにかえて――

以上、公家法・幕府法における刑罰・服飾規定について、その身分規定の特色を探ってきたが、公家法には五・六位の区分、官位の有無による区分の二者が存したのに対し、幕府法は後者の枠組のみを継承し、条文に関しては独自に制定していたことを論じてきたのである。最後に、かかる身分規定の相違が生じた背景について論じることにするが、紙幅・準備の関係でごく簡単な展望を述べて、結びにかえたい。

両者を比較してただちに指摘される最大の相違点は六位すなわち侍が、公家法においては被差別身分に、逆に幕府法においては特権身分に位置づけられていたことに他ならない。そこでまず公家社会における六位（侍）の役割から検討してみよう。

律令官人制の実態について検討した虎尾達哉氏は、五位以上の官人層では位階の秩序が優先され「マヘツギミ」集団として一体化した階層であったのに対し、六位以下の官人層では逆に官職が位階の秩序に優先していたとされ、律令の規定からは窺知できない官人社会の階層の区分とその秩序の相違を明らかにしたのである。(29)このことは、五位以上が「マヘツギミ」すなわち天皇の御前に候ずる側近の立場にあったのに対し、六位以下の官人はその下にあって諸官司の実務を担当する立場にあったことを意味する。また、六位以下の位階が奏授であるのに対して、五位以上が勅授であることも右の立場を裏づけるといえよう。こうしたことが刑罰に際して五位以上に対し「録〻名奏聞」、六位以下に所部官司見決という区別を生じる原因となったと考えられる。(30)

以上のような五・六位の立場の相違は、平安中後期に成立する貴族の家産機構にも継承されているのである。上流貴族の家産機構を例にとるならば、四・五位からなる諸大夫層は、政所・侍所などの家政機関の別当である家司・職事の地位にあって、各機関の六位以下の下級職員を統率、監督するとともに、(31)主君の側近として伺候して家政全般について合議・運営にあたり、さらに主君に対する申次、主命による使者、書状の発受給、行事の執行、そして役送・陪膳といった様々な奉仕(32)をしていた。一方、六位以下の諸官人は、政所においては下家司、侍所では所司・侍などとして、各家政機関の機能の実務――下家司は政所における文書そのものの執筆・作成、先例の調査、荘園への下向、(33)侍は警備、清掃、催促といった役割(34)――を担っていたのである。

かかる、五位以上による監督、六位以下による実務という分掌関係は、平安後期の院・宮、あるいは蔵人所や検非違使庁といった主要諸官司などにも共通するものであった。[35]したがって貴族社会においては、摂関時代や院政期に激しい家格秩序の変動を経過したとはいえ、律令制下の五・六位の区分、立場の相違は諸大夫と侍品にほぼ同様の形態で継承されたのであり、差別の基本構造は変化することがなかったのである。ここに、格式・新制・庁例と平安・鎌倉時代の諸々の公家法においてつねに六位以下、侍品に対する差別規定が制定されていた要因が存する。そして侍品の官人が、その職務上凡下と接し、共に行動したり、あるいは検非違使の六位以下の官人に代表されるように、穢・不浄との接触を余儀なくされたことも、彼らに対する差別の強化や、凡下との一体視を生じる背景になったものと考えられる。

こうしてみると、鎌倉幕府法が侍を特権身分として、換言すれば明白な支配身分として位置づけたことは、画期的な意味をもつといえよう。もちろん、幕府においても、公卿・諸大夫・侍間の差別は存し、支配階層内部の身分統制に用いられはしたが、[36]それはごく限定された問題にすぎず、幕府法の規定としては先述した服飾規定を除いてほとんど表出することはない。いうまでもなく、幕府の支配階層である御家人の多くが、そして主要機関たる侍所別当となる和田義盛のごとき有力者も含めて、侍品に属していたことが、こうした身分規定の原因であった。同時に彼らが支配対象とした凡下が、法の表面に姿を現す点も、公家法との相違点といえる。法のあり方に限っていうならば、公家法が、諸大夫以上（および公卿以上）、侍品、凡下以下と階層面では三（四）大別されたのに対し、幕府法は侍・凡下の二層構成に変化したことになる。

さて、本章では公家法——法書・庁例・新制の身分規定と対比することによって、幕府法における侍・凡下の区分の独自性を強調してきた。しかし、当時の身分制を全面的に論じるには国衙法・本所法の検討も不可欠であろう。また、南北朝以降における身分規定の変化の解明も、鎌倉期の身分規定の意義を理解するためには必要である。こうした点を今後の課題として提起しつつ擱筆したい。

注

(1) 田中稔「侍・凡下考」(同『鎌倉幕府御家人制度の研究』吉川弘文館、一九九一年、初出一九七六年)。
(2) 平安後期・鎌倉初期を中心とする貴族社会における侍の実態については、中原俊章「「侍」考」(『ヒストリア』八三、一九七九年)、同『中世公家と地下官人』(吉川弘文館、一九八七年)によって詳細に解明されている。
(3) 田中注(1)前掲論文。
(4) 棚橋光男「法書『法曹至要抄』」(同『中世成立期の法と国家』塙書房、一九八三年、初出一九七九年)。
(5) 官位の上下による特権の差違については、さしあたり竹内理三「律令官位制に於ける階級性」(『竹内理三著作集　第四巻　律令制と貴族』角川書店、二〇〇〇年)によって概要を把握することができる。
(6) 『類聚三代格』巻七　郡司事。
(7) 六位以下を差別した主な禁制事項は次のようなものがある。焼尾・荒鎮、群飲など(天平宝字二年〈七五八〉二月二十日、貞観八年〈八六六〉正月二十三日)、双六(天平勝宝六年〈七五四〉十月十四日)、京中街路祭祀(宝亀十一年〈七八〇〉十二月十四日)、両京畿内夜祭・歌儛(延暦十七年〈七九八〉十月四日)、寺・王臣・百姓による山野・藪沢・浜島の占拠(延暦十七年十二月八日)、病人遺棄(弘仁四年〈八一三〉六月一日)、貢蘇違期(弘仁六年十一月十三日)、鷹鷂飼育(宝亀四年〈七七三〉正月十六日、大同四年〈八〇九〉九月二十三日)、禁野・社域などでの狩猟(貞観二年十月二十一日、同五年三月十五日、元慶八年〈八八四〉七月二十九日)、六斎日殺生(貞観四年十二月十一日)等々。
(8) 義江彰夫「摂関院政期朝廷の刑罰裁定体系―勅裁と使庁裁―」(永原慶二・稲垣泰彦・山口啓二編『中世・近世の国家と社会』東京大学出版会、一九八六年)。
(9) 『小右記』長徳二年五月二日条。
(10) 『兵範記』保元元年七月二十一日条。
(11) 『保元物語』中、「謀叛人各召し捕らるる事」。
(12) これ以後、とくに平氏の全盛期を中心に僧(『百練抄』安元二年二月二十日条)、有官位者(『山槐記』治承三年十二月二日条、『玉葉』治承四年六月十五日条など)に対する拷訊が目立つが、こうした事態も単に武士たる平氏の慣習とのみ考えることは不可能で、如上の傾向との関連を前提として理解すべきである。
(13) 義江注(8)前掲論文三五～三七頁。

(14)『中右記』永久二年六月三十日条。

(15)義江彰夫「院政期の没官と過料―中世財産刑形成前史―」(土田直鎮先生還暦記念会編『奈良平安時代史論集　下巻』吉川弘文館、一九八四年)。

(16)天長九年(八三二)七月九日太政官符(『類聚三代格』)によれば、弘仁十一年十一月二十五日に雑色人贖物徴収権限が刑部省より移されたが、天長九年に至って使庁の繁忙を理由に本貫徴納に変更となっている。

(17)『中右記』元永元年六月十四日条(前遠江守源基俊および郎従ら)、『本朝世紀』久安三年八月五日条(中務大輔平清盛)などの例。

(18)笠松宏至「中世の法典」(同『日本中世法史論』東京大学出版会、一九七九年)二九～三〇頁。

(19)水戸部正男『公家新制の研究』(創文社、一九六一年)。

(20)田中注(1)前掲論文。

(21)なお「卑位凡庶之人、不レ量二涯分一、恣以乗用」の部分は、寛平七年八月十日の宣旨の引用である。

(22)建久二年三月に発せられた二つの新制の意義や背景については、水戸部氏の研究以後、佐々木文昭「平安時代末・鎌倉時代初期の公家新制」(同『中世公武新制の研究』吉川弘文館、二〇〇八年、初出一九七九年)、棚橋光男「院権力論」(同注(4)前掲書)などによって詳細な分析が加えられているが、身分規定については棚橋論文二五六～二六〇頁において、建久二年三月二十八日令第十一条を素材に公家社会における身分秩序統制の一般的な意義づけがなされているにとどまる。

(23)『職原抄』下。

(24)詳細については中原注(2)前掲書参照。

(25)寛喜三年令以前の新制において、五・六位間の差別が規定されていた諸条項について弘長三年令では言及がなく、また⑫文永十年では「奴袴」「乗車」といった伝統的な差別が復活しているため、単純に五・六位間の差別が撤廃、改定されたと考えることはできない。なお、この弘長三年令では、寛喜令にもあった殿上侍臣以下に対する織物・生等の禁制を継承したほか、第十七条で地下の大夫の八省輔、四位昇叙を、また第十八条では同じく地下大夫層の者が蔵人を経ずに叙爵することを禁ずるなど、殿上と地下を峻別する傾向が看取される。しかし、文永十年令の簡略な規定を除いて以後の新制では服飾規定は省略され、身分上の区分も明記されなくなってゆく。

(26)水戸部注(19)前掲書二七五～二七七頁。

(27) 建長五年七月十二日新制の残存条文などの分析については水戸部注(19)前掲書参照。また建長令と寛喜三年令の間には延応二年(一二四〇)三月十二日新制もあり、精細な服飾規定も存したごとくである(水戸部注(19)前掲書)。
(28) この条文の文意は不明確な点もあるが、以上の解釈は田中注(1)前掲論文に従った。
(29) 虎尾達哉「律令官人社会における二つの秩序」(同『律令官人社会の研究』塙書房、二〇〇六年、初出一九八四年)。
(30) 義江注(8)前掲論文。
(31) 拙稿「摂関家家政機関の拡充」(同『院政期政治史研究』思文閣出版、一九九六年)。
(32) 石田祐一「諸大夫と摂関家」(『日本歴史』三九二、一九八一年)。
(33) 下家司の実態、役割については中原注(2)前掲書、拙稿注(31)前掲論文参照。
(34) 侍の実態、役割については中原注(2)前掲論文・前掲書、拙稿「平安後期の侍所について―摂関家を中心に―」(本書付章)参照。
(35) 平安後期の諸官司・機関における六位以下の官人層(地下官人)の活動、実態については、中原注(2)前掲書に詳しい。
(36) 青山幹哉「王朝官職からみる鎌倉幕府の秩序」(『年報中世史研究』一〇、一九八五年)に、御家人と官職の関係についての詳細な分析がある。

第三部　受領と院近臣

第一章　院政期信濃守と武士

はじめに

右大臣藤原兼実の日記『玉葉』の承安二年（一一七二）閏十二月七日条によると、その夜の小除目において近江守藤原実範（実教）は、「殊寵」のあまり、「熟国」に転ずることになった。彼の転出先と噂されたのは、前太政大臣忠雅が知行する信濃、もしくは皇后宮権大夫藤原朝方が知行する出雲であったという。はたして実教は信濃守に就任したのである（『公卿補任』文治四年〈一一八八〉実教項尻付）。この記述は、当時の信濃が院の殊寵を受けた近臣の任国と見なされ、近江を凌ぐ格式の国として、知行国主・受領から垂涎の国となっていたことを物語る。

院政期の官職制度の実態について記した『官職秘抄』によると、院政期に「四位上﨟」の任国、すなわち三位以上がありえない受領の中で、四位の最上位者が補任される国、言い換えれば受領の最高峰にあったのは、播磨と伊予であった。そして「卜食国」、すなわち大嘗会における悠紀・主基国となる近江・丹波・備中は受領に「其人」を選ぶ国となっていた。白河・鳥羽院政期において、これらの国々の守には院近臣の有力者が補任され、大きな儀式を担当する富裕な国、すなわち熟国として、格式の高さを誇っていたのである(1)。

鳥羽院政期末期以降、知行国制度が一般化したために、こうした受領の格式はあまり顧みられることはなくなるが、国自体の格式が変化したか否かは不明確であった。しかし、兼実が記したように、信濃は熟国として近江を凌ぐ格式を有していたことになる。信濃がこうした高い位置を得たのはいつごろであろうか。歴代の受領を検討しながら、信濃の格式について検討することにしたい。

また、院政期の信濃にも多数の武士が成立し、多くの荘園・公領を開発していった。彼らは保元の乱に参戦したり、源義仲の挙兵に従ったりするなど、政治的にも重要な役割を果たすことにもなる。受領のあり方と、武士の動向とは決して無関係ではない。本章では、院政期における信濃受領・知行国主の動向と、信濃に関係する武士との関連についてもふれることにしたい。

一　信濃の受領と知行国主

1　信濃守の変遷

歴代信濃守について、菊池紳一・宮崎康充氏編「国司一覧」[2]などを参照しながら検討を加えることにしたい。『延喜式』によると、近江が「大国」とされたのに対し、信濃はそれより下位の「上国」に位置づけられていた。また、参議が権守を兼任する国は富裕と見なされるが[3]、近江はその中に含まれ、信濃は入っていない。ちなみに、参議が権守となったのは、近江・越前・丹波・播磨・美作・備前・備中・備後・周防・伊予・讃岐といった西国の諸国であった（『官職秘抄』）。このように、『延喜式』の時代から、院政期に至るまで信濃は近江より格下の扱いであったことになる。

摂関時代における信濃守には、『今昔物語集』（巻二十八―三十八）において強欲な受領の典型とされた藤原陳忠や、大和源氏の祖で「殺人の上手」などと揶揄された（『御堂関白記』寛仁元年〈一〇一七〉三月十一日条）源頼親、白河院政の初期に活躍した美濃源氏の祖源国房らの武将が任命されている。このように、個性的な人物が散見するが、のちに公卿に昇進した受領はなく、また大国の受領を歴任するような大物が任じられることもなかった。

さて、白河院が院政を本格化させ、専制権力を振るうようになるのは、嘉承二年（一一〇七）に堀河天皇が死去して、わずか五歳の鳥羽天皇が即位してからのことである。(4) 以後、多くの院近臣が諸国の受領に就任することになる。翌年正月二十四日の除目は、出雲国で源義親を追討した平正盛が但馬守に補任されたことで知られるが、この時には院近臣が十五ヵ国中七ヵ国もの受領に就任し、しかもその多くが熟国であったと保守派の権中納言藤原宗忠を嘆かせた（『中右記』）。

ここで信濃守に補任されたのは、白河院蔵人一﨟の大江広房である。彼は橘以綱の子であったが、大江匡房の養子となり、文章得業生を経て受領に昇進した文人でもあった。しかし、前蔵人頭源道時の受領申請を退け、強引に信濃守に補任されており、これについて宗忠は、蔵人頭の申請を拒んで院蔵人を補任するとは「会釈なきこと」と憤懣を記している。もっとも、広房は院蔵人であるから、信濃は受領の初任地ということになり、信濃はとうてい格式の高い「熟国」とは見なされていなかったと考えられる。

その後、天永三年（一一一二）正月二十七日には、藤原北家長良流の藤原惟明が式部の巡で就任し（『中右記』）、ついで永久四年（一一一六）正月三十日には桓武平氏の武将で、検非違使を務めた平盛基が就任する。この両者も、ともに初の受領就任であり、信濃に対する低い評価が継続していたことになる。

盛基は伊勢平氏の祖維衡の曽孫にあたり、父は駿河守維盛である。維盛は、延久元年（一〇六九）に三千騎と多数の歩兵を率いて大和河俣山の強盗を追捕した（『大神宮諸雑事記』）実力者であった。彼も父と同じ駿河守への任官を申請していたから、信濃は彼の意に反した任国ということになる（『除目大成抄』）。また広房と異なり、惟明と盛基の両者には白河院との密接な関係はなく、白河院が信濃を院近臣の任国として、特別に重視することもなかったと考えられる。

ちなみに、のちに信濃と評価が逆転する近江では、摂関時代から大物受領が相次いでいる。白河院政の下でも、播磨守時代に法勝寺を造営した白河院の寵臣高階為家、藤原頼通の子でありながら橘俊遠の養子となって大国受領を歴任した俊綱、藤原隆時らの大物受領、さらに平時範・藤原顕隆など、実務官僚として活躍し公卿に昇進する者が相次いでおり、格式の高さを明示している。

また、冒頭の『玉葉』の記事で、信濃と並んで「熟国」とされた出雲は、白河院の下で有力な院近臣である藤原北家末茂流の家保、「夜の関白」と称された藤原顕隆の子顕頼ら、大物が相次いで補任されており、このころからかなりの格式を有していたことがわかる。

2　院近臣と信濃守

やがて、信濃守に院近臣が連続して補任されるようになる。その嚆矢となったのが、保安元年（一一二〇）正月二十八日に補任された源重時である。『中右記』同日条には、彼について「大夫尉、使四」と注記されているので、検非違使の四臈から補任されたことがわかるから、破格の抜擢といえる。

重時は、武門源氏満政流の武将で、父は承暦三年（一〇七九）に源義家の追討を受けたこともある重宗である。『尊卑分脈』によると、重時は兄重実とともに鳥羽院の「四天王」と称される側近の武士であったという。むろん、元来は白河院の北面であり、天永四年（一一一三）四月には、上洛して延暦寺と合戦を企てた興福寺悪僧を防御するために、平正盛・忠盛父子らと宇治に派遣され、合戦の末に撃退している（『中右記』天永四年四月二十九日条）。また、それより先の天仁二年（一一〇九）二月には、義家の後継者義忠の暗殺事件に際し、事件の嫌疑人となった兄重実の容疑を晴らそうとしたのか、検非違使として源義綱の男義明を追捕して、義明とその郎従藤原季方を自殺に追い込むという一幕もあった（『百練抄』天仁二年二月十六日条）。武士として、相当の力量を有していたことがわかる。

大治二年（一一二七）十二月、重時は相模守に移り、代わって元相模守の藤原盛重が信濃守に就任している。すなわち、この両者は任国を相博（交換）したことになる。盛重はすでに永久元年（一一一三）に石見守に任じられており、信濃は三番目の任国である。したがって、久しぶりに信濃を初任としない受領が就任したことになり、若干の格式の上昇が窺知される。また、連続して北面が受領に就任したということは、信濃が院にも注目される国となったことをも意味する。

この盛重は、周防国の住人であったが、東大寺の稚児となった際に白河院の目にとまり、白河院の寵童となった。そして元服後に近習となり、北面に加わったとされる（『尊卑分脈』）。すなわち、院の寵童から北面に抜擢されたことになる。とはいえ、犯人の追捕といった武的な活動も見られるほか、天永四年四月には、先述したように重時らが興福寺防御に出撃した際には、延暦寺悪僧の防御のために坂本に派遣されたこともあり（『中右記』天永四年四月二十九日条）、本格的な軍事活動にも従事していた。

このように、白河院政後期の信濃守に白河院側近の武将が相次いだことで、強引な院領荘園の拡大などが行われ、信濃に白河院の影響が強く及んだものと考えられる。

白河院が大治四年に死去し鳥羽院政が始まったあとも、院近臣の補任が続くが、その性格には変化がみられる。長承元年（一一三二）十二月二十五日、盛重の肥後守遷任後には、藤原親隆が上総介から転じている。彼は実務官僚として白河院に仕えた藤原為房の七男で、幼くして父を失ったため兄重隆の養子となったが、その兄も早世してしまった。こうしたことが影響したのか、彼は為房流としては珍しく弁官・蔵人頭などに就任することもなく、信濃守のあとも尾張・伊予守と大国受領を歴任して非参議従三位に叙して公卿に昇進するという、大国受領系院近臣としての昇進を遂げている（『公卿補任』保元三年〈一一五八〉親隆項尻付）。二番目の任国とはいえ、信濃も大物受領が国守に任じられるようになったのである。(5)

親隆は在任中の長承四年に待賢門院の御給で正五位下に昇進し、保延五年（一一三九）五月に左衛門権佐に転じている（『公卿補任』同前）。代わって、親隆の二歳年長の同母兄朝隆が信濃守に就任している。就任は弟に遅れたが、信濃守在任当時、朝隆は右少弁を兼ねており、さらに鳥羽院の院庁別当の地位にもあった。四・五位の別当は院近臣の中心であり、下北面にすぎない重時・盛重等とは政治的地位が大きく異なる。

朝隆は弁官を歴任し右大弁・蔵人頭を経て参議に到達するという実務官僚系統の昇進経路をたどっている。信濃守就任で弟に遅れたのは、弁官の任務を主としていたためであろう。朝隆は康治二年（一一四三）、息子朝方の淡路守任命と引き換えに信濃守を辞任しているが、この間に従四位上に昇進し、権右中弁を兼任するに至った（『公卿補任』仁平三年〈一一五三〉朝隆項尻付）。ちなみに、院政期の信濃守で、公卿に昇ったのは朝隆・親隆の両名のみである。

なお、鳥羽院の院庁で四・五位の別当にあった受領たちの任国は、播磨・伊予・美作・土佐・備中・武蔵といった名だたる熟国ばかりで[6]、信濃もこれらに加わったものと考えられる。初任の受領ばかりが連続した時代と大きく異なり、信濃は熟国の一つとして、高い格式を獲得したのである。おそらく、院近臣が連続して受領を務める中で、公領や王家領をはじめとする多くの荘園が開発され、信濃は富裕な国に発展していったものと考えられる。

3　知行国の時代

朝隆が任を去ったあとは元淡路守であった藤原賢行が就任する。朝隆の男朝方が後任の淡路守となっているだけに、両者が何らかの関係を有した可能性もあるが、残念ながら賢行の出自や詳しい経歴などは不明確である。おそらくは、知行国主となった公卿の息子・家司などであったと考えられる。このころから知行国が一般化したため、知行国主の意向によってその縁者が受領に補任されることになり、位階の低い者でも熟国の受領に就任できるようになった。この結果、播磨・伊予を頂点とする受領の格式は崩れるようになったのである[7]。

ついで久安四年（一一四八）から保元二年（一一五七）までは、藤原伊実の長男清通が二期にわたって受領を務めた（『公卿補任』養和元年〈一一八一〉清通項尻付）。清通は就任時にまだ七歳であり、当然知行国主の下の名国司と考えられるが、彼の父伊実は久安五年にようやく参議となったにすぎず、知行国主とは考えがたい。平治の乱後、清通の祖父伊通が知行国主に就任したことから考えて、この時に権大納言の地位にあった彼が知行したのではないだろうか。なお、伊通の妹宗子は摂政藤原忠通の北政所となっていたから、忠通が知行した可能性も否定できない。いずれにしても、保元の乱当時の信濃は、後白河天皇方の知行国主が支配していたことになる。

その後、世系不明の藤原顕賢を経て、保元三年十一月十六日には、藤原高尹が就任している（『兵範記』）。高尹は、かの信西の息子で、『愚管抄』（巻第五「二条」）において義朝から「ムコニトラン」と申し込まれたとされる是憲その人である。したがって、当時事実上朝廷の政治主導権を握っていた信西が、信濃を知行国としたものと考えられる。信西も信濃の富裕さに目を付けたのであろうが、後述するように政治的な意味合いもあったとみられる。

信西の滅亡後の永暦元年（一一六〇）正月には、当時六歳の藤原伊輔が受領に就任している。彼は伊実の子、清通の弟で、この補任は「祖父左大臣給」とあるから、先述のように藤原伊通が知行国主に就任したと考えられる（『公卿補任』建久九年〈一一九八〉伊輔項尻付）。伊通は、二条天皇に教訓書『大槐秘抄』を献じたことで知られる天皇の側近で、同じ永暦元年八月に太政大臣に昇進した有力者であった。

伊輔は長寛元年（一一六三）に重任を認められるが、彼の任終については『公卿補任』にも記述がない。同三年二月に伊通が死去し、彼の息子たちも父に先立っていただけに、一族に知行を継続できる者はなく、伊輔の立場がどのようになったのかは不明確である（以上『公卿補任』同前）。

その後、仁安三年（一一六八）正月十一日に藤原隆雅が信濃守に就任する（『山槐記』除目部類、『兵範記』）。知行国主は、その父で花山院家の祖として知られる内大臣藤原忠雅であった。彼は摂政師実の曽孫で、父忠宗は早世したが、忠雅は鳥羽・後白河院に近侍したほか、平清盛とも姻戚関係を結んで昇進を重ね、同年八月には太政大臣に任じられている。忠雅の知行が、冒頭に記した実教の就任まで継続することになる。このように、不明の時期もあるが、信濃は一貫して有力者の知行が継続していたことがわかる。

さて、信濃の格式が大きく変化したのは、白河院政期末期に院近臣が連続して受領に就任した時期となる。その当時、信濃でも武士が登場し、開発が進んだものと考えられる。以下、院政期の信濃の武士について、受領の動向と関連させながら検討する。

二　信濃国と武士

1　保元の乱と義朝配下の信濃武士

保元元年（一一五六）に勃発し、武者の世の到来を招いたとされる保元の乱に際し、信濃の武士も多数、京の戦場に動員されている。『保元物語』（上「主上三条殿ニ行幸ノ事付官軍勢汰ヘノ事」）によると、後白河天皇側の主力となった源義朝のもとに、信濃国から「舞田近藤武者、桑原ノ安藤二・安藤三、木曽中太・弥中太、下根ノ井ノ太野太、根津ノ新平、熊坂ノ四郎、志津摩ノ太郎、同小次郎」の十名が参戦したという。この人数は、武蔵国に次ぐものであったことが指摘されている。(8)

むろん、軍記物語という史料的な限界もあり、すべてを真実とは見なしがたい。また事実を反映したとしても、それぞれ「介八郎広経（常）」、「千葉介常胤」の名前のみが挙がっている上総・下総両国のように、豪族的な武士のもとに多数の武士が統率されていた可能性もあるだけに、単純に名前の多寡が人数に比例するわけではない。しかし、後述するように、保元の乱以前に義朝と信濃の関係が希薄であったことを考えると、多くの名前が挙がっていることは注目に値する。

確実な史料で、義朝と信濃の関係を示す出来事が一件だけ存している。久寿二年（一一五五）十月、義朝の弟頼賢が信濃に下向した際に院領荘園を侵害したことから、義朝による追討が計画されるに至った。この事件の発端は、頼賢の兄で養父となっていた義賢が、武蔵国大蔵館で義朝の長男義平に討たれたことにある。頼賢はその仇を報じようと信濃に下向したのである（『台記』久寿二年十月十二日条）。

事件は深刻な河内源氏の内訌を物語るとともに、義朝が後白河の、義賢が藤原頼長のそれぞれ腹心であったことから、背景には保元の乱につながる政界の分裂が介在したものと考えられている(9)。しかし、頼賢は保元の乱にも参戦しているし、義朝が下向したとする記録も見られないため、追討が実行されたか否かは不明確である。かりに義朝の下向が実現したとしても、一度限りの下向で多くの信濃の武士を主従関係に組織できたとは考えがたい。若いころから鎌倉に拠点を置き、私合戦を繰り返したり、三浦・波多野氏らと姻戚関係を結んだりした南関東諸国と異なり、義朝と信濃との接点は乏しいものにすぎない。その信濃から、義朝が多くの武士を動員できたのは何故であろうか。

ここで想起されるのは、保元の乱に際し義朝配下として最も多くの武士の名が見える武蔵の場合である。先述した義平による義賢討伐は、ともに後白河天皇の側近であった武蔵守藤原信頼と義朝との連携によって行われたとみられる(10)。また、平治の乱に至る両者の強い政治的結合についてはいうまでもないだろう。その武蔵から多数の武士が動員されたことは、義朝と受領信頼との緊密な連携の結果と考えられる(11)。したがって、信濃の場合も、先述のように頼長と激しく敵対する忠通、もしくは彼の義兄伊通が知行していたことから、義朝を支援する武士が国衙を通して多数動員されたとみることができる。

むろん忠通らの知行国は他にも存するが、信濃からとくに多くの武士が動員された理由が問題となる。国内に多くの精強な武士が存在したという一般的な事情もあったと考えられるが、同時に後述するように崇徳上皇・藤原頼長らと結ぶ勢力が国内に存在しており、彼らが崇徳側に参戦したために、その討伐を目指したことも関係したのではないだろうか。先にも述べたように、頼長の家人でもある頼賢が下向し、院領荘園を攻撃できたのも、支持する勢力が存在したためと考えられる。次に崇徳上皇方に参戦した信濃の武士についてふれることにしたい。

2　崇徳方の信濃武士

信濃の武士は、劣勢が予想された崇徳上皇側にも参入している。崇徳上皇のもとに、まず馳せ参じたのが平家弘・康弘・盛弘・時弘、判官代時盛、蔵人長盛、そして源為国であった（『兵範記』保元元年〈一一五六〉七月十日条）。このうち、時弘は家弘の弟、康弘は家弘の子、盛弘は確認できないが、家弘の一族とみられる。後述するように、家弘の一族と源為国は信濃と関係を有する武士であった。

ついで参入したのは、崇徳の懇切な説得を受けた河内源氏の棟梁源為義で、先述のように信濃に下向した頼賢や、鎮西八郎為朝以下の息子たちも同道した。そして宇治から参入する左大臣藤原頼長とともに、伊勢平氏の平忠正、多田源氏の源頼憲らが合流することになる（『兵範記』同日条）。

頼長とともに参入した二人は、もちろん頼長の側近であったし、源為義の一族もやはり摂関家家人として、頼長や、その父忠実に仕えてきた存在である。彼らはいずれも著名な軍事貴族の一族で、精強な武士団を率いており、崇徳・頼長陣営の中心的な武力となる。これに対し、当初から崇徳のもとに駆けつけた家弘をはじめとする武士たちは、まさに崇徳の側近といえる存在であった。

このうち時盛・長盛の二人は忠正の子供であり、彼らが崇徳に仕えた背景には、崇徳と頼長との政治的連携があったとみられる。したがって、摂関家の家人としてではなく、崇徳側近として参入したのは家弘の一族と源為国ということになる。崇徳側近の二人が、信濃と深い関係を有していたのである。

周知の通り、合戦は義朝らが加わった後白河側の圧勝となった。敗北した家弘・康弘・盛弘・時弘らは、乱後の七月三十日に処刑の運命をたどる（『兵範記』）が、その父である正弘も陸奥に配流され、あわせて所領を没官されている（『兵範記』保元二年〈一一五七〉三月二十九日条）。正弘の所領には、伊勢における四ヵ所の御厨、越後の一ヵ所のほか、信濃の四ヵ所が含まれていた。すなわち、麻続御厨、公卿領三ヵ所、高田郷・市村郷・野原郷である。

もう一人の崇徳側の武士源為国は、河内源氏の頼清流である。[12]頼清は父頼信から蔵人として関白藤原頼通に推挙されたという逸話をもつ（『古事談』）文官的な武士で、頼通の侍所別当を務めたのち、兄頼義に先んじて安芸・陸奥・肥後の受領を歴任している。その息子たちも白河院に仕えるが、寛治八年（一〇九四）八月、頼清の孫三河守惟清が白河院を呪詛したことから、惟清はもとより弟たちや父仲宗も連座して配流され、この系統は政治的に失脚するに至った（『中右記』『百練抄』寛治八年八月十七日条）。

惟清の弟顕清が信濃に配流され、同地を拠点として村上氏の祖となる。そして、彼の子孫が一応京で活動することになるが、実子宗清は蔵人となるものの、仁平年間（一一五一〜五四）に横死したとされる（『尊卑分脈』）。このため、顕清の弟仲清の孫為国が養子として跡を継ぎ、崇徳院に仕えて判官代となったことから（『尊卑分脈』）、正弘の一族とともに保元の乱にも参戦することになる。やはり軍事貴族としての性格を帯びており、受領に組織された地方武士ではなかった。もっとも、保元の乱に関する『兵範記』以外に、確実な史料で彼の活動を確認することはできない。したがって、崇徳側に立った背景を解明することは困難である。

ただ、彼らは受領の命令で行動した地方武士と異なり、京に政治基盤を有する軍事貴族であったから、自身の政治的判断によって上洛し、崇徳方に参戦したのである。以下、その祖も含めて事績に関する史料が残る平正弘一族の動向について検討を加えることにしたい。

3　平正弘一族

平正弘一族は桓武平氏の傍流に属し、衛府・検非違使などに任じられて、京で活動していた武士団であった。典型的な京武者にあてはまる武士といえる。この一族が崇徳に近侍するに至った背景は、正弘が元永二年（一一一九）六月二十八日に皇太子であった顕仁親王、のちの崇徳天皇の侍に任じられた（『長秋記』）ことにあったと考えられる。

ちなみに、正弘と同時に侍となったのは、平盛康・盛時・盛兼・貞基という桓武平氏の一門である。このうち、保元の乱当時存命であった盛兼は鳥羽院北面の一人として、早くから鳥羽における院御所の警護を担当し（『兵範記』保元元年〈一一五六〉七月五日条）、その子信兼は後白河天皇側の武力として活躍している（『兵範記』保元元年七月十一日条）。彼らは藤原忠通に近侍しており、崇徳との関係は断絶したものと考えられる。したがって、顕仁の侍であったからといって、必ずしも崇徳と緊密な関係が継続されたわけではない。

これに対し、正弘の一族には、世代を超えた崇徳との関係が見られる。正弘の息子家弘は、久安六年（一一五〇）の興福寺強訴に際し崇徳の院御所を警護しており、父同様に緊密な関係を有したとみられる（『本朝世紀』久安六年八月五日条）。また子の康弘は、文官的な性格を帯びており、仁平四年（一一五四）に崇徳の推挙で文章生に及第している（『兵範記』仁平四年六月二十一日・二十四日条）。このように、正弘の一族は崇徳とは重代の主従関係にあり、それゆえに彼らは保元の乱に際し、崇徳のもとに駆けつけたのである。

その正弘が信濃に所領を展開した背景については、井原今朝男氏の研究[13]があり、正弘の叔父正家らが信濃守を勤仕して、所領を獲得した可能性にふれている。正家は『今昔物語集』（巻十三―三十八）にも、信濃に所領を有し、京と往復したとする記述があり、『尊卑分脈』にも「信濃守」の肩書が見える。しかし、確実な史料では在任を確認できない上に、『今昔物語集』でも正家は「左衛門大夫」と称されている。同書では、その人物の肩書として最終官職・

極官が示されることが多いことを考えると、正家は受領に就任していなかった可能性が高い。

彼が『後拾遺和歌集』に残した和歌には、「父の信濃なる女を住み侍りけるもとにつかはしける」という詞書がある。信濃を女性の名とする解釈もあるが、一般的に考えれば、父と信濃で同棲する女性がいたとみるべきであろう。また和歌に「信濃なる園原にこそあらねども我ははき木といまはたのまん」とあることから、正済が彼女を母として頼ったことが窺われる。したがって、正家の父正済がその室とともに信濃に居住していたことになる。

正済が信濃守となったか否かは不明だが、室を帯同したことから考えて、長期にわたって滞在し、信濃と深い関わりを有したことは疑いない。そうであれば、信濃に所領を開発したのは正済であり、彼が、御厨を構立し、伊勢神宮に寄進した可能性が高い。

また、この和歌は、継母となる女性を母と頼ったことを意味する。すなわち、『尊卑分脈』に長門守藤原信繁の娘と見える正家の母は、すでに死去したか離別され、正済は後妻を迎えたのである。同書によると、正家の弟貞弘の母は、かの河内源氏の武将源頼義の娘とされるが、彼女がこの後妻ではあるまいか。

前九年合戦を平定して高い武名をもつ頼義の娘との間に生まれた貞弘は、武人として重視されたものと考えられる。顕著な事績は確認できないが、長年検非違使を務めたのち、永長二年（一〇九七）正月五日に叙爵し（『中右記』）、その後、嘉承元年（一一〇六）に下野守に就任した（『魚魯愚抄』）ことが判明する。信濃との関係は不明確だが、正家を凌ぐ地位についたことに相違はない。したがって、父正済が集積した信濃の所領を多く継承したのは、この貞弘であったと考えられる。貞弘の子が、崇徳の側近となる正弘であった。正弘の信濃の所領は、祖父正済が集積したものとみるべきであろう。

4　正弘と維綱

先述のように、白河院政末期以降、鳥羽院政期にかけて信濃は院近臣の受領が連続し、この時期に多くの王家領荘園が成立したものと考えられる。こうした王家領の一つ、小河（小川）荘で平忠盛の家人維綱が関係する事件が勃発したことは有名である。維綱は、殺害された同荘の下司清原家兼の譲状等を用いて、荘務に介入しようと企図したが、預所増証は鳥羽院庁に提訴し、維綱の介入を禁ずる天養二年（一一四五）七月九日付の院庁下文（吉田れん氏旧蔵文書、『平安遺文』二五五八号）を獲得したのである。

維綱は伊勢平氏の傍流だが、忠盛の家人となっていた。保延元年（一一三五）、忠盛が瀬戸内海において海賊を追討した際、実際の戦闘を指揮・担当したのが維綱であったとみられ、(14)彼は追討後に右兵衛少尉に就任する軍事貴族であった（『中右記』保延元年八月二十一日条）。その彼が遠く信濃の事件に介入した背景には、当時忠盛が家人を院領荘園の荘官に送り込もうとしていたとする理解もあるが、(15)彼の活動基盤がもっぱら西国であったことを考えれば、地元の勢力と結んだ介入と考えるべきであろう。

井原今朝男氏(16)は、この時、家兼を殺害した仇敵池田宗里の本拠が平正弘の所領となる野原郷に含まれていることから、正弘の野原郷開発と連動した事件とする。また氏は、維綱の本拠とみられる伊勢国富津御厨を正弘が継承していることから、維綱は正弘と密接な関係にあったとし、このことを背景に小川荘に進出を図ったと推測しているが、妥当な見方といえよう。おそらく、正弘と結ぶ家兼の圧迫を受けた宗里が、逆に家兼を倒したために、正弘と連係する維綱が介入したものと考えられる。

ここで注目されるのは、維綱が平忠盛と正室藤原宗子（池禅尼）との間に生まれた家盛の乳母夫であったことである。家盛は、久安五年（一一四九）三月に早世していなければ、兄清盛に代わって平氏の家嫡の可能性もあったとされる人物で、(17)その乳母夫となったことは維綱と忠盛・宗子夫妻との深い関係を意味する。維綱は、まさに夫妻の腹心に他ならない。

一方、宗子は保延六年（一一四〇）に生誕した崇徳院の長子重仁親王の乳母であり、忠盛とともに重仁を養育・保護する立場にあった（『愚管抄』巻第五「安徳」）。重仁が即位すれば崇徳院政は確実であり、崇徳には掌中の珠ともいうべき皇子に他ならない。忠盛・宗子夫妻は、重仁を通して崇徳と密接な関係を有したことになる。ともに鳥羽院北面で崇徳院に近い忠盛・宗子と、正弘が接近するのも当然といえる。

正弘と維綱との関係は、伊勢の所領などを通して以前から存したと考えられるが、彼が信濃に進出した背景には、正弘と忠盛夫妻という崇徳側近相互の連携も関係したのではないだろうか。正弘は今をときめく忠盛やその武士団の武力・政治力を利用して、北信濃における勢力の拡大を図ったのであろう。そして、忠盛・宗子夫妻の腹心で正弘とも所縁のある維綱が、正弘の要請に応えて小川荘に介入しようとしたのである。

しかし、この企ては鳥羽院の反対にあい、失敗に終わった。維綱や忠盛一門の北信濃進出や、正弘一族の勢力拡大も、それ以上進展することはなかったのである。しかし、院近臣の中心の一人で、ともに崇徳の側近である忠盛・宗子との政治的関係を正弘が断ち切ることは考えがたい。保元の乱に際し、すでに忠盛は逝去していたが、宗子の子頼盛は崇徳側へ参戦するものと予想されていた(18)。真っ先に崇徳のもとに参入した家弘たちは、頼盛の参入を期待していたことであろう。正弘・家弘一族が最後まで崇徳に仕えた一因は、忠盛・宗子夫妻を通して崇徳院との関係が継続したことにもあったと考えられる。

さて先述のように、保元の乱で敗れた平正弘の一族の多くは処刑の運命をたどった。しかしその一族が根絶やしになったわけではない。井原氏も指摘するように(19)、延慶本『平家物語』『源平盛衰記』等には正弘の子惟俊、孫家俊の名が見え、彼らが在地領主として活動していたことがわかる。そして家俊は、城長茂の配下として横田河原合戦で義仲軍と衝突したことが記されているのである。

一方、崇徳陣営の武士の大半が処刑されたなかで、為国は罪名宣下の対象ともなっておらず（『兵範記』保元元年（一一五六〉七月二十七日条〉、処罰を免れたらしい。合戦の場に加わることもなくいち早く逃れたのであろうか。また、長男信国の母となった室が信西の娘であったという所伝（『尊卑分脈』）を信じるならば、そのことも処罰を免れた一因かもしれない。

信国は、やがて義仲とともに上洛するし、その弟基国は鎌倉幕府の御家人として活躍することになる。こうしてみると崇徳に仕えた勢力は、依然として信濃で命脈を保っていたことになる。

乱の二年後、先述のように信西の三男高尹（是憲）が信濃守に就任し、信濃は信西の支配下に置かれるが、この人事には信濃の富裕さを求めるとともに、崇徳関係者の動向を掌握しようとした信西の意図が込められていたのではないだろうか。

三　実教と信濃

1　実教の信濃守就任

最後に、冒頭で取り上げた藤原実教について、簡単にふれておくことにしたい。

藤原実教は、藤原家成の六男で、母は藤原経忠娘、すなわち、かの後白河院の寵臣藤原成親の同母弟であった。久安六年（一一五〇）に生誕したが、幼くして父を失ったため、姉の嫁ぎ先である閑院流の参議藤原公親の養子となった。公親は、藤原頼長の室幸子の弟ということで、頼長の養子となっていたが、保元の乱における頼長敗死の影響を受けることもなく参議に留まっている。しかし平治元年（一一五九）四月に朔日の旬政に欠席したとして解官され、その年七月十日に二十九歳の若さで没してしまった（『公卿補任』）。

実教は、保元元年（一一五六）に統子内親王（上西門院）の御給で叙爵したものの、養父を失ったことで昇進は滞り、従五位上に昇ったのは十二年後の仁安三年（一一六八）という有様であった。しかし、その年の十二月に近江守に就任すると、嘉応三年（一一七一）には右衛門佐、承安二年（一一七二）には左少将を兼任するに至った。そして、先述のように同年閏十二月に信濃守に遷任したのである。その後、彼は寿永二年（一一八三）四月まで信濃の受領の地位を占めることになる（『公卿補任』文治四年〈一一八八〉実教項尻付）。

父を失いながら急激に彼が昇進し、院の殊寵を受けた背景には、おそらく後白河院最大の寵臣でもある同母兄成親の存在が関係していたのであろう。成親は、永万元年（一一六五）に二条天皇が没し、後白河が政治の主導権を掌握するや、著しい躍進を遂げる。嘉応元年（一一六九）には延暦寺の強訴を受けて解官を経験するが、すぐに政界に復帰を遂げ、権中納言・検非違使別当という要職を占めていた。

そして承安二年七月に院御所三条殿を造営した際には、その勧賞として成親自身が従二位に叙されたほか、成親が知行する越後の受領平信業と、同じく知行国丹波の受領成経が重任を、さらに二ヵ国の遷任が認められている（『玉葉』承安二年七月二十一日条）。この時期に遷任を認められた成親の関係者の一人が、やや時期はずれるとはいえ、実教であることは相違ないと思われる。実教の信濃守就任には、成親の動きが関係していたことになり、成親と実教の政治的関係を裏づける出来事ということができる。(20)

近江における最大の荘園領主が延暦寺・日吉神社であることはいうまでもない。彼らの荘園の増大が受領による収奪を困難としたことが、国の格式が低下する原因となった可能性が高い。また先述したように、延暦寺は成親に対する大規模な強訴を行い、解官に追い込んでいる。このことも、実教が近江守の地位を去ることに関係したのではないだろうか。

信濃守就任後の実教については、儀式などへの参加は確認されるが、政治的には目立った動きを見せていない。周知の通り安元三年（一一七七）六月、実兄の成親は鹿ヶ谷事件の首謀者として平清盛に捕らえられ、惨殺されるに至った。しかし、五年前に成親の支援で信濃守に就任していた実教は、何ら処罰を受けることもなく立場は動揺していない。おそらく、政治的な野心をもたない実教は、事件以前に成親とは距離を置くようになっていたのであろう。また、後白河の殊寵を受けたにもかかわらず、院庁の別当などを務めることもなかった。こうしたことが関係したのか、治承三年（一一七九）十一月に清盛が後白河院を幽閉するとともに、四十名余りの院近臣を解官した際にも、実教は何ら処罰を受けていない。むろん、後白河院との関係が悪化したわけでもなく、文治四年（一一八八）以前に、後白河の寵姫高階栄子と、清盛に殺害された平業房との子で山科家の祖となる教成を養子に迎えている（『玉葉』文治四年二月三日条）。おそらく実教は、得意とする笛などの芸能を通して院に近侍したが、政治的な動きは示さなかったものと考えられる。

2　内乱と実教

このように、内乱期においても受領として実教が信濃を一貫して支配していたことになる。東国では、治承三年政変の結果、上総・相模で後白河の知行が否定され、以仁王挙兵の結果、伊豆の知行国主が源頼政から平時忠に移行した。こうした国々では、平氏の目代・家人が大きな権力を掌握し、従来の在庁官人に厳しい圧迫を加えるに至った[21]。このことが、大規模な反乱を惹起する要因となったのである。実教の受領が継続した信濃では、こうした矛盾はさほど大きなものではなかった。武士団相互の対立は内包されていたものの、義仲の挙兵までは比較的平穏であったと考えられる。

頼朝の挙兵には、伊豆・相模の知行国主交代で、彼自身も窮地に追い込まれ、平氏方の圧迫を受けた北条・三浦氏など、周囲の武士たちの動きから、否応なしに挙兵に追い込まれた面があった。これに対し、義仲には差し迫った脅威はなかったことになる。したがって、彼は頼朝の挙兵とそれに伴う反乱の広がりを見て、初めて挙兵に踏み切ることになったのである。

むすび

以上、信濃の受領と武士について、推測を重ねながら、縷々述べ来ったが、主要な論点をまとめると以下のようになる。

承安二年（一一七二）、後白河近臣藤原実教が信濃守に補任されるが、この背景には信濃が熟国と評価され、受領・知行国主垂涎の国となっていたことがあった。しかし、白河院政当初は、受領の初任地とされ、国としての評価は低いものであった。やがて、白河院政末期以降、院近臣の補任が相次ぎ、鳥羽院政期には藤原親隆・朝隆といった大物の院近臣が補任されるようになった。朝隆は大国受領が多数補任される院庁別当でもあり、信濃の格式が上昇したことになる。以後、有力者の知行が相次いだ。

国の格式の上昇の背景には、武士による開発の進行があった。信濃の武士は保元の乱に多数参戦するが、義朝の配下は後白河陣営の知行国主忠通もしくは伊通の動員による。対する崇徳陣営には、信濃に多くの所領を有する平正弘一族らが参戦した。この一族は、正弘の祖父正済の時に信濃に進出した可能性が高く、彼が獲得した所領が正弘に継承されたとみられる。小川荘に介入した平維綱と正弘は元来関係を有したとみられるが、正弘は維綱の主君平忠盛・藤原宗子夫妻とも、崇徳上皇との関係を通して提携があったと考えられる。

藤原実教は後白河側近、しかも成親の実弟であったが、平氏との対立に巻き込まれることはなく、寿永二年（一一八三）まで受領の地位を保持した。このため、信濃は知行国主交代による平氏家人の進出などはなく、義仲の挙兵までは比較的平穏であった。

ふりかえると、まさに屋上に屋を架す議論を重ねたにすぎず、忸怩たる思いを禁じえない。もしも信濃の地域史研究に多少なりとも役立つ点があれば、望外の幸せである。

注

（1）拙稿「院政期における大国受領―播磨守と伊予守―」（同『院政期政治史研究』思文閣出版、一九九六年、初出一九八六年）。

（2）菊池紳一・宮崎康充編「国司一覧」（『日本史総覧Ⅱ　古代二・中世一』新人物往来社、一九八四年）。

（3）土田直鎮「公卿補任を通じて見た諸国の格付け」（同『奈良平安時代史研究』吉川弘文館、一九九二年、初出一九七五年）。

（4）美川圭「公卿議定制から見る院政の成立」（同『院政の研究』臨川書店、一九九六年、初出一九八六年）。

（5）院近臣における実務官僚系統と大国受領系統については、拙稿「院の専制と近臣―信西の出現―」（同『院政期政治史研究』思文閣出版、一九九六年、初出一九九一年）。

（6）髙橋昌明『増補改訂　清盛以前―伊勢平氏の興隆―』（平凡社、二〇一一年、初出一九八四年）に鳥羽院庁の別当・判官代の一覧がある。

（7）拙稿注(1)前掲論文。

（8）村石正行「治承・寿永の内乱における木曽義仲・信濃武士と地域間ネットワーク」（『長野県立歴史館研究紀要』一六、二〇一〇年）。

（9）上横手雅敬「院政期の源氏」（御家人制研究会編『御家人制の研究』吉川弘文館、一九八一年）。

（10）木村茂光「武蔵国橘樹郡稲毛荘の成立と開発」（同『初期鎌倉政権の政治史』同成社、二〇一一年、初出一九九〇年）。拙著『河内源氏』（中央公論新社、二〇一一年）。

（11）『平治物語』によると、平治の乱における義朝の主力も武蔵の武士であったという（金澤正大「武蔵武士足立遠元」同『鎌倉幕府成立期の東国武士団』岩田書院、二〇一八年、初出二〇一三年）。

（12）頼清とその系統については、拙稿「頼義と頼清―河内源氏の分岐点―」（『立命館文学』六二四、二〇一二年）参照。

（13）井原今朝男「中世善光寺平の災害と開発―開発勢力としての伊勢平氏と越後平氏―」（『国立歴史民俗博物館研究報告』九六、二〇〇二年）。
(14) 高橋注(6)前掲書。
(15) 五味文彦「大庭御厨と「義朝濫行」の背景」（同『院政期社会の研究』山川出版社、一九八四年、初出一九七八年）。
(16) 井原注(13)前掲論文。
(17) 高橋注(6)前掲書、五味文彦『平清盛』（人物叢書、吉川弘文館、一九九九年）。
(18) 高橋注(6)前掲書。
(19) 井原注(13)前掲論文。
(20) 拙稿「藤原成親と平氏」（本書第三部第三章）。
(21) 相模・上総の情勢については、野口実『坂東武士団の成立と発展』第二〜四章（戎光祥出版、二〇一三年、初出一九八二年）、同「平家打倒に起ちあがった上総広常」（同『増補改訂　中世東国武士団の研究』戎光祥出版、二〇二〇年、初出一九九二年）参照。伊豆の情勢については、野口実「流人の周辺―源頼朝挙兵再考―」（同前掲『増補改訂　中世東国武士団の研究』初出一九八九年）参照。

第二章　伏見中納言師仲と平治の乱

はじめに

平治元年（一一五九）十二月九日、一群の兵馬が後白河の御所三条殿を襲撃した。彼らは警護に当たる北面ばかりか、逃げまどう女房たちの殺害さえも辞さなかった。のちに、「あさましきみだれ」（『今鏡』）とさえ忌まれた平治の乱の勃発である。

この襲撃において狙われたのは、時の朝廷において政務を主導し、後白河院・二条天皇の腹心となっていた信西とその息子たちであった『平治物語』によると、その首謀者は藤原信頼、そして彼に与同し襲撃の中心となったのは源義朝で、彼らの信西に対する個人的怨恨が事件の引き金になったとされる。しかし、事件を惹起したのは彼らだけではなかった。

信頼陣営には、後白河院の近臣はもちろん、二条天皇親政派も加わっていた。たとえば、院近臣藤原成親は大国受領系院近臣の中心末茂流、親政派の惟方は実務官僚系院近臣の中心為房流に属していたのである。道隆流の信頼も含め、いわば伝統的院近臣家の多くが参加していたことになる。したがって、平治の乱は信頼や義朝の私怨から惹起したものではなく、新興の院近臣信西一門の台頭によって圧迫を受け、危機感を抱いた伝統的な院近臣集団が結束して惹起したものと考えられる(1)。

その反信西派の一人に、本章で取り上げる伏見中納言こと、源師仲がいた。そのあだ名が示すように、彼は伏見に別荘を有したとされ、同地に所縁の人物である。乱の最後まで信頼と行動を共にしたが、信頼や義朝、あるいは鹿ヶ谷事件で惨殺される成親などの陰に隠れた感があり、正面から取り上げられたことがない公卿といえる。そこで、乱までの彼の事績や平治の乱における行動、またそれに関連して乱についての簡単な知見などにふれることにしたい。

一　公卿昇進

1　村上源氏俊房流

師仲は、白河院政期の永久四年（一一一六）に村上源氏の権中納言師時の三男（『公卿補任』）として生誕した。父師時は日記『長秋記』の記主として知られる有識の公卿で、権中納言に至った。左大臣俊房は祖父に当たる。母は伯父師忠の女、すなわち父の従姉妹で、待賢門院に女房として仕えた女性である。

なお、『尊卑分脈』には長男師清、次男師行、以下師基・師親・師季という五人の兄の名が見える。このうち後の三人は事績に乏しく、実在も確認しがたい。何らかの理由による錯簡か、あるいは夭折したり、母の身分が低く早く出家したりした可能性もある。三男と称されたのはこのためであろう。ともかく、兄弟の中で公卿に昇進したのは師仲のみであり、結果的に彼が嫡男となったといえよう。

彼が生まれる少し前の十二世紀初頭、村上源氏は左大臣俊房、内大臣雅実以下、公卿八人を擁して朝廷に大きな勢力を築いていた。ところが、永久元年、俊房の子である僧仁寛らが鳥羽天皇暗殺を企てたとされたこともあって、村上源氏、とくに俊房流の昇進は停滞することになり、勢力は衰退に向かうことになる。(2)

大治四年（一一二九）七月に白河院が死去し、鳥羽院政が開始されると、白河院政の政策を否定するかのような姿勢を示したことから、俊房流も一時的に復権する。俊房の子息で、長年参議に留められた師頼・師時兄弟は大治五年に権中納言に昇進、さらに師頼は翌年には権大納言、そして保延二年（一一三六）には大納言に転じている。この間の長承四年（一一三五）には師時・師俊が権中納言に並んでいたのである。

しかし、それも束の間であった。保延二年には師時が死去、師俊が出家し、同五年に師頼が死去すると一門の公卿は消滅することになる。師頼の嫡男師能は正四位下左中弁に至るが、久寿元年（一一五四）十二月二十八日、弁官を辞任して子息通能の官位昇進を図っており（『台記』）、ついに公卿の地位を逸している。結局、師頼・師時・師俊兄弟の子息、すなわち左大臣俊房の孫の中で公卿に昇進できたのは師仲一人にすぎなかったのである。

当時は、基本的に天皇との姻戚関係がない一族、あるいは学問や有識故実といった特定の家職を有さない一族は、しだいに官位を下降させていた。まして、院近臣家が新たに台頭してくる中で家格を保持するのは容易ではなく、摂関時代以来、長年公卿として活躍してきた醍醐源氏や小野宮流でさえも没落を余儀なくされていたのである(3)。その意味で、同じ村上源氏でも堀河天皇の外戚として大臣の座を継承した顕房流と異なり、俊房流の没落は必然であったといえる。言い換えれば、こうした逆風の中で師仲が公卿の地位を維持できたことこそ、注目に値するといえよう。

2　師仲の経歴

師仲が公卿の地位を得たのは、保元に改元される直前の久寿三年（一一五六）四月のことである。時に四十一歳の壮年を迎えていた。

師仲は、母である源師忠の娘が待賢門院の女房内侍で、その娘で師仲の姉妹に当たる右衛門督もまた待賢門院に伺候していた。こうした関係で、師仲も待賢門院やその子崇徳院の御給で昇進を重ねて、康治元年（一一四二）十一月に二十七歳で正四位下に至った。翌年には右近衛権中将に任じられ、公卿も目前の地位に就いた。しかし、それから十年余り、官位は停滞し、大きな変動は見られないのである。

その原因が、鳥羽院政下において待賢門院・崇徳上皇の権威が失墜したためであることはいうまでもない。永治元年（一一四一）、鳥羽院は寵妃藤原得子所生の近衛天皇を即位させ、崇徳の譲位宣命を改作するという詐術で、その院政の可能性を奪うに至った。翌年正月には美福門院に対する呪詛が発覚、翌月には待賢門院が出家したこともあって、待賢門院周辺の貴族たちは逼塞を余儀なくされたのである。

久安二年（一一四六）冬、師仲は鳥羽の院御所内で藤原為通と闘乱を起こして恐懼に処されている（『本朝世紀』久安三年正月二日条）が、為通が美福門院派の伊通の息子であることから、背景には政治的な問題も関係した可能性が高い。為通は四歳年上だが、正四位下昇進まではほぼ拮抗していた。しかし、彼は久安五年に蔵人頭、翌年に参議として公卿に昇進しており、師仲をはるかに引き離すことになる。両者の政治的立場の相違が官位に明示されたといえよう。

さらに、後輩の中将であった源雅通・藤原伊実らの後塵をも拝した師仲であったが、突然に幸運は訪れた。久寿二年（一一五五）七月、近衛天皇の死去に伴い、人々の予想を裏切って待賢門院所生の後白河天皇が即位するや、師仲は翌年二月に蔵人頭に抜擢され、四十一歳で頭中将に就任したのである。老練な実務官僚が任ぜられる頭弁と異なり、頭中将は名門の若い公達が多く就任しており、四十歳を越えた頭中将就任は大治五年（一一三〇）の藤原宗能以来のことであった。頭中将として活動する間もなく、四月六日には参議に昇進、公卿の仲間入りを果たすことになる。

なお、師仲の兄師行は、彼よりも早く正四位下に達し、鳥羽院庁において一貫して四位別当を務め、山城・長門守などを歴任する典型的な大国受領系の院近臣となっていた(4)。没落した公卿家が生き延びるためには、こうした転身も必要な時代であったといえる。もし師仲が低迷したままであれば、師行が嫡男の地位を確立し、一族も受領家に転身していたことであろう。しかし、師仲が公卿に昇進し嫡男となった結果、師行は大蔵卿を極官とするに止まり、公卿の座を得られなかった。

師仲は、母と姉妹が待賢門院女房という二重の所縁で後白河から特別に抜擢され、公卿の地位を得るとともに、兄の官位をも逆転したことになる。こうした立場を考慮すれば、彼が後白河と密接な関係を形成するのも当然であろう。

二　後白河の近臣

1　公卿としての活動

参議として公卿の仲間入りをした師仲は、後白河天皇の下で様々な活動を見せ、定考や法会などの公私の儀式にはおおむね出席している恪勤の公卿である。その中で注目される事績をいくつか取り上げてみよう。

まず注目されるのは、保元元年（一一五六）十月十八日に公卿議定に出仕したことである（『兵範記』）。議題は、暦道が作成した暦では保元元年十一月一日を冬至とし、この年が朔旦冬至に当たるとしたのに対し、算博士行康がこれを批判した論争の処置についてである。当時は天皇親政の段階であるから、公卿議定は陣定で行われた。当時の公卿議定は「有識」とされる有能な公卿のみが出仕しており、たとえばのちの平氏政権段階でも、平氏一門の公卿が出仕することはなかった(5)。したがって、師仲は単に後白河の側近というだけでなく、有能な公卿と評価されていたことになる。かつて公事に堪能とされた祖父俊房をはじめとする、村上源氏の伝統を復活させたといえよう。

ついで、十二月二日、法成寺八講に際して、村上源氏顕房流の雅通とともに、「親昵に准らえて」招請されている（『兵範記』）。村上源氏の初代に当たる師房が道長の娘との間に俊房・顕房兄弟を儲けたことから、両者の系統も院政期以来道長の子孫として処遇されていたが、ここにもその名残が窺われる。もっとも、師仲は使者によって督促されるまで出仕しておらず、すでに勢力を凋落させていた摂関家との付き合いには積極的ではなかったようである。

二年後の保元三年（一一五八）四月二十九日に、鳥羽殿の馬場で公卿・殿上人による競馬が行われた際、二番に登場した師仲は大弐藤原季行に勝利を収めている。公卿同士の競馬だけに、乗馬の技量の程は判然としない。なお、『平治物語』に「武にもあらず」と酷評された信頼は三番で登場し、平治の乱当初の盟友で、母方の叔父でもあった蔵人頭藤原惟方に敗れている（『兵範記』）。

平治の乱との関係で注目されるのは、同年の七月三日に大内裏内の一本御書所に後白河天皇が行幸したことである（『兵範記』『山槐記』）。この時、師仲は藤原経宗・信頼らとともに供奉している。同所への行幸は長元年間（一〇二八〜三七）以来のことであったという。これは翌日の広瀬・龍田の神事に備え、天皇が仏事の行われている内裏から退出したものである。同道した面々の多くが平治の乱勃発に関与していたことと、乱に際し後白河を同じ場所に軟禁したことを考え合わせると、この時の経験をもとに乱で御書所が利用されたのかもしれない。

その一月後の八月、後白河は規定の方針通り皇子二条に譲位するが、それから二ヵ月を経た同年十月、後白河上皇は宇治に御幸する。この御幸に師仲は、藤原伊実・実定・信頼・顕長・惟方らの公卿、源資賢・平清盛らの殿上人とともに供奉している。彼は信頼らと並んで摂関家に対する贈り物を渡す役を勤仕したが、こうした院の私的な行為を奉仕する点に院近臣としての立場が窺われる（『兵範記』保元三年十月十七日・二十日条）。

後白河に対する忠実な勤仕が認められたのか、十一月には正三位に昇進、ついで翌保元四年（平治元年、一一五九）四月には権中納言に就任して、父師時の地位に並ぶことになった。父の逝去から四半世紀が経過しようとしていた。その直後にあたる平治元年五月二十八日付の後白河院庁下文（『平安遺文』二九七九号）によると、彼は内大臣公教、大納言重通、あるいは権中納言信頼らとともに、公卿別当として名を連ねている。公卿別当には名目のみという人物も含まれるが、これまでの行動や立場から考えて、師仲が近臣として院庁の中心的存在の一人であったことは疑いない。

その彼と並んで署名しているのが、平治の乱の首謀者信頼である。おそらく後白河近臣として信頼との緊密な関係が生まれたものと考えられる。この信頼は師仲より十七歳も年下で、師仲に二年遅れて参議に就任したが、それ以後、まさに目ざましい昇進を遂げ、師仲を瞬く間に追い越していったのである。次に、師仲の運命を大きく変えることになる信頼についてふれることにしたい。

2　信頼の台頭

「文にもあらず、武にもあらず、能もなく、又芸もなし」とは周知の『平治物語』に見える信頼評である。その彼が目ざましい昇進を遂げたのは、後白河の「朝恩」に誇ったためとされる。むろん、この評言には有能な信西と対比するための曲筆もあり、そのままに受容はできないが、『愚管抄』にも「アサマシキ程ニ御寵アリケリ」と記されており、昇進の背景に後白河の特別な寵愛があったことは疑いない。

信頼は、かの道長の兄で、中関白と称された道隆の子孫にあたり、刀伊の入寇を撃退した武人肌の大宰権帥隆家の系統に属する。隆家の孫の代で公卿の地位を失い諸大夫に転落するが、信頼の祖父基隆が堀河天皇の乳母を母としたことから、白河院近臣の中心の一人となり大国受領を歴任して従三位に到達、公卿の地位を回復した。そして、その子で信頼の父忠隆も白河・鳥羽院近臣として活躍し、同様に従三位大蔵卿に至っている。

信頼は十二歳で叙爵後、土佐守、武蔵守重任という比較的地味な受領の地位にあった。ところが、保元二年（一一五七）三月に右中将を兼任してから、急激な昇進が始まる。八月には正四位下に叙され、十月には蔵人頭に就任、保元三年二月九日には特権身分とされる正四位上に昇り、同月二十一日には参議に就任して公卿の仲間入りを果たした。時に二十六歳である。その後も昇進は止まることはなく、同年五月に従三位、八月には権中納言に昇進と同時に正三位に昇り、十月には検非違使別当をも兼任するに至ったのである。

大国受領系の院近臣の多くが非参議従三位として公卿に昇進したのに対し、信頼は参議に就任して公卿の仲間入りを果たしている。後者には先の師仲のように有識であったり、実務に堪能な者が多かったことを考えると、信頼も『平治物語』が描くように、単に無能であったとはいいがたいのではないだろうか。(6)

さて、平治元年（一一五九）になると、さすがに信頼の昇進も停止する。これは、大納言・権大納言は五人の定員が埋まっていたことと、院近臣出身者の極官の先例も権中納言が限度であったためで、これを信西の横やりとする『平治物語』の理解ににわかに従うことはできない。また同書は、信頼が大臣・大将昇進を望んだことを信西が制止したとするが、左右の大将、大臣ともに定員は充足しているし、年齢的に見ても間もなく辞任しそうな人物は見当らない。また、鹿ヶ谷事件における成親との共通する作為性が指摘されるなど、(7)逸話の信憑性には疑問がある。したがって、昇進問題をただちに信西打倒を決意した原因と見なすことは困難といえよう。

それはともかく、信頼が後白河から強い庇護を受けていたことは疑いない。保元三年（一一五八）四月には、賀茂祭を見物する関白忠通に傍若無人な態度を取って紛議を起こした際も、後白河は忠通側に一方的な処罰を加えたのみであった（『兵範記』保元三年四月二十日・二十一日条）。しかも、翌年にはその忠通の嫡男基実を妹婿とするに至ったが、これも後白河の斡旋ではなかったか。保元の乱で院近臣に勝利をもたらされた忠通は政治的権威を低下させ、さらに荘園を管理する武力を喪失して摂関家は衰退の一途をたどっていた。(8)これと対照的に、信頼はまさに旭日の勢いを示すとともに、後述のような武力を有していたのである。そして、摂関家との婚姻を通して、信頼は王権の一端と結びついたことになる。

一族の支援もなく、後白河との関係のみを基盤とする師仲が、後白河側近の第一人者となった信頼に接近するのも当然であった。しかし、そこに平治の乱という恐るべき事態が待ち構えていたのである。

三　平治の乱の勃発

1　伏見の別荘

『平治物語』は言う。

信頼、信西がかやうに讒言し申事をつたへきゝて出仕もせず、伏見源中納言師仲卿をあいかたりて、伏見なる所にこもりゐつゝ、馬のはせひきに身をならはし、力わざをいとなみ、武芸をぞ稽古しける。これ、しかしながら、信西をうしなはんがため也。

師仲の伏見の別荘において、信頼が信西打倒を目指して軍事訓練を行ったという有名な記述である。ただ残念ながら、師仲の伏見の別荘については、他に史料もなく、その所在地、あるいは設置時期は全く不明である。

伏見には、かつて宇治関白藤原頼通の実子とされる受領橘俊綱の別荘があったことが知られる。この別荘は豪華さで名高かったが、寛治七年（一〇九三）に焼失、翌年俊綱も没している。その土地は弟家綱を経て白河院に献上されて王家のものとなり、ついでその甥源有仁に、さらに有仁の猶子で鳥羽の皇女であった頌子内親王に伝領されたと考えられている(9)。

保元三年（一一五八）には、頌子から荘園の管理を委ねられていた平範家が、隣接する浄妙寺領と紛争を惹起し、軍兵・車馬を乱入させて住人を追却し、作物を刈り取ったとする文書が残っている（永暦元年〈一一六〇〉五月五日付後白河院庁下文、『平安遺文』三〇九三号）。こうした侵略は範家の時に初めて発生したという。やがて、この地は後白河に献上され、仁安二年（一一六七）八月には後白河の別荘が建設されることになる。範家が伏見荘内に建立した護法寺は平治の乱後に岩倉に移建されたが、同地は師頼卿の息三井寺隆賢阿闍梨、すなわち師仲の従兄弟の領地であったという（建保二年〈一二一四〉二月十七日付平親範置文、『鎌倉遺文』二〇八五号）。

伏見荘に軍兵が存在したこと、平治の乱後に寺院破却が行われた点、さらに師頼の子息が登場していることなど、師仲の関与も想像させる内容ではある。しかし、師仲と範家や頌子内親王との接点はなく、この伏見荘に師仲が関与したことを明らかにすることはできない。ただ、この内容から次の二点に注目しておきたい。

まず一点目は、伏見荘側が隣接する摂関家関係の所領を、その本家の弱体化を利用して侵略しつつあった様子が窺われることである。伏見から宇治にかけては浄妙寺・木幡など、摂関家ゆかりの所領が多数散在していただけに、保元の乱後の混乱に乗じた侵略が相次いだものと考えられる。こうした趨勢の中で、院近臣である師仲も伏見に進出したか、あるいは既存の別荘の所領を拡大していったのではないだろうか。

次に注目されるのは、京の近郊でありながら、伏見荘に多くの武力が組織されていた点である。京中は兵仗が停止されていただけに、その近郊で武力を蓄積できる場所は軍事行動にとって不可欠であった。信西を強引に武力で排除しようとした信頼が、範家と同様に京の近郊に大きな所領をもち、同じ後白河近臣でもある師仲を盟友とし、その所領を軍事拠点に選んだのも当然であった。

2　信西の打倒

信西一門に対する不満は、先述のように官職や特権を奪われた伝統的院近臣家に広まっていた。二条親政派から藤原経宗や同惟方が参加したことは、そのあらわれといえる。また、信西は有能であったが所詮は諸大夫出身の院近臣にすぎず、王家とは直接的な血縁・姻戚関係も有していなかった。それだけに、彼が政治を主導し、とくに人事を左右して身分秩序を統制することに対する反感も強まっていたと考えられる。

信頼は後白河の信任を有したことはもちろん、関白基実を妹婿に迎えており、二条親政派の藤原経宗・惟方とも提携していた。院・天皇・関白と強い結合を有したことになる。こうした立場を背景として、信西打倒と政務主導権奪取の野望を抱いた可能性が高い。彼より十七歳も年長で、伝統的な院近臣家出身でもない師仲には、信頼のような野心があったとは考えられない。おそらくは同じ後白河側近である誼と、その伏見別荘に目を付けた信頼の強引な勧誘から、反信西派に参加していたのではないだろうか。

次に、信頼があえて義朝の武力で信西を打倒するという強硬手段に出た背景を考えてみたい。当時、反信西の機運が高まっていたとはいえ、後白河・二条双方の信任厚い信西を政治的な謀略のみで打倒するのは困難であった。また、信西は多くの軍事貴族たちと密接な関係を締結しており、彼にとって武力行使は決して突拍子もない行動ではなかったのである。

そもそも彼の父忠隆は、その薨伝に「数国の刺史を経て、家富み財多し、性鷹犬を好み、人がため施しを好み、其の報いを望まず」（『本朝世紀』久安六年〈一一五〇〉八月三日条）と称されたように、受領として活躍するとともに、鷹狩をはじめとする狩猟を好み、施しを好んで従者を組織するという武士の首領的な存在であった。その性格の関係か、長男隆教の室として院近臣にして伊勢平氏の棟梁忠盛の娘を迎えている。隆教は母が崇徳の乳母だったためか、官位は信頼に及ばないが、忠盛の娘との間に生まれた隆親は、平治の乱後も平氏一門と同様の存在として活動しており[(10)]、平氏と信頼一族との関係は消滅していなかったと考えられる。

次男基成は康治二年（一一四三）に陸奥守として下向後、十年余り現地に留まり、奥州藤原氏の中心秀衡を婿に迎え、外孫として泰衡を得るに至ったのである。多くの砂金・馬などを奥州から京に送っていたはずで、信頼の急激な台頭を裏で支えた可能性が高い。また、源義朝は陸奥に専使を派遣して軍馬や矢羽などを購入しており、陸奥の基成が、義朝と信頼の提携を仲介したとも考えられる。

信頼自身も、息子信親を清盛の女婿として伊勢平氏との関係を深めていたし、久安六年（一一五〇）から保元二年（一一五七）に至る長年の武蔵守在任を通して、河内源氏の源義朝一族との提携を強固なものとしていたと考えられる。とくに、保元の乱の前年に当たる久寿二年（一一五五）八月、武蔵大蔵館において義朝の長男義平が、藤原頼長の腹心で義朝の弟義賢――すなわち義平の叔父――を討伐した事件を、国守信頼が黙過したことは注目される。[11] 中央において政治的対立が激化していた当時、信頼と義朝一族がともに反頼長の立場で密接に提携していたことを物語るものである。さらに、信頼は保元三年十一月より翌年三月まで検非違使別当に在任し、追捕尉以下の検非違使との関係も深めたと考えられる。しかも、後任の別当は盟友惟方であった。

このように、信頼は主要な軍事貴族や在京の武力をほぼ掌中に収めていたことになる。蜂起の武力として清盛を避け、彼の留守を狙って蜂起した一因は、清盛が信西の男成憲を婿とする約束をしていたことにあるだろうが、同時に清盛が公卿も間近とする高い政治的地位を有しており、簡単に命令に従属しがたいと思われたことにある。

逆に、義朝はまだ五位にすぎず、平清盛には大きく水をあけられていたし、同じ武門源氏の中でも、正四位下出雲守であった源光保にも及ばなかった。一気に官位上昇を図るべく、危険な行動をも受け入れる可能性は高い。[12] また、待賢門院・後白河の近臣熱田宮司家から室を迎えており、信頼と同じ後白河近臣というべき立場にあったし、そして何よりも陸奥・武蔵両国を通して密接な関係を有したことから、最も恃むべき盟友と判断したのであろう。

師仲の伏見山荘で軍事訓練を行ったのは、信頼自身もさることながら、提携関係にあった義朝やその部下たちではなかったか。坂東に拠点をもち、京周辺に所領のない彼にとって、挙兵に際して訓練の場は不可欠だったはずである。待賢門院との所縁で後白河と密接な関係を有する点は、師仲も義朝と同様であった。信頼を軸として、後白河近臣三者の連繋が成立することになる。

3　敗北と投降

挙兵は清盛の熊野参詣による留守を衝いた形で、十二月九日に行われた。政変はほぼ信頼らの思惑通りに成功し、信西を殺害するとともに、子息たちを配流して政界から一掃することに成功した。そして注目すべきことに、後白河上皇を先述した一本御書所に軟禁する一方で、二条天皇に内裏で政務を行わせたのである。信頼も惟方らと同様、二条親政を目指していたことになる[13]。ともかく、彼らの確保で、行動の正当性も獲得された。

信西と緊密な関係にあった内大臣藤原公教が「信頼・義朝・師仲等ガ中ニ、マコトシク世ヲオコナフベキ人ナリ（〇シの誤り）」と嘆息したように（『愚管抄』）、政変の主導権を握ったのは院政派の信頼と師仲であり、それを支えたのは義朝の武力であった。しかし、こうした院政派の優位は、同時に信西という共通の敵を失った親政派の離反をもたらすことになるのである。

『愚管抄』によると、公数（〇教の誤り）の工作が奏効して、親政派の経宗・惟方は信頼・師仲らを見限り、清盛の武力を頼りとして彼の六波羅邸に二条天皇を行幸させる算段を開始するのである。注目すべきことに、天皇の行幸前に惟方から計画を打ち明けられた後白河は、院政派を見捨てて一本御書所を脱出することになる。このことは、腹心信西を奪われた後白河が、信頼らの強引な行動を忌避していたことを物語る。政変が後白河の指示によって惹起されたとするような見方は論外である[14]。

上皇・天皇を失った院政派の有様を、『愚管抄』は降伏した師仲の供述に基づいて記述している。信頼・師仲・義朝は「南殿ニテアブノ目ヌケタル如クニテアリケリ」という有様で、義朝が信頼を「日本第一ノ不覚人」と罵倒し、信頼は何らの反論もできなかったという逸話はよく知られている。もはや自身の正当化が困難になった彼らには、敗北、破滅の道しか残されていなかったのである。

ここで、敗北を覚悟した義朝は、『愚管抄』によると討ち死にの覚悟で六波羅での決戦に臨んだとするが、彼は天皇と敵対しても武力によって逆転する望みをつないでいたし、敗北後も東国に生き延びようとした。最終的には殺害を免れなかったが、自力救済の世界で天皇・朝廷の権威も相対化して生き抜いてきた義朝らしい行動であり、壇ノ浦で族滅を選んだ平氏と対照的といえよう。

『平治物語』は、悲壮な義朝と対照的に、信頼を武士の真似事をして醜態を演じたとして戯画化している。真偽の程は不明確であるが、甲冑を着用したことは『愚管抄』にも記されており、武人として出陣する姿勢を示したのは事実であろう。武士と親しく交わってきた彼は、義朝とともに一戦を交える覚悟を抱いたのではないだろうか。もちろん、自力救済の中で錬磨されてきた義朝の行動に、貴族社会の中で身につけたにすぎない信頼の馬芸で追随できるはずもなく、途中で脱落したことは疑いない。

なお、『平治物語』では藤原成親も同様に武装したとされ、最終的には師仲も含む三人が仁和寺で降伏したとする。しかし、『愚管抄』で仁和寺に逃れたとされるのは信頼・成親の二人で、後述するように師仲は別行動をとっている。おそらく信頼・成親の両者が同様に武士を模した行動をとり、仁和寺で投降したのであろう。信頼が処刑され、成親の処刑も議された一因は、単に事件の責任を問うだけではなく、彼らが「武士」、すなわち戦闘員として行動したと判断されたためと考えられる。

『愚管抄』によると、師仲は甲冑を身につける信頼から巧みに大刀契の鍵を奪うとともに、神鏡を身につけていたとするが、その後の行動についてはふれていない。『古事談』によると、師仲は姉小路北・東洞院西にあった自邸に神鏡を安置し、翌日内侍らの手で内裏に渡されたとする。一方、『百練抄』（永暦元年〈一一六〇〉四月二十九日条）によると、師仲は神鏡の辛櫃を破って「御体を取り奉り、桂の辺において一宿を経、その後清盛朝臣の六波羅亭に渡し奉られ」たとしながら、『古事談』と同様に神鏡が姉小路東洞院の師仲邸から内裏に返還されたとしている。あるいは、師仲が神鏡の安全を図って移動し、神鏡の確保を六波羅に告げたのち、自邸に安置したのではないだろうか。これに従えば、師仲が投降したのは仁和寺ではなく、六波羅ということになる。

いずれにせよ、信頼のような野心もなく、必ずしも挙兵に積極的ではなかった師仲は、義朝とともに形勢逆転を図る信頼らの武士まがいの行動に加わらず、ひそかに神鏡を守護し朝廷に返却する役割を選択したものと考えられる。神器を確保し、自身の保身を図る師仲の老獪な性格が窺われる。

『平治物語』によると、投降した師仲は、神鏡を東国に持ち出そうとする信頼の計略を制止し、朝廷に返還した立役者として自身の宥免を願い出ている。東国持ち出しを図った事実は確認できないが、神器を混乱から救済するとともに、信頼を見限って免罪を画策する師仲の姿をよく示している。なお、この時、伏見に信頼を招き寄せた責任を問われた師仲は、信頼の権勢に気押されて招致した旨を返答している。乱以前の彼の立場、積極的に参加する必要もなかったことなどを考え合わせると、この発言は本音であったと考えられる。

神鏡の返還によって免罪を図った師仲ではあるが、結局は配流の重罰を免れることはできなかった。十二月二十八日、彼は解官され、翌年三月に下野国に配流されることになる。同じ院政派の成親が解官で止められたことを考えれば、一時は信頼・義朝と並んで乱の張本人とされたことが厳しい処罰の原因となったと考えられる。神鏡の返還の功績が斟酌されることはなかったのではないだろうか。

師仲と時を同じくして、正月に後白河と対立して失脚した藤原経宗・惟方といった親政派の面々も配流されている。同日の配流という事実は、彼らがともに事件の首謀者として処罰されたことを物語るのではないだろうか。ここで注目されるのは、親政派の配流と入れ代わりに、信西の子息たちの帰京が許されている点である。このことは、親政派の失脚に至るまで、信西一門を罪人として処罰するという平治の乱政変の方針が継続していたことを意味する。信頼・義朝討伐の功績者であった親政派も、最終的には師仲と同様に功績を認められることはなく、首謀者として配流されるに至ったといえよう。

むすび

師仲は配流から六年後の仁安元年（一一六六）三月になって、ようやく帰京を許された。経宗が二年前に帰京していたのに比べると、処罰は厳しいものがあった。すでに彼は五十一歳を迎えていた。前年の二条天皇の死去、後白河院政の確立といった事態が彼に幸いしたのかもしれない。

同年十月には本位に、ついで十一月には本座に復帰することを許され、翌仁安二年正月には六条天皇の朝覲行幸に際して、従二位に昇進するに至った。位階では乱以前を凌駕したのである。かつての近臣に対する後白河の温情であろう。復帰後の彼も、かつてと同じように後白河に甲斐甲斐しく奉仕していたが、とくに大きな事績も事件も見出されない。帰京から六年を経た承安二年（一一七二）五月十六日に、師仲は五十七年の生涯を閉じている。結局、権中納言に復帰することはなかった。

その子雅仲は、石清水八幡宮別当光清の女を母として、舞人として高い評価を受けたが、官位は正五位下大宮権亮に留まった。その子の代で家系も途絶えることになる（『尊卑分脈』）。師仲の平治の乱前後の活動を最後に、村上源氏俊房流の名は歴史の表舞台から消滅するのである。

注

（1）拙稿「院の専制と近臣―信西の出現―」（同『院政期政治史研究』思文閣出版、一九九六年、初出一九九一年）。
（2）拙稿「平安末期の村上源氏」（本書第二部第二章）。
（3）拙稿「摂関政治の衰退」（拙著注（1）前掲書、初出一九九四年）。

（4）鳥羽院庁の院司については、髙橋昌明『増補改訂　清盛以前―伊勢平氏の興隆―』（平凡社、二〇一一年、初出一九八四年）参照。
（5）公卿議定については、美川圭「公卿議定制から見る院政の成立」（同『院政の研究』臨川書店、一九九六年、初出一九八六年）。平氏と議定の関係については、拙稿「後白河院と平氏」（拙著注（1）前掲書、初出一九九二年）参照。
（6）公卿昇進における二形態については、髙橋注（4）前掲書参照。
（7）日下力『平治物語の成立と展開』（汲古書院、一九九七年）。
（8）保元の乱後における摂関家の衰退については、田中文英「平氏政権と摂関家」（同『平氏政権の研究』思文閣出版、一九九四年、初出一九六八年）、拙稿「院政の展開と内乱」（本書総論）参照。
（9）『日本歴史地名大系二七　京都市の地名』（平凡社、一九七九年）。
（10）隆親については、拙稿「福原遷都の周辺」（本書第四部第二章）参照。
（11）木村茂光「武蔵国橘樹郡稲毛荘の成立と開発」（同『初期鎌倉政権の政治史』同成社、二〇一一年、初出一九九〇年）、拙稿「源義朝論」（『古代文化』五四―六、二〇〇二年）。
（12）熱田宮司家の政治的立場については、上横手雅敬「院政期の源氏」（御家人制研究会編『御家人制の研究』吉川弘文館、一九八一年）参照。
（13）信頼の立場や行動の詳細については、拙著『保元・平治の乱―平清盛勝利への道―』（角川学芸出版、二〇一二年、初出二〇〇四年）参照。
（14）河内祥輔『保元の乱・平治の乱』（吉川弘文館、二〇〇二年）によると、後白河は自身の寵愛する皇子（のちの守覚）の立太子を実現するために、邪魔な信西を除こうとして信頼に殺害を命じたとする。しかし、院が廷臣を除くなら、武力に頼る必要もない。また、信西を殺害したところで、二条を正統とする意識は廷臣に広く容認されており、後白河の計画が実現するとはとうてい考えがたい。さらに、守覚の同母弟以仁王は親王宣下を受けなかったように冷遇されており、後白河が守覚を強引に立太子しようとしたなどと考えることは困難である。
（補注）本章において依拠した史料は本文中に記した。また、とくに記さない限り、公卿の官位については『公卿補任』、受領人事については宮崎康充編『国司補任　第五』（続群書類従完成会、一九九一年）、菊池紳一・宮崎康充編「国司一覧」（『日本史総覧Ⅱ　古代二・中世二』（新人物往来社、一九八四年）に依拠している。

第三章　藤原成親と平氏

はじめに

鳥羽院最大の寵臣権中納言藤原家成の三男にして、三度もの解官を経験しながら、父を越える正二位権大納言に昇進、しかし最後は平清盛によって殺害されるという波瀾の人生を送った公卿が、藤原成親である。

彼は藤原北家の傍流末茂流に属する。この系統は、成親の曽祖父に当たる顕季が白河院の乳母子であったことから急激に政治的地位を上昇させて公卿に昇進し、代表的な院近臣家となった。その子長実・家保もともに白河院の近臣として公卿となり、長実の娘得子は鳥羽の寵愛を受けて院近臣家初の国母となった。近衛天皇の母美福門院である。しかし、長実の子孫は政治的には低迷し、代わって鳥羽院第一の近臣となったのが成親の父家成であった。家成は鳥羽の寵愛をほしいままにして、権中納言に昇進したのをはじめ、従兄弟の美福門院と結んで、多数の王家領を立荘した(1)。その荘園は美福門院が生んだ皇女八条院に伝領され、中世王家領の一方の柱ともいうべき八条院領となったのである。

この一門はおおむね大国受領を経歴し、非参議従三位として公卿の仲間入りを果たす大国受領系院近臣であった。公卿昇進に際し参議に就任し、議定などで活躍した実務官僚系院近臣である為房流などとは異なり、議政官として活動する期間は短く、院の政治的な決定などに関与することは乏しかった。成親の二人の異母兄隆季・家明もともに非参議従三位となって公卿に昇進し、隆季はその後参議に就任、権大納言にまで昇進するが、家明は散三位で生涯を終えている。

これに対し、成親は仁安元年（一一六六）八月に蔵人頭から参議に昇進するや、同日に従三位に、ついで十二月には、さらに数名の参議を超越して正三位に叙されたのである。年齢もまだ二十九歳で、長兄隆季の公卿昇進年齢三十二歳、次兄家明の三十五歳を下回っていた。それまで、平治の乱などで二度も解官を経験していたことを考えれば、まさに異常な昇進といってよい。そして安元元年（一一七五）十一月には権大納言に昇進し、ついに兄隆季に肩を並べるに至った。しかし、彼はそのわずか一年半余り後に、鹿ヶ谷事件の首謀者の一人として非業の最期を遂げることになるのである。

図21　藤原成親関係系図

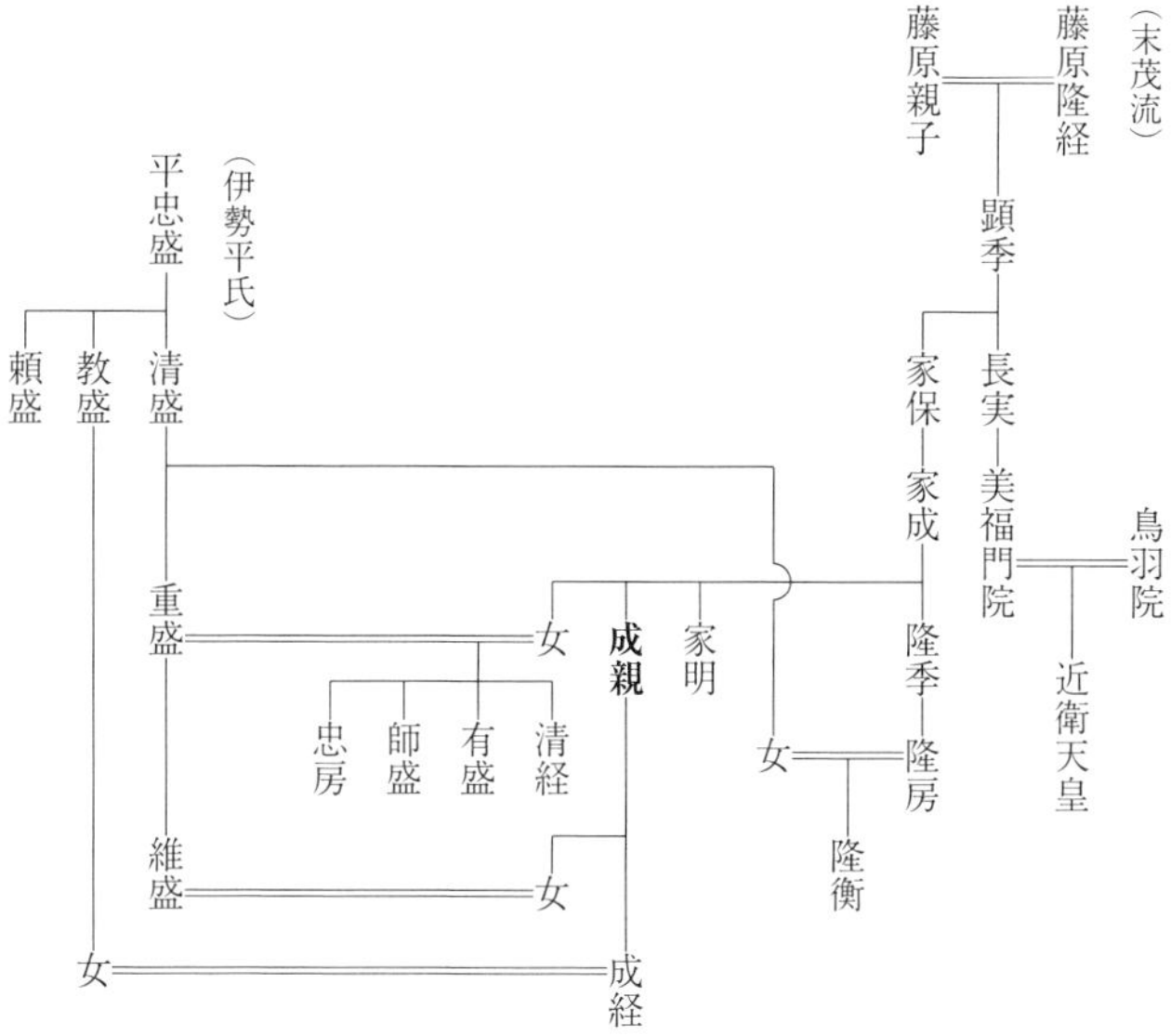

この鹿ヶ谷事件は、彼の義弟西光の知行国加賀における延暦寺との紛争を発端とし、強訴に対する平氏の対応を不服とした後白河院や西光・成親らが惹起したものである。成親はその八年前の嘉応元年（一一六九）暮れに、自身の知行国尾張における延暦寺との紛争で、強訴に対する平氏の消極的な対応から配流・解官の憂き目を見ている。さらに、最初の解官も平治の乱に関与し、平清盛に敵対したことが原因であった。

周知の通り、成親は同母妹が平重盛の室であり、重盛の嫡男維盛をも婿にしたほか、嫡男成経も清盛の弟教盛の婿となっていた。そして兄隆季の嫡男隆房も、清盛の女婿だったのである。

このように末茂流は幾重にも平氏と姻戚関係を結びながら、成親は再三にわたり平氏と対立し、ついには滅亡するに至った。以下では、その背景を検討してゆくが、具体的には、そこに介在したとみられる平氏一門内部の軋轢、後白河院と清盛以下平氏一門との微妙な関係などを解明し、当時の政治情勢の分析を目指すことにしたい。

なお、末茂流という場合には長実の系統を含んでおり、また善勝寺家という名称も未成立であるので、以下では隆季・家明・成親など家成の子孫を、家成流と総称する。

一　平治の乱と成親

1　保元の乱と家成流

成親の母は従二位中納言藤原経忠の娘である。経忠は院近臣の道隆流に属し、のちの坊門家の祖に当たる。兄隆季・家明の母は院近臣高階宗章の娘で、同じ大国受領系院近臣相互の婚姻であるが、このころ高階一族に公卿昇進者はなく、家格では経忠より劣っていた。成親は永治二年（一一四二）正月、わずか五歳で叙爵する。美福門院の皇女叡子内親王の御給であった。その二年後には七歳で越後守に就任、ついで讃岐守と、父家成の知行国における受領を歴任する。仁平二年（一一五二）には家成が左兵衛督を辞任して、侍従に任命されたことは、父の寵愛を示唆する。その父没後の久寿二年（一一五五）に、再度越後守に就任するが、これは兄隆季の知行であろう。やがて、後述するように越後国は成親自身の知行国となる。

家成一族の大きな特色は、大国とともに左馬寮を知行し、鳥羽院厩司であった平忠盛と連携していたことにある。(2)

かつて播磨守当時の顕季が、忠盛の父正盛を受領郎従である厩別当に任じて以来（『平家物語』巻第一）、ともに院近臣として密接な関係を保持していたことになる。ところが、保元の乱の直前に鳥羽院が死去したことから院御厩は消滅し、左馬寮も乱における勝利の立役者源義朝の手に渡ってしまった。隆季は左京大夫に就任したが、この人事は『公卿補任』に「雖レ無二所望一遷任」とあるように、不本意であったことが窺われる。そして、二年後に退位した後白河院の御厩別当には、陸奥・武蔵知行を通して義朝を統制していた藤原信頼が就任しており、王家の軍制の中心院御厩別当・左馬頭は末茂流・伊勢平氏から、信頼・義朝へと劇的に変貌したのである。[3]

　左京大夫も父家成が帯した地位ではあるが、左馬頭こそは隆季が家成を継承して保延三年（一一三七）以来、二十年近く在任した官職であり、左馬寮は隆季の家産となっていたといえる。これを強引に奪われた不満は小さいものではなかったと考えられるが、隆季はそれ以後、特別な動きを見せていない。彼は保元三年（一一五八）に非参議従三位として公卿に加わるが、すでに信頼は権中納言・検非違使別当に昇り詰めていた。平治の乱から二年を経た応保元年（一一六一）九月、ようやく隆季は参議に昇進するが、この人事について太政大臣藤原伊通は「無二指奉公一、家富優息（思カ）昇二崇班一、浅猿キ事也」と罵倒している（『山槐記』応保元年十一月十九日条）。この言葉は、参議昇進を妨害された蔵人頭藤原忠親に対するものであるから、そのままには受け取れない面もあるが、積極的な政治工作を行おうとしなかった隆季の性格を物語っている。

　次兄家明は、鳥羽殿預として知られ（『山槐記』永暦元年〈一一六〇〉九月二十日条）、鳥羽院亡きあとの鳥羽の主、美福門院・八条院側近として活動し、叙位もおおむね八条院の御給によっていた。美濃・備後・播磨守、内蔵頭などを経て、応保二年に非参議従三位に昇進するという、院政期大国受領層の典型ともいうべき官歴を示している。彼は参議に就くこともなく、仁安三年（一一六八）に出家しているが、姻戚関係も含めて、積極的な政治工作を示すことはなかった。彼らと対照的に、注目すべき動きを示したのが成親である。

2 「フヨウノ若殿上人」成親

保元の乱当時、正五位下越後守兼左少将であった成親は、翌保元二年にはかつて父家成のもとで造営を開始した金剛心院の完成で従四位下に、そして内裏春興殿の造営で従四位上に昇進、翌年には右中将に昇進した。そして保元四年正月、成親は信頼の譲によって正四位下に至り、兄家明に肩を並べたのである。この時、信頼の譲渡を受けた背景には、彼の姉妹と信頼との婚姻も関係していたと考えられる。もともと、信頼の姉妹は隆季の室として隆房を生んでおり、信頼と家成の一族は相互に密接な関係にあったが、積極的に政治的連携を深めたのは成親の方であった。隆季には、左馬寮をめぐる義朝、そして信頼との確執が尾を引いていたのかもしれない。

成親は、平治の乱以前の段階で同母妹と清盛の嫡男重盛との婚姻も成立させている。先述のように、古くから伊勢平氏と末茂流は政治的連携を有しており、隆季の嫡男隆房も清盛の女婿となっている。しかし、清盛娘を母とする隆衡の生誕は承安二年（一一七二）であり、婚姻もこれを大きく遡ることはないと考えられる。したがって、家成一門で武門の中心平氏との婚姻をまず推進したのは、成親だったのである。

平治の乱後、平清盛に捕らえられた成親について、『愚管抄』（巻第五　二条）は「フヨウノ若殿上人」とする。「フヨウ」を「芙蓉」として美貌を示すとする説、また重要人物ではないことを示す「不要」とする説もあるが、平治の乱に際して、彼が「フヨウの若殿上人」でありながら、信頼に追随しただけで深く関与しなかったとして処刑を免れたという文脈から判断するならば、岩波日本古典文学大系『愚管抄』の注記のように「武勇」の仮名書きとするのが最も意味が通る(4)。すなわち、成親には荒っぽく武士的な性格があり、武芸に通じる面があったのである。このことは、二条天皇の脱出後の緊急事態に際し、成親が信頼とともに武装して出撃したとする『平治物語』の記述からも一応裏づけられる。

当時、大国受領系の院近臣たちは、播磨守時代の顕季が平正盛を播磨の厩別当に任じた（『平家物語』巻第一）ように、有能な武士を郎従として組織し強力な任国支配を行っていた。このため、優秀な郎従を獲得するために有力武士との関係は不可欠であり、藤原忠隆・信頼父子のように、有力武士と緊密な姻戚関係を結ぶとともに、自らも武士的性格を帯びる者も現れた。こうした側面は、同じ大国受領系院近臣家出身の成親にも共通していたのである。

このように、成親が積極的に政界工作を行い、武士的な性格まで表出させていた背景に、政治的に無力な兄隆季・家明を超越し、家成流の中心に立とうという野心が存したことは疑いない。隆季は不明確だが、家明は鳥羽殿の主美福門院の側近であったから、二条親政派であることは明白である。したがって、成親の政治的連携の対象が、後白河院政派の中心信頼となるのも当然であった。しかも、信頼は伊勢平氏と姻戚関係を有し、義朝以下の河内源氏を従属させ、平泉藤原氏をもその統括下に置くとともに、こうした武力を背景として摂関家を牛耳っていたのである(5)。成親は、政治秩序を根本的に改変するかのごとき勢いを示し、武力という彼自身も関心のある新たな政治手段を振りかざしていた信頼に、自身の野心を賭けたのであろう。

周知の通り平治の乱は信頼の敗北となり、武装して出撃したとされる成親も、信頼とともに捕らえられた。しかし、彼は解官されたものの、配流さえも免れ、二年後には元の官職に復帰している。『平治物語』は、信頼同様に処刑されるべきところ、妹婿平重盛の嘆願で助命されたとし、『愚管抄』は先述のように事件に深く関与していなかったとして大した処罰を受けなかったとする反面、のちには「アヤウカリシ」（巻第五　高倉）ともあって、生命の危険があったことを窺わせている。『愚管抄』の矛盾した記述はどのように考えるべきなのであろうか。

降伏した成親は、武装蜂起をしたことから武人として扱われ、信頼と同様に清盛に身柄を委ねられており、清盛に生殺与奪の権を握られていたことになる。武士社会の原則を適用すれば、敗北した武人は処刑を免れない。生命の危険とはこのことを指すのであろう。ここで重盛の嘆願も行われ、蜂起に関する罪は不問に付されたものと見られる。

一方、事件の謀議などでは重要な役割を果たしておらず、事件に関して積極的な供述をしたことから（『愚管抄』巻第五　高倉）、朝廷からの処罰は解官程度の軽微なもので済んだのではあるまいか。

二　後白河院政の成立と成親

1　成親の躍進

平治の乱から二年余りを経た永暦二年（一一六一）四月一日、成親は左中将に復帰した。乱の当時兼任していた越後守は、摂関家家司として頭角を現していた藤原邦綱の手に渡っており、おそらくは摂関家の知行国となっていたものと考えられる。成親が知行国主として再び越後に君臨するのは嘉応元年（一一六九）のことであった。

成親が政界に復帰した永暦二年当時は、二条親政派と後白河院政派の暗闘が繰り広げられていた。とくに、同年九月、平清盛の義妹平滋子が後白河院の皇子（のちの憲仁親王、高倉天皇）を出産すると、皇子のない二条天皇を退け、憲仁の即位と後白河院政の確立を目指す動きが活発となった。その中心は後白河近臣源資賢、そして滋子の兄平時忠らであった。成親もこれに同調したらしく、同年十一月二十八日（『山槐記』。『公卿補任』『百練抄』などは九月とする）、他の後白河近臣らとともに再び解官の憂き目を見ることになる。その後、二条親政段階に成親の活動はすっかりなりを潜めている。

しかし、二条天皇は永万元年（一一六五）に二十三歳の若さで死去し、幼い六条天皇が即位すると、政界はにわかに憲仁を擁立する後白河の院政に向けて加速してゆくことになる。そして翌年正月、後白河の支援を受けた成親は左中将に就任し再度の政界復帰を果たすや、六月には末茂流では初の蔵人頭に就任、そして八月には参議に昇進して従三位に叙されるに至った。成親の躍進はこれに止まらず、十二月には正三位に昇り、権中納言藤原資長、左中将藤原兼房、参議藤原成頼、従三位藤原顕広、右兵衛督藤原成範らを位階の面で超越したのである。かかる急激で強引な昇進は、保元三年（一一五八）における藤原信頼、永暦元年における平清盛に匹敵する。

むろん、成親がこうした破格の躍進をなし遂げた背景に、「男ノオボエ」「ナノメナラズ御寵アリケル」（『愚管抄』巻第五　高倉）と称された後白河院との男色関係が介在したことは否定できない。しかし、頭中将は「禁中万事」（『貫首秘抄』）を執行したとされ、天皇の側近として様々な儀式を遂行する実務的な側面も強く、有能であることはもちろん、故実の知識を必要とする。これ以前に末茂流で頭中将に就任した例はなく、成親がどのようにして故実を学んだのかは不明確だが、兄や父祖を凌駕する才覚を身につけていたことを物語る。また、公卿昇進に際して少年や院近臣など、政治的力量に劣る者が散三位に叙されるのに対し、参議に就任した者は実務能力を有していたとされることも彼の能力を裏づけるものである。『平治物語』は、成親が「仙洞の事は内外共に沙汰する仁」であったとしているが、(6)このことは彼が単に院の寵愛を背景として権勢を振るったというだけではなく、実務的に有能であったことを示唆する記述といえよう。

さらに、彼の躍進を支えた要因として忘れてならないのは、妹婿として緊密な関係にあった平重盛の存在である。重盛の母は清盛の嫡室時子ではないが、すでに重盛は平治の乱で顕著な戦功を立てて嫡男の地位を不動としており、さらに応保三年（一一六三）には散三位ながら公卿に昇進、そして成親が劇的な躍進を遂げた仁安元年（一一六六）当時は正三位権中納言兼右衛門督の重職にあり、翌仁安二年五月十日には清盛に代わって諸道の賊徒追討権を付与されて（『兵範記』）、事実上国家的軍事警察権を掌握する立場にあり、後白河院の軍事的支柱と称すべき存在であった。いわば、成親と重盛は後白河を支える文武の両輪ともいうべき近臣だったのである。

なお、かつて「無二指奉公一」などと揶揄された兄隆季も、永万元年に検非違使別当に就任している。別当は京中支配を担当し、行幸などの儀式を遂行する実務的な行政官という能力を必要とする官職であった。これも末茂流初のことであり、あたかも弟に対抗するように兄隆季も実務派として能力を身につけていたことがわかる。のちに安元三年（一一七七）の大火で邸宅が焼失した際、実定・資長・忠親・雅頼・俊経らとともに「富二文書家一」と称され、「隆季卿文書不レ残二一紙一焼失」したことを惜しまれている点（『玉葉』安元三年四月二十九日条）も、彼の変容を物語る。そして、嫡男隆房と清盛の娘の婚姻を実現させ、政治的提携を実現したことも、重盛一門と結ぶ成親を意識した行動であったと考えられる。

2　高倉即位の波紋

仁安三年（一一六八）二月、平清盛の急病という緊急事態の中で、突如六条天皇が譲位し、後白河と平滋子の間に生まれた皇子憲仁が即位した。高倉天皇である。この結果、平清盛との協調の下で後白河院政が確立することになる。同年の即位大嘗祭の豊明節会に五節舞姫を献上したのは、権中納言成親、平時忠、参議源雅頼、武蔵守平知盛、能登守平通盛の五名であった（『兵範記』仁安三年十月十五日条）。村上源氏の雅頼以外は成親と平氏一門であり、高倉天皇の周辺を固める勢力を反映する人選といえる。

この間、後白河と成親との関係も緊密さを増しており、同年七月一日、院は中御門西洞院にあった成親の泉亭にひそかに御幸している（『兵範記』）。この邸宅は成親の滅亡後に後白河の院御所となっており、院のお気に入りの場所であった。成親が種々の儀式の上卿を勤仕したのは当然として、ことに注目されるのは、翌年正月の熊野御幸にも公卿としてただ一人随行し（『兵範記』仁安四年正月九日条）、三月の高野御幸にも姻戚関係にあった太政大臣藤原忠雅・兼雅父子、源資賢とともに供奉したこと（『兵範記』仁安四年三月十三日条）である。院の最大の寵臣という立場が象徴されているといえよう。

高倉の即位で後白河院政・高倉天皇の体制は安定したかに見えた。しかし、同年十一月、高倉天皇即位大嘗祭において、高倉に対する不満が噴出することになる。退位した六条天皇はわずかに五歳、実母は徳大寺家の家司伊岐致遠の娘とされ[7]、左大臣徳大寺実能の娘藤原育子が養母となったとはいえ外戚の弱体は否めない。退位も当然のように思われるが、しかし清盛の重病を耳にした右大臣兼実が「前大相国所労、天下大事只在二此事一也。此人夭亡之後、弥以衰弊歟」(『玉葉』仁安三年二月十一日条)と、清盛の死去が朝廷の衰退・混乱をもたらすと記しているように、六条を擁護し、高倉即位に反発する勢力は小さいものではなかった。そもそも六条天皇は八条院・閑院流が支援する正統王権二条の系統に属す上に、八条院の猶子以仁王という六条に代わる皇子も存在していた。その上、高倉の母は前代未聞の平氏の出身であり、平安時代で初めての藤原氏・皇女以外の国母の出現に反発する動きも見られたのである。

大嘗祭の重要儀式の一つ五節の帳台試において、こともあろうに内大臣右大将の源雅通と、大納言左大将の藤原師長が途中退出するという不祥事が発生、激怒した後白河は両者の解官を命ずるに至った。これを聞いた蔵人頭平信範は、安和の変における源高明や、長徳の政変における藤原伊周の先例を記しているほどである(『兵範記』仁安三年十一月二十一日条)。雅通は同年三月に皇太后となった滋子の初代大夫、師長は八月にその後任に就いており、むしろ表面上は滋子に近い立場でありながら、あえて高倉の正統性を否定するかのような行動に出たことになる。後白河の憤激も当然である。雅通は、養父雅定の代から美福門院と緊密に提携して政治的地位を保持しており、美福門院・八条院の支援する二条皇統の断絶に内心憤慨していた可能性もある。師長の事情は判然としないが、藤原氏を退けた平氏出身の国母の登場に反発を感じたのではないだろうか。

不満を露わにしたのは、藤原氏や村上源氏の公卿だけではない。十一月二十八日、後白河は尾張守平保盛と、その父参議平頼盛が有した五ヵ職の解官を命じている(『兵範記』)。両者は五節参入以下に出席しなかったばかりか、代始の母后入内をも無視して厳島参詣に出立し清盛に制止される始末。さらに、頼盛が大弐として支配していた大宰府管内で大嘗祭の所課を拒否したばかりか、不法な賦課を行ったという。頼盛は八条院の女房を妻とし、多数の八条院領において預所・領家を勤仕するなど、八条院と密接な関係を有していた。したがって、頼盛の行動が単なる気まぐれであろうはずはなく、明らかに滋子・高倉に鋭く反発したものと考えられる。また、彼には異母兄の清盛に対抗する意識があり、清盛がその室の妹滋子を通して権威を高めることに不満を抱いたのであろう。

さらに、元来清盛を中心とした平氏一門主流は二条親政を支持しており、憲仁（高倉）・滋子を支援した教盛・時忠などは一門内部の異端であった。ところが、二条天皇、そして六条天皇を支援した摂政基実の相次ぐ夭折から、清盛も急遽後白河と提携し、高倉擁立に同意した経緯がある。それだけに、頼盛は憤懣を露わにしたものと考えられる。師長・雅通の解官は一月足らずで許されたが、頼盛の解官は一年に及んだ。しかも、十二月十三日には左衛門尉藤原季経以下の頼盛家人までが解官の憂き目を見ている（『兵範記』）。そして彼が大弐として知行していた大宰府は坊門家の信隆、そして息子保盛を受領としていた尾張国は成親と、それぞれ後白河近臣に与えられることになった。その尾張国で、重大な事件が勃発するのである。

3　嘉応の強訴

十二月十七日、蔵人頭平信範のもとに延暦寺所司からの要求が突きつけられた（『兵範記』）。それは延暦寺領美濃国平野荘住人を凌礫した尾張守藤原家教の目代政友と、知行国主藤原成親の配流を求める内容であった。これが信範自身をも巻き込むことになる大事件の発端だったのである。ここで注目されるのは、頼盛知行から成親知行に代わった尾張で、成親の弟尾張守藤原家教の目代政友と、平清盛と友好関係にある延暦寺・日吉社勢力とが衝突したことである。衝突の直接の契機は些細なことであったとされるが、知行国主の交代は支配体制をも大きく改変し、荘園の停廃などの紛争をも惹起する。とくに尾張は清盛の父忠盛も受領に就任したことがあるし、平治元年（一一五九）に頼盛が受領となって以来、一貫して平氏一門が知行してきただけに、知行国主交代の軋轢も大きかったのではないだろうか。

十二月二十三日、知行国主成親の配流、目代政友の禁獄を求めた強訴が勃発する。ところが、神輿を擁した悪僧・神人たちは、通例の院御所ではなく、警備の手薄な内裏を襲撃したのである。元来内裏に常駐していた平経盛・源頼政・同重貞らのわずかな武力では、強訴を撃退することなどとうてい困難で、内裏は悪僧らに占拠され神輿が放置されてしまった（『玉葉』『兵範記』）。むろん悪僧らの戦術的な勝利に他ならないが、反面、内裏を蹂躙した行動には、高倉天皇を脅かし、その権威を否定する側面もあったと考えられる。高倉天皇に反発し、尾張知行を奪われた頼盛に連携する側面も窺知できるだろう。

これに対し、平氏の精鋭部隊ともいうべき重盛・頼盛・宗盛の率いる約五百騎が投入されることになったが、公卿議定で夜間の追捕は神輿損壊などの恐れがあるとの意見が強く、また重盛の慎重な態度によって攻撃は回避された。この結果、事態収拾のため、後白河も成親の配流を認めざるをえなくなったのである。攻撃に向かう平氏軍のうち、約三分の一にあたる百五十騎は当事者ともいうべき頼盛の軍勢で、成親と連携する重盛の軍勢二百騎に対抗しうる勢力であった。頼盛は直前の十一月に政界復帰したばかりで、尾張を奪われたことに対する憤懣も消えてはいなかったであろう。頼盛は在京平氏軍の中で第二の勢力を有しており、その力を借りなければ強訴への対応は困難であった。頼盛の立場を考慮すれば、重盛が慎重になるのも当然といえる。

当初、強訴への妥協はありえないとした後白河院も、強訴に屈する形で成親の備中への配流を認めるに至った（『玉葉』嘉応元年〈一一六九〉十二月二十五日条）。しかし事態は急転、後白河は成親を呼び戻し、「奏事不実」を理由に蔵人頭信範と、検非違使別当で院との取り次ぎも担当していた平時忠の両名を配流するという理不尽な方策をとったのである（『玉葉』『兵範記』嘉応元年十二月二十八日条）。成親をあくまでも擁護するとともに、平氏一門に対する報復を行うものであった。ここで注目されるのは、翌嘉応二年（一一七〇）正月六日、それまで時忠が帯びていた検非違使別当を成親に与え、世間の耳目を驚かせたことである（『玉葉』）。

別当の座は、先述のように三年間にわたり成親の兄隆季が在任したのち、嘉応元年になって時忠が就任し、平治の乱後の清盛以来久しぶりに平氏一門の手に渡っていた。成親の別当補任は京の治安維持を全面的には平氏に依存しないこと、そして成親自身に一応の防御の権限と武力を与えることを認めたものといえる。後述のように延暦寺の抗議で成親は解官されるが、嘉応二年四月に別当に復帰し、彼が権大納言に昇進するまで、歴代の検非違使別当で最長の五年間にわたって、その地位を独占したのである。平清盛を頂点とする平氏軍制に対抗するかのように、成親を中心とする京の警察体制を構築しようとしたことになる。

事態は正月に清盛が上洛して後白河と面会した結果、成親の配流、時忠・信範の召還で決着がついた（『玉葉』嘉応二年正月二十三日条）。むろん成親の再度の配流は、延暦寺を懐柔するための名目にすぎず、実際には一時的な解官にとどめられた（『公卿補任』）。四月十九日、後白河と清盛は南都に赴き、かつての鳥羽院と藤原忠実の先例に倣って同時に受戒した（『玉葉』）。両者の協調が内外に誇示されるなか、二日後の二十一日、重盛が権大納言に復帰すると同時に、成親は権中納言・検非違使別当・右衛門督に、そして信範の一族も元の地位を回復した。一応、事件は落着し、後白河院と平氏の協調関係も復活したかのごとくであった。

しかし、検非違使別当は時忠の手から成親に渡っていたし、尾張国も頼盛に戻ったわけではなく、院近臣藤原修範の子範能が受領に就任、院近臣系統の支配が継続していた。また、平時忠の配流に伴い息子越後守時実も解官されたが、その後任は後述するように成親に近侍していた平信業であった。結果的には、成親が事件の混乱の中で時忠の知行国を奪ったことになる。こうした事態の背景には、平氏一門の躍進による官職独占に伴い、必然的に院近臣との軋轢が生じつつあったことが伏在していた。後白河は事件を利用して、平氏一門の官職や知行国を成親以下の院近臣に与えていったのである。後白河と平氏一門との軋轢は、当然ながら次第に激化してゆくことになるのである。

三　平清盛との衝突

1　寵臣成親

尾張国をめぐる延暦寺の強訴が終息すると、何事もなかったかのように、成親も平氏一門も後白河院に対する奉仕に努めることになる。承安元年（一一七一）十月、後白河院は前年に引き続いて平清盛の福原山荘に御幸した。この時に随行した公卿は、重盛・宗盛・時忠の平氏一門と、資賢・兼雅、そして成親であった（『玉葉』承安元年十月二十三日条）。さらに、帰京した後白河は、「福原家賞」として清盛家人の藤原能盛・平盛国・貞綱を正五位下に叙し、盛国を検非違使に任じている（『達幸故実抄』）。盛国は検非違使別当成親のもとに属することになる。

この盛国は、本来伊勢平氏の傍流の出身であったが、当時は平氏一門の郎等となっていた。平清盛が盛国の九条河原口の邸で死去したように（『玉葉』治承五年〈一一八一〉閏二月五日条）、清盛の腹心中の腹心であり、同時に重盛のもとで家人を統制する侍所別当のごとき役割を果たしていたとされる（『平家物語』）、平氏家人の中心的存在であった。従来、重盛の腹心平貞能が検非違使に加わっていたが、他の追捕尉は西光の子藤原師高や藤原能盛（平氏家人とは別人）、大江遠業をはじめとする北面下﨟が多く、武力としては必ずしも強力とはいえるものではなかった。盛国の加入で使庁と平氏との結合は深まり、検非違使の追捕尉の武力は大きく強化されたと考えられる。

また、十一月三日、後白河はひそかに成親の五辻亭を訪れ、競馬を行っている。その翌日には重盛の六波羅邸を訪れるという噂が流れている（『玉葉』）。依然として後白河にとって、成親と重盛こそが院政を支える近臣でありつづけたのである。その翌月、徳子が高倉に入内し、平氏と後白河の蜜月は絶頂を迎えている。

このころの成親にとって最大の出来事は、承安二年（一一七二）七月二十一日の院御所三条殿の造営に他ならない。『玉葉』同日条によると、この勧賞で成親自身が従二位に叙されて、上﨟の源資賢・花山院兼雅を超越している。資賢も院近臣の中心的存在だし、兼雅は太政大臣忠雅の子息、しかも清盛の女婿という「権門」である。そればかりか、成親が知行する越後の受領平信業と、同じく知行国丹波の受領成経が重任を許された上に、二ヵ国の遷任が認められている。すなわち、成親は「五ヵ事」の恩賞を与えられたのであり、九条兼実に「未聞」の事と評されるのも当然であった。

ここで注目されるのは、成親の功績によって二ヵ国の受領が重任を、さらに二ヵ国が遷任を認められたことである。これらの国々は当然成親の知行国であり、彼の知行は四ヵ国に及んでいたことになる。この数は院近臣としては最大のものであり、摂関家にも匹敵する。重任となったのは越後守平信業、そして丹波守で嫡男の成経である。また、遷任を認められたのは、承安元年十二月に三河守在任が確認される弟盛頼と、翌年近江から信濃へ遷任した弟実教の両名と考えられる(8)。こうしてみると当時の知行国は越後・丹波・三河・近江という熟国・大国ばかりであり、成親の莫大な経済力が推測される。

このうち、丹波は仁安二年（一一六七）六月段階で弟盛頼の在任が確認されており、これ以後も鹿ヶ谷事件に至るまで成経が受領の地位にあった。同国こそは成親が十年余りも継続して知行した、最大の経済的・政治的基盤といえよう。一方、越後はかつての自身の任国でもあり、古くからの縁を有した国だが、信業は重任の翌承安二年に離任し、成親の男親実に代わっている。信業は承安四年には尾張守在任が確認されており、同国に遷任したものと考えられる。その後、尾張守は弟盛頼に移り、鹿ヶ谷事件まで在任していた。成親の尾張国に対する強い執着が窺知される。長期にわたる尾張知行が、同国の武士団との連携を生じたことはいうまでもない。尾張の有力豪族原高春（『吾妻鏡』寿永三年〈一一八四〉三月十三日条）や大屋安資（『吾妻鏡』治承五年〈一一八一〉三月十九日条）が早くから平氏に反発したことは、成親が同国の武士の組織化を図った可能性をも示唆する。

一方、受領のうち、越後守平信業は成親の一族ではなく、『平家物語』にも登場する後白河の下北面で、今様に通じた上に姉坊門局が後白河の寵愛を受けたことで官位を上昇させていた。成親は、この信業を家司などとして組織していたことになる。信業は鹿ヶ谷事件には連座しておらず、事件以前に成親の下を離れたと見られるが、周知の通りともに首謀者として殺害される西光を義弟としたことなどを考え合わせると、成親は院下北面の統合者という性格を有していたのではないだろうか。成親が長年検非違使別当として下北面を統率していたことも、こうした立場と関係したものと考えられる。

後白河は、元来「武勇」と称される武的な性格を有する成親に下北面を組織させ、平氏とは別個の武力・警察力の統率者とする構想を有していた可能性が高い。そして、成親が阿波国の在庁官人近藤氏出身の西光と結んだことは、近藤一族と敵対する田口成良を腹心とした平清盛との対立を不可避とした。

2　官職をめぐる軋轢

その後も成親は、後白河の第一の近臣として様々な儀式で活躍していた。そして翌承安三年（一一七三）四月には、石清水・賀茂行幸の上卿を勤仕した恩賞として正二位に昇進、その二年後の安元元年（一一七五）には、平清盛の盟友藤原邦綱を超越して権大納言への昇進を果たした。この地位は兄隆季に並ぶものであり、成親の念願ともいうべき家成流嫡流の奪取は目前となったのである。このことは、隆季と結ぶ清盛との対立を深める一面もあった。権大納言は、王家の縁戚であった平氏一門を除けば、それまで院近臣家出身者が到達しえた最高峰であった。彼が清盛に対抗しようという野心を抱いたとしても、不思議ではない。

この当時の公卿上層部をめぐる人事には、微妙な政争の影がつきまとっていた。承安四年（一一七四）七月、すでに体調を崩していた内大臣源雅通が辞退した右大将をめぐって、平重盛と藤原兼雅が競い合い、清盛の圧力もあって重盛がその座を得た（『玉葉』承安四年七月九日条）。兼雅も清盛の女婿であったが、後白河の側近でもあった。清盛は後白河側近を退けて、嫡男の大将補任を実現したことになる。近衛大将は、征夷大将軍をはじめとする「大将軍」が通常設置されない当時においては武官の最高峰であり、また摂関家・大臣家以外に就任しえない栄誉ある官職であった。大臣家としての地位を確立し、武門の頂点に立つ平氏としては何としても入手したい官職であったに相違ない。

ついで同年八月には、平清盛が摂関家の後継者に指名した、故摂政基実の嫡男基通が従三位に叙されている。彼は、摂関家嫡男の象徴五位中将にこそ任じられなかったものの、従四位上から正四位下・上を超越しての三位昇進で、兼実は摂関家の面目と称している（『玉葉』承安四年八月三日条）。摂関の地位をめぐり、自身の子孫への継承を望む現職の関白基房、後述するように後白河に急接近していた師長らと、平氏一門との緊張関係をかいま見ることができる。[9]

翌承安五年二月、嘉応元年以来病気で籠居していた内大臣源雅通が五十八歳で死去したにもかかわらず、筆頭大納言にして左大将でもある藤原師長の内大臣昇進が長らく実現しなかった。兼実は、師長の昇進に伴う後任の権大納言をめぐって、成親と邦綱が激しく対立していたためと推測していた（『玉葉』承安五年六月十日条）。結局、十一月に師長が内大臣に昇進すると、先述のように成親が邦綱を超越して権大納言に昇進することになる。ここでも平氏に近い邦綱と、院近臣成親との対立という構図が存在している。

こうした緊張関係が高まるなか、安元二年（一一七六）七月に清盛と後白河との調整役建春門院が死去したことで、人事の対立がより先鋭化したことは言をまたない。同年十二月の蔵人頭をめぐる藤原光能と、清盛最愛の息知盛との対立と前者の勝利（『玉葉』安元二年十二月五日条）はその所産である。なお、『平家物語』で知られる右大将をめぐる成親と宗盛との抗争については、虚構の可能性が指摘されている。[10]源頼朝以前における近衛大将の任官は、原則として大臣家以上の子弟に限られており、唯一の例外で保延五年（一一三九）に右大将に就任した権大納言藤原実能も、当時の崇徳天皇の外戚であった。太政大臣に昇進した平清盛さえも補任されていないのである。したがって、外戚でもない成親が補任される可能性はほとんどなかったのであり、虚構説を支持すべきと考えられる。おそらくは、成親の滅亡と、平氏と院近臣との鋭い対立を結び付けて形成された挿話であろう。

ところで、大臣に昇進した師長は、かつて成親が造営した後白河院の三条烏丸御所で任大臣の大饗雑事を定めるなど、すっかり院近臣となっていた（『玉葉』安元元年十一月十一日条、『公卿補任』）。このことと、彼が成親の娘婿に迎えられていたこととは無関係ではない。さらに、男子のなかった師長は成親の息子成宗を養子としていたほどである（『玉葉』安元二年七月二十九日条）。成親は下北面のみならず、院に近侍する上流貴族とも密接な姻戚関係を有し、その結節点ともいうべき立場にあった。

さらに、建春門院の死後、後白河は自身の幼い皇子を高倉天皇の養子に迎え、天皇の退位工作を開始した。高倉が退位すれば、清盛と王家との関係は断絶することになる(11)。後白河の下で、平清盛を王権から排除した新たな朝廷の中心となるのは成親以外に考えられない。後白河院と清盛との政治的決裂という情勢の下で、清盛と成親は王権から地方武士の組織にわたる様々な側面で、鋭く対立したのである。かくして、両者の全面衝突である鹿ヶ谷事件が勃発することになる。

3　鹿ヶ谷事件

安元三年（一一七七）四月、延暦寺・日吉社に属する加賀国白山宮と加賀守藤原師高、弟の目代師経との衝突を契機として、師高らの配流を要求する延暦寺・日吉社の大規模な強訴が閑院内裏を襲うことになる。師高兄弟は、後白河の側近にして成親の義弟西光の息子であった。今回は平重盛との連携も機能し、彼に属する平氏軍らが強訴を撃退したが、神輿に矢が刺さるという不祥事が発生し、当事者である重盛の家人らを処罰せざるをえない事態となった。このため、さすがの後白河も師高らを擁護することができず、配流を余儀なくされたのである（『玉葉』安元三年四月十五日・二十日条など）。もっとも、配流先は成親の知行国尾張であるから、形式的なものにすぎなかった。

その後、平氏一門の防禦に対する姿勢は消極的なものとなり、安元の大火や中宮庁への強盗事件、そして天台座主明雲の配流と大衆による奪回という前代未聞の事態が相次ぐことになる。ついに業を煮やした後白河は平清盛を京に呼び寄せ、延暦寺攻撃を命ずるに至った。清盛は政治的に連携してきた延暦寺を、多大の犠牲を払って攻撃するという深刻な事態に直面したのである。しかし、六月一日、清盛は突如として院近臣たちを追捕した。その中心人物西光を拷問の上に斬首、そして成親を解官もしないままに備前国に配流し、同地において殺害した（『玉葉』安元三年六月二日条など）。解官・配流は院下北面、成親の知行国の受領たちに及んだ（『玉葉』安元三年六月四日・十八日条）。清盛と、後白河と彼を支えてきた成親との対立が、ついに激発したのである。

これまでの経緯を考えれば、成親と清盛との衝突は必然的な事態といえる。しかし、問題は平清盛が現職の権大納言という高官を、私刑によって殺害した点である。成親を配流ではなく殺害した背景には、彼が武的な性格を有したことも関係するだろうが、同時に何としても彼を抹殺しようとした清盛の強い意志も看取される。配流では後白河の政治力によって復帰する可能性が残るため、清盛は成親を武人と同様に処刑したものと思われる。では、清盛にそうした行動をとらせた背景はどのようなものだったのか。

西光は、清盛を「危め」ようとした謀議があったことを承服したという（『玉葉』安元三年六月二日条）。むろん『平家物語』などの説くように、多田行綱らの武力による平氏打倒を企図したとは考えがたいが、清盛を延暦寺との衝突に追い込み、両者の提携を破壊するとともに、平氏の武力を損耗させ、清盛の名誉や政治的地位を失墜させせようとしたものであることに疑いはない。それればかりか、後白河は近江・越前・美濃三ヵ国から武士の交名注進を命じており

（『玉葉』安元三年五月二十九日条）、院権力による地方武士動員の動きもみられた[12]。こうした武力は、おそらく人数に限界がある平氏の家人を凌駕するものであり、延暦寺攻撃の忌避、そして院権力との全面衝突は清盛を危機に追い込む恐れもあったと考えられる。

しかも、三ヵ国のうち越前は平重盛の知行国であった。彼は強訴迎撃にも出撃するなど、嘉応の強訴とは異なり後白河や成親と共同歩調を取っていただけに積極的な武士の動員もありえた。重盛は一応引退した清盛に代わる平氏の代表であり、すでに内大臣・左大将に栄進していたものの、その立場は微妙であった。彼は院と清盛との対立に際し、つねに家長清盛への従属を余儀なくされていたし、今や清盛の正室となった平時子の長男で、建春門院とも密接な関係を有した宗盛が台頭し、独自の政治的地位を築きつつあった。また、重盛は元来平氏の最精鋭部隊ともいうべき平貞能・伊藤忠清一族を統率し、平氏軍制の中心に君臨していた。しかし、清盛が福原に拠点を構えて以後、阿波出身の田口成良、紀伊出身の湯浅一族などの新たな勢力が台頭し、京・畿内の軍事活動に活躍するようになっていた[13]。このように、重盛は次第に平氏一門の中で比重を低下させ、不満を募らせていたのである。それだけに重盛が成親や後白河院と連携した軍事行動に出るならば、清盛から自立し、ついには平氏一門を分裂させる危険性も孕んでいたといえる。

こうした危機を回避するためには、院権力の形骸化を図る必要があった。それ故に清盛は首謀者で武士出身の西光のみならず、後白河院の政治的支柱にして、反清盛勢力の結節点ともいうべき成親の殺害に踏み切ったのである。

むすび

事件の激震が続く安元三年（一一七七）六月五日、重盛は左大将を辞任した。盟友成親と父の信頼をも失った彼には、武門の頂点という地位を保持することは困難だったのである。「トク死ナバヤ」（『愚管抄』巻第五「高倉」）と口走った重盛の死去は、わずか二年後であった。その後の小松殿一門がたどった無残な運命については周知の通りである。腹心成親を失った後白河は、それでも挫けなかった。今度は関白藤原基房と提携し、摂関家領を清盛の手から奪取しようとするに至った。しかし、成親に続き、重盛をも失った後白河は、清盛の前には無力であった。院政停止という空前の事態が勃発するのは治承三年（一一七九）十一月のことだったのである。

注

（1）高橋一樹「王家領荘園の立荘」（同『中世荘園制と鎌倉幕府』塙書房、二〇〇四年、初出二〇〇〇年）。
（2）髙橋昌明『増補改訂　清盛以前―伊勢平氏の興隆―』（平凡社、二〇一一年、初出一九八四年）。
（3）拙著『保元・平治の乱―平清盛勝利への道―』（角川学芸出版、二〇一二年、初出二〇〇四年）。
（4）永原慶二責任編集『日本の名著9　慈円・北畠親房』（中央公論社、一九八三年、初出一九七一年）における『愚管抄』の現代語訳では、「何ということもない」と訳し「不要」説を採用している。また、「フヨウ」に濁点がない点も「武勇」説の弱点といえる。
（5）拙著注（3）前掲書。
（6）高橋注（2）前掲書。
（7）佐伯智広「徳大寺家の荘園集積」（『史林』八六―一、二〇〇三年）。
（8）実教はすでに養子となっているし、時期もずれる点でやや躊躇される。
（9）拙稿「五位中将考」（本書第二部第一章）参照。
（10）日下力「『平家物語』成親事件話群の考察」（同『平治物語の成立と展開』汲古書院、一九九七年、初出一九八二年）。
（11）高倉退位問題については、拙著『平清盛の闘い―幻の中世国家―』（角川学芸出版、二〇一一年、初出二〇〇一年）参照。
（12）この点については、拙稿「王権守護の武力」（薗田香融編『日本仏教の史的展開』塙書房、一九九九年）参照。
（13）拙稿「福原遷都と平氏政権」（本書第四部第三章）参照。

（補注）　官職の変動については、公卿は『公卿補任』に、検非違使は宮崎康充編『検非違使補任　第一』（続群書類従完成会、一九九八年）に、また受領の人事は菊池紳一・宮崎康充編「国司一覧」（『日本史総覧Ⅱ　古代二・中世一』（新人物往来社、一九八四年）によった。

講演　平安後期の伊予守と源平争乱

はじめに

皆様こんにちは。ご紹介いただきました元木でございます。

今日は平安後期の伊予守と源平争乱のお話で、伊予国を治めた国守、これは受領ともいいますが、伊予守にはどのような人物がいたのか。実はそのうちの一人が源義経、その前に源義仲も伊予守になりますが、源平争乱期に有力な武将たちが伊予守となったのはなぜか。そのような話をさせていただければと思います。さて、伊予守は官職制度の中で高く位置づけられておりました。鎌倉初期の書物で『官職秘抄』という故実書があります。これは公家平氏の一門であった平基親が編纂したものですが、この中で伊予守は四位上﨟が任じられる官職であったと記しています。後で申しますが、これは伊予守が受領の最高峰に位置していたことを意味します。

それでは、伊予守とはどのような人物が任命されたのか。これをまず詳しくお話しいたします。そして、後半では源平争乱期の伊予守を取り上げます。平治の乱の後に平清盛の息子の平重盛、源氏では源義仲、源義経が相次いで任じられました。とくに源義経の伊予守任官が、源頼朝との対立を招くことになります。源義経が伊予守となった背景や、彼の挙兵と伊予守補任との関係を中心にお話ししたいと思います。

一　平安後期の伊予守

1　官職秘抄の記述

まず、平安後期の伊予守についてお話しいたします。先ほど申しましたが、院政期の官職制度の実態を示す『官職秘抄』という書物に伊予守のことが挙げられています。その記述を引用しました。読み上げますと、

諸国（大上中下国あり）守
旧吏・新叙（蔵人・式部・民部・外記・史・検非違使）院宮坊官、別進成功之輩、国に随い、人に随い、これを任ず。
不次の拝任の者、例となすに足らず。但し、伊予・播磨、四位上臈、これを任ず。

このように書かれています。

受領というのは旧吏、元受領を務めた人、そして新叙、新たに任命される人がいて、新叙は蔵人、式部・民部の役人、外記・史といった太政官の下級職員、そして京の警察を担当する検非違使、これらを長年務めた労に鑑みて受領に任命していました。後で述べる源義経の問題と関係しますが、検非違使を務めた者は受領昇進とともに、検非違使を離れます。ところが、実は源義経はそうではなかった。このことの意味は最後に述べます。

院宮坊官は、院・女院、皇太子（東宮坊）に仕えた職員、別進成功は御所や寺を建てるなどの莫大な奉仕をして上皇に尽くした人、そして、国の規模・格式・家柄などに準じて受領に任命する。しかし、不次の拝任、つまり反乱を鎮めるなどの特別な功績があった者については先例とはできない、特別な例だということを述べています。そして、伊予と播磨の守は四位上臈を任命するとしています。

四位上﨟の意味をお話しいたします。平安後期の受領には、原則として三位以上、つまり公卿は任命されません。公卿以上が受領にならないとすると、四位上﨟とは四位のなかで一番上位にあることを意味しますので、伊予と播磨は受領の中ではトップでした。そして、伊予や播磨の受領になると他の国の受領になることはなく、次に待っているのは公卿、あるいはこれに准ずる高い地位であったことを意味しています。このように伊予守と播磨守は、格式が高く、いわば受領生活の到達点だったのです。

話はそれますが、貴族社会の階層について説明しておきたいと思います。一位から三位までは公卿、その下の四位から五位までを諸大夫と呼びます。大夫は五位を指しますが、諸々の官職を務めて五位以上になったので諸大夫と称しました。そして五位までが貴族と呼ばれる階層です。ちなみに、武士で五位以上のものは軍事貴族と呼びます。武士で五位以上であれば身分的には貴族ですが、貴族と武士は別のもの、つまり貴族は文官、武士は武官というのが今の一般的な認識ですので、五位以上の武士も貴族と呼ぶと混乱しますから、五位以上の武士のことを軍事貴族といって、武士であるが貴族の身分を持っている者と位置づけております。

五位までが貴族なのですが、それより下位の六位以下の身分の者は侍と呼びます。配布資料（本書では省略した、以下全て同じ）には、侍に「侍品」と付記していますが、侍品とは侍身分ということです。侍は六位以下、下級官人という意味です。現在のスポーツの世界などで「侍ジャパン」とか「サムライブルー」と言っていますが、「サムライブルー」とは「青侍」といって、平安時代では最も低い身分（しょうもないやつら）になってしまいます。平安時代の研究者は、そのように思うのですが、現在の日本人の多くはそのようなことを思うはずもありません。選手を「侍」と呼ぶのは、侍を武士と同じ意味として、優れた戦士と見るためです。

侍と武士が同じように扱われるのは、中世以降のことで、侍身分の多くが武士になってきますので、侍と武士は一体に扱われ、江戸時代には同一視されるようになりました。私は子供のころに「武士は貴族に侍る、つまり貴族のそばに侍っているから、侍と言った」と書かれた書物を読んだことがありましたが、これは俗説であります。

また、先ほど受領といいましたが、これも誤解される方がいます。辞書にも、「受領というのは現地に行く国司、現地に行かない国司のことを遙任と呼んだ」と記載されていることがあります。これは正しくありません。受領というのは国務の最高責任者を指します。現地に下向しないで、京都で文書を出して命令を下す場合もありますので、現地に行かない受領もいるのです。いわゆる遙任の受領も存在しています。したがって、遙任と受領とを対立する概念と考えるのは大きな間違いであることをご注意いただきたいと思います。

2　国の格式

さて、伊予は四位上﨟が受領となる格式の高い国ということになりますが、では国の格式というのはどのように決まるのか、そして他の国はどのように位置づけられているのでしょうか。このことを知る興味深い史料があります。白河院政期に活躍し、中御門右大臣と呼ばれた藤原宗忠という公卿がいました。彼の日記『中右記』の嘉承三年（一一〇八）正月二十四日条に、この日に行われた除目に関する記事があります。除目とは、どの人物にどのような官職または位階を与えるのかといった人事編成を行う会議です。現在でも人事は多くの注目を集めますが、当時の貴族にとっても最も関心のある出来事でした。宗忠は、除目に関する情報を詳しく日記に書き留めています。

この除目には特別な意味がありました。白河院政が本格化した最初の除目だったのです。前年に堀河天皇が若くして亡くなり、六歳の皇子宗仁親王が即位しました。鳥羽天皇です。通常でしたら摂関政治が行われるのでありますが、この時期、摂関家は力を失っておりまして、外戚関係もないので、摂関が実権を握ることはできません。天皇は子供で、摂関には力がない。すると誰が政治を執るのかという問題になり、やむをえず鳥羽天皇の祖父であった白河上皇が院政を始めたのです。教科書には、白河天皇が応徳三年（一〇八六）に当時の堀河天皇に位を譲り、院政を始めたと書かれています。しかし、同年に皇子に譲位したのは事実ですが、それは院政を始めるためではありません。本来、東宮として皇位継承者の弟宮がいましたが、この宮が前年に亡くなってしまった。他の弟宮を斥け自分の皇子を天皇にしたいと考えた白河天皇は、急遽堀河天皇に位を譲った。これが譲位の原因であります。ですから院政を始めたのではありません。その後しばらくは、以前のように摂関政治が行われ、堀河天皇が成人した後には堀河天皇の親政が行われました。しかし、摂関家がしだいに力を失い、さらに堀河天皇が亡くなります。そこで仕方なく白河院が院政を始めました。これが院政の始まりです。したがって、厳密には嘉承二年（一一〇七）に院政が本格的に開始されたのです。

院政は変則的な政治といわれたりしますが、実は院政期はもちろん、鎌倉時代を通じて続いています。院政は偶発的に始まりますが、それなりに意味があって継続したのです。一つには天皇を保護するという側面がありました。当時の天皇は子供で、宗教的権威に位置づけられたのに対し、世俗の政治は院が行いました。このため、政治権力をめぐって武士政権と争ったのは院でした。おかげで天皇制が守られたという側面もあったのです。

また、人材登用という側面もあります。院は身分が卑しくても、院近臣として取り立てた者に高い官位を与えました。依怙贔屓という面もありましたが、たとえば信西（藤原通憲）のように、家柄は低いけれども優秀な者が政治の中心に登場し、活躍する機会を与えられました。このような人材登用が、院政のプラス面であったことは間違いありません。

さて、話を嘉承二年の除目に戻しましょう。専制的な権力を握った白河院は、自分のお気に入りである院近臣たちに、熟国（豊かで収入の多い国）の受領を与えております。保守的な公卿であった藤原宗忠は、「なぜ、あのような低い身分の者が、良い国の受領に就くのか」という不満を記しています。具体的には、まず、北面の武士（院の親衛隊）である平正盛が但馬守に任じられている。但馬は「第一国」と呼ばれた豊かな国でした。この人事は、河内源氏の源義親（源義家の息子）が出雲で惹き起こした反乱を追討した恩賞でした。これは「不次の拝任」、特別な恩賞という事例かもしれません。また、同じ北面で、低い家柄であった平為俊が駿河守になりました。藤原宗忠は「こんな良い国（宜しき国）にこのような者を任命するとは何事か」と書いて怒りを露わにしています。その他、甲斐・信濃・尾張・出雲の国々に、院の近臣者が任命されており、これらが熟国とされています。

それでは、悪くいわれた国はどこかというと、淡路・摂津・大和といった国でした。宗忠は、「淡路は最下国だ」と書いています。私が大学院生のころ、兵庫県史編纂のお手伝いをしておりましたところ、この史料をご覧になった県のお役人が、「淡路が最下国と書いた史料を掲載するのは、県民感情の上で問題がある。何とかならないか」といわれました。そういわれましても、平安時代の人が書いたものは仕方ありません。しかし、うまい具合に摂津も「最下国」と書いてありましたので、バランスが取れて問題が収まったことがあります（会場笑）。

さらに大和守は、「あのような国の守に任命されて、何とも気の毒なことだ。」と同情される有様でした。確かに淡路島は土地が狭く生産力にも限界がありましたので、収入が多くないことは察しがつきますが、開発が進んで都に近い摂津や大和が、なぜ悪い国だといわれたのか。もうおわかりの方が多いと思いますが、大和には興福寺があり、多くの興福寺領荘園が存在していました。荘園には不輸・不入の特権があったため、受領は税を徴収することはもちろん土地の調査もできない。「これは不法な荘園ではないか」とでもいおうものなら、興福寺の僧兵たちにひどい目にあわされてしまいます。

摂津国も摂関家の荘園が多くあった国でした。このような、荘園の多い国は受領の収入が少ないので、最下国ということになったようです。したがって、国全体が豊かで生産力が高いから良い国、低い国だから悪い国、とされたのではなく、受領の収入が多いか少ないかということが問題になったわけです。

もちろん、伊予が生産力の高い豊かな国であったことは間違いないのですが、荘園が少ないということも、伊予の国が高く評価された一因であったと考えられています。伊予国は、国司が支配する国衙領（荘園以外の公領）が非常に多い国でした。これが伊予守の収入が多かった原因のようです。ちなみに播磨国の場合は、特産品に瓦があり、お寺などを造るときに大変有利だったことが高く評価された原因でした。

3　摂関時代の著名な伊予守

源頼光（九四八～一〇二一）

平安後期のうち、まず摂関時代にどのような人物が伊予守であったのか、著名な人物を取り上げてみたいと思います。摂関時代の伊予守というと、一般の貴族には皆様がご存知の人物はいないのですが、著名な武士が二人任じられております。

一人目が源頼光です。「らいこう」とも呼ばれ、大江山の鬼退治の伝説などが残る人物です。この人物は清和源氏の武将で、多田満仲の長男、子孫は摂津源氏となり、以仁王の挙兵に参戦する頼政などが登場します。これに対し、弟源頼信の系統がいわゆる河内源氏で、源頼朝などが登場する武士の中心となる家です。

ちなみに清和源氏の系図は、一般的には清和天皇の後、貞純親王・源経基と続いていますが、配付資料に併記しましたように陽成天皇・元平親王を経て源経基に至ったとする系図もあります。これにしたがうと、陽成源氏ということになります。この説は、河内源氏の祖源頼信が自分の先祖を讃えた文書の中で、「私の先祖は陽成天皇である」と述べたことに由来しています。このために、武士の源氏は、清和源氏か、陽成源氏か、ということが古くから問題になっています。

この問題については色々な解釈ができますが、結論を申しますと、源経基は血筋からは貞純親王の子供ですが、父親は早くに亡くなりました。それで、陽成天皇の皇子で弾正台長官となった元平親王の養子になったものと考えられます。陽成天皇の系統は武芸に堪能だったので、経基は武士として育てられたと推測されます。こうしたことから、清和天皇の子孫、陽成天皇の子孫という二説が発生したものと思われます。いずれにしましても、経基の子、多田満仲は武士として活躍しており、その子供に当たるのが源頼光であります。

この源頼光は、大江山の鬼退治などの伝説の世界では大活躍する人ですが、実際の史料で見ると、武士として活躍したことはほとんどない。『今昔物語集』にも出てきますが、その説話というのは、源頼光が仕えていた皇太子居貞親王から、御所の屋根の上にいるキツネを射るように命じられる。「若い頃はよく狩猟もしたが、最近はしていないので、そのようなことを言われてもキツネを射ることができないかもしれない」と悩み、「ご先祖様お助けください」

図22　天皇家系図

図23　清和源氏系図

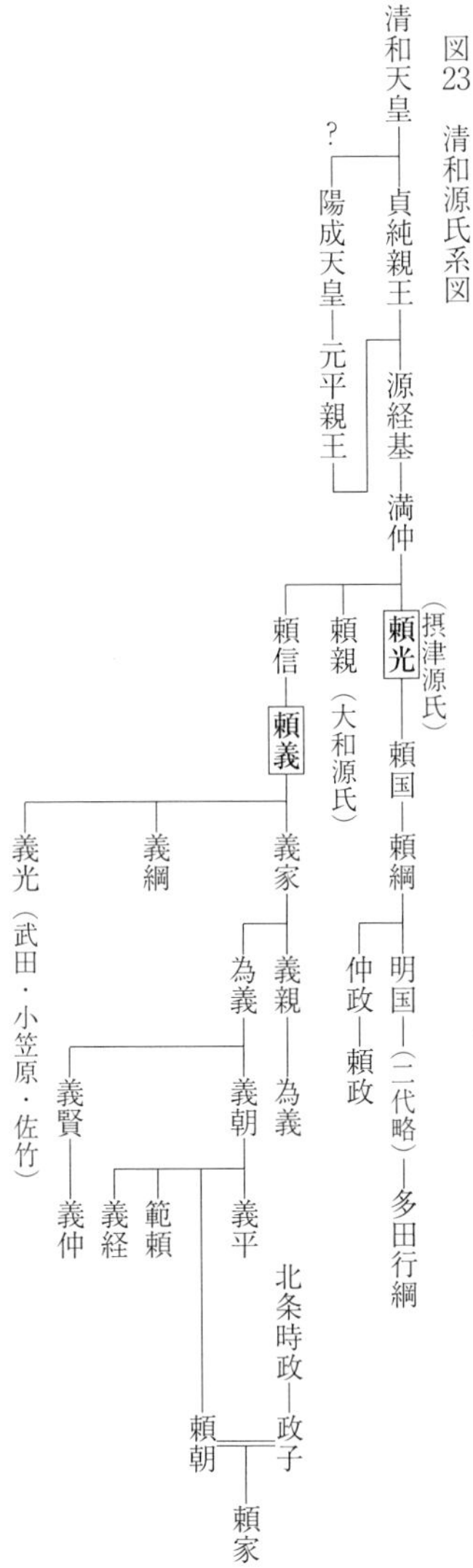

とお祈りして、やっとキツネを射たという、あまり武芸が得意ではなかったことを物語る説話しか残っていません。彼の時代は平穏で、武芸の振るいようがなかったというのが実態だろうと思います。

むしろ彼は、受領として、大きな活躍をします。備前守・但馬守・美濃守、という人が羨むような豊かな国の受領を歴任し、伊予守には寛仁二年（一〇一八）ごろから四年ごろまで、その地位にあったことがわかっています。当時は、藤原道長が自分の孫である後一条天皇を即位させ、全盛期にあった時期です。

摂関政治というのは、天皇の外戚、すなわち天皇の母方の親戚が力を持った政治といわれますが、一番力を持つことができたのは、天皇に一番近い、二親等しか離れていない外祖父、つまり天皇の母方の祖父でした。しかし、天皇の外祖父になるのは大変でした。まず、娘がいなければならない。その娘が天皇と年齢が釣り合って后にならなければならない。さらに天皇の寵愛を受けて皇子を生まなければならない。さらにその皇子が無事に成人して、天皇にならなければならない。そして最後に、自分がその時までに生きていなければならない。きわめて難しいことです（会場笑）。したがって、「摂関政治は天皇の外祖父が行った」と、いとも簡単に書いている教科書もありますが、天皇の外祖父として摂政になれたのは、藤原道長を含めて三名だけなのです。藤原道長の父である藤原兼家と、摂関政治の始まり、すなわち大臣初の摂政藤原良房のみでした。

というわけで、藤原道長は天皇の祖父となって圧倒的な権威を持ちます。しかしその全盛期に土御門邸と呼ばれる道長の家が火事になり、再建工事が行われました。そして寛仁二年六月二十日に完成したのですが、この時、伊予守であった源頼光は、その邸宅で用いる調度品の一切、すなわち厨子・屛風・几帳・楽器・豪華な衣装を収めた韓櫃などを献上したのです。それを目の当たりにした時の大納言藤原実資は、「希有の希有」「万石・数千疋を献じおわる者その輩あり。いまだかくのごとき事を聞かず」、つまりこのような莫大な費用をかけて奉仕をした例は聞いたことがないという感想を日記『小右記』に書きとめています。頼光は、それほど豊かな受領でした。

この源頼光が伊予守に就任する前の話ですが、一つだけ記憶に止めておいていただきたいのは、彼は寛弘八年（一〇一一）以前に殿上人であったことです。殿上人とは、天皇の居所である清涼殿の殿上間、天皇の近くにある部屋ですが、そこへ入ることを許された人物です。立ち入りを許されることを昇殿といいます。先ほどの身分序列でいいますと、三位以上の公卿は無条件で殿上間に入れますが、四位以下の者は特別に許されないと入れない。したがって、殿上人は公卿に准ずるということで、准公卿と呼んでいいだろうと思います。これは武士では初めてです。さらに息子の源頼国も殿上人になったことがわかっています。武士で殿上人といいますと、『平家物語』に、平清盛の父忠盛が殿上人になって、貴族に嫌がらせを受けたという有名な逸話があります。それに引きずられて、きちんと史料を見ていない方が書かれた本に、武士で最初に殿上人になったのは平忠盛であったなどとあるのを見かけますが、これは不勉強の極み、大変な誤りです。

余談ですが、本を書くといえば、私の先生であった上田正昭先生は、授業中に「今年は教科書に□□という本を指定したが、まだ買っていない者もいるようだ。しかし、もう買わなくてもよい。売れすぎて税金が高くなって困っている」と仰っていました。私もそういうことをいってみたいものだと思っているうちにもうすぐ定年となってしまいました。

源頼義（九八八～一〇七五）

源頼光以外に伊予守になった有名な人物としては、藤原頼通の時代に活躍した河内源氏の源頼義がおります。彼は源頼光の甥にあたる人物で、源頼信の長男です。この源頼義の子孫が義家・為義・義朝と続き、義朝の子頼朝が鎌倉幕府を樹立することになります。頼義は、坂東で勢力を有した桓武平氏の流れをくむ平直方の女婿となって、直方から相模国鎌倉の屋敷を譲られて東国に進出しました。源氏が鎌倉と結びつく契機をつくった人物として知られています。

彼の大きな実績は、陸奥国での安倍一族の反乱である前九年合戦を鎮めたことです。この戦いについて、これで東国の武士を組織して大武士団の棟梁になったという方もいますが、実は彼は苦戦しておりまして、隣国出羽の清原氏が一万人の兵を率いて助けてくれたこともあって辛勝したわけです。

その功績で伊予守に任命されたのが康平六年（一〇六三）のことでした。このことに関する記述が、河野氏の伝承を記した『予章記』という書物にあります。最近（二〇一六年）優れた注釈書が刊行され、山内（譲）先生もその編纂にご尽力されました。この『予章記』はあくまでも伝承ですので、どこまでが史実なのかは不明確ですが、同書によると、源頼義は伊予守として伊予に下ってきており、また彼には親清という息子がいたことになっています。親清は、長男の源義家、次男の源義綱、三男の源義光の弟でした。その親清は、河野親経の女婿になり、河野氏を継承したと記されております。

しかし実際には、源頼義は京都で自らの郎等の恩賞を確保するため、朝廷との交渉に明け暮れており、伊予には下っていません。また、源親清という人物は他の史料にも載っていませんので、その実在は疑問視されています。こうしたことから、河野氏と河内源氏のつながりは後の時代につくられた虚構であろうと考えられています。その後、源頼義は都に留まって、伊予国からの貢納を徴収できなかったので私費で弁済しています。陸奥国を征服して沢山の財物を持ってきたのでしょう。これを任期中における伊予国からの貢ぎ物に代えるので、さらにもう一期、伊予守にしてほしいことを申し出ていました。同じ国の受領をもう一期延長して務めることを重任といいますが、頼義は重任を望んだのです。しかし、そのような身勝手なことは許されなかったようです。垂涎の官職である伊予守になりたい者は沢山いるのに、自分の都合でさらに一期務めることが許されるはずもなく、頼義と伊予との縁はなくなりました。

ちなみに、摂関時代の伊予守には、道長や摂関家の関係者が続けて任じられていますが、院政期になると顔ぶれは院近臣たちに一変します。かつて、摂関時代に受領層という集団が成立し、彼らが荘園をつくる摂関家を嫌い、院政を樹立した。つまり院政は、受領層がつくりあげた、受領層政権論であるという説がありました。これは林屋辰三郎という先生が提唱された説ですが、この説は実証的に否定されています。受領の顔ぶれはすべて変わって、院政期になると院近臣と呼ばれる者たちが受領になっていく。伊予守もそうした者たちが任命されることになります。

4　院政期の伊予守

白河・鳥羽院政期の伊予守

院政期の伊予守の項目へ移ります。

白河・鳥羽院政期の伊予守ですが、配付資料に名前の一覧を掲載しておきました。このころ院近臣となった者たちは、乳母、これは「めのと」と読みますが、乳母の関係者が多くなります。他の国では北面の武士などもありますが、伊予守はこの乳母の関係者が中心となっています。

配付資料に記した名前を見ていくと、藤原顕季から始まって高階泰仲・藤原長実・藤原基隆・藤原家保・藤原忠隆・藤原清隆と続きます。このうち、藤原長実・藤原基隆・藤原忠隆は二回も任に就いています。しかも重任ですので、十四、五年という随分長い期間伊予守を務めたことになります。このような人物について、会場の皆さんはほとんどご存知でないと思います。どういった人物か、詳しくご紹介したいと思います。

藤原顕季とその一族

まず、藤原顕季の一族についてお話をいたします。藤原顕季は白河院の唯一の乳母であった藤原親子《しんし》の子供です。女性の名前は読み方が難しくて、たとえば清和天皇の母親は「明子」と書いて「あきらけいこ」と読みます。女性の名前は独特の読み方ですので、わからない場合は音読みにするという手法が一般的で、藤原親子も「しんし」と読んでいます。しかし、それは女性に対する差別であるといって、すべて訓読みにされた先生もおられますが、その根拠

図24　院近臣家系図

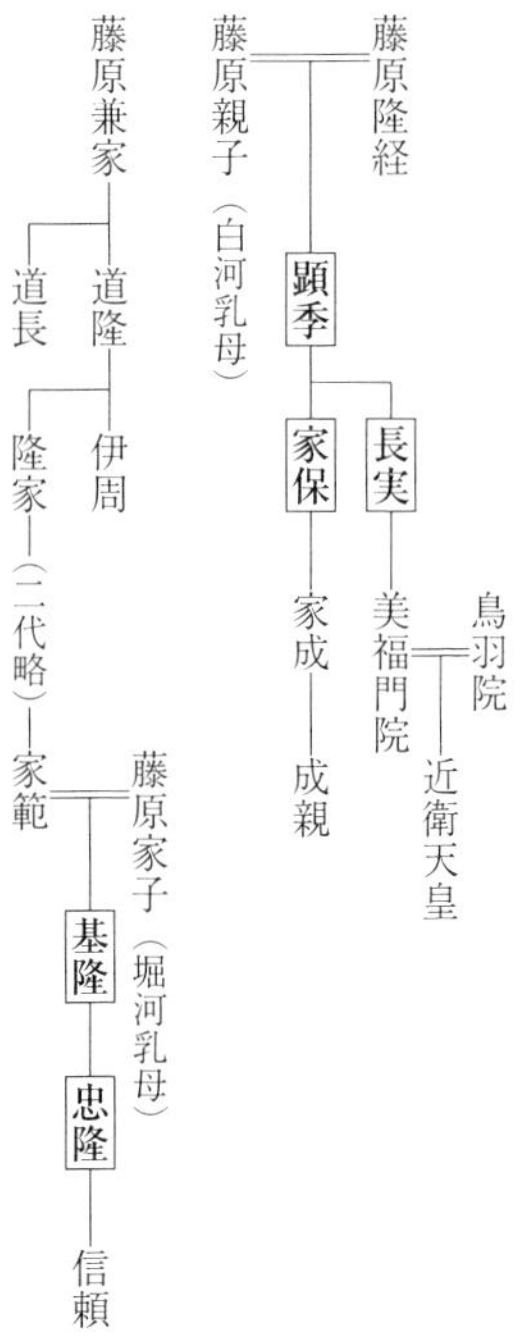

は明らかではありません。したがって、貴族社会の女性の名前は、便宜の措置ですが、音読みにいたします。

　そして、藤原顕季の父は美濃守の藤原隆経でした。この乳母というのは、夫とともに貴人の子を養育し保護する、政治的あるいは経済的に保護を加える非常に重要な役割を果たした存在でした。したがって、乳母の夫妻は、その貴人と密接な政治関係を結ぶことになります。ちなみに乳母の夫は、乳母夫・乳父ともいい、やはり「めのと」といいます。たとえば有名な僧信西（藤原通憲）という人物がいますが、彼が保元の乱で大きな力を振るうことができたのは、即位した後白河天皇の乳母夫であったからです。あるいは源頼朝の乳母であった比企尼《ひきのあま》という女性も大きな役割を果たしています。

　このように乳母というのは大事な存在で、通常は複数の乳母が置かれるのですが、白河天皇には乳母は一人しかいませんでした。この白河天皇が生まれた当時、父親であるのちの後三条天皇は東宮の地位にありましたが、関白の藤原頼通に抑圧されていました。ご存知のように、後三条天皇の母親は三条天皇の皇女であって、摂関家を外戚としない皇子でした。そのために藤原頼通に嫌われてしまい、早く東宮を辞めさせようと抑圧されています。そのようなこともあって、男子が生まれたにもかかわらず、乳母は一人しか選んでもらえませんでした。このように冷遇されましたが、逆に白河天皇にしてみれば、唯一の乳母が藤原親子でありましたから、親子と、幼馴染である彼女の子は、たいへんありがたく親しい存在でした。親子の子供の藤原顕季は白河天皇の即位後に重用されます。彼の父親は受領で、先祖も四位か五位でしたが、この藤原顕季は公卿にまで昇進することができました。

　顕季の子供の藤原長実と藤原家保も、いずれも伊予守に就任しています。さらに、彼らの子供たちについて配付資料で説明していますが、文章ではわかりづらいので、図24、院近臣家系図をご覧ください。藤原隆経・藤原親子の息子が藤原顕季です。その長男である藤原長実は権中納言にまで昇進します。長実の子供たちは出世しませんでしたが、娘には寵后美福門院という女性がいました。

その美福門院が、鳥羽院の后となって近衛天皇を生みました。それまでの天皇の母親といえば、多くは摂関家出身ですが、院近臣家の女性で天皇の母親になったのは彼女が初めてです。さらに、弟の藤原家保も伊予守に就任しますが、その子の藤原家成は鳥羽院の寵愛を受けた近臣で、さらにその子の藤原成親は後白河院の第一の近臣で、鹿ヶ谷事件で暗殺された人物です。このように、代々の院近臣を輩出したのがこの系統です。

藤原基隆と忠隆

一方、父子ともに二度も伊予守になったのが、藤原基隆とその子藤原忠隆です。彼らの先祖藤原兼家は、先にも述べたように摂政で天皇の外祖父であった人物です。その長男藤原道隆の子伊周は藤原道長に敗れて摂関に就任できなかったのですが、伊周の弟に武芸に優れた藤原隆家という人物がおりました。その子孫に藤原家範という人物がいましたが、これが堀河天皇の乳母であった藤原家子という女性の夫です。それもあって、白河院の近臣になった藤原基隆と藤原忠隆の父子は、二度も伊予守を務めました。しかも重任をしており、非常に長く伊予と関係した一族です。藤原忠隆の息子が、後白河の側近となって平治の乱の首謀者となる藤原信頼です。ここも代々、院の近臣を出していく家柄だったわけです。このように、乳母の関係などを通して、院の寵愛を受けた者が伊予守になったわけです。

会場の皆様の中には、院の寵愛で引き立てられたような人物に伊予守が務まるのかと、心配される方もおられるかもしれませんが、御心配には及びません。院近臣たちが受領の場合、実際にその国を治めたのは、彼らの代官として現地に下った有能な目代や受領郎従でした。彼らが国をうまく治めたのです。ちなみに受領郎従として有名な人物に、平清盛の祖父であった平正盛がおります。平正盛は播磨守藤原顕季に仕え、さらに白河院に推挙されて院近臣に抜擢

図25　伊勢平氏系図

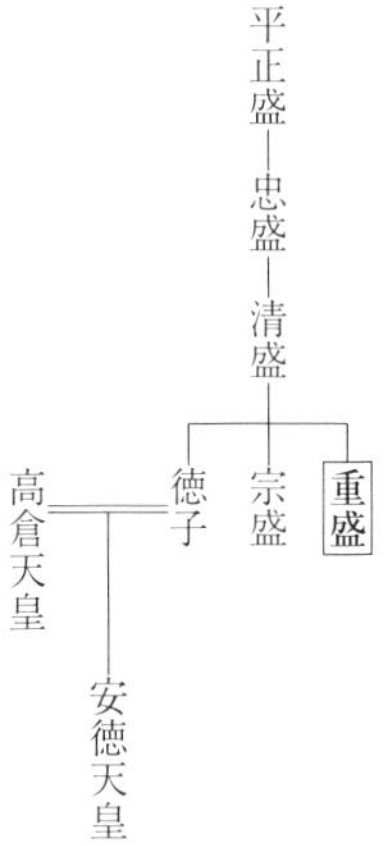

されました。こうした有能な代官たちが国を治めていましたので、院の寵愛だけで出世したような者たちが受領になっても、問題は起こらなかったのです。

四位上臈任国

　配付資料には、歴代の伊予守が、任期を終えた後にどのような地位に就いたのかということを書いておきました。藤原顕季が離任の後、美作守に転じていますが、彼以後に伊予守を離任した受領は、原則として伊予守と同格の播磨守にはなりますが、他の受領になることはありません。藤原基隆は、一度、讃岐守になっていますが、この人物もまた伊予守に戻っています。受領として伊予守以降に任命されるのは、播磨守だけでした。伊予と播磨は最高峰ということが、このことからもわかります。

　播磨守以外では、修理大夫・蔵人頭などのような、受領より格式が上の官職に就き、公卿に昇進しています。播磨と伊予は、ともに四位上臈任国であるという原則が白河・鳥羽院政期に成立していたことを、彼らの歴任した官職から知ることができます。

　しかし、保元の乱の前に任命された高階盛章という人物は、伊予守を離任した後、尾張守などに就いております。これは、原則が崩れたことを物語っています。なぜそうなったのかというと、これは知行国制度が導入されたからです。伊予国を特定の人物、たとえば院や摂関家などが、知行国主として治めた場合、その国の収入はすべて有力者の収入にする。そして彼らの下で受領に任命されるのは、知行国主の一族または、彼らに仕える家人であったのです。したがって、必ずしも四位上臈が任命されるとは限りませんでした。知行国制度が一般化する鳥羽院政期に、伊予を四位上臈任国とする原則は終焉を迎えることになりました。

伊予守平重盛（一一三八～七九）

最後に、平治の乱の後、伊予守平重盛の名前が挙がっています。この人物は平清盛の長男です。彼は平治の乱において命がけで大活躍しております。この時、清盛は六波羅の邸宅に二条天皇や後白河院を迎えて接待しておりましたので、重盛が武士を率いて源義朝軍と合戦し、危険な目にも遭っています。そのこともあって、平重盛は家来たちから尊敬され、平氏の軍事的中心として活躍する人物でした。彼は平氏の一門では初めて伊予守に就任しています。

平氏といえば瀬戸内を拠点としていますので、伊予守に就任する一門も多いように思われますが、不思議なことに平重盛以前に、伊予守となった例はありません。一方、播磨守には、彼の祖父の平忠盛は鳥羽院政期に、そして父平清盛も保元の乱の後に就任しておりました。ちなみに平治の乱が起こった時に、源頼朝の父である源義朝は播磨守に就任しました。これは、平清盛に張り合ったのではないかといわれる方もいますが、平治の乱で倒された信西（藤原通憲）の子である藤原成憲という人物が播磨守でしたので、彼から源義朝が奪い取ったというのが実態です。

このように、合戦で手柄を立てた者が伊予守になっていきました。源平争乱期の源義仲と源義経の問題はどうなるのか。それを次に述べてみます。

二　源平争乱と伊予守

1　伊予守義仲

後白河院と伊予

平治の乱のあと、しばらくして後白河院政が成立することになります。院は収入の多い伊予に目をつけ、自分の知行国にいたします。伊予守には院近臣たちが任じられますが、安元二年（一一七六）から、高階泰経といって、のちに義経が挙兵するときに院の命令を取り次いだりして、頼朝に罰せられる院の第一の近臣ですが、彼が伊予守を務めています。

　ご存知の方も多いと思いますけど、治承三年（一一七九）に平清盛と後白河院が大げんかをいたしまして、怒った清盛が後白河院を幽閉してしまうのですね。院を洛南の鳥羽殿に閉じ込めて、院政を止めさせるという大事件が起こります。後白河院は、すぐ臣下とけんかをして幽閉される帝王で、この四年後にも義仲に幽閉されております。こうしたところに帝王学に欠ける彼の欠点が見出されます。

　院政を停止した以上、平清盛は院の知行国も没収してしまいました。それまで、後白河院のもとで伊予が知行されていましたから、河野氏など伊予国の有力武士が後白河院に付き従って国内を治めていました。ところが、知行国主が否定されたために国内支配に当たっていた武士の立場も悪くなった可能性が高いと思います。河野氏は平氏に反抗しますが、このことと、治承三年の政変は関係すると私は考えています。関東でも後白河が知行した上総国と相模国で知行国主が代わりまして、上総介氏、三浦氏といった豪族が、平氏打倒の急先鋒になっていることを考えますと、こうした知行国主の変更も、河野氏の動向と関連する可能性があります。ただ、伊予の場合は、一年余りのちの養和元年（一一八一）閏二月に清盛が死にますと、すぐにまた後白河院の知行国に戻って、泰経が伊予守に復帰しておりますから、関東の場合ほど大きな問題は起こっていなかったのかもしれません。

木曽義仲（一一五四～八四）

　さて、養和元年に清盛が亡くなり、その二年後の寿永二年（一一八三）に、木曽義仲が入京いたしますと、平氏は安徳天皇とともに都落ちをして、京都は義仲に占領されることになったわけであります。義仲は頼朝の従弟ですが、従兄弟同士で同じ源氏だから仲がいいなどと思ったら大間違いです。図23をご覧いただくとわかるのですけれども、義仲の父は義賢といいます。この義賢は、義朝の長男で、頼朝の兄義平という人に、久寿二年（一一五五）に殺されてしまいます。ですから、この義朝―頼朝系統と、義賢―義仲系統は仲が悪く、義仲にしてみれば従兄とはいえ、頼朝は親の仇の弟で、あまり快く思っていなかったようです。敵意を抱く頼朝よりも、何としても先に都に上ってやるという意識が彼のなかにはあったのだと思います。

義仲は、治承四年（一一八〇）に頼朝に続いて挙兵したあと、北陸道に進みまして、ご存知の通り倶利伽羅峠や篠原の合戦で平氏に圧勝して、亡き以仁王の王子北陸宮を擁して京都に入ります。京都に入ったあと、最初越後守になるのですけれども、これを不満といたしまして、「越後なんて自分の庭みたいなもの、今さら越後守になっても面白くも何ともない」と思ったのでしょう。後白河院に圧力を加えて、後白河院が知行していた伊予を奪い取って、伊予守になったわけであります。そんなこともあって、義仲は事あるごとに後白河院に逆らって衝突をいたします。後白河院と義仲、この二人は犬猿の仲とでもいうべき大変な対立関係にありました。その理由はというと、後白河は、木曽の山奥で成長した義仲という人物を知りませんでした。都に入ってきた義仲に対して、「お前は誰だ？　頼朝の従弟？　源氏で一番偉いのは頼朝だから頼朝の代官か」と、都に入ってきた義仲を差し置いて「勲功第一は頼朝」としたものだから義仲は激怒してしまいます。その上、義仲軍が無茶苦茶な乱暴狼藉をするわけです。そりゃそうですよね、義仲軍は寄せ集めの軍隊で、しかも兵糧米はないわけですから。

極めつけは皇位決定への介入です。彼は連れてきた以仁王の王子を天皇にするように言い出すのです。ものを知らぬもいいところです。天皇を決めるのは院の権限、これは院の最も重要な権限だったのですが、義仲はそれを弁えず、「法皇さんよ、俺が連れてきた以仁王様の王子北陸宮さんを天皇にしてくれよ」というようなことをいったものですから、後白河は激怒、こんな馬鹿者は許さんということになり、早く頼朝を上洛させて義仲を倒させようと、寿永二年十月に宣旨を与えて頼朝の東国支配を公し、上洛を促したわけです。

これに怒った義仲、後白河法皇の御所法住寺殿を襲撃してしまうのです。法住寺殿といいますのは、現在の京都の三十三間堂やその北側の京都国立博物館、豊臣秀吉が作った方広寺、このあたり一帯を含む非常に広大な御所であります。ここで法皇は、院政をしていたのですが、義仲はこの御所を襲撃して、後白河院を幽閉してしまいます。べつに後白河は幽閉好きというわけではありませんが、またしても幽閉されてしまったわけであります。ただ、あまりの蛮行に京都周辺の武士たちも義仲を見限りまして、義仲は孤立し、そこに頼朝の代官の範頼・義経が上洛しまして、義仲は討たれることになるわけであります。

2　伊予守義経

義経（一一五九〜八九）の登場

伊予守義仲が討たれ、次に義経が伊予守になるわけなのですが、伊予守就任は平氏を滅ぼした後のことになります。そこで、まずは平氏滅亡に至るまでの義経についてお話ししたいと思います。

義経は頼朝の異母弟で、母が常盤御前というのは有名な話であります。常盤御前というのは、当時の中宮のおつきとして、千人の中から一人選ばれた絶世の美女であったという話で、きっと義経は美男に違いないと思われるのですが、皆さんもご存知かと思いますけれど、『平家物語』によると、義経は小男で歯がとくに飛び出して目立つという話であります。お笑いタレントのような顔だろうという人がいますが、この歯が出ているというのは、当時の武士の強さを象徴するものの一つでした。つまり、最初矢を射て、矢が尽きたら刀を抜いて打ち合って、刀が折れたらどうするか、相手と組み合うのです。最後は相手に食い付いたり、あるいは紐を食いちぎったり、そういうことも必要になってまいります。だから、歯が大きいというのは、檸猛な武士の象徴でありまして、義経はそういう恐ろしい顔をした人だったようであります。

この義経、平泉から頼朝に合流し、寿永二年（一一八三）に義仲追討のために上洛いたしまして、翌年正月に義仲を討伐する。そして、直後の一ノ谷の合戦で平氏を打ち破ります。このときに義経は、一ノ谷の裏山の鵯越から崖を駆け下る「鵯越の逆落とし」を行って平氏を打ち破ったといわれていますが、これは『平家物語』の作り話でありまして、実際にはこの鵯越の逆落としというのは、地元の武士、さっきお話しした源頼光の子孫、摂津源氏の多田行綱が敢行したものと考えられます。行綱というのは、地元の武士ですからあの付近の地理をよく知っておりまして、裏道を通って平氏を奇襲したわけですね。しかも、彼は以前に平氏と争っていて、平氏に遺恨もありますので、勇み立って攻撃をしたのであります。義経は平氏に次々勝つのですが、次の屋島もそうですけれど、地元の武士、しかも平氏に遺恨をもっている人をうまく利用いたしまして勝利を収めた、そういう特色があります。何も義経はアクロバットみたいなことをやって、断崖から飛び降りて平氏をやっつけたわけではありませんで、地元の武士をうまく利用したことが彼の勝因であります。

一ノ谷合戦後に有名な無断任官問題が起こります。鎌倉幕府の公式の歴史書である『吾妻鏡』という書物によりますと、義経が頼朝の許可を得ずに後白河法皇から検非違使・左衛門少尉という官職を与えられたため、頼朝は激怒し、義経の平氏追討への出撃を中止し、以後二人の仲が悪くなってしまったというのです。このため、義経は阿呆で後白河法皇にたぶらかされて、頼朝の対抗馬に仕立てあげられたとか、後白河は頼朝と義経の対立を煽って、武士政権成立を抑えて貴族政権の延命を図ったなどと解釈もなされております。

しかし、無断任官は事実とは考えられません。その理由は、第一に、もし義経が後白河法皇から官職をもらったことを頼朝が怒ったのなら、義経を危険な最前線に追い遣るのが当然であります。ところが、頼朝は義経を京都に留めて後白河との取り次ぎ役をさせているのです。こういう頼朝の扱いをみても、義経が官位授与を通して後白河に接近したことを、頼朝が怒っていたとは考えられません。

第二に、この任官後、義経は叙爵といいまして、五位の位を与えられて貴族の地位を得る、さらには先ほど源頼光や平忠盛の例を挙げました内昇段も許される、というふうに義経はどんどん昇進していきます。もし頼朝が無断任官を怒ったのであれば、こんな昇進を許すはずがありません。

さらに第三には、翌年の正月には、検非違使として祝宴を行うのですけれども、その時のごちそうを用意したのが、頼朝の腹心大江広元でした。彼が代官を通してごちそうを用意させているわけです。大江広元は、実は義経に心を寄せて頼朝に背いていたなどという解釈はありえないことです。これはどう考えても、無断任官で頼朝が怒ったなんてことは事実とは認めがたいといわざるをえません。頼朝は、義経が後白河の指示に従って検非違使になることを認めていたのです。

では、義経がなぜ平氏追討に行かなかったのかというと、一ノ谷の合戦のあとに伊賀や伊勢にいた平氏の残党が蜂起いたします。この連中を追捕しなければならない。そこで義経は都に留まっていたのです。『吾妻鏡』は、鎌倉時代の後期、この源平合戦からみると、百五十年も経って作られたものであります。したがいまして、誤伝もあれば、あるいは意図的な情報操作もありますので、『吾妻鏡』に書いてあるから本当とは、簡単にはいえないところがあります。それだけに史料として扱うことが難しい書物であります。

平氏滅亡

そういうわけで、義経は都に留まりまして、平氏の残党追討に当たっていたわけですね。代わって、兄の範頼が平氏追討に出かけていくことになります。『平家物語』は、面白おかしくしようとして極端に人物を対比いたします。義経は優秀である、鬼神のごとき活躍をする。ところが、兄の範頼は無能でありまして、彼は平氏追討の命を受けたのに、ちゃんと平氏追討も行わず、あちこちで遊女を集めて酒宴を開いている。そんなことを書いているのですが、これは全くの虚構です。範頼の亡霊が出てきて『平家物語』の作者に文句をいってもいいくらいです。彼は決して無能ではありません。彼は山陽道をたちまちに制圧いたします。河野氏も山陽道の平氏方に攻撃を受けたりしていたわけですから、範頼のおかげで山陽からの圧力が弱まり、ずいぶん有利になったと思います。
とにかく、範頼の活躍というのは非常に大きな意味があったわけです。ただ彼は水軍をもっておりませんでしたので、壇ノ浦近くの彦島にある平氏の拠点を落としたり、あるいは屋島を攻めたりすることはできない。しょうがないので、頼朝は範頼に対し「まず九州に行って、九州の水軍を率いて平氏を包囲せよ」という指示を出しています。これは義経が動けないための便宜の措置だったのです。

中には、頼朝は平氏を包囲して徐々に追い詰めよといっているのに、それを破った義経は頼朝の構想を崩したのだと非難する方もいますけれども、これは間違いです。つまり、義経が屋島を攻める。これは頼朝の規定方針なのですが、平氏の残党追討のために京都に留まらざるをえない。そこで仕方なしに、範頼に九州の武士を率いて、平氏を包囲しろと命じているのですね。このことをきちんと理解しないで、包囲作戦が頼朝の本音だと考えるのは、大きな誤りです。頼朝も、やはり義経に早く屋島を討たせたいと思っていたわけであります。

かくして、義経は元暦二年（一一八五）の正月に京都を出発、渡辺津で準備を整えて、二月に屋島に出撃していくということになります。先ほど申しましたように、頼朝は一ノ谷合戦の直後から義経に屋島攻撃を命じていたのですが、伊賀・伊勢平氏の蜂起の影響で出立が遅れていたのです。事実、義経が屋島の平氏を討つという大変重要な任務で出撃しようとした時にも、後白河法皇は先ほど名前が出た高階泰経を派遣しまして、平氏の家人伊藤忠清が京都の付近に潜伏していて、何をするかわからない、だから行かないでくれ、といって義経を引き留めているのですね。平氏追討という大事な任務があるというのに、テロの恐怖があるから行くなといっている。なぜ義経が平氏追討の前線に行かなかったのかということを如実に物語る史料であると私は思います。

さて、『平家物語』は、義経が暴風雨をついて、あっという間に四国に渡り、たまたま出会った武士が道をよく知っていたので、道案内をさせて屋島を攻め落としたといっているのですが、これはちょっと事実とは考えがたいものであります。まず、大阪湾を渡ったときに、義経が組織した武士は渡辺党といいまして、大阪湾を活動基盤とし、海流とか気候とかをよく知っている武士たちでした。だから、多少天気が悪くても彼らの案内さえあれば、海を渡るのは簡単なことです。しかも、もともと源頼政に従っていた武士団ですので、平氏には大変な遺恨があります。

また、阿波国で組織した武士は、近藤親家といいます。この近藤氏というのは、もともと院近臣であった西光、鹿ヶ谷事件で清盛と対立して殺された人物ですが、その西光を生んだ一族で、しかも阿波国の粟田（あるいは田内、俗に「田口」といわれたりします）成良と対立した武士団であります。その人の道案内で迅速な勝利を収める。つまりここでも、平氏に遺恨をもつ地元豪族の協力で義経は遠征先で勝利を収めたことになるわけです。今のスポーツでもそうですけど、ホームチームと遠征チーム、ホームとアウェイ、どっちが有利かというと、ホームが有利に決まっているわけですが、義経はアウェイの不利をどう克服したのかというと、現地の武士をうまく組織した。しかも、平氏に遺恨をもって、ファイティングスピリットをもっている、そういう人をうまく組織して彼らの道案内で迅速な勝利を収めた。こういったことになるわけであります。しかし、そんな話では面白くありませんから、『平家物語』では義経が冒険的なことをしたという設定になっているわけであります。

ちなみに、『平家物語』ですと、屋島の戦いの際、粟田成良の子教良が伊予国で河野通信を打ち破って、三千騎を率いて意気揚々と凱旋してきた。これに対し義経軍はわずか百五十騎しかいない。そこで義経の腹心伊勢三郎がわずか十五騎を率いて乗り込み、この教良を騙して降参させたという話になっております。話としてはおもしろいですが、いくらなんでも事実とは考えられません。河野通信は、このあと軍勢を率いて義経軍に合流する、つまり教良を追撃しているのですね。負けた人が追撃することは考えがたいので、実際には教良は通信に敗れて逃げてきた。そこへ義経がいて挟み撃ちになったので、降参せざるをえなくなった。これが実際であろうと私は考えております。

屋島の平氏を支えていたのは、この粟田成良一族であります。その息子が義経側に捕虜になってしまった。この結果、成良も平氏を裏切ることになり、ついに平氏は三月二十四日の壇ノ浦合戦で敗れて滅亡し、源平争乱は終結するのであります。

頼朝との対立

こうして義経は大変な手柄を立てまして、平和な時代がきたはずなのですが、実にこれから義経と頼朝の対立が激化していくことになるわけであります。

さて、義経と頼朝の対立であります。頼朝との対立について、先ほどもふれた『吾妻鏡』は、無断任官問題が起点であったとし、さらに頼朝は腹心梶原景時から、義経は頼朝の命令に従わず、勝手に鎌倉御家人を罰しているなどというようなことを吹き込まれて憤慨する。怒った頼朝は五月、捕虜となった平宗盛らを連行した義経を鎌倉に入れず、腰越に留めて対面を拒否したというのです。

なお、平宗盛は清盛の嫡男ですけれども、壇ノ浦合戦で一門の多くが飛び込み自殺をしたのに、彼は泳いで逃げようとして捕まったという話になっています。真相はよくわかりませんが、『平家物語』は宗盛を臆病な人物として戯画化しておりますので、臆病で死に切れないといった単純な事態ではなかったと思います。

さて、『吾妻鏡』によりますと、腰越に留め置かれた義経は、兄に対して「腰越状」を書いて、私はこんな苦労をしたのに、対面拒否なんてひどいことをしないで、と嘆願するのですが、頼朝は一切許さず、義経は頼朝に会うこともできず、六月九日に京都に帰る。そして帰京に際し「頼朝に文句のある奴は俺に付いてこい」という捨て台詞を残したという話になっています。ここで頼朝との関係は決裂したことになります。

しかし、これにはおかしなことが多いですね。そもそも義経の挙兵は十月ですから、それから四ヵ月間一体どうなっていたのでしょうか。だいたいそこまで文句をいったのなら、頼朝はすぐに追いかけて義経を捕まえればいいわけで、なぜ義経を京都に帰らせてしまったのでしょうか。どう考えても『吾妻鏡』の記述には、おかしなことが多すぎます。

実は、義経が挙兵した理由について、のちに頼朝と手を結び摂政・関白となる右大臣九条兼実の日記『玉葉』の文治元年（一一八五）十月十七日条に、義経が語った挙兵理由三点が挙げられております。その第一は、恩賞として与えられた伊予国に地頭が任命されてしまった。これによって国務を妨害されたというわけであります。第二は没官領を没収された。平氏から没収した土地を没官領といいますが、いったんはそれを預けられたのに没収された。第三に、自分のもとに刺客が派遣される。土佐坊昌俊という人物ですが、それが派遣されて私は殺されようとしている。「もう我慢できない、あんなひどい兄貴には従うわけにはいかん、挙兵だ」といったというのですね。

これを見ますと、手柄を立てたのに対面してくれなかったとか、鎌倉で大変ひどい目にあったなんてことは出ていません。ごく近くの問題だけが理由になっております。そのうちの没官領というのは、正式に処理するまでに一時的に預けられたもので、没官領二十ヵ所くらい取り上げても、伊予国が豊かな国ですから別に問題ではありません。刺客の派遣も、決裂後の問題です。したがって、義経が頼朝に兵を挙げた、頼朝と衝突した最大の理由は、伊予守問題だったのです。せっかく伊予守に任じられたのに、頼朝が地頭を任命して義経の国務を妨害した。ここに一番大きな問題があったということであります。

国務というのは徴税でありまして、伊予国からの収入で義経は生活しようとしたのですが、それを妨害されてしまった。この地頭というのは誰なのか、それぞれの国衙領に一人ずつ地頭が置かれたのか、国全体を統括する河野氏か誰かが国地頭、国全体を治める地頭だったのか、その辺はわかりません。とにかく義経の国務を頼朝が妨害して、義経は収入源を奪われてしまった。これでは食っていけないということで、対立が激化して挙兵を決断したわけであります。つまり、義経の反頼朝挙兵の最大の問題点は、この伊予守補任にあるわけです。義経の挙兵には伊予守補任の問題が関係してくるわけであります。

義経の伊予守補任

さて、伊予守補任をめぐる問題を、次に考えることにしたいと思います。伊予守補任は文治元年八月十六日のことであります。そのことが鎌倉に伝えられた『吾妻鏡』の八月二十九日条にはこんなふうに書いてあります。

　今度、予州のことに至りては、去る四月のころ、内々に泰経朝臣に付せられおわんぬ。しかるに彼の不義等露顕せしむといえども、今更申し止めらるるにはあたわず。偏に勅定に任せらると云々

これによると、今回義経を「予州」、すなわち伊予守に任命することは、去る四月のころに頼朝から内々に院近臣泰経に連絡し、泰経から院に伝えてもらった。ところがその後になって彼、つまり義経の不義、不正行為、問題行動、こういったものが顕わになったのだけれども、今更それを取り消すわけにはいかないので、ただ院の命令に従った、というのです。四月にいっちゃったから、あとで問題が起きたけれど、しょうがないから放っておくかということで、義経は伊予守になってしまったということになります。

しかし、伊予守は、頼朝が申し入れて任命するものですから、いったんは申し入れても問題があれば止めるのが当然のはずです。いくら何でも、一度いっちゃったから取り消せないというのは、まことに非現実的であります。どうもこの『吾妻鏡』の記述は、先ほどの無断任官問題と同様に、事実とは考えがたいものです。とうてい『吾妻鏡』の記述には従うわけにはいきません。この任官のことを書いた『玉葉』の八月十六日の記事には、次のように書かれています。

　今夜除目あり。頼朝の申すによりて也。受領六ケ国、皆源氏也（中略）。この中、義経伊予守に任ず。大夫尉を兼帯するの条、未曽有、未曽有。

未曽有を「みぞうゆう」と呼んだ有名な方がおられましたが、これは「みぞうう」でございます。未曽有、未だかつてない、こんなことはないっていうことなのですね。つまり、貴族社会は先例が大事であって、先例にないことを

してはいけないということであります。受領が大夫尉、つまり検非違使を兼帯した例はないということなのです。この伊予守の人事は、頼朝の申し入れによって行われた。ただ、義経は伊予守になったのだけれども、それまで任じられていた検非違使を依然として兼帯している、こんなことはありえないことだと、九条兼実はびっくりしています。先ほど申しましたように、検非違使を長年務めて、そのご褒美で受領に任命されるわけですね。だから受領になったときには、検非違使を卒業する、検非違使を辞めるのが普通であります。それなのに、検非違使をまだ兼任していた。こんなことは、ありえないことだというわけであります。

では一体誰が、義経を検非違使兼任のまま留めたかというと、これは後白河院以外に考えられません。後白河院でなければ義経に検非違使を兼任させて、「義経は検非違使だ、検非違使も兼任する」ということを強引に頼朝に申し入れることなどできるはずがありません。では、これは何を意味するのでしょうか。

受領になるということは、遙任が可能になるということであります。遙任というのは、受領の任国、現地に行かないで、貴族の場合京都に留まることをいいます。源氏の受領の場合には、たとえば兄の範頼も三河守ですが、鎌倉に留まっております。つまり、現地に行かないで、源氏一門なら鎌倉に来るようにする。そういうことが可能になるわけですね。要するに、義経を伊予守にするということは、鎌倉に来なさいという頼朝の命令であります。ところが、後白河院と義経は、それは嫌だ、鎌倉に帰るものかという意思を示した。検非違使は京都の治安維持をする役目ですから、義経は検非違使を兼任したので、京都に留まることを意味するわけであります。頼朝は義経に、鎌倉に帰ってきなさい、鎌倉に来て私の政治を助けなさいといったのですが、義経は「冗談じゃないよ、俺は京都に留まって、あなたのいうことはきかないよ」と、こういったわけですから、ここで頼朝と義経の関係は最終的に破綻をしたということになります。

先ほど『吾妻鏡』の無断任官問題のところで、検非違使任官で頼朝と義経は対立したという話があったと申しましたけれども、確かに検非違使問題がきっかけで頼朝と義経の関係が破綻します。でも、それはこの時のことですね、伊予守に任命して頼朝は鎌倉に帰ってきなさいといったのに、義経は検非違使に留まり、絶対に帰らないといった。ここで両者の関係は完全に破綻してしまったわけです。そこで怒った頼朝は、折角伊予守に任命してやったのにこの態度はなんだとばかりに、怒って現地に地頭を補任いたしまして、義経の国務を妨害してしまった。義経の収入を奪い取ってしまったというわけであります。

義経の鎌倉召還問題は、もう一回起こりまして十月に、頼朝は父の義朝を弔う勝長寿院の供養を行います。これは頼朝の父の供養ですから、当然義経にとっても父の供養であり、行かなければいけない。ところが義経は、これに参列しなかったわけですね。これで頼朝は最終的に関係破綻と見なして刺客を派遣するということになったわけであります。

まあ、義経も大人気ないことをいわずに、鎌倉に帰って兄と一緒に政治をしたらいいじゃないかと思う人がいるかもしれません。しかし、もちろん後白河法皇の寵臣ですから、京都にいた方が良い思いができるに決まっています。それればかりではありません。鎌倉に下るということは、義経にとっては非常に危険があるわけです。当然ですが鎌倉に下ると、下手したら何か理由をつけて拘束される、お前は謀反を企んでいるだろうと、捕らえられる恐れもある。さらには殺される危険性もあります。

頼朝挙兵の時に二万騎もの軍勢を率いて参戦した最大の功臣上総介広常という武将がおりました。頼朝を制約するような非常に大きな勢力をもった武士でしたが、彼はいきなり殺されてしまった。梶原景時という武士と双六を打っていて、けんかになって殺されたというのです。謀反の疑いがあったといわれたのですが、後になって広常は無罪であった、あれは冤罪であったとされました。不可解な事件ですが、理由はともかく、広常の存在を危険とみた頼朝が、あれこれ理由をつけて消してしまったのであります。また、源氏一門で頼朝に対抗する勢力をもった甲斐源氏の武将、一条忠頼という人、この人なんかは日ごろから態度がでかい、驕慢な振る舞いが多い、という理由で、いきなり御所で殺されてしまいました。これも独立性の高い甲斐源氏を滅ぼすために謀殺したということであります。義経もいずれそうなるのではないか、こうした危険を感じて鎌倉下向を拒否するのは当然であったといわなければなりません。

対立の背景

頼朝が義経を危険視する。義経も頼朝に危険視されている。そういうことがわかるから、このような対立が起こってしまったわけであります。では、頼朝が義経を危険視し、また義経が頼朝に対して不満を抱いた背景は何か、これが次の問題であります。

われわれは古典の授業で『平家物語』を読みますけれども、一般的に用いられているのは流布本・覚一本などと呼ばれるもので、南北朝時代に編纂されたものであります。それより古いかたちの『平家物語』があったとされております。鎌倉時代に筆写された延慶本『平家物語』が『平家物語』の原型により近いとされております。ただ、そのあとの時代に書き加えたところもありますので、扱いは難しいものですけれども、これは流布本とはだいぶ違う内容を伝えております。

これを見ますと、義経というのは結構傲慢な人物として描かれております。壇ノ浦合戦後の二人の対立について次のように述べている。鎌倉の源二位、つまり頼朝は、義経には伊予国一ヵ国を与え、院の御厩別当になって京都を守護するようにといったというのです。それを聞いた義経は、

度々の合戦に命を捨て已に大功をなす。世の乱れを鎮めぬれば、関より東は云ふに及ばず、京より西をばさりとも預らむずらむとこそ思ひつるに、纔かに伊予国と没官の所二十ヶ所と当り付きたるこそ本意無けれ

といい放ったというのです。つまり頼朝は、義経はよくやった、じゃあ伊予国を与えて、また院の厩別当、これは院の親衛隊長ともいうべき、院の一番の腹心でありまして、在京武力の第一人者が任命される名誉ある地位ですが、こ

ういう地位に就いて京都の守護をしたらよいだろうといったのですね。それを聞いた義経は、「俺は何回も合戦やって、命がけで戦ってきたんだよ。世の中鎮まったら、関東が俺のものになるのは当たり前、それで京都より西も全部もらえると思ったのに、たった伊予国一国と没官領二十ヵ所かよ、人のことを馬鹿にするなよ」と、ちょっとガラ悪くいうと、こういうことをいったと書いてあります。義経は恩賞に不満だったというのですね。

皆さん聞いておかしいと思われるのではないでしょうか。「関より東」つまり関東は当たり前だといっている。義経が頼朝を殺して関東を奪うかといえば、そんなことはありえない。これは、当時義経は、頼朝の後継者と見なされていたということであります。頼朝の子供といえば、頼家がいますけれども、頼家はまだ四歳、後継者の立場は不安定であります。それに対して義経は、大変な武勲をあげたわけです。しかも、頼朝の養子になっていた。だから頼家を脅かす存在と見なされたわけですね。もちろん、本当に義経がこういったかどうかはわかりませんけれども、延慶本『平家物語』にこのように書いてあるということは、当時の人々のなかに義経は頼朝の後継者であって、きっと義経が頼朝の跡を継ぐだろうと予想する人もいた。つまり、鎌倉幕府は義経のものになるのだろう、こういう見方があったことを示すものであります。義経が幕府の後継者になることを期待する人もいたわけですね。

頼家は寿永元年（一一八二）生まれですから、壇ノ浦のときには数えで四歳、満三歳。無事に成人するかどうかもわかりません。本当に優秀であるか、武士として優れているかどうか、そんなこともわからないわけです。一方の義経、彼は頼朝の猶子（養子）になっていた。「九郎御曹司」という言葉がありますが、これは頼朝の子供ということであります。だから、義経こそが頼朝の後継者であって、これだけ手柄を立てたのだから、当然彼が跡を継ぐだろう、そういうふうに考える人もいたわけであります。まして、後白河法皇の側近として大きな権威をもって、院からの信頼も厚いわけです。

しかし、頼朝にしてみれば、やはり義経の権威が大きくなりすぎると危険な面もある。まして義経は、都に帰った後、清盛の義弟で、あの「此の一門（平家一門）にあらざらむ人は、皆人非人なるべし」、平家でない奴は人間ではないという有名な暴言を吐いた、傲慢な平時忠の娘と結婚してしまったのですね。あろうことか時忠に娘の色香で籠絡されてしまいまして、これと結婚した。一説には、大事な文書を騙し取られたなんて話もあります。そして平氏の残党が義経に付き従うような動きも出てまいります。さらには、先ほどもちょっとふれましたけれど、鎌倉に文句のある奴は俺に付いてこいと義経がいったという話もありますが、実際、鎌倉幕府、頼朝の政治に不満をもつ者が義経に味方する、義経のもとに加わる、そんな動きも出てきたわけであります。

こうなってしまいますと、義経が京都を基盤として独自の大きな勢力を築く、そういう危険性が出てくるわけですね。そして頼家が幼少のうちに頼朝が死んだりしようものなら、幕府を義経に乗っ取られる。あるいは、乗っ取らないまでも、京都幕府と鎌倉幕府に分裂してしまう。こういう危険性が生まれてきたわけであります。そうなってしまうと、幕府、武士を二分した大きな戦いが起こってしまいます。だから頼朝は、義経に鎌倉に帰りなさい、独自の権力は棄てて、私のもとで自分を助けなさいと、こういうふうにいったわけです。ただしかしそれは、義経に対する、監視でもありまして、義経はそれを嫌って拒否した。そこでついに、両者の関係は決裂することになったわけであります。

以上申しましたように延慶本『平家物語』は、義経を結構、野心家で傲慢な人と描いております。それに対して流布本の『平家物語』は、そういう義経の傲慢さはあまり描いておりませんが、平時忠の娘の色香に迷って、機密文書を取られちゃったという間抜けなところも描いております。このように『平家物語』の諸本は、義経の失策を描いているのですけれど、鎌倉幕府の公式歴史書『吾妻鏡』は義経の失策を取り上げることはなく、大変同情的な書き方をしているのです。

後白河法皇から折角、名誉ある地位を与えられたのに、頼朝が意地悪をして、無断任官だと怒った。あるいは梶原景時のいい加減な讒言を信じて義経のことが嫌いになった。鎌倉に来たのに会ってもやらない。嘆願も無視する。頼朝というのはひどい人だ。一門に対してずいぶん残酷な人だ。こういうことを非常に強調しているのであります。『吾妻鏡』を読んでいると、義経がかわいそうだと誰もが思うのですね。なぜ『吾妻鏡』がそういうことをしたのか。これは、『吾妻鏡』という書物が、頼朝は幕府をつくった偉い人だけれども、源氏一門には非常に残酷で、酷薄だったということを強調していたためであります。

では、こうしたことを強調することはどういう意味をもつのか。それは、頼朝が一門を大切にしなかったから、頼朝の死後、源氏将軍はあっという間に絶えてしまったのだということを印象づけているのです。義経は腰越状で、「もし、私を大事にしてくれたら、あなたの子孫を守りますよ、源氏繁栄のためには、私を重視した方が良いのではないですか」と頼朝にいったのに、頼朝は義経の嘆願を一蹴してしまうのですね。

こうしたことを強調して、源氏将軍の断絶は、一門に対して大変残酷であった頼朝の責任だというふうに話をもっていくわけです。そして、源氏将軍が断絶したあと、鎌倉幕府を受け継いで支えたのは、われわれ北条氏であり、北条執権政治が成功したから、幕府は繁栄したのだ。その北条執権政治が成立したのは、源氏から強引に奪ったものではなく、頼朝が一門に対して残酷な仕打ちをして、源氏将軍が三代で断絶した結果なのだ、ということを強調しているのであります。

以上、大雑把な話になりましたけれども、平安時代の伊予守には、こんな人がいたということ。そして、義経の伊予守任官問題。義経と頼朝との対立に関する『吾妻鏡』の記述は信用できず、伊予守補任問題が頼朝との最終的な決裂のきっかけになったこと、特に伊予守になりながら、検非違使に留まったということが両者の決裂を招いた。こういったことをお話しさせていただきました。ほぼ時間がまいりましたので、これで終わらせていただきます。

第四部　王権と都市

第一章　京の変容

——聖域と暴力——

はじめに

本章の課題は、平安末期の都市としての京の特色を解明することである。

当時の京の特色の一つは、いうまでもなく荘園・公領体制の成立に伴って、荘園領主が集住する中世都市に変貌しつつあった点で、この面についてはすでに戸田芳実氏の優れた研究成果がある(1)。他方、かかる荘園領主の集住は、地方の荘園と国衙との対立を京に持ち込む結果となり、強訴の頻発をはじめとして京の軍事的緊張を著しく高めるに至った。このため、京において多数の武士が活躍することになるのである。

もちろん、すでに承平・天慶の乱以降、清和源氏・桓武平氏などの「軍事貴族」は京に存在していた。しかし、摂関時代の源頼光のように、その公的活動は一般貴族と大差なく、武的な性格が表出することはほとんどなかった。ところが、院政期に入ると軍事貴族たちは官職と無関係に強訴の防禦などに起用されて、武士としての性格を明瞭にすることになった。すなわち、軍事貴族は「京武者」と呼ばれる武士に脱皮するのである(2)。

このように、武士が本格的に出現し重要な役割を果たした点こそが、平安末期の京が有したもう一つの特質といえる。そこで、本章ではこうした武士たちが都市としての京に及ぼした影響という点を中心に論じることにしたい。なお、対象とする時期は平安末期ということから、武士が登場した院政期より、平氏政権・内乱期までとする。

さて、平安末期に成立した鎌倉や平泉が武士によって形成された都市であったのと異なり、京は元来貴族・荘園領主の都市である王朝都市であった。したがって、京には貴族の形成した都市の秩序が存在していた(3)。ここで問題となるのは、武士が政治的に成長してゆく過程で従来の京が有した秩序をどのように変化させたのかという点である。

当時の貴族たちは鋭敏なケガレの観念を持ち、天皇をケガレから守ることを京における最大の課題としていた。いわば、京はケガレを排除する聖域という性格を有していたのである。天皇をケガレから防禦する都市空間としての京を、以下では聖域としての京と称する。これに対し、武士が本質的に殺生・傷害を伴う武芸・暴力を具有していたことはいうまでもない。すなわち、両者の性格は鋭く対立せざるをえなかったのである。したがって、当時の都市としての京と武士の関係を論ずる場合、武士による暴力の行使が京に与えた影響こそが問題となるのである。

そこで、以下、本章では武士の活動の実態に則して、武士の暴力とケガレを排除する聖域としての京との軋轢・矛盾などを中心に検討する。

一　京武者の京

1　京武者の活動

天永四年（一一一三）四月、平正盛・忠盛・源重時以下の武士は、南都から入洛を企てた数万とも称される興福寺大衆を防禦するために宇治に派遣された。両者の対陣中に出現した鹿を武士が射殺しようとしたことから偶発的に合戦が勃発、多数の犠牲を出して大衆は撃退されるに至った。この事件を、藤原宗忠は「今日申時ばかり、南京大衆、宇治一坂の南原の辺において、京武者とすでに合戦す」と記している。すなわち、平正盛以下の軍事貴族は当時「京武者」と呼ばれていたことになる。(4)この言葉は、院政期の軍事貴族が武士的性格を明白にしていたことを明示するものであり、当時の軍事貴族を指称するのに適切なものと考えられる。そこで以下ではこの史料用語に従って、当時の軍事貴族を京武者と称することにする。

京武者の性格についてはすでに旧稿で詳述したが、要点のみを付記するならば、五位程度の官位を帯びるとともに、京近郊に所領を有して経済・武力基盤とし、政治的には荘園領主権門に従属して、地方武士とはむしろ対立関係にある存在であった。そして、摂関時代の軍事貴族が、主として公的な官職に基づいて行動していたのに対し、日常的に官職と無関係に軍事的に動員されて、家職である武士としての面が官職を優越するようになっていたのである。(5)

かかる京武者としての性格を早くから示していたのは、義家以下の河内源氏であった。彼らは、奥羽の反乱の鎮圧者として有名であるが、京においても官職と無関係に再三悪僧らに対する防禦・追捕に動員されていた。また、義家・義綱らの郎従も、広汎な地方武士ではなく五位程度の官位を持つ武士が中心であり、義家らは京武者連合の盟主的な性格があったと考えられる。(6)このことは、十一世紀末期には京に多数の京武者が並立するようになっていたことを物語るのである。

このような京武者が多数成立した背景には、強訴の頻発に代表されるように、京の軍事的緊張が高まっていたこと、義家のように地方反乱の鎮圧にたびたび下向する有力な京武者が出現しており、その郎従が必要とされたこと、そして、受領の収奪の爪牙となる郎従の需要が高まっていたことなどがあった。また、逆に畿内周辺における郡司などの豪族層も、荘園領主の圧力や有力農民の成長によって在地での領主的発展を阻まれていたために、政治的地位の上昇を求めて受領や有力京武者の郎従となるために京に進出していかざるをえなかったのである。(7)

かくして、多数の京武者が京に併存するに至ったが、彼らは近郊に所領を有しており、常時在京したのではなく所領と京を往復していたごとくである。たとえば、有力な京武者でもたびたび所領に下向した者があるし、(8)永久元年

（一一一三）の梅宮祭では「京に住まう衛府の員、極めて少なし」という理由で滝口が用いられており、[9]衛府に起用される下級の京武者の多くが、京外に居住していたことがわかる。すでに、院政期の国内名士が再三上京・下向を繰り返したことは戸田芳実氏の研究によって明らかであるが、[10]京武者もその例外ではなかった。

むろん源平など有力京武者にとって在京活動が重要な意味をもっており、平氏が六波羅に拠点を築いたように、他の京武者も独自の拠点を形成していった。六条堀河の六条若宮が河内源氏の拠点の中心地であったことも周知に属するであろう。平氏の六波羅のように、六条の具体的な実態を物語る史料は存在しないが、六条八幡や頼義・義家の邸宅が左女牛小路の南・西洞院の西に、また頼義の建立した「ミノワ堂」が六条坊門の北・西洞院の西にあったとされ、為義の邸宅が堀河付近であったことを考えると、[11]源氏の拠点は広範囲に広がっていた可能性が高い。

また、河内源氏以外にも摂津源氏の頼綱や、[12]白河院の北面であった藤原盛重なども六条に居所を有しており、[13]六条付近が武士の重要な活動拠点の一つであったことは疑いない。六波羅・六条といった、当時の京では比較的周辺に当たる地域が武士の拠点となったといえる。また六条がこうした性格を有した背景には、白河院が主要な院御所とした六条院の成立とその警備の問題なども関係していたのかもしれない。

このように、京に多くの京武者が居住するようになると、武士が治安の紊乱者となる場合が多くなる。その大半は単純な粗暴犯であるが、武士の論理を京に持ち込んで貴族社会と鋭い摩擦を惹起した事件も目立っている。たとえば、長治二年（一一〇五）十一月に摂津源氏の源明国は殺人によって弓庭に拘禁されたが、この原因は大宮五条付近で郎従を殺害したことにあった。[14]有名な『今昔物語集』の多田満仲の説話のごとく、[15]自身が絶対君主である所領において郎従の殺害は日常茶飯事であったが、京中ではかかる論理は通用しないのである。そして、この事件の五年後、明国は殺人を犯しながら祭礼を控えた京の所々を訪れたために、佐渡に配流されることになる。[16]

先述のごとく、元来京は天皇をケガレから防禦する聖域であり、こうした秩序と矛盾を生じた武士が禁圧を受けるのも当然といえる。しかし、院政期の京では悪僧・神人の強訴が繰り返されて軍事的緊張が高まっており、多数の武士が再三動員されていたのである。ここで、強訴を迎撃する京武者の行動と、暴力・流血を排除する聖域としての京の関係が問題となる。そこで、以下ではこの点を中心に、強訴が京に与えた影響などについて、強訴の実態を解明しながら検討することにしたい。

2　強訴と京

院政期の貴族と京の民衆を震撼させた権門寺社の強訴は、主に荘園・末寺の問題や、重要な法会や僧綱の人事をめぐって発生した(17)。強訴そのものは、すでに摂関時代に発生していたが、神体を伴って頻発するようになるのは白河院政期以降である。その人数は大規模なもので数千人に上っており、冒頭に記した天永四年（一一一三）の興福寺強訴では、誇張を含むとはいえ、その数は数万とさえ称されている(18)。このため、強訴を迎撃する武士も多くの人数を要したのはいうまでもない。嘉承三年（一一〇八）四月の延暦寺による強訴では「数千の軍兵」が動員されているのである(19)。

したがって、本来の京の治安維持を任務とする検非違使のみでは兵力不足であり、軍事的にも優れた京武者が官職と関係なく多数動員されることになる(20)。そればかりか、久安三年（一一四七）に播磨守平忠盛・清盛父子の配流を要求した延暦寺強訴の際には、地方の国衙に組織されたと考えられる「諸国兵士」も動員されるに至った(21)。こうした京武者・検非違使・諸国武士は、院政期最大の動員形態を示し、保元の乱においても国家権力を掌握した後白河天皇によってかかる動員が行われることになる。

さて、強訴の際に入京した悪僧・神人は、激しい掠奪を行って「あたかも大賊のごとし」と称されたりしたように(22)、都市としての京に重大な被害を与えた。他方、迎撃する京武者は、延暦寺の場合は河原・西坂本などに、また興福寺強訴の場合は宇治・淀と、それぞれ京の周辺に派遣されているが、彼らの駐屯も付近の荒廃を招くことになる。たとえば、右に記した天仁の強訴の際、数千人に上る兵士が十日余りにわたって陣を敷いた「東山・河原・賀茂・吉田」のあたりは、「下人の田畠、兵士等が為に滅亡」したとされる。[23]したがって、悪僧・神人が入京するか否かにかかわらず、京やその周辺には多大の被害がもたらされたのである。

このように、強訴に際して京武者は京の周辺において強訴の入京阻止に当たっていた。しかし、少数の悪僧・神人らが迅速に入京した場合には、京武者の派遣は間に合わず、おおむね直接院御所に強訴が行われることになる。この場合も京武者が御所を防禦するものの、原則として寺社側の要求が受容されているのである。

たとえば、天永四年四月、興福寺僧徒の祇園社に対する乱暴を訴え、延暦寺大衆ら四～五百人は、院御所を包囲して興福寺の実覚僧都の配流を要求した。これに恐れをなした貴族たちは、実覚にはさしたる罪過がなかったにもかかわらず配流を決定しており、大衆・神人の理不尽な要求が罷り通ったのである。この時、院御所の周辺には平正盛、源光国・為義以下の有力武士が警護に当たっていたが、大衆らはその武士たちを恐れており武力で撃退することは可能であった。しかし宗忠が「武士等相禦ぐといえども、力救うべからず」と記したように、問題は武力の強弱ではなかったのである。[24]

元永元年（一一一八）五月、安楽寺の末寺化を求めて延暦寺が強訴した際、派遣された武士・検非違使は「大衆を射るに及ぶべからず、只相禦ぐべきなり」と命ぜられている。[25]すなわち、京武者らはあくまでも防禦を目的として出陣しており、合戦は原則として禁じられていたことになる。大衆は神体をはじめとする宗教的権威を掲げて強訴するのであり、武力で撃退する対象ではなかった。したがって、御所付近に強訴が迫れば撃退は困難で、宗教的権威を恐れた院以下は屈伏する他ないのである。京武者は宗教的権威が天皇・院に接近することを防ぐために動員されたのであり、ここに京の外縁部に武士が防禦線を構築して強訴の阻止を図らなければならない原因の一つが存した。

しかし、京武者と悪僧との合戦が存在しなかったわけではない。冒頭で記したように、天永四年の興福寺の強訴では、宇治において京武者と悪僧の間で合戦が勃発し、大衆は撃退されるに至った。事件そのものは偶発的に発生したものではあったが、学衆をも含む僧徒三十名もの死者を出していたにもかかわらず、これに対する処罰や責任追及は行われなかったのである。[26] それればかりか、これ以後も京外では悪僧との合戦や、寺院に対する一方的な追捕も行われることになる。たとえば、保安四年（一一二三）七月には、祇園社に籠もった延暦寺の悪僧に対し、朝廷は平忠盛・源為義らを派遣して、合戦の末に撃退している。[27] また、大治四年（一一二九）十一月、龍僧長円を暴行した悪僧を追捕するために、鳥羽院は興福寺に源為義・光国以下の検非違使を派遣して、寺内の捜検を強行しているのである。[28]

このように、賀茂川以東、宇治以南の京外では、悪僧に対して流血を辞さない追捕が強行されていたことになる。したがって、御所に肉薄した悪僧・神人に対し武力が行使されなかった原因は、単に宗教的権威を恐れたためだけではなく、京中における合戦が憚られたことにもあったと考えなければならない。ここにも京の聖域としての性格が明らかであり、それゆえに強訴に際しても、京武者の軍事行動は抑制されていたのである。

以上のように、院政期における京武者は、聖域としての京の性格によって京中での行動を制約されていた。しかしその一方で、表面上は聖域として暴力・殺害を否定されていた京も、院政期には治安が極度に悪化していた。そして、ついに武士を政治の表舞台に登場させる保元の乱が勃発するに至るのである。そこで次に、院政期の京における治安問題の実態、さらに保元の乱の背景と影響などについて、京武者との関係を中心に検討を加えることにする。

二　聖域の危機

1　武士の論理の浸透

先にも述べたが、摂津源氏の源明国は天永二年（一一一一）十一月、美濃国で殺人を犯しながら帰洛して所々を訪問、死穢を拡散して諸社の祭礼や新嘗祭を延期させたとして、配流という厳刑を科せられるに至ったのである。[29]京外の殺人は問題にされず、京でケガレを拡散し、天皇の権威を支える祭礼に支障を来したことが厳罰の対象となった点に、当時の貴族の感覚と京の性格が象徴的に顕現している。すなわち、京においては、何にもまして天皇と天皇の主催する宗教的行事・儀式をケガレから防衛することが重要な意味を有していたのである。

こうした京におけるケガレの排除を担当したのが、検非違使であったことはいうまでもない。ケガレと検非違使の関係については、すでに丹生谷哲一氏の研究に詳細であるが、[30]道路・邸宅・寺院といった儀式の舞台を掃除して、京のキヨメを行った点に検非違使の他に代えがたい基本的職能があったのである。それは犯罪によるケガレの場合も同様で、検非違使が京中の犯罪を統括・処理することによって、一種のキヨメを果たしていたと考えられる。また、地方の反乱が鎮圧された際、追討使が京に携行した謀叛人の首を検非違使は河原で受け取り京内を通行して獄門に持参しているが、このことは京中のケガレを統括する検非違使の役割を明示するものといえる。追討使に任ぜられる京武者といえども、決して代行しえない機能であった。

もちろん検非違使においても、追捕尉には京武者が任命されて実質的な警察力という性格を有していたし、また検非違使によって夜廻りが行われるなどの犯罪防止の側面も有した。しかし、神人・家人らの特権身分、そして武士の主従関係による保護の存在などは検非違使の追捕を阻み、犯罪の多発化を抑止することは困難であった[31]。また、平安後期の京において死刑が行われず、寛刑主義が貫かれたことは周知の通りであるが、このことも京における連日の強盗や、自力救済による殺人を続発させる結果となった。

このような犯罪を誘発した寛刑主義の背景には、いうまでもなく、仏教や儒教的な徳治思想、そして死刑によるケガレを忌避する貴族の観念が介在していたと考えられる。すなわち、公的な面でのケガレの回避と聖域の保持が行われたが、京の実態は逆の方向に向かってしまったのである。こうして、院政期の京に関する貴族の観念と実態は決定的に乖離するに至った。かくして、本来ケガレを排除する聖域という性格を有した京には、逆に犯罪・死のケガレが充満することになる。検非違使にとって犯罪の結果発生したケガレを除去する役割であるキヨメが目立つようになるのも、まさにこのためであった。

一方、こうした犯罪の中でも、とくに自力救済は武士の行動原理であり、その横行は武士の論理が京の水面下を支配しつつあったことを示唆するものである。たとえば、美濃源氏の源光信は、大治五年（一一三〇）十一月、騎兵二十騎、歩兵四、五十人を率いて源義親を称した者を殺害したが、彼は本来敵人でもない者を殺害したとして非難されている[32]。このことは敵人・仇敵の殺害が頻発していたことを物語るものといえる。また、久安三年（一一四八）正月には右兵衛少尉源重俊が近江の敵人に殺害されており[33]、京武者が事件の加害・被害双方の当事者となることも少なくなかったと考えられる。まさに京武者の台頭を通して自力救済の論理が浸透したことを推測させる。

さらに、久安元年七月、藤原頼長は恩赦で出獄した太政官召使国貞殺害犯人を随身秦公春に命じて殺害しているが、頼長はこの殺害を国貞の子の犯行とする噂が流れたことを日記に記している[34]。このことは官人が父の仇敵を殺害することも当然と考えられていたことを示す。もはや、自力救済は武士に限らず、一般の貴族・官人の間にも拡大していったのである。

仁平元年（一一五一）九月、左大臣頼長はかつて自身の下部が凌礫されたことの報復として、左衛門督藤原家成邸に雑人を乱入させて濫行に及んだという。[35] 最初の事件では、すでに犯人が使庁に下されており、本来事件は終結していたはずであった。[36] 頼長がかかる報復に出た原因は、「酷薄」とされる彼の個人的な性格もさることながら、摂関家主流と院近臣という根本的な政治姿勢を異にする二つの政治勢力の和解困難な対立を背景として、自力救済の論理が浸透していたことにこそ存したのである。

また、頼長は神域や寺内さえも憚らず、所々で流血事件を頻発したが、その原因には権門としての摂関家を統制する目的が介在していたと考えられる。[37] もはや聖域の破壊をも辞さない暴力によらなければ、権門摂関家の秩序は統制困難なものとなっていた。摂関家は聖域としての京を維持してきた中心勢力であったが、その頂点に立つ頼長自身が、聖域の秩序と真っ向から衝突するようになっていたのである。まさに、聖域としての京は解体の危機に瀕していたといえよう。

かくして、保元元年（一一五六）七月、治天の君鳥羽院の死去を契機として、院近臣に擁立されて国家権力を掌握した後白河天皇以下の陣営と、逆に追詰められた崇徳上皇・頼長陣営が、全面的に衝突することになる。

2　保元の乱と兵仗停止

保元の乱は京を舞台にした初めての合戦であったとされる。しかし、この考え方は厳密にいうと誤りである。乱は七月十日未明、崇徳・頼長方が立てこもった白河御所に対する後白河方の急襲によって開始され、以後も同御所の攻防戦に終始していた。つまり合戦はすべて白河で行われたことになる。[38] 先述のごとく、延暦寺強訴の際の防禦線はつねに賀茂川であり、その東にある白河は京外であった。したがって、合戦は京外で行われたことになり、保元の乱においても聖域としての京が合戦の舞台となるという最悪の事態は回避されたのである。

保元の乱は、すでに明らかにされているように、周到な準備を行った後白河陣営が、崇徳・頼長に対する挑発を繰り返した結果、勃発するに至った。国家権力を掌握していた後白河陣営は、まず源義朝・義康・光保以下の有力京武者を院御所・内裏の警備に動員し、ついで鳥羽没後には検非違使に命じて京中の武士を停止させ(39)、さらに諸国の武士をも動員したのである(40)。先述のごとく、これは院政期において成立した院による最大の武力動員形態を踏襲したものであったが、ここでは検非違使による「京中武士停止」の問題に注目しておきたい。

『保元物語』によると、この時に検非違使は宇治・淀・粟田口・久々米路、そして大江山と、京外の広汎な地域に派遣されたごとくである。しかし、この当時宇治にいた頼長は多くの軍兵を率いて白河殿に入って崇徳と合流しており、検非違使の監視の目を逃れている(41)。また、『兵範記』保元元年（一一五六）七月六日条によると、平基盛は東山法住寺付近で京に住んでいた源親治を捕らえており、実際の検非違使の防御線はおそらく賀茂川対岸付近までであったと推察される。すなわち、『兵範記』の文言通り「京中」の厳戒体制が実施されたのであり、賀茂川以東は放置されていたと考えられる。あるいはこれは崇徳・頼長らを京外に締め出し、白河に追い込む方策だったのではないだろうか。

さて、乱は後白河陣営の圧勝となり、崇徳は配流、頼長は戦傷死し、そして同陣営に従属した源為義以下の武士の多くは斬首された。この為義以下に対する処刑は、たしかに武士に対する寛刑主義の放棄といえるが、しかしこれを単純に武士の慣習が導入された結果などと評すべきではない。武士たちの処刑は、平忠正一族が六波羅、源為義やその子たちが船岡山、そして平家弘以下が大江山と、いずれも京外で行われており(42)、ここでも京の聖域は維持されている。さらに、執行者も義康を除いていずれも一族であったが、同時に彼らは追討に当たった武士たちでもあった。従来、反乱の首謀者は乱の現地において追討使が斬首していたが、保元の乱でもこれと同様に追討使によって斬首が乱の現地である京の周辺で行われたにすぎないのである。このように、保元の乱によって京が一気に武者の世界になったわけではない。

そして乱の終息から四ヵ月後の保元元年十一月十八日、信西らの領導する朝廷は京中の兵仗を停止した(43)。当時並行して京中の整備も行われているが(44)、ここでは武士との関係で重要な意味をもつ兵仗停止について検討することにしたい。保元の乱から間もない時点で兵仗の全面停止が発令された背景に、保元の乱のごとき兵乱の繰り返しを防ぐ目的があったことはいうまでもない。それとともに、兵乱の危機を乗り越えて堅持された、聖域としての京を維持しようとする意図も存したものと考えるべきであろう。

『今鏡』などの記述によると、この兵仗停止はかなり徹底されていたものと考えられる(45)。それまでも京では、悪僧による強訴の抑止、あるいは仁平二年（一一五二）に頼長が検非違使に命じた厳戒体制(46)、さらに先にもふれた保元の乱直前の検非違使による京中武士停止など、武力・犯罪に対する禁制はあったが、今回はあらゆる武力を禁圧の対象とし、さらに恒久的な措置とした点で画期的なものといえる。したがって、単に反乱の再発を抑止するだけでなく、保元の乱以前の京にあった治安の悪化、自力救済の横行などをも禁圧する目的を有していたと考えられる。

しかし、この構想は京中の武力をすべて解体してしまうものではなく、後白河陣営に属した平清盛・源義朝以下の武力による厳戒を背景として実現したものであった。すでに頼長に従属した武士はほとんど斬罪に処せられており、後白河政権に反抗する武力は一掃されていた。また、先に述べた動員形態から見てもわかるように、平清盛・源義朝以下の有力武士をはじめ、主要な在京武力は国家権力によって強固に組織されていたのである。すなわち、当時の武力は後白河天皇のもとに一元的に統制されていたことになる。こうした貴族政権による武士の掌握を前提として、保元の兵仗停止は実現したのである。したがって、京を聖域とする法令の到達点は、武士の武力に最大限依存したものだったことになる。

しかし、軍事力に支えられた京中兵仗停止は、いうまでもなく平治の乱において呆気なく崩壊することになる。以下、平治の乱と平氏の台頭以後における京について検討することにしたい。

三　平氏政権と京

1　平氏の台頭

平治の乱では、反信西方の挙兵に際して院御所三条殿が襲撃され、非戦闘員の貴族・女房なども含む多数の人々が殺害されているし[47]、しかも貴族である藤原信頼も京で処刑された。したがって、聖域としての京を保持する姿勢は事実上放棄され、処刑の対象も拡大されるに至ったのである。しかし、これを乱が武士の主導権によって行われた結果とみるのは早計といわねばならない。

旧稿に記した通り、この乱は信西の台頭に反発する親政派・院政派双方の伝統的院近臣家が結束して、後白河近臣であった義朝の武力を利用して蜂起したことから始まった。そして信西の殺害には成功したものの、その後は親政派と院政派の対立が顕在化し、清盛と結んだ前者が後者を破ったというものである。したがって、事件の発生については、やはり貴族たちが主導権を握っていたことになり[48]、京中における殺人の強行や貴族に対する処刑が行われた背景には、貴族自身の京に対する意識の変化が介在していたと考えるべきである。先述のごとく、保元の乱直前の頼長のように、貴族たちも政争のためには京における流血も辞さないという意識を有していたことになる。

また、武士の立場も変化していた。すなわち、保元の乱では国家権力や権門の命に従属していた武士が、今回は院や天皇の命ではなく貴族たちの勧誘を受けて独自の判断で挙兵したのである。もはや武士たちは、信西が期待したような国家権力に従順な存在ではなかった。武力に依存して京の聖域を堅持しようとした信西の構想は、聖域に関する貴族の意識の変化、武士の成長と自立によってもろくも崩壊した。そして信西自身の首が聖域を渡されることになったのである。

さて、乱の結果、清盛が勝利の成果を独占し、以後京の軍事・警察権は権門として自立した平氏に担われることになる。この結果、武士社会の残虐な刑罰や慣習が本格的に京に導入されるのである。とくに三度にわたって検非違使別当に就任した平時忠のもとで、検非違使において囚人に対する体刑が定着したことは周知に属するであろう。治承三年（一一七九）五月には時忠邸門前で囚人の右手を切断しているし[49]、さらに翌年の正月には右手切断ばかりか、左右獄の囚人を斬首していたのである[50]。もはや検非違使の寛刑主義は完全に駆逐され、これによって保持されてきた聖域としての京も変質を余儀なくされたのである。

他方、すでに仁安二年（一一六七）六月には継父と母を殺害した女の足を切断した事例があったし[51]、また安元三年（一一七七）五月、後白河院は延暦寺強訴の張本人として逮捕した天台座主明雲に対して、検非違使に命じて拷問に等しい訊問を行っている[52]。先述のごとく、すでに貴族社会の内部において刑罰に関する考え方は変化しつつあったのであり、このことが検非違使の変化の一因であったのも疑いない。

とはいえ、平氏が聖域としての京を大きく変化させたことは事実である。安元三年に発生した鹿ヶ谷事件に際し、清盛は反平氏陰謀の主魁で後白河院近臣であった西光を、捕縛した上に朱雀大路五条で斬首したという[53]。むろん、これは朝廷からの命によるものではなく、文字通りの私刑であった。したがって、もはや武士の私刑は、京の聖域としての性格を超越して、公然と遂行されるに至ったのである。

一方、この時期、後白河の強引な政策もあって悪僧強訴も頻発するが、清盛は後白河との対立、延暦寺との同盟関係による政治的判断から、延暦寺の強訴の防禦を拒否することさえあった[54]。このため再三悪僧・神人が乱入して京内で騒擾が発生するに至った。とくに安元三年四月の延暦寺強訴では、平経盛ら平氏一門が防禦を拒否したために大衆らが御所に迫り、合戦の末に撃退されることになった。しかも放置された神輿に流矢が命中する不祥事が発生し、大皇は法住寺殿に避難する有様であった(55)。すなわち、清盛は京中における合戦などのケガレから聖域としての京を防衛することよりも、後白河院との駆け引きを優先したといえるだろう。

しかし、治承三年十一月政変によって後白河を幽閉し、翌年外孫安徳を即位させた清盛は、今度は自身が擁立した天皇をケガレから守る立場に立つことになった。清盛にとって当時の京は、多くのケガレの危険がつきまとう都市であった。たとえば、後白河幽閉をめぐって清盛・平氏一門は権門寺院と鋭く対立しており、強訴やそれに伴う合戦の再発とケガレの発生は必至であった。また、安元三年の「太郎焼亡」「次郎焼亡」など、再三の火災の発生(56)からも明白なように、京は都市のスラム化が進行しており、都市災害とそれに伴うケガレの危険も不可避であった。こうしたことから考えれば、清盛が京の放棄を決断したことは決して唐突なことではなかったといえよう。

かくして、治承四年（一一八〇）六月、以仁王と源頼政の挙兵を鎮圧した直後、平清盛は安徳天皇以下を擁して、天皇をケガレから防禦する新都福原へと、突然の「遷都」を強行することになる。

2　内乱と京

「福原遷都」の政治面における直接的原因は、京が以仁王挙兵に与同した権門寺院に包囲されたことにあるが、同時に桓武天皇による平安遷都のごとく、平氏の擁立した新王朝の宮都造営という目的が秘められていた可能性もある。しかし、清盛の野望も空しく福原遷都はわずか半年で失敗に帰し、治承四年（一一八〇）十一月末には平安京への還都が行われることになった。その背景には富士川合戦以降、全国に拡大した内乱が関係していたことはいうまでもない。しかし、この還都は決して貴族や寺社の圧力に屈した惨めなものではなかった。

還都に際して延暦寺・日吉神社に近江の賊徒追討を命じたことや、還都の直後に貴族に対する兵粮・兵士供出を要求したことは、還都が寺社・貴族以下の荘園領主層をも軍事体制に組み込むために強行されたことを雄弁に物語る。

そして興福寺・園城寺といった平氏に反抗した権門寺院に対する焼討ちという苛烈な措置は、京を再び恒久的な宮都とするために、近隣に敵対勢力の存在を許さない清盛の姿勢を明示している。このように清盛は京を内乱鎮圧の軍事拠点と定めたのであり、さらに畿内惣管・丹波国諸荘園総下司などの創設によって強力な軍事体制を構築しようとした[57]。

かかる軍事体制構築は京にも大きな影響を与えた。すでに上横手雅敬氏が解明されたように、清盛は八条・九条を中心とした平氏の新拠点の形成を開始したのである。これによれば、安徳天皇も八条御所に移り、天皇を平氏一門の軍事力が囲繞する新たな都市が創出されることになった。いわば平氏は、貴族の都市である京の大半を放棄するとともに、八条・九条に首都機能を集中させて、この付近を平氏膝下の軍事的都市として改変しようとしていたのである[58]。おそらくは、平氏の武力に守護された、天皇のための新しい聖域が構想されていたことであろう。

また、治承五年（一一八一）二月には、丹波国諸荘園総下司の設置などとともに、京中在家の検注が行われ、兵粮をはじめとして反乱鎮圧のための物資徴収が京の民衆にも課せられることになった[59]。平氏の軍事行動の拠点となった京の住民は、文字通り荘園領主から一般庶民に至るまで、清盛によって強固に組織されつつあったのである。

だが、上横手氏の指摘した通り、閏二月の清盛の急死によってこうした京の軍事都市化の動きは停止してしまった[60]。再び天皇は閑院内裏に戻り、八条・九条付近に集中しつつあった首都機能は分散し、京は従来通りの形態を回復する。ちょうど清盛の死とともに復活した後白河院政が、平氏の統制を脱したのと軌を一にした現象であった。

しかし、内乱追討は依然として継続しており、京は内乱鎮圧のための基地として種々の問題に直面していた。とくに、内乱の熾烈化に伴い、交通路の遮断などによって物資流入が減少した反面、大量の兵粮米が徴収されたため、京は深刻な飢餓状態に陥ることになった。そして餓死者と強盗の続発によって、ケガレは京中に充満していたのである。しかも治承五年六月の横田河原合戦以後、京の生命線であった北陸の反乱が激化したために[61]、京の食料不足は極度に深刻化した。同年九月に天皇以下平氏一門が鎮西に下向するとの噂が流れているのはその証拠といえる。すなわち、今度は食料不足というきわめて物質的な理由から、京の首都としての地位さえもが脅かされることになった。そして、二年後の寿永二年（一一八三）七月、北陸から怒濤の進撃を見せた源義仲軍によって平氏は都落ちを余儀なくされた。しかし、その際に後白河院が平氏の手を逃れて辛うじて京に止まったために、京も首都としての地位を保持することができたのである。

平氏に代わって荒廃した京の支配者となった義仲は京内を十一ヵ所に区分して、同時に上洛した安田義定・山本義経以下の武士たちに守護を分担させた。しかし、兵粮不足という根本問題が解決しない限り、京の秩序が回復するはずもなかった。義仲が具体的な京の支配政策を打ち出す以前に、彼の軍勢は短期間で暴徒と化し、京は剝き出しの暴力と掠奪に曝されることになった。かかる京が聖域としての秩序を回復するには、代官範頼・義経に率いられた頼朝軍の上洛と、内乱の終息自体を待たなければならなかったのである。

むすび

以上、院政期から内乱に至る時期の京について、天皇をケガレから守る聖域としての性格と、武士の台頭との軋轢、京の変容などを中心に論じてきた。京は保元の乱の直後まで聖域としての性格を堅持していたが、平氏の台頭とともにそれは変化を余儀なくされたのである。そして、平氏は京に武士の論理を浸透させるとともに、京の放棄、都市構造の改変など、重大な衝撃を京に対して与えたといえよう。

さて、内乱を経て京の秩序が回復されたのは、頼朝の代官として上洛した義経の入京後のことであった。義経は六条堀河の源氏の故地に居住したが、頼朝上洛の居館となり、承久の乱以降における幕府の本拠となったのは、かつての平氏の拠点六波羅であった。鎌倉幕府は、直接的に京の改造に乗り出した平氏と異なり、京の支配を検非違使に委ねつつ、本来京外の六波羅を拠点として京の治安を維持していったのである。しかし、幕府は検断権を中心として、京に影響力を浸透させることになる。それは、文字通り鎌倉幕府と朝廷の関係に対応するものであった。

注

（1）戸田芳実「王朝都市論の問題点」（同『初期中世社会史の研究』東京大学出版会、一九九一年、初出一九七四年）、同「王朝都市と荘園体制」（同前掲書、初出一九七六年）。
（2）拙稿「摂津源氏一門―軍事貴族の性格と展開―」（『史林』六七―六、一九八四年）。
（3）大山喬平「中世の身分制と国家」（同『日本中世農村史の研究』岩波書店、一九七八年、初出一九七六年）。
（4）『中右記』天永四年四月三十日条。
（5）拙稿注（2）前掲論文。
（6）拙稿「十一世紀末期の河内源氏」（古代学協会編『後期摂関時代史の研究』吉川弘文館、一九九〇年）。
（7）畿内周辺諸国の豪族が在地で発展しえず、軍事貴族の郎等として京に進出した事例としては、時代は遡るが、上横手雅敬「武士団の成立」（同『日本中世政治史研究』塙書房、一九七〇年、初出一九五六年）が取り上げた紀伊国の坂上氏がある。
（8）たとえば、美濃源氏の国房・光国らはたびたび美濃に下向し、現地で活動している。拙稿注（2）前掲論文参照。
（9）『殿暦』永久元年十一月八日条。
（10）戸田注（1）前掲「王朝都市と荘園体制」。
（11）京都市編『京都の歴史二　中世の明暗』第一章第二節（戸田芳実・井上満郎執筆部分、学芸書林、一九七一年）。
（12）『中右記』寛治七年十月二十日条。
（13）『中右記』永久二年二月十四日条。
（14）『殿暦』長治二年十一月八日条。
（15）巻第十九―四「摂津守源満仲出家語」。
（16）事件の経緯などについては拙稿注（2）前掲論文参照。
（17）強訴の背景、展開などについては、拙稿「院政期興福寺考」（同『院政期政治史研究』思文閣出版、一九九六年、初出一九八七年）参照。

(18)『中右記』天永四年四月二十四日条。

(19)『中右記』嘉承三年四月二日条。

(20)京武者の動員については、拙稿注(2)前掲論文参照。

(21)『本朝世紀』久安三年七月十五日条。院政期の諸国武士の動員については、髙橋昌明『増補改訂　清盛以前―伊勢平氏の興隆―』（平凡社、二〇一一年、初出一九八四年）参照。

(22)『永久元年記』天永四年閏三月二十日条。

(23)『中右記』天仁元年四月二日条。

(24)『中右記』『長秋記』天永四年四月一日条。

(25)『中右記』元永元年五月二十二日条。

(26)『中右記』天永四年四月三十日条。

(27)『百練抄』保安四年七月十八日条。

(28)『中右記』『長秋記』大治四年十一月十一日条。

(29)事件の経緯については、『殿暦』天永二年十一月四日・七日・八日・十九日・二十日条、『中右記』同年十一月四日・七日・八日・十九日条などを参照。

(30)丹生谷哲一『増補　検非違使―中世のけがれと権力―』（平凡社、二〇〇八年、初出一九八六年）。

(31)こうした点については、羽下徳彦「中世本所法における検断の一考察―訴訟手続における当事者主義について―」（石母田正・佐藤進一編『中世の法と国家』東京大学出版会、一九六〇年）、拙稿「摂関家における私的制裁」（拙著注(17)前掲書、初出一九八三年）参照。

(32)『中右記』大治五年十一月十九日条。

(33)『本朝世紀』久安三年正月一日条。

(34)『台記』久安元年十二月十七日条。

(35)この事件については、橋本義彦『藤原頼長』（人物叢書、吉川弘文館、一九六四年）、『本朝世紀』『百練抄』仁平元年九月八日条、『愚管抄』巻第四「近衛」。

(36)『百練抄』仁平元年七月十四日条。
(37)こうした事件については、橋本注(35)前掲書、拙稿注(31)前掲論文参照。
(38)『兵範記』保元元年七月十日・十一日条。
(39)『兵範記』保元元年七月五日条。
(40)『保元物語』上「官軍召シ集メラルル事」。
(41)『保元物語』上「官軍方々手分ケノ事并ビニ親治等生ケ捕ラルル事」。
(42)『兵範記』保元元年七月二十八日・三十日条。
(43)『百練抄』保元元年十一月条、『帝王編年紀』保元元年十一月十七日条。
(44)京中整備については、五味文彦「信西政権の構造」(同『平家物語、史と説話』平凡社、二〇一一年、初出一九八七年)参照。
(45)五味注(44)前掲論文。
(46)この問題については、河音能平「ヤスライハナの成立」(『河音能平著作集　第三巻　封建制理論の諸問題』文理閣、二〇一〇年、初出一九七三・七四年)。
(47)『平治物語』上「三条殿へ発向付信西の宿所焼き払ふ事」。
(48)拙稿「院の専制と近臣―信西の出現―」(拙著注(17)前掲書、初出一九九一年)。
(49)『山槐記』治承三年五月十九日条。
(50)『百練抄』治承四年正月二十七日条。
(51)『百練抄』仁安二年六月十七日条。
(52)『玉葉』安元三年五月五日・十六日条。
(53)『平家物語』巻第二「西光被斬」。
(54)清盛と延暦寺強訴の防禦の問題については、拙稿「後白河院と平氏」(拙著注(17)前掲書、初出一九九二年)参照。
(55)『玉葉』安元三年四月十三日・十四日・十五日・十九日条。
(56)平安末期の京の火災については、京都市編注(11)前掲書参照。
(57)福原遷都と還都の意味については、拙稿「「福原遷都」考」(拙著注(17)前掲書、初出一九八八年)参照。
(58)上横手雅敬「平氏政権の諸段階」(安田元久先生退任記念論集刊行委員会編『日本中世の諸相　上巻』吉川弘文館、一九八九年)。

(59)『玉葉』治承五年二月八日条。
(60)上横手注(58)前掲論文。
(61)浅香年木『治承・寿永の内乱論序説』(法政大学出版局、一九八一年)。
(62)『玉葉』養和元年九月十六日・十九日条。
(63)『吉記』寿永二年七月二十五日条。

第二章　福原遷都の周辺

はじめに

中世初頭の兵庫県域における最大の事件は、いわゆる福原遷都である。治承三年（一一七九）十一月の政変において後白河院を幽閉した平清盛は、翌年四月に外孫安徳を即位させ、女婿高倉に院政を開始させた。これに反発した以仁王・源頼政の挙兵を鎮めた直後の治承四年六月二日、清盛は安徳天皇、高倉・後白河両院、摂政藤原基通や平氏一門とともに、摂津国福原（現神戸市）に移る。清盛は同地への遷都を企図するが、富士川合戦の敗北など、東国情勢の悪化に伴って、十一月に天皇らとともに帰京するに至る。

この出来事については、すでに『兵庫県史』第二巻(1)において石田善人氏が史料を博捜され、主要な事件を網羅・分析されている。また、遷都計画の政治的背景や挫折に至る経緯については、旧稿(2)において以下のような指摘を行った。まず、遷都の目的は平安京の軍事的危機、清浄を保つべき都市の過密化などによる混乱を回避し、平氏に連なる新王朝の首都を築くことにある。当初、条坊を設定した宮都の造営を計画するものの、結局、離宮周辺に適宜公卿の邸宅を設定し、なし崩し的に宮都化しようとした。これに対し、高倉院や一門、さらに延暦寺などは強く反対するが、清盛は頑として聞き入れなかった。しかし、富士川合戦の敗北を契機として、清盛は遷都計画を断念し、あえて平安京に還都することになる。還都は、貴族や寺社に対する譲歩・妥協ではなく、逆に在京する荘園領主権門を自己の下に従属させる目的で断行されたのである。

以上のように、福原遷都の事態の推移や政治的背景については、多面的な検討が加えられているが、依然として論じ残された点も少なくない。たとえば、福原に平氏が進出した原因、あるいは福原の周辺地域における平氏の影響、さらに近年隆盛となった都市論との関係から、福原と宇治・鳥羽などとの対比、福原の都市としての実態や機能、そして福原における政務の内容や平安京との分掌関係等々である。

そこで本章では、まず遷都の前提として平氏と福原周辺地域との関係にふれ、ついで都市としての福原の特色を遷都の前後を通して考察し、最後に福原における政務の実態について検討を加えることにしたい。

一　平氏の進出

1　藤原能盛の検注

大輪田の地に清盛が関係したことを示す最初の事件は、応保二年（一一六二）に発生している。すなわち、『九条家文書』所収の建仁二年（一二〇二）二月十四日付の「輪田荘荘官源能信等申状」（『鎌倉遺文』一二九〇号）によると、輪田荘は応保年間（一一六一〜六三）以来、周辺七ヵ荘によって八十余町を掠奪されているが、応保二年に清盛の「家使」藤原能盛が摂津国八部郡を検注した際、輪田荘は小平野・井門・武庫（兵庫ヵ）・福原の四ヵ荘によって三十一町を奪われている。そして、これ以後も平氏は八部郡を知行し続け、七ヵ荘は平氏滅亡に至るまで平氏に占拠されていたという。すなわち、平氏は福原遷都に失敗して京に還都したあとまで、福原周辺を強力に支配していたことになる。

八部郡は、現在の神戸市の西部で、兵庫・長田・西区などに当たり、福原や大輪田泊を含む地域である。この「検注」という行為は、本来国司や荘園領主が官物や年貢を確保するために行う土地調査を意味する。これを遂行した藤原能盛は、清盛家政所の家司なども務めた清盛の腹心である。四ヵ荘は、いずれも平氏没落後に没官の対象となっており、平氏の荘園であったことに間違いはないが、本所が判明するのは八条院領であった兵庫荘のみである。いずれにせよ、清盛はこれに近い時期に各荘を入手し、家司能盛に命じて検注を行わせ、それを機会に周辺荘園をも侵略したのであろう。しかし、清盛の土地政策はきわめて強引であり、背景には知行国主などとの連繋が関係したと考えられる。当時の摂津守は後白河近臣として知られる高階泰経で、おそらく知行国主は後白河院であろう(3)。このころ、政界では二条親政派と後白河院政派が対立していたが、両派の間で「アナタコナタ」したと評されたように、清盛は政治的には前者に接近する一方で、後者にも蓮華王院の造営など、大規模な経済的奉仕を怠っていなかった。検注の背景には、このような経済面での提携が関係していたに相違ない(4)。

こうした両者の提携とともに注意されるのは、摂津に元来強い影響を有していた摂関家が、この当時著しく弱体化していた点である(5)。摂関家は、保元の乱で中心人物頼長が敗死し、彼の所領であった摂津南部の五ヵ荘を後白河の後院領に編入されていた。また、源為義・頼憲以下、家産機構を管理した武力を喪失したために、各荘園に対する支配も弱体化し、各地で混乱が発生していた。侵略された輪田荘も、のちに九条家を本所としているように、元来摂関家領と考えられる。このような摂関家による支配の動揺も、平氏の強引な検注や、八部郡の占領を可能にした条件であったと考えられる。

清盛が、最初から同地で日宋貿易を想定していたのか否かは不明確だが、前掲の「輪田荘荘官源能信等申状」によると、福原荘が輪田荘の海浜部分を奪い、船舶から津料を徴収していたとされることから、港湾の確保が荘園拡大の目的の一つであったと考えられる。また、清盛は検注直前の永暦元年（一一六〇）十二月三十日まで大宰大弐の任にあり、その在任中に多大な貿易の利潤を得ていたことは疑いない。また、後白河がケガレなどの禁忌に無関心で、異国との交易に熱心であったことを考え合わせれば、両者が将来の日宋貿易を予想して、港湾を確保しようとした可能性は否定できないだろう。

平氏は摂津国を知行国とすることはなかったし、後白河知行以後の平氏と関係する国守としては、治承三年（一一七九）の政変後に安芸守に補任される親平氏派の菅原在経が、治承二年十二月二十四日（『山槐記』除目部類）から約一年間在任したにすぎない。(6) しかし、この間に清盛は八部郡を事実上占領した他に、隣接する武庫郡・川辺郡にも進出している。『吾妻鏡』建久三年（一一九二）十二月十四日条によると、頼朝の妹であった一条能保室の所領が男女子息に譲渡されたが、それらは平家没官領で福原荘のほか、武庫御厨・小松荘（現西宮市）の名前も挙がっている。また、清盛は京と福原を結ぶ交通の要衝である昆陽野（現伊丹市）も支配下に置いたと考えられる。すなわち、同地は後述するように狭小な福原に代わる宮都の候補地として名が挙がったほか、治承四年九月には頼朝挙兵鎮圧のために福原を出立した追討使が小屋（昆陽）で一泊しているし（『玉葉』治承四年九月二十三日条、以下では各史料の治承四年の記事は月日のみを記す）、同地付近を拠点とすると考えられる「伊多美武者所」某なる武士は、東国に出奔した源氏の武将を、清盛の命を受けて追捕したように（『山槐記』十一月二十三日条）、清盛の家人化していた。

しかし、付近の武士のうち、摂津に関係の深い大和源氏一門や、多田源氏らも内乱期に入って、ようやく平氏に従属するようになっており、摂津北部には平氏にとって不安定な要素も存在していた。(7)

2　播磨への進出

次に福原と深い関係をもつもう一つの国、播磨に対する平氏の進出について検討する。元来、播磨国は平氏にとって縁の深い地域であった。『平家物語』によると、清盛の祖父正盛は、十一世紀末期に白河院の乳母子藤原顕季が播磨守となった際に、その厩別当として現地に下向したという（巻一一「南都牒状」）。いわゆる受領郎従として、任国支配の実務を担当したのである。その後、正盛自身も、またその子で清盛の父忠盛も備前などの国守に就任するとともに、瀬戸内海の海賊追討に活躍し、播磨とは無縁ではなかった。そして、『清原重憲記』久安元年（一一四五）十月二十四日条に在任初見があることから、これ以前に忠盛は念願の播磨守に就任したことになる。[8] その心境は、『異本忠盛集』に収められた彼の一首がよく示している。

播磨守にてくだり給て、あかしの月をみて

おもひきやあかしのうらの月かげを
わがものにしてなかる《（むカ）》べしとは

彼にとって、播磨守は念願の地位であり、その就任に深い感慨を抱いたのである。播磨守は「四位上臈、任レ之」（『官職秘抄』）とされ、受領の中の最高峰に位置する受領層垂涎の官職であった。その背景には、多くの成功を可能とする播磨国の経済的な豊かさと、仁平元年（一一五一）二月に、忠盛の刑部卿昇進を諮問された左大臣藤原頼長が、昇進を許可する理由の一つとして播磨守就任を挙げたように（『台記別記』同年二月二十一日条）、高い政治的権威とが介在していたと考えられる。[9]

その後、平清盛は保元の乱の恩賞として播磨守に就任し、保元三年（一一五八）に信西の息男で娘の婚約者であった藤原成範に譲るまでその地位にあった。さらに平治の乱で成範が失脚した後の播磨守には、まず鳥羽院・美福門院の近臣で末茂流出身の藤原家明が、ついで応保二年（一一六二）正月三十日（『山槐記』除目部類）には、清盛の盟友として知られる藤原邦綱が就任している。[10] この間の応保年中に、清盛の異母弟頼盛は国司と語らって布施荘を立荘するに至った（『続左丞抄』所収、建久八年〈一一九八〉四月三十日付「官宣旨」）。この国司が、二者のいずれであるのかは不明確だが、播磨守との連繫によって平氏の勢力が同国内に浸透していったことに間違いはない。

そして、永万元年（一一六五）には、忠盛の外孫に当たる藤原隆親が就任している。[11] 彼は藤原道隆流の隆教の息子ではあるが、南都攻撃直前に進撃路の一つ河内の国守となるなど、平氏一門と密接な関係を有しており、彼の在任中の知行国主が平氏一門であったことは疑いない。

治承二年（一一七八）以降は、清盛の嫡男宗盛の知行国として甥行盛が国守となっており、播磨は一貫して平氏知行国であったと考えられる。この間に、福原に隣接する播磨に対して、平氏が影響を強めたのは当然といえよう。

たとえば、先述の『吾妻鏡』建久三年（一一九二）十二月十四日条によると、播磨における平氏没官領として、現在の神戸市垂水区付近と考えられる「山田領・下端荘」の名前が見える。また山田に隣接する伊河荘（現神戸市西区）も、当初平氏追討のための惣追捕使、ついで鎌倉幕府最初の播磨守護となった梶原景時の所領となっており（『太山寺文書』所収、文治三年〈一一八七〉二月八日付「平景時寄進状」）、同様に平氏没官領であったのではないだろうか。このように、平氏は福原の西郊に当たる地域に所領を拡大していたのである。[12]

一方、梶原景時は、播磨国賀茂郡の大部郷（現小野市）・福田荘（現加東郡社町付近）・西下郷（現加西市）も知行していた（『吾妻鏡』文治四年六月四日条）。入手の経緯は不確実だが、これらも平氏没官領であった可能性は高い。この地域は、京から丹波路を経て一ノ谷の西部に向かった義経と、迎え撃つ平氏軍が衝突した三草山合戦からもわかるように、丹波を通して京から福原の西部に至る重要な交通路であり、福原の後背地に相当する。平氏がこの地に多くの所領を有したことは十分想定できよう。

また、仁安二年（一一六七）五月に太政大臣を辞任して政界を引退した清盛に対し、同年の八月、朝廷から三ヵ所の「大功田」が与えられた（『公卿補任』仁安二年清盛項）。周知の通り、その一つが播磨国印南野（現加古川市から明石市にかけての一帯）だったのである。ちなみに他の二ヵ所は、いずれも九州の肥前国杵島郡、肥後国御代郡南・土比郷である。印南野は、福原の西の郊外に当たり、先述の賀茂郡に連なる地域である。後述のように、いわゆる福原遷都の際、輪田に代わる宮都建設の候補地ともなっており、福原と密接な関係を有する、清盛の重要な基盤の一つであった。

さらに、八部郡の検注を行った清盛の家司能盛は、仁安年間から嘉応元年（一一六九）ごろとみられる書状で、蔵人頭平信範に播磨の特産品である椙原紙の品質の低下や納入について連絡している（『兵範記裏文書』所収、年未詳「安芸守藤原能盛書状」、『平安遺文』四八二七号）。椙原荘（現多可郡多可町）は本来摂関家領荘園であったが、当時摂関家領は実質的に清盛の支配下に入っていたのである。清盛は、娘盛子の婿であった摂政藤原基実が、仁安元年に二十四歳で夭折した際、先述の邦綱の献策を受けて、その遺領を盛子に相続させて事実上自身の管理下に置いた。このため、椙原荘も清盛の支配下に入っていたものと考えられる。彼は摂関家領の支配の面からも播磨に勢力を浸透させたことになる。のちの南都焼打ちに際し、延慶本『平家物語』（第二末）は放火の張本人を「福井庄下司」俊方とするが、彼が居住した福井荘（現姫路市）も摂関家領であった。摂関家領支配を通して、清盛は播磨の武士に対する組織化も進めていたと考えられる。

二　福原の発展

1　家長の拠点

治承四年（一一八〇）六月二日、平清盛は安徳天皇、高倉・後白河両院、摂政藤原基通、そして平氏一門を率いて福原に向かった。いわゆる福原遷都である。『玉葉』の同日条によると、この時に天皇以下は平氏一門や関係者の邸宅を宿所とし、随行者たちは路上に座したと記されている。『方丈記』でも、「内裏は山の中なれば、かの木の丸殿もかくやと」あって、福原の内裏が山中にあったと記している。こうした史料は、福原が宮都として、さらには都市として整備が不十分であったことを物語るものといえよう。しかし、天皇・上皇が一時的に有力者の邸宅に居住することは、平安京においてもさほど珍しいことではないし、福原ではそれまでもたびたび千僧供養が開催されて多くの輜素・貴顕を迎えており、随行者たちの住居がなかったとする『玉葉』の記述にも疑問がもたれる。以下では、遷幸以前における福原の様相を検討することにしたい。

遷幸に際して、安徳天皇は頼盛、高倉院は清盛、後白河院は教盛の、それぞれ邸宅を御所とし、摂政基通の居所として大宰府安楽寺別当安能の房が当てられた（『玉葉』六月二日条）。のちに高倉は、頼盛邸を経て（『玉葉』六月六日条）重衡邸に移っている（『山槐記』七月二十八日条）。したがって、福原には平氏一門の多くの別荘が存在しており、単に清盛個人の別荘地ではなく、平氏一門全体にとっての拠点を意味していた。また、福原への遷幸後の記事ではあるが、『山槐記』の治承四年九月五日条によると、高倉院御所の近隣に平氏の有力家人平盛俊の倉が火災にあったことが見える。したがって、盛俊に限らず、一門に付随する家人の邸宅や倉庫なども多数存在していたものと考えられる。治承三年政変の際、清盛は数千の兵力を率いて福原から入京したが（『玉葉』『山槐記』治承三年十一月十四日条）、こうした兵力を動員・集結する空間もあったはずである。

さらに、安能の房舎の存在は、西国における社寺関係者の邸宅が設置されていたことを物語る。彼のほか、厳島神社の神官も福原に滞在しており（『山槐記』治承三年六月二十二日条）、瀬戸内海を通した周辺地域における平氏に関連した寺社とのつながりが想起される。なお、先述した盛俊の倉の焼失を記した『玉葉』には、八月二十八日に僧坊が焼失したとする記述もある（九月九日条）。当時、福原には大規模な寺院の存在が確認されないだけに、先述した千僧供養や京から招いた僧侶の宿泊などに備えた施設の可能性も高い。ただ、安元三年（一一七七）以来千僧供養の記録もなく、大規模な僧侶の下向も見られないことから、むしろ西国の寺院などとの関連を示す可能性もあると思われる。

また、治承三年（一一七九）六月、前太政大臣藤原忠雅が厳島参詣の途上で福原を訪問した様子が、侍からの伝聞として弟の忠親の日記『山槐記』同年六月二十二日条に記されている。これによると、彼は平清盛の邸宅から四、五町離れた平頼盛の邸宅に宿泊し、清盛の邸宅から一町程離れた湯屋にも赴いていることなどがわかる。一門の邸宅が甍を並べ、湯屋などの保養施設が整備されていた様子も窺われる。また、同じ史料には清盛が宋船に乗って和田岬から小馬林（のち「駒ヶ林」）付近まで航行したことが記されている。したがって、清盛は宋船に自由に乗船できたわけで、当然宋船を操縦する宋人も居住していたと考えられる。

清盛の福原居住の時期については、『東大寺文書』所収、治承四年二月二十日付「太政官符案」、および同文書を書き写した『山槐記』三月五日条に「近年、占二摂州平野之勝地一、為二遁世退老之幽居一」とあることから、仁安三年（一一六八）の出家後のことであったと考えられる。むろん彼はその後も政界に隠然たる勢力を有し、大きな影響力を振るっていた。いわば、政界の公的地位を退き、平氏の家長[13]として非公式な立場で政治活動を行いながら、京から離れた地域に居住していたことになる。当時は、王家の院御所があった鳥羽、摂関家家長忠実が居住した宇治のように、主要な権門の家長が京を離れて別荘に居住し、家政的な行事を主催しながら、政治活動にも関与する傾向があった。[14]

京は天皇の政務空間であり、神事などに関連する多くの禁忌を有するだけに、自由な行動が制約されており、そこに家長の居住地が成立した一因があるだろう。鳥羽・宇治はともに宗教都市として、墓所や寺院を内包し、父祖の崇拝や葬礼・法会の場となっていたし、独自の経済的な拠点という性格を有していたと考えられる。一方、福原の場合は、いうまでもなく日宋貿易の舞台であり、経済拠点という共通性、そして外国人との対面という禁忌を有する場であった。また、清盛が福原西郊の山田に墓所を設けたことは、先祖に関係する宗教施設の内包という共通性も看取できるであろう。[15]いずれにしても、院・摂関家と並んで、平氏の家長の拠点として福原が成立したことは、平氏の権門としての大きな発展を物語っている。

2　遷幸後の発展

かの『方丈記』には、「家はこぼたれて淀河に浮び」「日々にこぼち川も狭に運び下す家」といった印象的な記述が見え、福原遷都後に平安京から多くの家屋が移築されたとする。しかし、こうした事態は遷幸直後から、すぐに発生したわけではない。『玉葉』八月二十九日条によると、蔵人頭藤原経房は記主九条兼実に向かって、「旧都人屋、一人未㆓移住㆒、諸公事併於㆓彼都㆒行㆑之」と述べている。また、権中納言藤原忠親が、福原に土地を与えられたのは八月十二日で、その棟門を京で建造し、堀川から水運を用いて福原に運んだのも九月六日（以上『山槐記』）のことであった。このように、六月の福原遷幸後も、福原に関する方針は時期を追って大きく変化しているのである。以下では、福原遷幸後における清盛の施策の変遷と、福原の発展の様相について検討を加えることにしたい。

六月の遷幸当初は、福原京計画が二転三転する有様で、福原を京とするのか否か、さらには天皇が福原付近に滞在し続けるのかどうかも不明確な有様であった。このため、天皇・院の御所、公卿の邸宅も造営されなかったのである。七月半ばの段階で天皇が福原に滞在する方針が定められたが、「福原暫可㆑為㆓皇居㆒、開㆓通道路㆒、可㆑給㆓宅地於人々㆒、但不㆑及㆑広」（『玉葉』七月十六日条）というもので、必ずしも正式な宮都化を目指したものではなかった。八月に入って兼実が得た情報でも平安京を捨て去ることなく、福原は離宮であり、八省や大内を移転することはないということであった（『玉葉』八月四日条）。離宮である以上、天皇の滞在は恒久的なものではないし、天皇や平氏一門以外の公卿たちは、福原に移転する必要もないと考えられていたのである。

先述のように、忠親が給地を与えられたのはこの段階であった。彼は、中宮権大夫として徳子に仕え、また安徳の東宮大夫を勤仕するなど、平氏一門に近かったことから、優先的に給地を与える対象に選ばれたのであろう。この給地は、皇居予定地の南一町とあり、平清盛の邸宅よりも海側、頼盛の邸宅より山側に位置していた。在地の武士と考えられる輪田四郎則久が沙汰をしており、土地の整備・管理は地域の情勢に通じた平氏の家人が担当していたごとくである（以上、『山槐記』八月十二日条）。また、給地は「四方或卅一二丈、或卅四五丈也」とあり、やや不正確な地割であったが、平安京の邸宅とほぼ同様に一町程度の面積を有していたことがわかる（『山槐記』八月二十三日条）。

ところが、福原を離宮とするという基本方針は、八月下旬に大きく変更されることになる。上洛した経房が兼実に語るところでは、清盛が五節以前に私宅として皇居を造営し、明後年までに皇居の近隣に八省と「要須之所司」を建設して、内裏を移転する方針が決まったというのである。兼実は「凡此儀、不㆑能㆓左右㆒、非㆔言語之所㆑及歟」と仰天を隠すことができなかった（『玉葉』八月二十九日条）。こうして福原を正式の首都とする、すなわち遷都の方針が決定的となったのである。

これに合わせて、都市計画や建築も急速に進んでゆく。『玉葉』九月八日条によると、平氏から距離を置いていた兼実のもとにも、土地が与えられたという報告が入っており、おそらく、他の公卿たちにも同様の措置がとられたと考えられる。これを裏づけるように、同書十二日条には、兼実を訪ねた参議藤原定能が、「今者、指公事之外、不㆑可㆑還㆓故京㆒云々」という状態となったと述べている。福原の首都化、公卿たちの移住という方針は確固たるものとなったのである。同時に邸宅の建設も進んでゆくことになるが、福原における大工などの職人の数が不十分だったとみえ、藤原忠親は先述の棟門の他にも、「宿所一屋」を京で造って福原に運ぶ一幕もあった（『山槐記』九月二十日条）。『方丈記』が描くように、京の建造物が相次いで福原に輸送されたのは、この時期の出来事であったと考えられる。

十月に入り、高倉院が二度目の厳島御幸に出掛けたころ、忠親は十人の工を伴って給地に赴いており（『山槐記』十月七日条）、各邸宅の建設が隆盛を迎えるとともに、工の数も増加した様子が窺われる。そして、十三日には宿所の棟上げを迎えるが、平安京からの方向が悪いことから、内裏となる清盛邸と同様に移徙に際して、いったん井戸長房という者に譲与する形式をとっている（『山槐記』十月二十一日条）。一方、兼実も家司の頼輔入道・基輔父子を給地に派遣したが（『玉葉』十月七日条）、給地が確定していないとの報告を受けている（『玉葉』十月十三日条）。急速に宅地の造営が進んではいたものの、土地は平氏政権の中枢に親しい人々から順に与えられていったものと考えられる。皇居近くに新造され、「華邸」と称された邦綱の宇治新邸も十一月には完成しており（『吉記』十一月二十三日条）、平氏の側近たちは宮都化に備えて予定される皇居の近隣に邸宅を構えつつあった。そして、十一月十一日、清盛が全力を傾注した新造御所が完成し、安徳天皇が方違していた宗盛邸（『山槐記』十月十三日条）から移徙するに至ったのである。

3　福原の内と外

新造御所移徙の行幸経路について、『吉記』十一月十一日条は次のように記している。

路ハ御所南大路ヲ東行、至二于東大路一、南行更東折、自二東造路一南行、至二于入道太政大臣亭北一、大路西折、自二西南門一入御、

なお、こうした大路の名称は経房が記述に際して独自に付したもので、正式のものではない。さて、以上の叙述によると、まず内裏と平氏一門の邸宅の関係がわかる。すなわち、すでに周知の通り新造内裏は清盛邸の北にあったが、宗盛の邸宅はそのさらに北にあったことになる。先述した宇治の邦綱邸などとあわせて、平氏一門の中枢や側近の邸宅が内裏を囲繞し、福原の北端付近を占めていたのである。

一方、福原の通りには「大路」と「造道」の二種類があったことがわかるが、おそらく、前者は以前から存在した基幹道路、後者はその名称から推して遷幸以降に新たに設定された道路を称したものと考えられる。また、清盛の邸宅や新内裏は東大路の東側に位置したことになり、福原の町並みの東に寄った地域に存在していたものと考えられる。さらに、行幸路が清盛邸の北に突き当たってから西に曲がり、内裏の西南の門に向かったとあることから考えると、邸宅群は碁盤の目状の街路に沿って東西南北に整然と並ぶ形で造営されていたわけではない。この点は、平安京はもちろん、鳥羽・白河などとも異なっているが、平地が狭く急峻な山麓にあったという地形の制約や、必要に応じて邸宅を造営していった計画性の乏しさを反映したものと考えられる。

このころ、多くの公卿が公事に列席するために福原を訪ねることになる。たとえば、右の行幸に参列した公卿とし

ては、上卿を勤仕した左大将藤原実定以下、大納言源定房・藤原宗家、中納言では藤原兼雅・平時忠・頼盛・藤原朝方、参議藤原実守・源通親、さらに散三位では藤原親信・頼実・雅長といった人々が記されている。遷都の方針が決定的となり、天皇に関する儀式の多くが福原で行われるようになると、平氏一門以外に多くの公卿の姿が見えることになる。しかし、先述のように忠親の邸宅の完成は十月二十一日であったし、兼実に至っては、十月の段階になっても給地すら決まらない有様であった。したがって、福原を訪れ、滞在した公卿たちも、自身の邸宅に居住していたわけではない。

ここで注目されるのは、周辺の荘園などに居住・滞在する人々がかなり見られることである。たとえば、『山槐記』七月十九日条によると、福原に向かった忠親は、現在の西宮市に当たる摂津国野田で「前太相国」と対面している。この「前太相国」は、通常清盛と理解されているが、『山槐記』の前後の記述を見ると、清盛を「入道太政大臣」「禅門」などと記すのに対し、忠親の兄前太政大臣忠雅を「前太相国」と記していることから、この人物も忠雅と考えて差し支えない。先述のように、彼は清盛と親しい関係にあり、福原や厳島も訪問していたが、野田を福原下向の拠点としたものと考えられる。また、忠親は、八月二十二日には福原下向に際して西宮の宿所に一泊している（『山槐記』）。近隣の守部荘がこの一族の所領であったとみられることから、この地に拠点を形成したのであろう。

同書の八月七日条によると、同日の釈奠の上卿であったはずの三条大納言実房は上洛の途次、吹田にあったという。また同じく八月二十七日条によると、宇佐・和気使派遣の上卿であった大納言実国が無断で福原を離れたことから、蔵人親経が「並荘」に問い合わせるという一幕があった。この荘園の所在地などはわからないが、福原で公事を行う際に実国が拠点とした近隣の荘園と考えられる。邦綱の寺江山荘とあわせて、福原と京を結ぶ交通の拠点、また福原の周辺の荘園などに公卿たちの別荘・宿所が設定された様子がわかる。あたかも京周辺における宇治・久我・花山院などのように、首都を取り巻く地域に別荘群が形成されたことになる。また、『高倉院厳島御幸記』に見える、福原東郊の都賀、西郊の山田のような御所・休息のための施設が設置されたことも、福原への交通路の整備、周辺の発展にとって忘れてはならないだろう。

むろん、彼らは長期間滞在したわけでもないし、恒久的な邸宅などが建設されたとも考えられない。しかし、従来めったに貴族たちが足跡を残すことのなかった地域を、彼らが頻繁に通行・滞在することで、地域が大きく発展したことは疑いないであろう。福原は、その内部・周辺部ともに、首都としての展開を遂げつつあったといえる。しかし、安徳天皇の新内裏移徙のころには、「還都」の議論が高まっており、(16)結局それからわずか二週間足らずで、天皇・上皇以下は京に帰還することになる。次に、福原における政務の実態、平安京との機能の分担などについてふれることにしたい。

三　福原における政務

1　政務の実態

福原に、政権担当者である高倉上皇・摂政基通が移った以上、政務の最終決定が福原で行われたのは当然である。輪田京への遷都について、早速高倉院の殿上において議定が開催されたのも当然といえよう（『百練抄』六月十一日条）。また、頼朝追討などの重大政務の宣下なども、福原で行われている（『山槐記』九月五日条）。こうして福原は、国政の中枢という性格を有することになったのである。しかし、福原で政務は完結していたわけではない。

まず、すでにふれたように、主要な公卿たちは福原に常住しておらず、議定に参加した人々も限定されていた。『山槐記』によると、八月十二日に高倉院御所で行われた、大嘗祭や皇居造営に関する議定に出席したのは、京から下向した左大臣藤原経宗のほか、左大将藤原実定、大納言同実房、帥大納言同隆季、そして忠親であった。公卿のうち、つねに福原にあったとみられるのは、清盛以下の平氏一門の他には、親平氏派の藤原邦綱・隆季・源通親、それに左大将藤原実定などで、他の公卿たちは必要に応じて京から福原を訪問していたにすぎない。このため、重大事の議定では、下向しない右大臣兼実などに対し、蔵人頭藤原経房から書状による諮問も行われていた。朝廷を構成する公卿の多くを京に残した点は、福原が首都として完成していなかったことを物語る。

もっとも、後白河院政期には、参加者の減少・固定化、在宅諮問などによって、議定の形骸化・比重低下は進行しており(17)、右の事態はその延長線上で理解することもできるだろう。このことは、逆にいえば、すでに独裁権力を有していた清盛の前に、公卿議定も、その決裁者としての高倉院も無力化していたことを物語る。先述のように、離宮として福原に天皇を長期滞在させること、また八省の移転など事実上の遷都方針の決定などが、ほぼ清盛の独断によって決定されたのである。

しかし、京に残ったのは公卿ばかりではなかった。すなわち、主要政務機関である太政官・八省、神祇官、そして王権を荘厳する儀式・祭礼の舞台となる寺社が、依然として平安京に存在していたのである。ここに、政務が福原で完結できず、公卿の多くが在京せざるをえない一因があった。上卿などを勤仕する公卿や、実務を担当した頭弁経房以下の職事・弁官などの官僚たちは、双方を行き来する必要があり、儀式の混乱や遅滞を招いたのである。

たとえば、八月七日に京で行われた釈奠の際にも、先述のように本来の上卿であった大納言三条実房は吹田にあって障りを申し立て、二人の大外記・大夫史は福原にあり、六位外記のうち一人も福原にいる状態で、大外記頼業はいったん釈奠のために入京しながら福原に呼び戻され、さらに再度上洛を余儀なくされたという混乱ぶりであった。また、八月二十七日の宇佐和気使の派遣に際しても、本来の上卿藤原実国が無断で帰京してしまい、当時福原にいた公卿の左大将藤原実定・検非違使別当平時忠・左衛門督藤原実家がいずれも軽服であったために、急遽忠親が奉行している（以上『山槐記』）。さらに、祈年穀奉幣に至っては、諸国の兵乱で幣料の調達が困難なこともあって、四度も延期される有様であった（『山槐記』十月二十七日条）。

九月になると、先述のように「指公事」の他は、参議でさえも上洛を制約されるようになっており、福原における政務の比重が格段に大きくなったものと思われる。それでも、九月二十三日に太政官と不可分の政が京で行われたが、宰相・弁は参列せず、召使なども式も知らず、雑色は「有若レ亡」のような有様であった。さらに、十月二十八日には延び延びになっていた定考が停止されるに至った（以上『山槐記』）。

このように、平安京を舞台として開催され、政治・宗教両面で王権を荘厳してきた諸儀式は衰退した。これに対し、清盛は重大な事態の最中、十月六日から厳島・宇佐への参詣を強行していた（『玉葉』十月九日条）。厳島や西国の寺院の関係者が福原に居住したことから考えて、瀬戸内海沿岸を結ぶ新たな祭祀・儀礼の再建を目指していた可能性が高いが、それは全く具体化するには至っていない。このため、福原への首都機能の完全な移転が実現しないまま、従来王権を荘厳してきた儀式・祭礼は不十分なものとなってしまったのである。こうした混乱の最中、十一月に入ると、還都への動きが急激に高まることになる。

2　還都の背景

八月に伊豆で蜂起した頼朝は、いったん石橋山で敗北を喫したものの、まもなく房総半島の武士団を糾合し、武蔵・相模の武士団とともに南関東を席巻するに至った。これに対し、福原から平維盛・忠度らの大将軍、侍大将の伊藤忠清以下が追討使として下向したことは周知の通りである。この時、忠清は下向を急ぐ維盛に対し、先祖の旧宅である六波羅からの出立の日次に、十死一生日を忌避することを主張した（『山槐記』九月二十九日条）。六波羅は単なる通過点ではなく、先祖の旧宅であり、さらに墓所でもあった。当時、家の観念が強まって、父祖に対する尊崇が強まっていただけに、平氏一門内部にも六波羅を重視する意見が強かったものと考えられる。

旧稿でもふれたように、平氏政権内部でも遷都に積極的であったのは清盛のみで、嫡男宗盛、女婿高倉院、親平氏派公卿の藤原隆季以下は在京に固執していたのである[18]。高倉が母建春門院の墓所の所在を理由に遷都に反対したように（『玉葉』八月四日条）、右の忠清と同様、父祖の墓所のある平安京を精神的な拠り所とする考えが院や一門の中にも強かったものと思われる。しかし、清盛は彼らの反対を退けて強引に遷都を強行し、還都論をも却下してきたのである。その清盛が大きく動揺したのが、富士川合戦大敗の報告を耳にしてからのことであった。

清盛が還都に踏み切った理由については、旧稿に記した通りである[19]。すなわち、通常説かれるように、高倉院や延暦寺の反対は清盛に還都を決断させるものではなかった。たしかに内乱が長期・深刻化したため、追討と並行して宮都を造営することが困難となったことも事実だが、還都は決して貴族・寺社に対する単なる妥協・譲歩ではなく、そればかりか彼らの本拠地がある京に還都することで、荘園領主権門を長期的な追討体制に組み入れる目的を有していたのである。以上のような、大局的な意味合いの他に、右の分析からいくつかの論点を付け加えることができる。

まず、一門の結束という問題が想定されよう。平氏一門内部には、清盛以下の主流と、故重盛以下の小松殿一門、さらに、親院政派とされ治承三年政変では合戦の噂まで流れた頼盛一門（『玉葉』治承三年十一月二十日条）などとの軋轢が内包されていた。それに加えて、遷都推進派の清盛と、宗盛以下の反対派の対立を抱え込むことは、源氏追討・内乱鎮圧という重大事を前にした平氏政権にとって、あまりに危険であったと考えられる。高倉院の反対にも動じなかった清盛が、宗盛との激論を境として遷都の断念に向かっていったことは象徴的といえる。

また、先述のように、新天皇安徳の王権を荘厳する儀礼は、宮都の未完成によって著しく損なわれていた。周知の通り、この年には恒例の即位大嘗祭さえも行うことができず、例年と同じ新嘗祭を福原で開催せざるをえなかったのである。王権の権威低下は、ただでさえ簒奪政権としての批判を受け、その上に追討使の敗北という大きな痛手を受けた平氏政権にとって、深刻な事態であったに違いない。寺社をはじめとする荘園領主を統合し、追討のための兵士・兵粮を徴発するためには、天皇の権威が不可欠である。延暦寺などの鋭い反発に直面した清盛は、再び天皇を平安京の儀礼の世界に返さざるをえないことを痛感していたのではないだろうか。清盛が十一月半ばに還都を決断するに至った背景には、以上のような事情も付け加えるべきものと考えられる。

かくして、安徳天皇、高倉・後白河両院は、十一月二十四日、平氏一門に伴われてあわただしく福原を出立し、帰京の途についた（『玉葉』『山槐記』）。清盛の肝入りで造営された皇居は、五節に用いられただけで主を失った。邦綱が急遽新築した宇治の「華邸」も、安徳天皇の出門の儀に用いられたにすぎない。こうして、首都としての威容を備えつつあった福原は、突如として放棄されたのである。

むすび

清盛は還都とともに、畿内およびその周辺地域の平定に取りかかった。総官制度に見られる強力な軍事独裁政権と、新たな首都の造営は、荘園領主を組織化した平氏政権を象徴していたといえよう。しかし、それらの実現を目にすることなく、清盛は治承五年（一一八一）閏二月四日に、突然の熱病で逝去したのである。

彼の墓所は、福原西郊の山田に設けられたと考えられる（『吾妻鏡』治承五年閏二月四日条）。清盛の想いは、あくまでも自身が創出しようとした幻の宮都福原にあったことになる。先述のように、首都としての整備も進み、里内裏の完成とともに天皇の移徙まで実現しており、念願の遷都もほぼ目前となっていたのである。それだけに、福原の放棄を決断せざるをえなかった清盛の心中は、察して余りある。

還都に際して、「一人不レ可レ残」という方針が打ち出された（『玉葉』十一月二十四日条）だけに、福原が都市として衰退を余儀なくされたことは疑いない。『平家物語』巻七「福原落」には、かつて甍を並べた邸宅がいずれも「三年が程に荒れはてて、旧苔道をふさぎ、秋の草門を閉づ。瓦に松おひ墻に蔦しげれり。台傾いて苔むせり。松風ばかりや通ふらん。簾たえて閨あらはなり。月影のみぞさし入りける」という有様になっていたとする。もっとも、これは平氏の都落ちの無念さを強調するための記述で、そのままに信受するわけにはゆかない。『吾妻鏡』養和元年（一一八一）八月二十六日条によると、三善康信は福原より帰洛して、京で東国追討軍の出立を見たと称しており、福原は依然として何らかの都市機能を有したものと考えられる。清盛の墓所、継続する日宋貿易の舞台として、平安京を補完する機能があったとみるべきであろう。

やがて福原は、平氏の都落ちによる放火、一ノ谷合戦の戦火などもあって見る影もなく荒廃した。しかし、この天然の良港は兵庫津として再び不死鳥のように蘇り、日明貿易など国際貿易の舞台となって、繁栄と栄光を取り戻すことになるのである。

注

（1）兵庫県史編集専門委員会編『兵庫県史　第二巻』（兵庫県、一九七五年）。

（2）拙稿「後白河院と平氏」（拙著『院政期政治史研究』思文閣出版、一九九六年、初出一九九二年）、拙著『平清盛の闘い―幻の中世国家―』（角川学芸出版、二〇一一年、初出二〇〇一年）。以下旧稿と称する場合は、これらを指す。

（3）泰経の摂津守補任は『山槐記』応保元年九月十五日条。彼は院近臣として知られるが、蔵人時代から一貫して後白河に仕えており、後白河を知行国主と判断した。

（4）この当時の政情については、拙稿注(2)前掲論文・拙著注(2)前掲書で分析した。

（5）保元の乱後の摂関家については、田中文英『平氏政権の研究』（思文閣出版、一九九四年）参照。

（6）『山槐記』除目部類、治承二年十二月二十四日条に摂津守補任が、『山槐記』治承三年十二月十二日条に安芸守への遷任が見える。なお、当時の国守・知行国主については、菊池紳一・宮崎康充編「国司一覧」（『日本史総覧Ⅱ　古代二・中世一』新人物往来社、一九八四年）参照。

（7）元来後白河の北面の武士であった多田行綱が、「日来属㆓平氏㆒」（『玉葉』寿永二年七月二十二日条）したのは、鹿ヶ谷事件において密告者の役割を果たして以来と考えられる。また、大和源氏の一族である豊島蔵人は、元来以仁王に伺候していたが、「近年夙㆓夜禅門、并幕下辺㆒」するようになったという（『玉葉』治承四年十一月二十三日条）。

（8）正盛・忠盛の事績、忠盛の播磨守就任前後の政情などについては、髙橋昌明『増補改訂　清盛以前―伊勢平氏の興隆―』（平凡社、二〇一一年、初出一九八四年）に詳細である。

（9）当時の播磨守の立場、権威については拙稿「院政期における大国受領―播磨守と伊予守―」（拙著注（2）前掲『院政期政治史研究』初出一九八六年）参照。

（10）この時期の播磨守の変遷については、注（6）前掲の「国司一覧」、「国司年表」（兵庫県史編集専門委員会編『兵庫県史　史料編古代三』兵庫県、一九八六年）参照。

（11）隆教の立場については、拙著注（2）前掲『院政期政治史研究』参照。

（12）梶原景時の播磨における活動については、大山喬平「文治国地頭の存在形態―梶原景時と土肥実平の事例分析―」（柴田実先生古稀記念会編『日本文化史論叢』柴田実先生古稀記念会、一九七六年）、小野市史編纂専門委員会編『小野市史　第一巻　本編一』（小野市、二〇〇一年）参照。

（13）清盛の平氏家長としての立場については、上横手雅敬「平氏政権の諸段階」（安田元久先生退任記念論集刊行委員会編『中世日本の諸相　上』吉川弘文館、一九八九年）。

（14）院政期の鳥羽については、美川圭「鳥羽殿の成立」（上横手雅敬編『中世公武権力の構造と展開』吉川弘文館、二〇〇一年）参照。宇治については、拙著『藤原忠実』（人物叢書、吉川弘文館、二〇〇〇年）参照。

（15）院政期の都市と墓所の関係については、鳥羽を素材とした美川注（14）前掲論文参照。

（16）還都論の展開については、拙稿注（2）前掲論文・拙著注（2）前掲書参照。

（17）当時の公卿議定の実態については、美川圭「公卿議定制から見る院政の成立」（同『院政の研究』臨川書店、一九九六年、初出一九八六年）。

（18）拙稿注（2）前掲論文・拙著注（2）前掲書参照。

（19）同右。

第三章　福原遷都と平氏政権

はじめに

「遷都あるべし」。従順な宗盛が、父清盛に激論を挑み、福原から平安京への遷都（還都）を要求したという情報が京にもたらされた。これを右大臣藤原兼実が日記『玉葉』に記したのは治承四年（一一八〇）十一月五日のことであった。そして、清盛が精根傾けた新造内裏に対する安徳天皇の移徙が行われた翌日の十一月十二日、福原にいた蔵人頭にして高倉院別当の藤原経房は「帰都一定」（『吉記』）の報告を得たのである。

新造内裏の竣工の直後に一転、劇的に還都が決定した原因が、富士川合戦の敗北と、それに伴う内乱の激化にあったことはいうまでもない。しかし、還都は決して清盛の妥協ではなかった。長期・深刻化した内乱に対処するために荘園領主権門を組織化すべく、彼らの本拠地たる平安京に清盛はあえて還都したのである。反抗する者には、園城寺や南都のごとく、焼討ちという恐るべき災厄が待ち構えていた。ここに清盛が還都を決断した最大の理由が存する[1]。

同時に、旧稿[2]では遷都の要因として以下のような点を追加しておいた。その一つは安徳天皇をめぐる儀礼が未完成で、ただでさえ簒奪政権と見なされて不安定だった天皇の権威や正当性に、疑念を生ずる恐れがあったことである。すなわち、天皇の儀礼は京に残存する官司や寺社と不可分であり、福原では儀式遂行に大きな支障が存在していた。それだけに、清盛は荘園領主の統合のためにも、天皇・上皇を京の儀礼の世界に帰さざるをえないと判断したと考えられる。

もう一つの問題は、平氏の内部分裂である。富士川合戦敗北の一因は、源氏挙兵にいち早く対応した駿河目代橘遠茂や、同国の長田入道、そして相模の大庭景親をはじめとする東国の平氏家人たちと、追討使が合流できなかったことにある。追討軍出立が遅延し、家人たちを見殺しにした大きな原因は、侍大将藤原（伊藤）忠清が六波羅を先祖の地と主張して、「十死一生の日」を忌んだことにあった。これは、平氏軍制の中枢にいた有力家人が、福原よりも先祖の地六波羅を重視したこと、言い換えれば福原に対する平氏拠点の移動に反感を示したことを物語る。

六波羅こそは、十二世紀初頭に正盛が墳墓堂として六波羅堂を建立し、軍事拠点と先祖崇拝と結合させた場所であった。また、伊藤をはじめとする中心的平氏家人の本貫は、京での活動を前提とした伊賀・伊勢であり、福原への遷都はこうした所領との関係の維持を困難にした。ここに、伊藤一族をはじめとする旧来の家人に不満を生ずる原因があったと考えられる。また、藤原忠清や平貞能ら侍大将級の有力武士たちは、元来平重盛の郎従であり、その死後に嫡流が宗盛流に移行して立場は微妙となっていた。ここにも不満の一因はあったかもしれない。

そして、嫡流の宗盛も冒頭に記したように、還都の原因となる激論を惹起しており、福原遷都には強い反発を有していた。旧来の家人や一門の強い反発と、内紛の回避も、還都の要因の一つであった。

しかし、考えてみれば、これらの問題は福原遷都に伴って必然的に発生するものに他ならない。官司は将来的には移転するにせよ、王権を荘厳する権門寺社との分断は不可避であった。また、京・六波羅を先祖の地とする一門や伊賀・伊勢を所領とする伝統的家人との対立も、必然的な問題として当然予想されたはずである。遷都に際して清盛は、こうした問題をどのように考えていたのであろうか。

以下では、王権と寺社、とくに天皇と神社、そして平氏家人や一門の内紛について、それぞれ検討を加えるとともに、そこから清盛が構想した福原遷都後の平氏政権の姿を推測することにしたい。

一　天皇と神社

1　清盛と厳島

平安京を永久の帝都と称する「嵯峨隠君子」の勘文にあるように、京は南に開き北が塞がる地であるとともに、東に厳神・賀茂社が、西に猛霊・松尾社が各々存在していて「見レ地宜レ足レ可レ為二帝都一、永代不レ可二変易一」とされたという（『玉葉』治承四年〈一一八〇〉八月四日条、以下では各史料の治承四年の記事は月日のみを記す）。地形とともに鎮守の存在が、帝都に適う条件であったことになる。また、『平家物語』巻五「都遷」でも「王城守護の鎮守は、四方に光をやはらげ、霊験殊勝の寺々は上下に甍をならべ給ひ」として、京を加護する仏神が存在する宮都であることを強調する。王権の所在地と、社寺の存在は不可分だったのである。

天皇の儀礼との関係で注目されるのは、やはり神社の祭礼に他ならない。十一世紀段階には、重大な政務や事件に際して奉幣の対象となる二十二の主要な神社が設定された。この二十二社は、皇祖神である伊勢を頂点として、やはり皇祖神に位置づけられた石清水八幡以下、京・畿内に鎮座する神社が選ばれている。いわば、京・畿内の諸神が天皇を擁護する体制が成立していたのである。

二十二社に含まれる平氏の氏神は、現在の京都市北区に所在する平野神社であった。この平野神社こそが、本来の平氏の氏神に他ならない。仁安四年（嘉応元年、一一六九）三月二十六日には院号宣下を目前にした皇太后滋子が宗社として参詣し、四月十日の祭礼では、参議に昇進したばかりの宗盛が初めて上卿を勤仕したことなど（以上『兵範記』）は、一門と同社の関係の深さを物語る。

ところが、政治的地位を著しく上昇させた清盛は、とくに平野神社を重視することはなかった。その一因は、平野神社が平氏だけではなく、王族・源・菅原・大江氏などの氏神であり、信仰を独占できなかったことにもあると考えられる。彼が深く尊崇したのが、遠い安芸国厳島神社であったことはいうまでもない。

厳島神社は安芸国一宮ではあったが、清盛より以前に中央の皇族・貴族が参詣した記録もなく、さほど中央から注目される存在ではなかった。清盛は保元の乱に至るまでの数年間、安芸守に在任しており、厳島神社に対する信仰はこの時期に形成されたものと考えられる。彼が初めて参詣を果たしたのは、平治の乱の翌年である永暦元年（一一六〇）八月（『山槐記』永暦元年八月五日条）のことであった(3)。当時、彼が大宰大弐の要職にあり、九州方面への勢力扶植を構想していたことを考えれば、京と大宰府を結ぶ交通の要衝として、厳島を把握しようとした面があったことは否定できないであろう。

一門の繁栄を祈って厳島神社に奉納された『平家納経』が完成したのは、清盛が太政大臣に就任して官職面で頂点を極めた仁安二年（一一六七）のことで、平氏の厳島神社に対する信仰は緊密の度を増すことになる。同四年には、受領重任の成功として社殿が造営されることになる（『兵範記』仁安四年三月二十日条）。そして、承安四年（一一七四）三月には、後白河院が寵妃建春門院とともに参詣するに至った（『玉葉』承安四年三月十六日条など）。平氏の尊崇に支えられて、厳島は国家的神社に発展したのである。

注目されるのは、厳島神社において神仏習合が活発に展開されており、承安段階で厳島明神の本地仏が大日如来とされた点に他ならない。当時、発展しつつあった大日如来を天照大神の本地とする習合思想と、厳島神社の信仰が結合し、同社は皇祖神という性格を有するようになったとされる(4)。ここに、平氏のみならず、後白河院や朝廷が厳島神社を重視し、深く信仰した原因があったことになる。

厳島神社のこうした変容と、平氏の発展は密接に関係する。清盛は大臣の壁を突破し、太政大臣の座を究めていたが、このことは当時の慣例から見て、彼が皇胤と見なされていたことを物語る。そればかりか、清盛の義妹平滋子（建春門院）は高倉天皇の母となっており、藤原氏、源氏以外では初めて、平氏は婚姻関係を通して王権の中枢に食い込んでいた。このように平氏・王家が一体化した王権を擁護する、新たな皇祖神の出現が期待され、厳島神社がその役割を果たすことになったのである。従来の貴族社会の秩序に組み込まれ、平氏のみならず王族・源氏以下諸氏の氏神である平野神社では、その代替とはなりえないのも当然であった。

2　厳島をめぐる軋轢

清盛は、治承三年（一一七九）に厳島神社の二十二社への昇格を図って失敗するや、今度は退位した高倉上皇の最初の社参先に厳島を選んで、同社の政治的地位の上昇を強引に実現する。これが宗教界の秩序を大きく変動させて、権門寺院との軋轢をもたらしたことは、すでに指摘した通りである[5]。清盛は治承三年政変に際し、中宮・東宮の西国下向を仄めかしており（『玉葉』治承三年十一月十五日条）、王権の京からの移転や、二十二社の枠組自体の改変などを構想していたと考えられる。あえて二十二社昇格に固執しなかったのはこのためであろう。

こうした対立が、治承四年三月の高倉上皇の厳島御幸に際し、上皇と後白河院を奪取しようとする延暦・園城・興福三寺の悪僧の結集をもたらした。さらには、平氏と安徳の王権を否定する以仁王挙兵に対する悪僧勢力の参戦など、権門寺院による平氏政権、安徳天皇の正当性をめぐる衝突に発展したのである[6]。その意味で、厳島問題は遷都そのものの大きな引き金であったことになる。

旧稿において指摘したように、遷都には王朝の交代に伴う新都造営という性格があった[7]。いうまでもなく、天武系皇統の宮都平城京にかわって、天智皇統の新都として長岡・平安京が造営されたのである。同様に、福原遷都にも平氏と結んだ新王朝の新都という意味があったと考えられる。その宮都と王権を守護する神は、平氏と結ぶ新たな皇祖神厳島神社をおいて他にはありえなかった。

厳島の意味、そして権門寺院勢力との対立といった問題を考え合わせるならば、清盛が福原遷都と並行して、旧来の宗教界との断絶、新たな皇祖神厳島神社を頂点とする祭祀体系を構想していたことは間違いない。むろん福原と厳島との距離は遠く、海路で数日を要するが、福原には同社の神主佐伯景弘が滞在していた（『山槐記』治承三年六月二十二日条）し、内侍と称された巫女たちが常駐していたと見られる。福原と厳島神社は、平氏が掌握する瀬戸内海交通路を介して密接に連携していたのである。

なお、厳島内侍たちは、福原において高倉院や前太政大臣藤原忠雅らの賓客に唐風の舞踊を披露し、福原と厳島との一体性を印象づける役割を果たした。さらに、福原遷都に際しては託宣を下して、昆陽野から印南野に宮都の候補地を変化させており（『玉葉』六月十七日条）[8]、政治的な性格を帯びていた面も存したものと考えられる。

福原遷都が本格化したことを耳にした兼実は「我朝若有レ運者、此事不レ可レ遂」「我朝若可レ尽者、此事成就歟」（『玉葉』八月四日条）と記している。この「我朝」とは王家・藤原氏が一体化した、連綿と続いた王朝であり、ここの言葉には王朝交代、藤原氏が平氏に取って代わられる危機感が込められている。

厳島神社以外にも注目すべき神社がある。福原の宮都化の方針が本格化した十月、清盛は厳島・宇佐に相次いで参詣している（『玉葉』十月九日条）。その前月の九月十六日、宇佐の神主宇佐公通に対し、地方豪族としては破格の豊前守の地位を与えている（『山槐記』）。宇佐氏を組織するとともに、同社を厳島と同様に、宗教的・政治的拠点とする構想が存したものと考えられる。

また、大宰府にある安楽寺の別当安能の房舎が、治承四年六月の福原遷幸に際し摂政基通の宿舎となったことは周知の通りである（『玉葉』六月二日条）。たしかに高倉の御持僧昌雲など、天台系の僧侶が多数居住していたと考えられるが、別当級の高僧が居住した例は見当たらない。清盛は、京・畿内の伝統的寺社勢力に背を向けて、瀬戸内海を介した西国の宗教施設との連携を強めようとしていたことは疑いない。

むろん、瀬戸内海を介した連携は、単に宗教秩序に止まるものではなかった。宇佐氏のように、神官であるとともに有力な豪族も存在していたのである。清盛は、明らかに京に置かれた平氏政権の基盤を、西国全体に広げようとしていた。それは、平氏の軍事組織にも深く関係する問題でもあった。

二　家人の軋轢

1　伝統的家人

平氏の軍制が、少数ながらも精強な「家人」と、半ば強制的に徴発された多くの「かり武者」から構成されていたことは周知に属する(9)。平氏軍制の中核を占める家人の中心ともいえるのが、伊賀や伊勢に拠点を置き、長年一門に仕えてきた伝統的な武士団であることはいうまでもない。

たとえば、『保元物語』において動員されたとされる平氏の郎等たちの多くは、伊勢・伊賀の武士たちであった。また、活動の叙述があるのも、伊勢古市の伊藤一族や伊賀の山田是行だったのである。一方、平治の乱に際し、藤原信頼の子息で清盛の女婿となっていた信親を自宅に送り届けた際に護衛を担当し、義朝から一人当千と称賛された郎等たちも、備前の難波経房を除くと、館貞安・伊藤景綱・平盛信といった伊勢の武士たちに占められていた（『古事談』）。『平治物語』で名前が出るのも、同じ伊藤・館のほか、伊賀平氏の貞能らであった。この貞能の父は、『平家物語』で知られる忠盛の腹心平家貞で、伊賀国鞆田荘沙汰人の地位にあった。伊賀を拠点として伊賀平氏とも称しうる重代相伝の家人だったことになる(10)。

これらの記述は軍記物に依拠しているだけに、その信憑性については問題があるが、彼ら以外の家人には軍記物に取り上げられるだけの実績がなかったこと、そして伊賀・伊勢の武士団が軍事的な中心を占めていたことは疑いない。このことは、当時の平氏が、京・畿内周辺の限られた所領の郎等を軍事的基盤とした院政期の軍事貴族、京武者と同様の構造を持っていたことを意味している。(11)こうした伊賀・伊勢の武士団は、平治の乱の後も平氏軍制の中枢に位置していた。(12)

そのうち、家貞以下の伊賀平氏は、伊勢平氏の一門であったが、正盛のころに家人化した存在である。(13)それだけに政治的地位は高く、家貞は保元元年（一一五六）ごろに筑後守に就任して、受領の地位を得たとされる。家貞の筑後守就任は、平氏一門の本格的な九州進出の前提というべきもので、二年後に清盛が播磨守を信西の男藤原成範に譲渡して大宰大弐に転ずる先蹤になったと考えられる。

その子貞能は清盛・重盛の侍大将に、彼の兄家継は鞆田荘に居住して清盛の「私郎従」と称され、治承四年十二月における近江源氏追討の先鋒となっている（『玉葉』十一月十二日、十二月二日条）。まさに重代相伝の家人というべき存在であった。貞能は長寛元年（一一六三）ごろより長らく検非違使の地位にあり、検非違使別当として使庁を掌握した時忠のもとで活躍している。また、後述の平盛俊らと同様、清盛の家産機構にも関与し、家令の地位にあったのをはじめ、養和元年（一一八一）には肥後で反乱を起こした菊池高直を討伐するために肥後に下向して同地に留まり、ついで寿永二年（一一八三）に肥後守に就任するに至った。

（『玉葉』二月二十日条）。しかし、彼も父と同様に九州と深い関係を有しており、嘉応元年（一一六九）に筑前守に就任し

伊勢古市を拠点とした藤原（伊藤）氏も、忠清が源平争乱期に侍大将として活躍している。その系譜などは未詳であるが、忠清は治承三年（一一七九）の政変で上総介に就任、受領の地位を得ており、家貞一族と同等の家格であった。忠清の子忠綱も治承三年政変のあとで検非違使に就任、なお、西村隆氏が忠清の弟と推定した景家も、治承四年(14)

段階で飛驒守に在任している。

忠清は上総介就任とともに「八ケ国ノ侍ノ別当」（『延慶本平家物語』）に補任されたという。頼朝挙兵の直前、京で大庭景親を招き、駿河の平氏家人長田入道から得た頼朝の動静について協議した（『吾妻鏡』八月九日条）ことや、東国追討軍の侍大将の役割を果たしているのは、こうした職務と関係するものと見られる。(15) 貞能が鎮西を担当したのと対照的に、忠清は東国担当だったことになる。平氏の勢力が全国に拡大するにつれて、伝統的家人たちは東西に進出していったのである。

先述した藤原信親の警護に際して名前が出た平盛信の父は、清盛が終焉を迎えた邸宅の主盛国と考えられる。(16) この一族の名前は信親の一件を除いて保元・平治の乱には名前が見えないが、やはり伊勢を拠点とする清盛の腹心であった。彼らも家継一族と同様に、元来平氏一門でありながら郎等となった存在で、伊賀平氏や伊藤一族と同様の高い家格を有していた。

平盛国も、貞能とともに十二世紀六〇年代に長らく検非違使の任にあって、京の治安維持に当たっていた。また、『平家物語』の巻二「烽火之沙汰」によると、盛国は鹿ヶ谷事件に際して、重盛の命により京やその周辺の武士を動員し、彼らの着到を記したとされており、京における家人統制の中枢という立場にあったと考えられる。(17) その子盛俊は越中守に就任しており、先の家継・忠清らと同格で、清盛の家司にも任じられている。福原に盛俊の倉があったとされる（『玉葉』九月九日条）のも、彼が清盛の家産機構の中枢に加わっていたことを物語るのかもしれない。

こうした伊賀・伊勢の家人に対し、山陽方面における海賊追討などを通して獲得した家人も存在していた。備前の難波、備中の妹尾一族はその代表である。両者は保元の乱に参戦したとされるほか、難波経房は先述した平治の乱における信親の護送、さらには乱後の源義平処刑に際して名前が見える。しかし、西村隆氏の指摘するように、平治の乱後も軍制の中枢に至ることはなく、彼らはあくまでも補佐的な警察的役割を果たすにすぎなかった。(18) これは、地方豪族であるために、いずれの一族も家格が低かったことも影響したのかもしれない。

このように伊賀・伊勢の家人たちは、平氏が国家的な軍事・警察権、あるいは京の治安維持をほぼ独占的に担当するようになった平治の乱以後の段階でも、平氏軍制の中心的存在でありつづけたのである。仁安三年（一一六八）、清盛が出家して福原に隠居するや、その後継者として諸国の騒乱鎮圧や、京の治安維持を担当したのは重盛であった。このため、当然伝統的な家人たちは重盛と関係を深めることになる。(19)

先述のように、鹿ヶ谷事件の際、重盛は後白河攻撃を企図する清盛を諌止するために家人の動員を図るが、その中心となったのが盛国であり、洛中はもとより、京周辺の各地より武士たちが動員されたとあり、重盛を基軸とした京の軍事体制が形成されていたことを推測させる。伝統的家人たちと重盛との結合は、重盛の子息である小松殿一門との密接な関係として継承されてゆくことになる。

それだけに、鹿ヶ谷事件以降の重盛の後退、そして治承三年における重盛の死去といった事態は、伝統的家人たちに少なからぬ影響を与えることになる。貞能は中央における侍大将ではあったが、父以来の実績も関係したのか、九州に下向して肥後の反乱鎮圧を担当する。忠清も東国の奉行であるとともに、主君維盛や資盛が頼朝や源氏討伐軍の大将軍という前線指揮官として下向したこともあって、遠征軍の侍大将を勤仕するに至る。京・畿内における事件もさることながら、しだいに地方の問題に重点を置くようになったと考えられる。

2　家人の変化

仁安年間（一一六六～六九）以降も、身分的にも高い位置を占める伝統的な家人が、平氏軍制の中枢を担い京で活躍していた。しかし、京を重盛が担当するのに対し、清盛も福原において独自の活動を行い、のちの治承三年政変に際し数千騎と称される軍勢を福原に招集している（『玉葉』治承三年十一月十四日条）。福原付近を拠点とする新たな家人が存在したのも事実である。

その代表といえるのが、阿波の在庁官人出身とされる田口成良である。彼は民部大夫として、また伯父桜庭介良遠も外記大夫として叙爵しているから、五位の位階を有した軍事貴族的性格を帯びていたと考えられる。受領経歴は確実な史料で確認できないものの、伊賀平氏や伊藤一族などとほぼ同格の身分を有していたことになる。(20)

成良が屋島における内裏造営をはじめ、都落ち以後の平氏を支える存在であったことは周知に属するが、元来は清盛のもとで頭角を現している。彼が清盛に仕えはじめた契機を、承安元年（一一七一）から数年間阿波守であった時忠の甥親国との関係に求める説もある。(21)後述する経ヶ島築造年代と合致するが、親国には後白河近臣という側面も強く、にわかに断定はできない。阿波国で対立する豪族近藤一族の藤原師光が、信西の家人となって中央に進出、その没後には後白河院に接近して、院近臣の有力者西光として大きな権力を有していたことに対抗する意図があったものと考えられる。

成良の最も早い時期の活動を物語る史料は、福原の外港大輪田泊での経ヶ島築造に関する『平家物語』の記述である。年代については諸本に食い違いがあり、覚一本は応保三年（一一六三）とするが、延慶本・長門本などは承安三年（一一七三）としている。ただ、清盛が泊の造営を開始したのは、出家して福原に居住するようになった仁安三年（一一六八）以降と考えられるし、『帝王編年記』も築造開始を後者の年としていることなどから、承安三年とみるべきと考えられる。

福原に居住した清盛にとって、海路で直結する阿波の武士団は重要な意味をもったのであろう。また、成良は貿易そのものにも関与したとする説もある。(22)彼は福原と密接に関係していたが、その活動は福原に留まるものではなく、各地における平氏の軍事活動にも姿を見せることになる。

たとえば、福原から京に還都した直後の治承四年十二月二十七日、南都焼打ちに際して成良は先陣を勤仕し、第一陣として泉木津に向かい、興福寺衆徒らと合戦をしている（『山槐記』）。先陣・第一陣という立場は、彼が軍制上でも重要な位置を占めていたことを意味する。また、翌年二月には、近江から美濃に侵攻した平氏軍に加わり、尾張の源氏方と交戦したとする記事もある（『玉葉』治承五年二月二十九日条）。成良は平氏の重要な軍事行動に際して、公卿たちにも認識されるような大きな役割を果たしていたのである。この役割は、侍大将として活躍した伊賀平氏や伊藤一族に匹敵するものといえよう。

田口成良と並んで顕著な活動を示したのが、紀伊の豪族湯浅宗重である。湯浅一族は紀伊守藤原師重の子孫とされ、熊野参詣の交通路を掌握することで台頭してきた武士団と考えられる。また、「湯浅権守」を称したことから、有力な在庁官人であったとみられる。周知の通り、宗重は熊野参詣の途中で平治の乱勃発に遭遇した平清盛に、三十七騎の武者を献上して窮地を救い（『愚管抄』）、以後密接な関係を形成したと考えられる。

『平家物語』の「山門滅亡」によると、治承元年（一一七七）以降激化した学生と堂衆の激しい対立に際し、堂衆に対する攻撃の大将を湯浅宗重が担当している。物語の記述ではあるが、彼も伊賀平氏や伊藤一族と同様に侍大将並の地位を有したことがわかる。また、京で「侍ノ別当」を務めたとする史料(23)や、「湯浅入道宗重法師者、平氏家々人之中、為レ宗者候」とする文書(24)も残されている。こうした役割は、平盛国一族と同様の内容といえよう。

しだいに清盛は福原に海路で直結する武士団との結合を深め、彼らは京や畿内における軍事活動にも進出しつつあった。このことは、逆に軍制の中枢を独占してきた伝統的家人層の比重が低下していたことをも物語る。忠清が東国、貞能が西国において家人統制や反乱鎮圧を担当したことと入れ替わりつつあった面もあった。福原において独自の武力を形成した清盛は、重盛と関係深い伝統的家人を遠隔地の追討などに派遣し、福原の造営や京・畿内の軍事活動に西国出身の家人たちを重用していたといえる。

この他にも、海路を通して福原と密接な関係を有した家人としては、厳島の神主佐伯氏も忘れてはならない。軍事的な活動事跡は見えないが、先述のように福原に居住しており、福原を軍事・交通の側面で支えるとともに、清盛の側近として重要な役割を果たしていたことは疑いないだろう。清盛も、早くから侍大将たちと同様の五位の位階を与えて厚遇している。また、大宰府の府官原田氏、豊前の宇佐の神主宇佐氏なども、福原や畿内での活動は確認されないものの、同様の政治的地位を有した存在であり、受領などとして西国の拠点を支配する存在となっていた。

むろん、先述の盛俊のように、伝統的家人たちも福原に邸宅や拠点を有していたであろうが、旧稿で指摘した通り、彼らには長年の本拠や所領と切り離された不満が存したことは疑いない(25)。清盛が伝統的な家人たちの不満を抑えて、あえて福原遷都を断行した背景には、こうした西国武士団との結合、彼らの政治的台頭といった事情が存在していたのである。清盛は、福原を首都として、瀬戸内海沿岸や大宰府といった拠点を基盤とする西国政権構想を描いていたものと考えられる。それは、京武者的な構造を揚棄した、平氏政権の脱皮をも意味していたのである。

なお、東国にも、下野の藤姓足利氏や、上野の新田氏、常陸の佐竹氏などの、五位以上の位階を有する家人が登場する(26)。しかし、彼らは中央で平氏の侍大将などとして活躍することもなかったし、受領として地方支配の中核となることもなかった。清盛の構想はあくまでも瀬戸内海を通して西国に向けられていたものと考えられる。

さて、伝統的家人が重盛と密接に関係したほか、平氏一門の内部では宗盛など、福原遷都に激しく反対した存在もあった。以下では平氏一門内部の対立と清盛の構想について検討することにしたい。

三　一門の軋轢

1　小松殿一門

貞能・忠清といったかつての最精鋭部隊を擁した小松殿一門だが、重盛没後には一門の政治的地位は著しく低下した。嫡男の維盛は宗盛の男清宗に官位面で逆転され、福原遷都に関しても、一門の者たちの反応さえも見出されない。しかも、腹心の貞能・忠清も、先述のように辺境の兵乱に対処する前線指揮官となっており、軍制内での地位の低下が見られた。ここで当然の疑問が沸き起こる。では、なぜ依然として最大の武力を擁したはずの一門が地位を低落させてしまったのか。また、貞能や忠清は宗盛などの平氏主流に従属しなかったのであろうか。

この点について、次の史料に注目してみたい。治承四年（一一八〇）五月、平氏打倒の口火を切った以仁王・源頼政の挙兵は、検非違使であった平氏家人藤原景高、忠綱らの活躍で鎮圧された。景高の父飛驒守景家は先述のように忠清の弟で、本来伊藤一族では傍流であったが、この鎮圧に際しては敵の大将軍ともいうべき頼政以下、七人の重要武将を討ち取っており、まさに主力としての活躍を見せている。これに対し、兄忠清の子忠綱は頼政の甥兼綱や渡辺党など四名（実際は三名か）を討ち取ったにすぎない（『山槐記』五月二十六日条）。平氏軍制の中枢にあった忠清一族は、ここではむしろ脇役を演じていたことになる。

活躍した景高や弟景康は宗盛の乳母子であり（『延慶本平家物語』）、彼らの父景家は宗盛の「後見」と称されていた（『玉葉』十一月二十一日条）。すなわち、当時の嫡流宗盛一族と密接な関係にあったのである。重大な追討において嫡流宗盛に仕えた景家一族が中心的な役割を果たしたことになる。むろん、合戦における分担の相違などもあるので単純にはいえないが、重盛の死去で傍流となった小松殿に仕えた忠清流が、付随的な役割に追いやられたと見ることもできる。伝統的な家人の一門でも、嫡流交代が影響していたことになる。

平氏一門では乳母子などを通して、清盛の子息・兄弟たちに早くから側近が形成されており、主家の嫡流が交代したとしても、簡単に主君を変更することなど不可能であった。また、貞能・忠清にしても、独自に強大な武士団を有して軍制上の地位を獲得していたわけではなく、平氏内部における地位は主家との関係で形成されていただけに、嫡流が変更されると地位の低下を余儀なくされたのである。かくして、小松殿一門とともに、貞能・忠清は影響力を低下させていったことになる。

治承四年九月、東国遠征軍が藤原忠清の主張で長期間滞在した際、重盛の息子筑前守貞俊は東国遠征軍に京で加わっている（『玉葉』九月十三日条）。当時、多くの貴族たちでさえ福原に下向していた段階で、平氏一門の中にまだ在京する者がいたのである。もちろん、清盛に反抗して残留したわけではなく、六波羅の留守番といった役割であったと考えられるが、こうした役割を担わされた点に、傍流に追いやられた小松殿一門の立場が明示される。

また重盛の墓については高野山にあったとされるが、『延慶本平家物語』のように京に存在したとする説もある。少なくとも京に、彼を追慕する施設があったことは事実であろう。このことも、一門や家人たちが京に固執した一因かもしれない。父所縁の地である京を精神的な基盤とし、京と密着した伊賀・伊勢の武士団を有した小松殿は、福原遷都によってますます政治的立場を下降させようとしていたことになる。

2　嫡男宗盛

重盛に代わって嫡男となった宗盛も、先述のように伝統的家人伊藤一族を自身の基盤としていたのである。ここに彼が遷都に強く反対した一因が存したといえる。また、彼は叔母建春門院に近く、やはり叔母にあたるその妹と結婚したほどである[27]。高倉と同様、建春門院の墓所が存したことから京を重視した側面もあったと考えられる。このように、強く京と結びつくがゆえに福原遷都に抵抗する嫡男の問題を、清盛はどのように対処するつもりであったのか。

むろん、宗盛は優柔不断で無能な人物とされており、清盛にとっては彼との対立など大した問題ではないかのように考えられるかもしれない。しかし、冒頭でも記したように、宗盛との激論が還都の引き金になっているように、やはり嫡男との対立は清盛にとって大きな意味を有していたと考えられる。

宗盛は、結果的に平氏を滅亡させた責任を問われたことや、有能な兄重盛と対比しようとして無能ぶりを際立たせる『平家物語』の記述によって、過度に貶められた側面があるが、実像は異なっていた。たとえば、公卿昇進に際しても、非参議のまま従三位に昇進するのではなく、仁安二年（一一六七）に実務能力を必要とする参議に就任している。また、先述のように二年後の嘉応元年四月十日には、平氏で初めて平野祭上卿を勤仕しており、能吏という側面が強かったと考えられる。

彼の立場で注目されるのは後白河院との関係である。治承五年（一一八一）閏二月の父清盛の死去後には、ただちに院に対する政権返上を奏上し、後白河院政を復活させている（『玉葉』治承五年閏二月六日条）。治承三年政変に際しても、上洛しようとする父に同調せず、あえて厳島参詣を企図して清盛に間接的に反抗している（『玉葉』治承三年十一月十四日条）。このように宗盛は、平氏政権独裁を志向する清盛から距離を置くとともに、後白河にも近侍する性格も有したのである。

この宗盛に対する清盛の見方を示す最も注目すべき記述は、『玉葉』の治承五年閏二月五日条に見える清盛の遺言である。清盛は後白河院に対し、自身の没後は万事を宗盛に仰せ付けたので「毎事仰合、可レ被二計行一」ように申し入れたところ、後白河は色好い返事をしなかった。これに怒った清盛は「天下事、偏前幕下（宗盛）之最也。不レ可レ有二異論一」と言い放ったという。

すなわち清盛は、宗盛の立場や性格から、自身の没後における後白河の復活はやむをえないものと見ており、宗盛と後白河の協調による政務を期待した。ところが、後白河が非協力的なことに憤激して、宗盛による平氏独裁政権の維持を主張したのである。当然のことながら、清盛にとっては自身が構築した平氏独裁政権の維持こそが、本音だったと考えられる。そして、その継承者は嫡男宗盛以外にありえなかったのである。

宗盛の反対にもかかわらず、清盛は強引に福原遷都を強行した。それは決して宗盛を見捨てた行為ではなかった。福原こそは、独自の厳島信仰に擁護された平氏系王朝と平氏政権の新たな宮都に他ならない。同地における政務を定着させ軌道に乗せることができれば、彼が死去しても平氏政権の枠組みは維持されることになる。いかに反対しようと、福原遷都が定着すれば、宗盛も福原において平氏中心の政務を行ったのではないか。宗盛を中心とする平氏政権を福原において存続させる。宗盛の反対にもかかわらず、清盛があえて福原遷都を断行した原因はそこにこそ存したと考えられる。

有力家人、嫡男、そればかりか高倉院や親平氏派の公卿の反対を押し切ってまで、清盛は福原遷都を断行した。むろん、前権大納言藤原邦綱などの協力はあったものの、一門の大半を敵に廻して、清盛は単独で強引な行動に出たのであろうか。最後のこの点を検討しておくことにしたい。

3　安徳内裏頼盛邸

重盛死去後、平氏一門内部における最大の異端分子は、清盛の異母弟頼盛に他ならない。その母藤原宗子は忠盛の正室で、院近臣家の出身である。母の権威が高く、院政に近い立場だけに、清盛との関係には微妙なものがあった。清盛が後白河院政を停止した治承三年政変においては、清盛と頼盛の合戦が噂された（『玉葉』治承三年十一月二十日条）ほか、頼盛は兼任していた右衛門督を解任され、正月下旬まで二ヵ月にわたる謹慎を余儀なくされている（『公卿補任』)。また、彼は寿永二年（一一八三）七月の都落ちでも一門と別れて在京し、母宗子が頼朝を助命した功績で頼朝の庇護を受けるに至ったのである。こうした点を考えれば、清盛や平氏主流とつねに対立していたかのように思われるのも当然といえる。

しかし、頼盛は治承三年政変以後は清盛に恭順を示し、同四年四月二十一日には従二位に昇進している。頼朝より返還された平氏没官領中に、頼盛を領家とする八条院領が多数あった（『吾妻鏡』寿永三年四月六日条）ように、彼は八条院にも近い存在であった。その女院に支援された以仁王が挙兵した際にも、八条院を保護して以仁王捜索に協力したり（『玉葉』五月十六日条）、園城寺攻撃大将軍の一人に任命（同書五月二十一日条）されるなど、清盛の意図に沿った行動をとっている。そして、続いて惹起された福原遷都にも、彼は反抗した形跡はないのである。

福原における頼盛の邸宅は清盛邸の南にあたる荒田にあったとされる。ここには福原遷都前においても、先述の前太政大臣藤原忠雅や高倉院が訪問している。『高倉院厳島御幸記』によると、高倉院一行が厳島からの帰途に同邸を訪問した際には邸内で流鏑馬・笠懸が行われたほどで、その壮大さ、武門としての性格が窺われる。まさに清盛邸と並ぶ、福原の中心的な邸宅であったと考えられる(28)。

治承四年六月の遷幸の際にも、彼の邸宅は清盛の邸宅と交代するかたちで、当初は安徳の内裏に、ついで高倉院御所に使用されている。遷幸直後の六月四日には、内裏提供の功績で正二位に昇進し（『玉葉』六月六日条）、右大臣兼実息良通を超越、平氏一門内部でも宗盛・時忠と並んでいる。まさに、福原遷都における清盛の最大の協力者であったといえよう。おそらく、頼盛は清盛の構想に協力することで、失われた信頼や政治的地位の挽回に必死になっていたのではないだろうか。

頼盛が福原に大邸宅を有していたことは、彼が福原と緊密な関係を有して、日宋貿易に参加していたことを物語っている。そもそも彼は仁安元年（一一六六）に大宰大弐として現地に下向した功績で従三位に昇進している。すなわち、当時の慣例を破って自ら大宰府に進出し、府官の原田種直以下、同地における有力武士団の組織化を推進したのである。『改正原田記』によると、種直は頼盛の女婿であったという。大宰府を把握するとともに府官が掌握していた貿易の利権を吸収し、平氏による日宋貿易を実現させたのは、まさに頼盛の尽力の結果だったのである(29)。

頼盛にも、頼朝を保護したことで知られる伊賀平氏出身の宗清など、伊賀・伊勢と関係した家人も存在していた。しかし、彼は大宰府や西国に多くの家人を有しており、京に固執し遷都に反対した小松殿一門や宗盛らと、立場を異にしていたのである。遷都をめぐる確執も、のちに両者の軋轢を生じた一因だったのかもしれない。

一門、家人それぞれの思惑を背景にした遷都も、東国における反乱の激化とともに、ついに続行不可能となった。遷都とともに復権しようとした頼盛の夢も、清盛の西国国家構想もすべては崩壊していったのである。

むすび——二重の濠——

二〇〇三年、神戸大学医学部付属病院敷地から長さおよそ四十メートル、幅一・五メートルに及ぶ二重の濠が発見された。このような豪壮な濠の発見は、全国でも初めてのことであった。また、付近では櫓と見られる遺構も発見されたことから、軍事的性格の有無が大きな問題とされた。また、場所が頼盛邸のあった荒田に近いこともあって、その館の主の比定も話題となっている。

この濠は空堀であったが、少なくともごみ捨て場などではなく、騎兵などの侵入を防ぐための、かなり軍事的な意味をもつ可能性が指摘されている。一方、掘削時期がいつになるのかなどは、今後さらに検討を待つべき点もあるが、注意されるのは濠の方角がおおむね真東から真西に向かっており、ほぼ磁北（真北）を基準として掘削されていたことである。

清盛が移住した当初、福原には磁北の邸宅などなかったとされる。事実、これまでの発掘でも磁北の地割りを有した邸宅は確認されていない。そうすると、この磁北こそ、足利健亮氏が指摘した天子南面の原則に近い地割りであり、この濠を有した建物が新造内裏であったことも十分に想定しうる。(30)

むろん、一ノ谷合戦などに際した建造物の可能性も皆無ではないが、緊急の建造物にしてはあまりに堂々たる濠である。されば、この濠は、清盛が全力を傾注して造営し、治承四年（一一八〇）十一月十一日に安徳天皇の移徙が行われた新造内裏に付随していた可能性が高いといえる。

この当時、すでに東国では大規模な兵乱が勃発し、その火の手は京間近の近江にまで及んでいた。しかも、京周辺では還都を求めて延暦寺悪僧も蜂起し、世情騒然たる状況であった。その最中に造営された内裏に、大規模な防御施設が存在していたことになる。やはり、清盛は福原にいても直接的な攻撃の恐れを有していたのである。武士が囲繞・擁護する王権の危うさ、言い換えれば正当性に対する疑問という意味が、この濠に込められていたのである。

濠の豪壮さとは正反対の、権力の脆弱さ、福原という宮都の限界がこの濠から窺知されることになる。先述のように、移徙の翌日には還都が決定、十日あまりで平安京への還都が実現する。しかし、安徳天皇と平氏政権を守り抜こうとする清盛の渾身の闘いは、実はこれから本格化していったのである。

注

（1）拙稿「「福原遷都」考」（拙著『院政期政治史研究』思文閣出版、一九九六年、初出一九八八年）。
（2）拙稿「福原遷都の周辺」（本書第四部第二章）。
（3）当時の厳島神社については、松岡久人『安芸厳島社』（法蔵館、一九八六年）、森由紀恵「中世の神仏と国土観」（『ヒストリア』一八三、二〇〇三年）。
（4）森注（3）前掲論文。
（5）拙稿注（1）前掲論文。

(6) 同右。
(7) 拙著『保元・平治の乱―平清盛勝利への道―』(角川学芸出版、二〇一二年、初出二〇〇四年)。
(8) 森注(3)前掲論文。
(9) 高田実「平氏政権論序説」(『日本史研究』九〇、一九六七年)、拙著注(7)前掲書。
(10) 保元・平治の乱に動員された平清盛の武力については、拙稿「源義朝論」(『古代文化』五四―六、二〇〇二年)。
(11) 拙稿「後白河院と平氏」(拙著注(1)前掲書、初出一九九二年)、拙著注(7)前掲書。
(12) 以下の平氏家人の分析については、西村隆「平氏「家人」表―平氏家人研究への基礎作業―」(『日本史論叢』一〇、一九八三年)。
(13) 髙橋昌明『増補改訂　清盛以前―伊勢平氏の興隆―』(平凡社、二〇一一年、初出一九八四年)。
(14) 西村注(12)前掲論文。
(15) 同右。
(16) 同右。
(17) 同右。
(18) 同右。
(19) 重盛や小松殿と伊賀・伊勢の家人の結合については、上横手雅敬「小松殿の公達について」(安藤精一先生退官記念会編『和歌山地方史の研究　安藤精一先生退官記念論文集』安藤精一先生退官記念会、一九八七年)。
(20) 田口成良やその家系については、角田文衞『平家後抄　落日後の平家　上』(講談社、二〇〇〇年、初出一九七八年)、五味文彦「東大寺浄土堂の背景」(同『院政期社会の研究』山川出版社、一九八四年)、山下知之「阿波国における武士団の成立と展開―平安末期を中心に―」(『立命館文学』五二一、一九九一年)、野中寛文「阿波民部大夫成良―治承期―」(『古代文化』五四―六、二〇〇二年)。
(21) 山下注(20)前掲論文。
(22) 髙橋昌明「福原の夢―平清盛と神戸―」(『京都女子大学宗教・文化研究所』研究紀要』一九、二〇〇六年)。
(23) 『百二十句本平家物語』、西村注(12)前掲論文。
(24) 「源頼朝書状案」(紀伊崎山文書、『鎌倉遺文』九七)。

（25）拙稿注（2）前掲論文。
（26）東国の豪族と平氏の関係については、野口実『坂東武士団の成立と発展』（戎光祥出版、二〇一三年、初出一九八二年）に詳しい。
（27）宗盛の立場については、拙著注（7）前掲書。
（28）髙橋昌明「福原の平家邸宅について」（歴史資料ネットワーク〈史料ネット〉編『平家と福原京の時代』岩田書院、二〇〇五年）。
（29）大宰府における頼盛の活動については、石井進『石井進著作集　第一巻　日本中世国家史の研究』（岩波書店、二〇〇四年、初出一九七〇年）に詳しい。
（30）足利健亮「福原及び和田京についての予察」（『近世以前日本都市の形態・構造とその変容に関する歴史地理学的研究　平成二・三年度科学研究費補助金（一般研究A）研究成果報告書』一九九二年）。
（補注）成稿後に刊行された太宰府市史編集委員会編『太宰府市史　通史編Ⅱ』（太宰府市、二〇〇四年）に、安能に関する詳しい分析がある。あわせて参照されたい。

付章　平安後期の侍所について

――摂関家を中心に――

はじめに

平安後期――主として十二世紀――における貴族の家政機関であった侍所について、摂関家を中心にその実態を解明することが本章の課題である。当時の日記を一読すれば明瞭なように、侍所は政所とも並称される重要な家政機関であったと考えられる(1)。しかし、その実態について従来の研究はほとんど究明を加えていないのである。もちろん古くは和田英松氏の『官職要解』(2)をはじめ、戦後の家政機関研究の起点となった藤木邦彦氏の論文(3)などにも侍所に関する記述は見られるが、いずれもごく一般的な事実の指摘にとどまる。また、近年（初出一九八一年）の家政機関研究の主な関心は、「封建的主従制」の源流を追究する意味もあって、家司制に集中した観があり(4)、家司が属する政所以外の家政機関や、その職員について詳細な分析は試みられることはなかったのである。

こうしたなかで、先年随身の存在形態を究明(5)して家政機関職員の下層部を初めて研究対象に取り上げた中原俊章氏は、続いて「侍考」(6)において侍所の成立や侍の活動を精細に検討し、多大の成果をもたらした。ことに侍所の整備と内裏の蔵人所との関係、あるいは家産機構内における侍の位置づけなどの指摘は、家政機関研究にとって注目すべきものである。もっとも、氏の研究主眼は田中稔氏が提起した鎌倉時代における侍身分成立の前提を探ることにあり(7)、侍所自体の家政機関としての構造や機能について、成立期を除けば詳しく解明したわけではない。

しかも、通常説かれるように、摂関家などで家政機関が整備され「所」が確立されるのは十一世紀以後であり、また侍所に関する史料も十二世紀に入って急増することになる。したがって、この時期の研究がなされぬ限り侍所の本質は把握しえないのであり、それゆえに本章は平安後期を主対象とするのである。

一方、摂関家を考察の中心としたのは、当該史料の大部分が摂関家に関係しているという史料上の制約にもよるが、やはり摂関家の侍所が最も大規模で整備されたものと考えられるためでもある。さらにまた、侍所の解明を通して従来顧慮されていなかった、当時の摂関家における家政機関全体の構造や主従関係にも言及し、中世成立期の摂関家が有した特質の一端をも照射したいと考えている。(8)

さて以上の目的に至るために次のような方法で論を進めたい。まず第一に宮中との制度的連関に注目しながら、藤原氏における侍所の成立と展開にふれる。第二に、十二世紀を中心に摂関家の侍所開設および職員補任に関する儀式の意味や性格を通して侍所の特質を解明する。そして最後にこの特質との関係に留意しつつ、侍所職員の活動・職務内容を論じ、当時の摂関家において侍所が有した意義を考究したいと思う。

一　侍所の成立

1　宮中の侍所

史料上、最初に侍所が出現するのは、やはり宮中である。中原氏は「侍考」において宮中の侍所に言及し、それは九世紀末ないし十世紀に、所謂「所」の一つとして成立するが、組織化せず、天皇の宴饗の場や侍臣の詰所として用いられ、藤原氏の侍所とも密接な関係をもつと推定している。そこで、まず宮中の侍所を取り上げ、藤原氏のそれとの連関を考えることにしたい。

十世紀における宮中の侍所にふれた史料として、『西宮記』巻十九所収の「清涼殿侍所」の記述が注目される。これには「殿上事」という注記があり、しかもその内容は同書の「清涼殿殿上侍臣座」に関するものとほとんど一致しているのである。(9) したがって、侍所とは清涼殿の殿上の別称に他ならないことは明白といえよう。当時一般に、人々の詰所、控えの場を侍所と称したと考えられ、(10) このために侍臣の控えの間である殿上にもかかる呼称が付されたのであろう。いずれにせよ、藤原氏などの侍所と殿上が密接な関係にあったと推定されるのであり、両者間の連関が問われねばならない。そこでまず殿上の備品などについてやはり『西宮記』の記事より考えてみよう。

同（清涼殿）殿上侍臣座

有二四間一。南一間壁下立二御倚子一。東南。三間立二王卿大盤一。四尺。四間立二侍臣大盤一。八尺二脚。西北小戸下置二日記櫃一。

其南方立二日給簡一。（以下略）

右より殿上には倚子、二種類の大盤、日給簡、日記櫃が設置されていたことが判明する。このうち、天皇出御の座である倚子や饗に用いる大盤の存在は先述した侍所の性格と符合するが、一方で殿上人の姓名を記して、その出仕をも監視する役割をもつ日給簡、(11) 殿上日記を収納したと思われる日記櫃など(12)は、単なる侍臣伺候の場にとどまらない殿上の異なった一面を示すものである。このように備品を通して殿上の性格は窺知しえるのだが、これらの備品の有無、あるいはその使用法や性格の共通性に注目しながら、藤原氏などの侍所との関係を考察してゆきたい。

2　藤原氏の侍所

諸院(13)や藤原氏でも十世紀には侍所が出現するが、藤原氏では忠平のそれが初見である。(14) 後に家政機関化するが本来は特定の場所を意味したのであり、侍所という場所が鎌倉幕府の建造物にまで継承されてゆくのは周知の通りであろう。藤原氏の場合、侍所は侍が伺候したり、侍始など機関としての侍所の儀式を行う場であったのは当然だが、この他にも様々な饗所となったり(15)、一般の侍臣が伺候するといった(16)殿上と共通した性格も見られ、さらに諸儀式における吉書始(17)、陰陽勘文作成の場(18)にも用いられている。

次にかかる侍所の備品について、先述の殿上のそれとの関連に留意しつつ考察する。そこでまず藤原氏に関係する侍所の備品・調度品の設置を示す史料を二例提示しておこう。いずれも十二世紀の史料で、成立当初の侍所と比べればおそらく相当整備、拡充されたものと考えられるが、侍所の有様を詳細に伝える僅少な事例であるし、殿上との対比においても興味深い事実が見出されるのである。さて最初に取り上げるのは、十二世紀末の三条・中山両家の故実を記した『三条中山口伝』第三「舗設装束」所収の侍所に関する記事である。

侍所　障子上以東敷二紫（端イ）・帖六枚一。二行対座。其間立二朱漆台盤二脚一。北庇西遣戸辺通二逼長押一、立二朱漆辛櫃一合一。其傍立二日給簡并文杖等一。火炉北辺敷二紫（端イ）・帖二枚一。東西行。傍東遣戸敷二同帖一枚一。南北行。為二所司座一。其前置二硯筥一合一。檜箱。瓦硯。北庇并東西遣戸共懸二紺垂布一。（傍点引用者）

次に、かつて太田静六氏が東三条殿の復元にも用いた(19)『類聚雑要抄』巻二所収の永久三年（一一一五）における「東三条殿装束指図(20)」より、蔵人所（摂関家における侍所と蔵人所の関係は後述、この場合は侍所より改称されたものであろう）の図を掲げることにする（図26）。

両者を比較すれば、その調度・備品の一致は明白で、当時の上流貴族の侍所においてそれらが共通していたものと想定される。その備品の中で注目すべきは傍点を付した二つの台（大）盤、日給簡、そして櫃の三者で、倚子を除く殿上の主要な備品との共通性は疑いないといえる。これによって、藤原氏の侍所は清涼殿殿上と密接な関係にあり、その影響を受けつつ整備されたことは明瞭なのである。しかし、たとえば櫃のように殿上とは性格を異にするものもあり、侍所におけるこれら備品の使用法や意味について検討を加えねばならないのはいうまでもない。そしてさらに

図 26　蔵人所（『類聚雑要抄』巻 2 所収「東三条殿装束指図」）

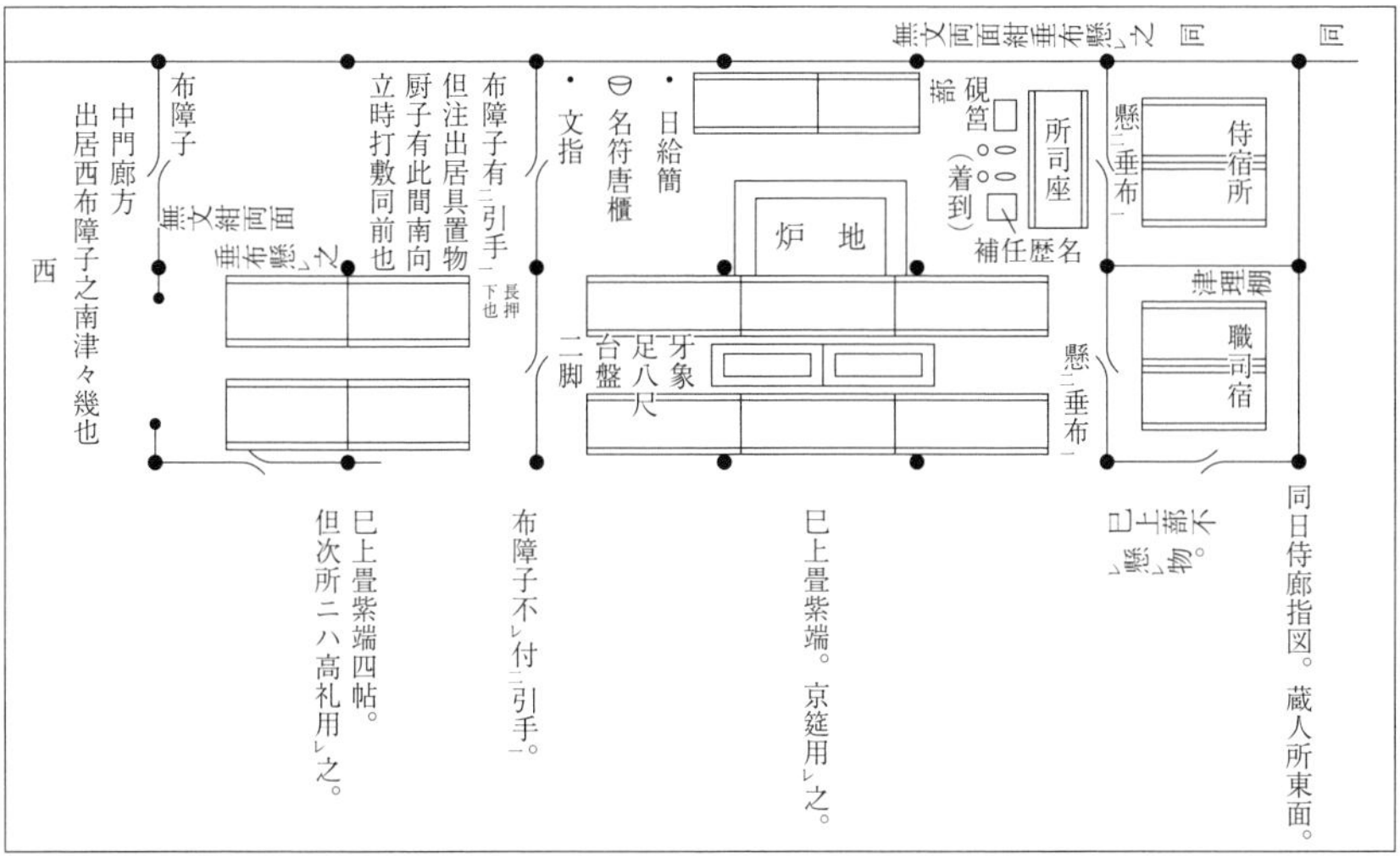

注　着到の名は群書類従本には見えないが，写本によってはこれを記したものもある．なお着到については第三節で詳述する（374 頁）．

この点より、家政機関としての活動の特質も把握しうるのであり、次節において詳しく論じることにする。それに先立って本章では、かかる侍所が家政機関として確立される過程と、摂関家における蔵人所と侍所の関係の二点について、簡単にふれておくことにしよう。

3　侍所の拡充

殿上と異なり家政機関化した侍所の、機関としての拡充についてふれておこう。藤原氏などにおける侍の出現や、侍所の整備過程は中原氏の研究にある通り[21]で、宮中における蔵人所の展開と関連しつつ機関化したものと思われる。無論、機関の実態は成立当初と、十一世紀の家政機関確立以後とでは大きく異なると思われる。ここでは、十一世紀における変化を中心に論じたい。

侍所の実態が窺知しえるようになるのは十世紀末以後で、当時の侍所を取り扱った例として渡辺直彦氏の藤原実資家家政機関の研究[22]がある。氏によると実資の侍所には職員として別当、侍、小舎人が見出されるという。しかし別当の補任例は『小右記』に二ヵ所しか記録されていないし、侍の活動もほとんど目立たず職務も不明瞭である。やはり『小右記』に、侍とは「候二侍所一之男」とあるように[23]、侍は単に侍所に伺候する者と認識されていたにすぎないのである。一方、機関としての活動例としては、石塔造立や写経が渡辺氏に指摘されているが、これらはいずれも家政の中でさして重要な意味を有したとは考えがたい。こうしてみると、当時の侍所は職員数も寡少で家政機関としても貧弱なものであったと考えられる。こうした事情は、摂関家本宗たる道長らの場合にも共通していたことであろう[24]。かかる侍所の実態も、十一世紀半ば——摂関家では頼通の代——を境に大きく変化するが、その特徴を具体的に指摘しておこう。

まず組織の拡大が明白となる。たとえば役職として別当の他に所司が頼通の時に出現し[25]、十一世紀末ごろより勾当の活動も顕著となる[26]。一方、別当についても侍所の設置と同時に数名が補されており[27]、職員数自体の増加も看取される。こうしたことは、侍所機能の多様化あるいは家政における重要性の増大等々を意味しているといえる。

次に、侍所を構成する職員のあり方にも変化が見られる。たとえば後述するように、侍所別当と関係の深い職事の活動が頻繁になるが[28]、その職務は家司と同じく家政全般にわたる多様なものであった。また、侍も所々の預などをも兼ねたように[29]、侍所に詰める者から、幅広い家政に携わるようになったと見なしえるのである。

以上のように、十一世紀半ばにおける家政機関の確立と[30]、それに伴う職員機構の拡充を背景として、侍所は変容したのである。したがって多くの家政機関の中で侍所が重視された原因、あるいは当時の職員機構の特質を念頭に置きながら、侍所に関する考察を進めてゆくことにする。

最後に、摂関家における侍所と蔵人所との関係に付言しておく。蔵人所は元来「摂政家札」であったが、教通以後は関白の時にも設置されるようになった家政機関で[31]、侍所より分置または改称されて成立している[32]。したがって実質的には侍所の機能を継承したものと考えて差し支えないのである。また場所としての蔵人所も侍所を改称したもので[33]、先述のように備品も侍所と同一である。こうしたことから、以下本章では摂関家蔵人所も侍所の一つとして考察の対象とする。しかし、いうまでもなく蔵人所の事例がただちに他の侍所にもあてはまるとは考えがたいので、この点は慎重に配慮したい。

二　侍始と職員機構

1　職員補任と侍所

本節では、家政機関創設に伴う職員補任、および侍所開設の儀式を通して、職員機構と侍所の特質、そして全家政機関の中で侍所が占めた位置について論じることにする。

十二世紀に入ると、藤原氏など有力貴族の子弟が元服したのに伴い、家政機関を開設したことにふれた史料が散見するようになる。その中から『台記別記』仁平元年（一一五二）二月十六日にある藤原頼長の三子隆長元服の際の職員補任記事を引用し、家政機関職員の構成、侍所との関連、そして補任手続などについて言及する。

衣（家）司、尾張守親隆朝臣、日向守有成朝臣、皇后宮亮顕憲朝臣、
知家事、皇后宮少属佐伯貞俊、
案主、右衛門志惟宗清俊、
已上有二仰書一。親隆朝臣書レ之。他傚レ此。
出納、小野重清、
已宣。
職事、散位盛憲、同憲親、

已上有二仰書一。

所司、治部丞中原親頼、

口宣。

侍、前内蔵助為経、散位宗長、散位忠親、散位為雅、内蔵助広季、散位清種、散位義盛、兵部（治カ）丞中原親頼、刑部丞惟宗仲賢、縫殿允惟宗長賢、内匠允藤原忠親、大炊允惟宗信賢、采女佑平政親、右衛門尉紀遠宣、左兵衛尉源行賢、玉祖成長、紀宣綱、宮道重能、

已上、名簿奥有二仰書一。

雑色長、右近府生秦公前、丹波掾藤井花里、

已上、口宣。

ここで補任された職員の中で、家司は周知の通り主として政所別当となる、全家政機関職員の最上層を占める者であり、それに続く知家事・案主は時に下家司とも呼ばれる政所の下級職員を意味した[34]。一方、職事は基本的には侍所別当に任じられ、家政機関職員として家司に次ぐ地位にあった[35]。また所司・侍もともに侍所に関係した職員である。かかる職員の構成は、他の家政機関創設による職員補任の場合も同様であり[36]、彼らこそが家政機関の中枢を占めた、とくに重要な存在だったのである。ところで、当時の摂関家には『拾芥抄』からも窺えるように[37]多様な家政機関が存在していたが、右に述べたようにその職員の中枢は大部分が政所および侍所に関係しており、ここからも侍所が政所と並ぶ重要な家政機関であったことが明示される。また補された人々の中で侍の人数は過半に及んでおり、家政機関の活動の中軸となったことを示唆している。

なおここで注意しておきたいのは、家司・職事は各々単に政所や侍所の別当を意味したわけではない点である。いずれも広く家政全般に関与していたし[38]、所々の別当を兼務したり家司が侍所別当になった例も存するのである[39]。こうしてみると、家司・職事とは、所々の別当たりうる地位にある職員の階層を示す呼称といえよう。これは所々の預や政所の家令なども兼ねた侍にも共通するのである[40]。かかる職員の特質を念頭に置いた上で、侍所の機関としての活動

を究明する必要があるのはいうまでもない(41)。

さて、前掲の『台記別記』の記事により、職員補任手続についてもふれておきたい。史料を一見して注目されるように、家司・知家事・案主、そして職事には「仰書」があり、侍に対しては名簿に仰書が書き加えられたのに対し、他の者には「口宣」又は「宣」がなされたという。このうち、仰書は時として「令旨」とも称される補任辞令ともいうべきもので、政所別当の奉書形式をとる(42)。この仰書を受けるのは、先述のごとく所々の別当たりえる階層に属する家司・職事、および政所の下家司であり、家政機関職員の上層を占める人々であった。それに次ぐ侍には正式な文書発給はなく名簿に仰書を記すという略式がとられ、それ以下の職員には仰書は一切なく、口頭で補任の旨が伝えられていたごとくである(43)。かかる補任方式の相違は、やはり大夫層である別当、それに次ぐ侍品、それ以下という家政機関職員の階層区分と関連しているのではないだろうか(44)。

以上、家政機関職員の補任と、その特質について論じてきたが、次に侍所開設の儀式——侍始——を取り上げ、侍所機能を考えることにしたい。

2　侍始

侍始という語が同時代の史料上で初めて確認されるのは『中右記』元永二年（一一一九）六月二十八日条で、鳥羽天皇の第一皇子顕仁親王（崇徳天皇）の場合である(45)。顕仁は生後間もなく親王宣下を受け、元永二年六月十九日には主要な家政機関職員の補任を行い(46)、それに続いて侍始が挙行された。もっとも宗忠自身は召集に洩れて伝聞によって概略を記したにすぎないが、まずはその記事を見てみよう。

今日若宮侍始也。（中略）後聞、西対代廊南庇立二大盤一居レ饗、居二並朱器一、其上方居二土高机一。饗大臣料歟。諸卿着二大盤一、有二盃酌一。（中略）次覧二侍簡一。次覧二吉書一。

これより、大盤を囲んだ饗、侍簡や吉書の歴覧などが侍始の主な内容であったことがわかるが、『長秋記』同日条には侍の補任も記されており、侍始と関連していたものと考えられる(47)。

以上、十二世紀初頭の親王家の例を取り上げたが、次に同じころの摂関家を考察することにしよう。『中右記』嘉承二年（一一〇七）四月二十六日条所載の藤原忠通元服とそれに伴う職員補任に関する記事は次の通りである。

殿下（忠実）召二右大弁時範朝臣一、被レ仰二下家司以下一。家司三人。右大弁時範朝臣、中宮大進重仲朝臣、土佐守盛実朝臣、職事二人。和泉守高仲兼、散位藤宗国 知家事一人。允佐伯貞義 案主二人。官府生安陪宗重、惟宗成忠、 雑色長一人。番長兼近（本長也）、侍所司。倫俊、兼近ハ御元服以前早旦被レ補二雑色長一。散位仲清書レ簡。人々名簿令レ書二付於簡一。人々着二始侍大盤一。

この史料によれば、家司・職事以下の職員補任に続いて、捧呈された名簿に基づいて簡が作成され、さらに大盤を囲んで饗が行われたというのである(48)。これは侍始の称こそないが、事実上先の親王侍始と同一内容といえるのである。したがって当時、摂関家でも侍所創設の儀式は確立されていたものと思われるが、かかる史料の出現と侍所拡充の時期が一致したことは偶然ではなかろう。こうした侍始の儀式は十二世紀を通して継承されており(49)、この時期の侍所が有した性格を知る上で重要な手掛りを与えてくれるものと考えられる。そこで以下、職員補任、侍簡の作成、そして大盤を用いた饗といった侍始における主要な儀式について検討を加えよう。

これら三つの儀式に関して、まず注目されるのは大盤や簡のごとく殿上と共通した備品が用いられたことで、後述するように捧呈された名簿が櫃に収納されることを考え合わせるならば、第一節で指摘した大盤・簡・櫃の三備品がいずれも侍始に際して重要な役割を果たしていたことが判明する。次に、各々の用法と意味を検討することにしよう。

まず大盤を用いた饗であるが、右に引用した忠通元服記事に「着二始侍大盤一」とあるように、これは単に侍所の成立を慶賀するものではなく、侍大盤の使用開始、そして饗所としての侍所の成立を象徴する儀式と思われる。

次に職員補任に伴う儀式と、侍所との関係にふれるが、この点の解明に好適な史料といえるのが、『兵範記』久安五年（一一四九）十月十九日条所載の藤原師長（頼長の子、先述の隆長の兄）の例なのである。

入道殿（忠実）召二信範一、被レ仰二家司職事下家司等事一。奉レ仰退二出侍所一、召二集人々名簿一入二葛筥一。更参進令レ覧レ之。即返給。亦於二侍所一先書二下家司職事一。次加二名簿等令旨一。五位六位可レ然之輩各一両注レ之。次家司職事令旨并名簿引二裏紙懸紙等一等、下二所司縫殿允惟宗長賢一了。（中略）令旨名簿等納レ櫃、所司付レ封居二簡下一。

このように、職員補任の時に捧呈された名簿は侍所に集められ、補任辞令である令旨や、後述する簡の作成に用いられるのである。そして、それ以後も名簿と令旨は櫃に収められて簡と同じく保管されることになる。したがって侍所は、職員補任に際し、主従関係締結に伴う手続を処理するとともに、職事や侍のみならず、家司をも含めた家政機関の主要職員全員の名簿と令旨を保管する場所であったと結論されるのである。こうした侍所の性格は、機関としての侍所の職員が果たした役割とも何らかの関連をもつものと推察されよう。(50)

さて最後に簡について論じることにする。

3　侍　所　簡

侍所簡を取り上げる前に、殿上簡についてふれておこう。『禁腋秘抄』によれば、それは次のようなものであった。

殿上人ノ名ヲ三段ニ誌タリ。上ハ四位、中ハ五位、下ハ非蔵人ナリ。名ノ下ニ紙ヲ押テ上日ヲ付ク。放紙ト云。夜ハ袋ニ入、昼ハ袋ヲタタミテ机ノ下ニ置ク。

注意すべき点は、殿上簡が単なる殿上人の名札ではなく、放紙によって上日を算定して功過を定めるためのものであったことである。このことが殿上簡を日給簡とも称した所以に他ならない。

では摂関家の侍所簡はいかなるものであったのか。先述した『兵範記』久安五年（一一四九）十月十九日条の師長元服に関する記事に、作成された簡の内容が記されている。

令㆔散位為雅書㆓侍所簡并袋銘㆒。
上銘云、侍所日給。次家司三人。職事二人。次堺。侍五位四人。下堺。同六位有官無官六人。
（中略）
袋銘如㆑常。
次簡入㆑袋、職事仲行付㆑封。倍（倚カ）㆓立長押南遣戸㆒。

侍所簡の形態が上下二つの堺に区切られ三段に姓名を記したものだったことや、袋に納められた点など、明らかに殿上簡と同一であった。またすでに前節でもふれたが、「日給簡」とも呼ばれていたのであり、殿上簡と同様、記名された人々の出仕を管理するためのものと考えられる。さらにその管理対象となった職員の中には、侍所と関係する職事・侍の他に家司も含まれていたのである。したがって侍以上の主要な家政機関職員は、ほとんど侍所簡によってその出仕を管理されていたことになる(51)。

以上、侍始の儀式に用いられる大盤・櫃・簡の使用法、性格を通して侍所の特質と機能を考察したが、このうち大盤が饗所という一面を物語るのに対し、他の二者は侍所の異質な面を示す。すなわち、主要な家政機関職員の名簿と令旨を収納した櫃、また彼らの出仕を監督する簡を保管することにより、侍所は職員の名称・任免・出欠をすべて把握した、いわば主従関係の維持、統制の中枢(52)ともいうべき性格を具有していたのである。そして、これらは侍所の改変や移転に際して、必ずその存置がふれられており、機関としての侍所の機能にとって不可欠な存在だった(53)ことは明瞭といえるだろう。さらに、かかる主従関係を統轄する機能を有したがゆえに、侍所は全家政機関の中で、文書発給の中心である政所と並んで重視されていたのである。

かくて、侍所の特質、さらにその機能や家政機関内における位置が浮き彫りにされたことになる。そこで次に、侍所職員として史料に登場する別当、所司らの具体的な活動に注目し、右のごとき特質、機能がいかに顕現しているのかを論じよう。

三　侍所職員の活動

十二世紀における侍所職員として、別当・所司・侍などが存在したことはこれまでにふれてきた。(54)本節ではその職務を検討するが、まず機関としての侍所と職員との関係を考察し、ついで各役職の活動についてふれる。

1　着到と宿

前節でふれたように、侍所職員は基本的に職事である別当と、所司なども含む侍とに階層上、二分される。職事が家政全般に関与することは述べたが、侍もまた同様に多様な職務についていた。具体的には、つとに指摘されている警護活動(55)をはじめ、儀式などにおける雑事の奉仕、(56)所々の預や政所家令などの勤仕(57)といったものが挙げられるが、これらは必ずしも侍所の役職者に命じられて行うわけではなく、(58)侍所の機能との関係はとくに見出しえないのである。しかし、その一方で『台記別記』久安六年（一一五〇）正月十九日条には女御の侍に補された者に「宜レ令レ候二侍所一」という命が下されており、(59)侍はやはり侍所の職員であったことがわかる。摂関家でも事情は同様と考えられる。では、侍は侍所によっていかに把握されていたのか。次にこれを推測しうる一つの史料を掲げよう。『朝野群載』巻七摂籙家所収の「家司着到」「蔵人所着到」がそれである。

家司着到天仁三年二月日

一日庚午　大蔵大輔　主殿頭　因幡守　令広視

二日辛未　主殿頭　右中弁
三日壬申
四日癸酉
五日甲戌　右中弁　左少弁　主殿頭　大蔵大輔
　以下如レ此可レ書二卅箇日一

蔵人所着到天仁三年二月
一日庚午　別当信濃守　家俊　義弘　業俊　定季　義資　倫俊　信重
　宿　別当信濃守　兵部少輔　保宗　倫俊
二日辛未　別当　式部大輔　倫俊
　宿　別当参河大進　兵部大輔　保宗
　以下如レ此可レ書二卅箇日一

前者の「家司着到」は当時の摂政藤原忠実家の政所への、また後者は蔵人所に対する毎日の出仕者を記した交名と考えられる。着到と名づけられてはいるが、鎌倉時代以後に出現する「着到状」とは異なり、主人の側で出仕者を記名する台帳のようなものと推察できよう[60]。そして家司着到には「令」、蔵人所着到には「別当」と記されていることから、ここに記名されたのは政所、蔵人所の各職員に他ならないといえる。とすれば、各家政機関職員は着到によって自身の属する「所」への出仕を管理されていたことになる[61]。また他の侍所にも着到作成の例は見出される。こうしてみると、職事として多様な活動をする別当や、先述のごとく活動の面では直接侍所との関係が見出せない侍たちも、究極的にはこうした形態で侍所に把握されていたということができる。

なお、出仕者の管理といった着到記入の性格は侍簡のそれと共通しており、着到と侍所との関係が注目されるが、これは記入の実態を述べる時に譲り、次に蔵人所着到にのみ記されている「宿」について、一瞥を加えておこう。まず、その意味するところはやはり字義通り、主家に対する宿直であったと思われる。そして、毎日「宿」の項目が設けられていることより制度化されていたものと考えられる。また、第一節でふれた東三条殿の蔵人所に、侍廊として侍、職司の宿所が並設されていたことも、この別当・侍の宿直制の存在を裏づけるものと思われる。このように、摂関家蔵人所の別当、そして侍は交替で主家に宿直することをその基本的職務としていたのである。

右のことは他にも類例を求めることができる。たとえば寿永元年（一一八二）の「侍所見参注文」(62)には出仕した侍の名が記されているが、ここでもやはり「宿」の項が特記され、侍の宿直を示している。この他にも侍が「宿仕」したり、夜間も主家に奉仕した例(63)が散見しており、宿直は侍にとって最も基本的な職務であったと考えられる。

この問題は、石井進氏によって明らかにされた(64)、国侍、館侍の国衙や京の受領宅への上番、宿直といった事例とも関連するであろうし、また鎌倉幕府でも御家人が侍所に宿直した(65)が、これもやはり同じ制度的系譜の上にあると考えられる。

以上、摂関家の主要な家政機関では着到によって職員は出仕を管理されていたこと、また摂関家蔵人所や諸々の侍所で侍の宿直が行われていたことを明らかにした。

2　侍所別当と所宛

次に侍所別当の職務を考える。職事などとしての活動の中に、やはり侍所別当として行う職務が見出されるのである。結論からいうと、それは侍所宛(66)によって宛行われる「所課」を勤仕することであった。たとえば『玉葉』文治二年（一一八六）八月六日条の摂政九条兼実家所宛に関する記事によると、兼実とその侍所別当であった高階資泰との間で次のような問答が交わされている。

資泰朝臣申云、一身兼二両所別当一、随身所、侍所、所課之間如何。一事欲レ被二免除一者。余仰云、所レ申可レ然。但保安之例、盛家朝臣兼二両所別当一。然而初度事不レ略二一方一歟。無レ所レ見。於二今年一者猶可二搆勤一。於二侍所一者軽役也。強不レ可レ及レ煩歟者。申二承之由一。

このように、摂関家の所々の別当は所宛における所課の遂行を職務としていたのである。そして諸史料より、侍所別当の所課とは儀式の準備、運営などの行為と、物資調達といった経済活動の二面を有したと考えられる。

まず前者について『兵範記』保元二年（一一五七）八月二十四日条の、右大臣藤原基実家所宛に関する記事が注目される。この時の侍所宛は次のようなものであった。

侍所宛、職事盛業以下七八許輩参進。議二定子細一見二大間一(67)、偏准二宛永久三年一也。職事下﨟阿波権守俊成執筆云々。

定

侍所明年元正雑事

大盤　蔵人大夫

垂布　俊成

畳　平勾当

定器　源勾当

銚子　源勾当

右所レ定如レ件。

保元二年八月　日

定
明年年中行事
正月
四方拝　平勾当(68)
元三日　俊成
御粥　源勾当
二月
春日祭御幣　式部大夫
大原野祭御幣　蔵人大夫
(三月以下略)
保元二年八月廿四日

引用が長くなったが、この記事には、三月以後も同じく年中行事名と、その所課を宛行われたと思われる人名が記されているのである。したがって、侍所宛の内容は諸儀式と不可分であり、各儀式で別当が果たす役割から所課の内容も解明しえることになる。そこで十二世紀の摂関家における諸儀式での家政機関職員の活動を記した『執政所抄』(69)と対照して、右の『兵範記』に見えるいくつかの行事を検討してみよう。

まず、元旦の四方拝について、『執政所抄』には次のように紀されている。

元日。未明□拝㆓天地四方㆒御事。
南庭供㆓御座㆒。四角立㆑灯、旬出納勤㆑之。
弘莚二枚。小莚一枚。政所、

（頭書）御装束々帯行事衣冠

御座一帖。御倉町、近代別沙汰、

御手水桶杓。檜物御庄進二雑器一内、昨日進二蔵人所一、

御随身二人。宿冠、

下家司。出納。布衣、

件事。下臈職事参□被レ勤二行之一。先敷二弘莚二□一。供二御座一帖一。随二御所体一有二莚道一。

このように、儀式の場に必要な装飾・調度品の設定などが職事の役割だったのである。一方三箇日の「御出装束」は「職事、所司行レ之」となっていて、その準備などを担当したことが推察される。以上のように職事は諸儀式の準備、運営などを時として所司とともに行ったのであり、こうした役割こそ、先にみた侍所宛における所課の内容の一面と考えられるのである。

次に所課のもう一つの面にふれよう。具体例を挙げると、右の『兵範記』にも見える「春日御祭御幣」について『執政所抄』を見ると、蔵人所は年預下家司に命じて乗尻の禄を調進させているのである[70]。こうした物資の調達の多くは家司が行うが、蔵人（侍）所別当が関与することも少なくなかった。やはり先の『兵範記』に「元正雑事」とされた品目も、担当者が調進を命じられたものと解しえるし、また『玉葉』にも蔵人所職事に「殿中御簾」が所役として課された記事がある[71]。おそらく先述した儀式の準備などに関連して、担当者が必要品の調達も命じられたのであろう。

なお、その調達に際して右のように年預下家司を介して品物を調達させる方法が一般的であったと推察される。これに対して、女御家の例であるが、侍所が別当らの連署により直接国衙に宛てて用途料の調進を命じた牒を発した記録もある[72]。これは吉書として作成された事例と考えられるが、侍所の性格の一端を示すものといえよう。摂関家には

発給例はないが、同様の文書が作成された可能性も否定できない。

以上、侍所別当の職務についてふれたが、それは侍所宛によって課された所課の遂行を意味しており、具体的には儀式における準備、監督、またその必要品の調達——一種の経済活動——といった内容だったのである。

3　侍所所司とその職務

所司は先述のごとく頼通の時に出現し、以後一人ないし数人が必ず補されている。また、別当が大夫層であったのに対し、所司は侍の中から選任された(73)。以下所司の職務を順次取り上げることにしよう。

着到と見参

着到が各家政機関職員の出仕を監督する性格を有したことはすでにふれたが、侍所の着到は所司によって記入されていたのである。『兵範記』仁平二年（一一五二）四月十三日条には次のような記事がある。

依㆓殿下(忠通)仰㆒、召㆓右京少進国盛㆒。仰㆘補㆓給三位殿(基実)侍所司㆒之由㆖殿下蔵人所司也。可㆓兼帯㆒云々。即国盛着㆓彼侍所㆒、自注㆓付着到㆒、行㆓所司作法㆒云々。

関白藤原忠通の命によって、その子基実の侍所司として国盛が補された時の経緯が述べられているが、注目されるのは、新任の所司国盛が基実の侍所に着き、自ら着到を注し付けたことを平信範が「行㆓所司作法㆒」と称したことなのである。これより、侍所への出仕者の着到記入が所司の職務であったことが判明する。したがって所司とは、日常侍所職員の出仕を菅理する、機関の要ともいうべき立場にあったといえる。図26で、所司座の前に着到が存したことも、その傍証となろう。

さらに注意されるのは侍所における儀式、ことに侍始などにおける着到記入の例である。先述のごとく侍始には家司以下主要な家政機関職員はすべて出仕するが、かかる侍より上層の職員に対しても所司は着到を記入している。同じく『兵範記』仁安二年（一一六七）正月二十七日条所載の、後白河の女御平滋子侍始における着到記入について、信範は次のように記している。

着到、家司職事者、職事下臈兵部少輔親宗可レ注レ之。侍五位六位以下、所司季衡可二注付一云々。是又無レ謂。併所司可二注着一也。（傍点引用者）

このように侍所における儀式に関しては、家司・職事といった上層の家政機関職員に対しても所司が着到を記入し、その出仕を確認していたのである。これは女御家の例だが、摂関家においても事情は同一であったと思われる。そのことは次の見参召集の例よりも裏づけられるのである。

見参[74]の召集も着到記入と同じく、出仕の確認という意味をもつ作業であった。前にもふれた『執政所抄』にはその事例がいくつか記されているが、その多くは蔵人所と関係しており[75]、ことに所司が見参を集めたり催したりしたことが明示されている[76]のである。しかもその対象となった者には、家司・職事[77]はもとより、僧侶[78]など家政機関外の人々も含まれていた。また、『執政所抄』の他には、『兵範記』久寿三年（一一五六）二月五日条に、基実の侍所司が随身等の見参を召し集めた例などがある。

このように、所司は着到記入、見参召集によって、各儀式の出仕者を管理する中核ともいえる役割を果たしていたことになる。さてこうした所司の職務は、侍所簡による職員出仕の管理と不可分と考えざるをえない。第一節で取り上げた侍所の備品・調度品の設置にふれた二つの史料において、ともに所司の座が特記されていたことも、所司こそが侍所に常に伺候し、その主要備品たる簡などの管理にあたっていたことを示唆するのではなかろうか。侍所簡に出仕を記入するのと同じ目的で、着到・見参を介して家司以下の家政機関職員の出仕も所司が確認することになり、ひいては他の出席者名も調査するに至ったものと考えられる。

以上のように、侍所所司の職務は全家政機関職員を対象としており、政所と並称される侍所の重要性を明示するといえよう。しかしその職務はこれにとどまるものではない。右のごとき出仕確認と表裏ともいうべき関係にあったと思われるのが、次にふれる「催促」なのである。

催促

再び『執政所抄』より所司の活動を取り上げてみよう。先の見参召集にもまして注目される職務が「催促」なのである。これに関する記事は二十余例にのぼるが(79)、その大部分が蔵人所、および所司によって行われていた。もちろん、蔵人所とは関係なく政所が催促した例もあるが、その対象はほとんど陰陽師、仕丁、そして政所の職員である下家司などに限られている(80)。これに対し、所司の場合は、先の見参と同様、きわめて多様な人々を対象としており、家司・職事はもちろん(81)、陪膳などを奉仕する四位の貴族をはじめ(82)、検非違使といった家政機関と関係しない者をも含んでいる(83)。したがって所司は儀式における多くの出仕者を催促する立場にあり、この点では先の出仕管理の部分と同じであったといえよう。催促について『執政所抄』以外にも類例があるので、これをいくつか拾ってみよう。

まず中宮の例であるが、長承元年（一一三二）の大原野祭奉幣に伴い、崇徳の中宮聖子の侍所司信親が「催₂具役諸大夫諸司官人₁同以進発」したとあり(84)、同年十二月には所司の誤解によって大神祭奉幣使らが誤って出立したことが記されており(85)、侍所司の果たす役割が明瞭である。一方『玉葉』には九条兼実が橘氏の氏爵を挙げる礼について家司橘以時に尋ねた記事があるが、このとき以時は「宇治左府之時、侍所司以₂廻文₁取催也。今度同可ㇾ然云々」と答えており、主に摂関家に仕えていた橘氏々人が所司に催促されていたことがわかる(86)。このように催促が所司にとって重要な職務であったことは明白で、儀式において出仕者を確認する所司は、その催促をも担当していたことになる。貴族における諸儀式の重要性は周知の通りであるが、それだけに所司の果たした役割の意義は多大であったといわねばならない。しかし、その職務はこの他にもいくつか存在している。いずれも断片的史料ではあるが、これらを検討しよう。

その他の職務

まず、やや目立ったものとして賜禄が注目される。『執政所抄』にも二月八日の法性寺修二会と十一月二十七日の東三条殿御神楽の両儀式に際して所司が禄を行ったとある。そのほか、様々な祭礼や儀式において、小舎人・立明官人[88]・随身・祭使らに対し禄を与えたという[89]。もちろん賜禄は他の家政機関職員によってもなされており、催促・着到・見参のような特徴的職務ではないが、儀式において所司が受け持った一面を示すといえよう。

次に侍に対する指揮・統率の例があり、儀式の装飾舗設、あるいは撤去に際して所司は侍を率いて活動している[90]。侍より選任されるとはいえ、やはり所司は一般の侍に対し上位にあったものと考えられる。

また、侍始における活動も注目される。第二節でふれた師長元服の時にも侍所司惟宗長賢が名簿・令旨を侍所へ収納していたし、頼長の養女多子の侍始でも、所司に対して職事・勾当の仰書が下されている[91]。侍所における名簿・令旨の保管に関して所司が果たす役割を窺知しえるであろう。

以上、侍（蔵人）所所司の職務を概観してきたが、基本的には十一世紀半ば以後の家政機関の確立によって別当・侍層が家政全体に関与する存在となったのに対し、所司はその名が示すように、あくまでも侍所本来の機能に密着した存在だったのである。名簿・令旨の保管、侍簡の作成といった行動を通して示される所司の職務は、主従関係の維持・統制の中枢という侍所の性格を明瞭に具現していたといえる。

む す び

以上で十二世紀の摂関家を中心とした侍所の考察を終えるが、主要な論点は次のようになる。

㈠侍所はまず宮中に出現するが、これは殿上の別称であった。そしてほぼ同じころ藤原氏などにも侍所が成立する。

㈡殿上の備品であった大盤・日給簡・櫃はいずれも藤原氏の侍所にもあった。これらの品物は侍所において重要な役割を果たしており、家政機関としての侍所の機能と不可分の存在であった。

㈢すなわち、侍所は家司以下の名簿・令旨を収めた櫃や、その出仕を管理する日給簡を保管した場所で、家政機関内における主従関係の中枢ともいうべき存在であった。

㈣十一世紀以後、侍所は家政機関として確立され別当・所司侍などの職員を有したが、別当と侍は家政全般に関与する立場にあり、着到によって侍所への出仕を管理されていた。

㈤これに対し所司は、侍所の備品である侍簡（日給簡）、櫃の機能と関連する着到記入、見参召集、催促、あるいは名簿・令旨の保管などをその職務としており、家政機関としての侍所の、本質的機能と密着した存在だったのである。

さて、侍所の本質的機能が、家政機関職員に対する出仕管理や主従関係の統轄にあることを指摘したが、これは職員に対する統制の一端を担うものであり、主従関係の強化を反映すると考えられる。十二世紀初期より、かかる機能が発現したのは、前世紀半ば以後に進行した家政機関の拡充と、その職員機構の整備に対応したものに他ならない。一方、この時期の摂関家は院政の確立の前に、政治的権威の下降を余儀なくされていたのは周知の通りである。こうした政治的不遇にもかかわらず、内部機構の拡充、そして家政機関職員に対する主従関係の強化が見出されるところに、中世成立期における摂関家の大きな特徴があると考えられる。

注

（1）　その例証としては第一に、史料に出現する頻度が他の「所」に比してきわめて高いこと。第二に、後述するが所究において取り上げられたのは政所と侍所であったし、第三に、家政機関職員補任でも最初に任じられたのは政所と侍所に関する者であった点などが指摘しうる。

（2）　和田英松『新訂官職要解』（講談社、一九八三年、初出一九〇二年）二六七頁。

（3）　藤木邦彦「権勢家の家政」（同『平安王朝の政治と制度』吉川弘文館、一九九一年、初出一九五二年）。

（4）大饗亮「平安後期律令官制における主従的構成―家司制度を中心として―」（同『封建的主従制成立史研究』風間書房、一九六七年、初出一九六〇年）、佐藤堅一「封建的主従制の源流に関する一試論―摂関家家司について―」（安田元久編『初期封建制の研究』吉川弘文館、一九六四年）、渡辺直彦「藤原実資家「家司」の研究」（同『日本古代官位制度の基礎的研究　増訂版』吉川弘文館、一九七八年、初出一九六九年）などの研究。いずれも十世紀末ないし十一世紀初頭における家司の活動を中心課題としており、当然侍所にはわずかにふれられているにすぎない。

また佐藤氏は右の論文において、十一世紀後半以後の摂関家家政機関は形式化・形骸化したと記しているが、これは摂関家の政治的権威の下落と単純に結びつけた観があり、若干疑問がもたれる。しかし、かかる考え方がこの時期における摂関家に関する研究を閑却視してきたことの根底に存すると思われる。

（5）中原俊章「中世随身の存在形態―随身家下毛野氏を中心にして―」（『ヒストリア』六七、一九七五年）。

（6）中原俊章「「侍」考」（『ヒストリア』八三、一九七九年）。

（7）田中稔「侍・凡下考」（同『鎌倉幕府御家人制度の研究』吉川弘文館、一九九一年、初出一九七六年）。なお中原氏の論文は、こうした身分制の問題を重視したために、侍品と家政機関職員としての侍の関係がやや曖昧となった面がある。

（8）当時はいうまでもなく院政の全盛期であり、院の侍所のあり方も当然注目されよう。『拾芥抄』中第八院司部によれば、院司の一つとして「仕所《サブラヒドコロ》」と記されているし、『台記』天養元年（一一四四）五月三十日条には崇徳院侍所司の名も見え、院においても侍所が家政機関化していたことは疑いない。しかし、院侍所の実態はほとんど史料からは把握しえないのである。活動例も僅少で、また院司補任令にも侍所職員は見出されない。こうしてみると院侍所に関する史料の不足は、偶然の問題でなく、本来規模も小さく、機能も乏しい存在であったことに由来するのではなかろうか。また、前掲の『拾芥抄』の記事によって院と摂関家の職員機構を対比すれば明瞭なように両者は名称その他大きく異なっており、院の侍所を解明するには全院司機構を把握する必要があろう。以上の理由により本章では院の侍所を捨象する。

（9）殿上侍臣座の記事は本文に記す通りだが、以下清涼殿侍所の記述を引用してみよう。

清涼殿侍所

殿上事

件所有二四間一。南第一間壁下立二御倚子一。南面。同第三間立二王卿大盤一。四尺。第四間立二侍臣大盤一。五尺二脚。其盤西方戸北掖置二日記韓櫃一。其頭《ホトリニ》立二日絡（給カ）簡一。

(10) たとえば『寛平御遺誡』に「女房之侍所」という呼称があるが、『河海抄』絵合に「女房の侍は台盤所也」とあって、女房が控え、伺候した場所を侍所と称したことがわかる。

(11) 日給簡は殿上簡とも称され、平安時代に入ってから設置されたと考えられる。これについては次節で詳述する。なお、その性格、沿革などに関しては、東野治之「奈良平安時代の文献に現われた木簡」（同『正倉院文書と木簡の研究』塙書房、一九七七年）三〇頁に詳しい。

(12) 殿上日記については、橋本義彦「外記日記と殿上日記」（同『平安貴族社会の研究』吉川弘文館、一九七六年）でその特徴に言及されている。殿上の蔵人によって記された日記であったが、十二世紀半ばには廃絶状態になったという。

(13) 院の侍所に関する最も早い例は『日本紀略』天暦元年五月三日条の、朱雀院仕所（『拾芥抄』によれば「サブラヒドコロ」と訓むことはすでにふれた）別当を任じた記事であろう。

(14) 『貞信公記抄』延喜十九年十月二十四日条。

(15) 渡辺注(4)前掲論文によれば、『小右記』にも侍所が饗所に用いられた記事があったという（二二九頁）が、それ以後にも同様の事例は多数見られる。そのいくつかを例挙しておこう。『中右記』元永元年十一月二日条、『台記』保延二年十月十一日条、『兵範記』仁平四年四月十四日条など。

(16) 『御堂関白記』寛弘元年十二月十二日条、『中右記』大治五年十月五日条など。

(17) 吉書始と侍所との関係について、『三条中山口伝』第四乙には次のような記事が見られる。

　一　吉書事

○可レ行二吉書一事　年始　慶賀　移徙　嫁娶　　○覧下儀　当月年預下家司着二衣冠一、付二封戸解文於年預家司一。（中略）家司着二束帯一、著レ冠侍所披見之後、挿レ杖覧レ之。主人着二冠直衣一、着二客亭一披見畢、返二給之一。家司取レ之還二着侍所一、書下書其書様可レ成二返抄一。別当官位姓名、解之端書畢、還二給下家司一。下家司成二上返抄一。家司加レ判給畢。（傍点引用者）

(18) 陰陽師による勘文作成の例は多数あるが、そのいくつかを例示しておこう。

『台記』久安六年正月一日条（昇殿吉時勘申）、同年十二月二十二日条（荷前日時勘文）、『兵範記』保元二年八月九日条（大饗の勘申）など。

摂関家以下、諸宮・諸家における陰陽勘申で、場所の判明する事例はいずれも侍所で行われていた。なおこれに関連して、中宮の例であるが『兵範記』長承元年十二月十日条に注目しておきたい。これには「陰陽寮官人持二参明年御忌勘文并侍所新暦一巻一。

（中略）新暦留二侍所一」とあって、侍所に暦が設置されていたことがわかる。かかる暦の存在が、侍所において勘申がなされる前提となった可能性が強い。
(19) 太田静六「平安末期における東三条殿の研究」（同『寝殿造の研究』吉川弘文館、一九八七年、初出一九四一・四二年）。
(20) 当時の関白藤原忠実が東三条殿に参入した際に、「装束」（調度・装飾品の設置）を担当した家司らに与えた「指図」として用いられたものである。
(21) 中原注(6)前掲論文。
(22) 渡辺注(4)前掲論文（二二九〜二三〇頁）。
(23) 『小右記』長和四年四月二十三日条。
(24) 『御堂関白記』をはじめ、当時の史料には道長の侍所に関する記事はほとんどなく、その実態を把握することは不可能である。
(25) 『宇治関白高野山御参詣記』永承三年十月十一日条に、蔵人所司（蔵人所と侍所の関係は本文後述参照）として典薬允惟宗経雅、内蔵允藤原良任の二人の名が記されているのが早い例であろう。
(26) 勾当の早い例としては『左経記』長元八年正月九日条に、蔵人宣旨を受けた源頼家を「殿勾当」と記したものが指摘されよう。
(27) 嘉承二年の忠通の元服や大治五年の頼長の元服（『中右記』大治五年四月十九日条）では各々、事実上侍所別当となる職事が二人任ぜられているし、さらに久安四年の頼長の妻幸子の侍始では、藤原親隆ら四人が補された例（『台記別記』久安四年八月十四日条）などがある。
(28) 『康平記』康平四年十一月二十二日条などが職事の出現する早い例と思われる。
(29) 中原注(6)前掲論文。
(30) こうした家政機関の確立は、摂関家の場合道長の時代になされたと考えられることが多いが、本文中に記したように職事や所司の出現などに見られる職員機構の拡充は明らかに頼通の時代に行われたと考えられる。したがって、この時期に至って初めて、家政機関の実質的な内容も整備されたものと考えるべきであろう。また、道長と同時期の諸家においても多くの家政機関が設置されるようになったが、このことについて佐藤堅一氏は注(4)前掲論文において、単に自家の権威を向上させようとする形式的なもの（二五〇頁）としているが、正しい指摘と思われる。
なお次節でふれるように、十二世紀に入ると摂関家はもとより諸家においても侍始が確立されるのであり、この時期が諸家の家政機関職員機構拡充の画期であろう。

(31)『中右記』長治三年正月九日条に、関白忠実の蔵人所分置に関して、次のように記されている。

凡蔵人所ハ摂政家礼也。而前二条殿(教通)并故大殿(師実)二代関白時、被㆑置㆓蔵人所㆒也。依㆓件吉例㆒、此時被㆑置也。

(32)関白家の例としては『兵範記』保元三年八月十一日条裏書に、基実の侍所を蔵人所に改める際、その先例が記されている。

本侍所可㆑号㆓蔵人所㆒。毎事不㆑改㆓本儀㆒。簡名簿唐櫃等如㆑元。別又無㆓侍所㆒。大二条殿(教通)関白之時申㆓合宇治殿(頼通)㆒、依㆓彼仰㆒別被㆑定㆓置侍所㆒。其外京極大殿(師実)以後、以㆓元侍㆒号㆓蔵人所㆒。別又無㆓侍所㆒也。

これに対し、摂政家の例としては文治二年六月十九日(『玉葉』)の兼実が指摘されるが、ここでも侍所を分け蔵人所が設置されており、蔵人所が侍所より成立する点は同じである。

(33)『兵範記』久安五年十月二十六日条によると摂政忠通の北政所准后の侍始に際し、その職員は近衛殿蔵人所に着したが、これについて「以㆓侍所㆒称㆓蔵人所㆒故実也」と記されている。

(34)藤原頼長の元服に関する『中右記』大治五年四月十九日条によると、この時補された家政機関職員の中に「下家司三人。知家事宗重、案主保信、俊基、」とあり、知家事、案主が下家司と称されていたことがわかる。また、『兵範記』久安五年十月十九日条の藤原師長元服についての記事には、補された知家事、案主は「宜㆑令㆑従㆓大夫(師長)方政所事㆒」とあって、政所の職員であったことになる。

(35)右にも記した師長の元服に際して、

職事
　従五位下高階朝臣仲行
　従五位下藤原朝臣経憲
被㆑仰俾、件人等宜㆑為㆓大夫方侍所別当㆒者。

とある(『兵範記』久安五年十月十九日条)のはその好例である。そして任じられるのは必ず五位以上の大夫層であった。『殿暦』嘉承元年七月二十九日条の記事によると、「今夜時範男実親任㆓家司㆒。非㆓本職事㆒、只任㆓家司㆒也」とあり、職事を経ずに家司に任じられたことが特筆されており、基本的には家司に次ぐ地位にあったと考えられる。

(36)十二世紀前半の摂関家に関する元服に際し、職員補任が記録されている例には、忠通・頼長・師長・隆長などがあるが、いずれの場合にも家司・職事・下家司・侍の各職員が補されていた。

(37)『拾芥抄』中、院司部第八には次のように記されている。

関白家 大臣家大略同。蔵人所等無㆑之。摂関但弁別当文殿近衛大将同㆑之。　執事　年預　弁別当　文殿別当　開闔 家(衆)　蔵人所　侍所別当 職事　御厩《ミマヤ》別当 舎人　預 居飼 家主　御随身所

別当 番長 内舎人 近衛 府生左右 家司 下家司 政所別当 下家司 家司 御服所 進物所 膳部

(38) 儀式などにおいて行事として指揮、運営にあたる他に、家司・職事ともに使者となったり前駈を勤仕した例などは枚挙に暇がない。

(39) 後でもふれる『玉葉』文治二年八月六日条には、元来家司であった（同年五月二十一日条）高階資泰が随身所・侍所別当を兼務していたとあり、その先例も存したという。また忠実の家司であった（『殿暦』康和五年十月三日条）橘以綱も侍所別当に任じられ（同書長治三年正月九日条）ている。同じく忠実に仕えた源雅職は職事であった（同書嘉承元年四月三日条）が、後年勘当された際に免じられたのは「厩別堂《(当カ)》」の地位であった（同書元永元年閏九月二十日条）。こうした例からみて、単純に家司即政所別当、職事即侍所別当と断ずるわけにはいかない。

(40) 中原注(6)前掲論文参照。中原氏は家政機関職員を、別当・預・下部の三階層に大別し、別当には大夫層が補任されるのに対し、預には侍品が補されるとした。したがって侍は、単に侍所の職員を意味したのではなく、所々の預たりうる職員の階層をも意味したといえよう。

このように考えると大夫層の職員は家司・職事に任じられ、その上で所々の別当となり、一方侍品の者は侍になった後、所々の預などに補されたということができよう。

(41) 言い換えれば、侍所に関係の深い職事や侍などの活動事例を集積しても、侍所自体の活動を解明することにはならないのである。

(42) 「仰書」の例として『台記別記』久安四年八月十四日条所載の、頼長の妻室幸子侍始に関する記事を取り上げよう。

仰書様

従四位下行尾張守藤原朝臣親隆、

散位従五位上藤原朝臣敦任、

散位従五位下藤原朝臣憲親、

被レ仰偁、件等人、宜レ為二二位《(幸子)》御方別当一者。

久安四年八月十四日別当従四位下行尾張守藤原朝臣親隆奉。

一方、「令旨」の例は次の通り（『玉葉』文治二年六月十九日条、兼実北政所家司補任）。

令旨書様

正四位下行太皇大后宮亮兼伊予守源朝臣季長、

大蔵卿正四位下蔵《（藤カ）》原朝臣宗頼、
（以下人名略）
右被レ仰偁、件等人宜レ為二北政所別当一者。
文治二年六月十九日、
別当大蔵卿正四位下藤原朝臣宗頼奉。

このように、両者の様式は全く同一である。補任辞令が、通常親王家・三后の発給する文書の名称とされる「令旨」とも呼ばれた点は注目される。

なお『玉葉』治承三年十二月十二日条によると、兼実の長子良通の職事・勾当を補任した際、「大将《（良通）》方令旨也。依レ為二侍始以後一也」と注記されている。これにより、侍始＝侍所の成立によって良通が令旨を発給するようになったことが判明する。

(43) 『兵範記』久安五年十月十九日条の師長元服の記事に「出納重清無二仰書一只口宣同下知了」とあり、仰書のない補任命令を示すが、「口宣」の語義より考えれば口頭での命令と解すべきであろう。

(44) ただし、所司は侍の中より選任されたために略式の口宣によって補任手続がなされたものと思われ、階層的に下位ではなかった。一方『中右記』大治五年二月二十七日条の中宮所充の記事には侍上﨟を所司に任じたとあり、また所司による侍統率の事例も見られ（後述）、所司は一般の侍より上位にあったといえよう。

(45) 『伏見宮御記録』利四十三「鳥羽院立親王事」によると、すでに康和五年六月二十八日に、宗仁親王（鳥羽天皇）の侍始が行われたとある。儀式の主な内容は侍所における饗、簡や吉書の歴覧などで、本文に引用した顕仁親王の例とおおむね同一であった。

(46) 『長秋記』元永二年六月十九日条、この日、家司・職事・侍・蔵人・御監が補任されている。

(47) 『長秋記』元永二年六月二十八日条では「所始」と称して、この日「被レ加二仰侍五人一」されたことを記している。

(48) 親王家と対比すると、同時に家政機関職員補任を行った点が相違している。摂関家では記録に見出されるすべての元服に際して、この忠通のごとく職員が補されている。そして先にもふれた『玉葉』治承三年十二月八日の良通侍始では、家司以下の職員補任が侍始の儀式に含まれることが明記されている。

(49) ただし、治承三年の良通の場合には簡の作成が記されておらず、儀式の変化とも考えられるが、それ以後の諸々の侍始でも簡の作成はなされており、単なる記述もれである可能性が強い。

(50) 右に引用した『兵範記』の師長元服の記事の中でも、信範の命を受けて侍所所司が行動していたことは注目されよう。

(51) 師長の例のほか、本文中にも引用した忠通の例でも家司以下の名簿を簡に記したことが窺えるし、忠通の北政所の侍簡(『兵範記』久安五年十月二十六日条)にも家司・職事・侍を記名したとある。このように、摂関家およびその子弟の侍簡には家司以下主要職員名を記したものと考えられる。しかし、頼長の養女多子入内に際し作成された侍簡(『台記別記』久安六年正月十九日条)や、清盛の女で基実の室であった准后平盛子の侍始で作られた侍簡(『兵範記』仁安二年十一月二十六日条)に記名されていたのは職事・侍のみであった。このように、女御・北政所などの場合には、記載内容を異にした例があるのは注意される。侍簡も主人の立場によって異同が存すると考えられる。

(52) もちろんこれは侍簡や名簿・令旨の管理を通してのみ行われるのであり、侍所自身が懲戒機能を有したわけではない。摂関家における主従関係の統制に関する処罰・制裁については、拙稿「摂関家における私的制裁」(拙著『院政期政治史研究』所収、思文閣出版、一九九六年、初出一九八三年)参照。

(53) 先述した侍所より蔵人所への改称あるいは分割に際しても、必ずこれらが取り上げられている。たとえば長治三年正月九日の関白忠実家蔵人所の新設は蔵人簡の新造が記されているし(『殿暦』『中右記』)、保元三年八月十一日に関白基実の侍所を蔵人所に改称することが問題となった時にも、「毎事不レ改二本儀一。簡、名簿唐櫃等如レ元」(『兵範記』傍点引用者)とある。

一方『台記』保延二年十二月十日条には、「侍ハ東侍ニテ可レ有也。而西侍立二中大盤・簡辛櫃等一。不可思議事」という忠実の言葉が記されている。東・西の侍(所)という場所に、これらの備品が設置されて、初めて家政機関としての侍所の機能が生ずることが明瞭である。

(54) このほか諸家の侍所に関して見出される役職として、侍長・年預、それに勾当などがある。まず侍長は十世紀末ごろより出現し、いずれも五・六位の侍品の者が任じられる役職であった。しかしその事例は通仁親王の場合(『永昌記』天治元年六月二十六日条)を除けば、皇后宮(『小右記』天元五年三月十一日条など)、中宮(『兵範記』長承元年十一月四日条など)、女御(『台記別記』久安六年正月十九日条、『兵範記』仁安二年正月二十七日条)、北政所(『兵範記』仁安二年十一月二十六日条)と女性の家政機関に限って存在しており、摂関家の当主に関するものは皆無であったために本章ではふれないことにする。また年預の例には『中右記』大治四年十月二十三日条の本仁親王侍始で三善頼倫を補したものがあるが、他に例はなく考察の対象よりはずす。勾当についてはこのあと注(68)でふれる。

(55) 主君やその近親の外出に際し、ごく内密の場合でも侍は随行しており(『殿暦』康和六年正月十日条、『中右記』嘉承二年二月八日条、『玉葉』治承四年十一月二十四日条など)警護の武力として高く評価されていたのは疑いない。もっとも武力的側面は侍の一面にすぎず、これを強調しすぎると実態を誤認する恐れがある。たとえば『今昔物語集』巻二十七「鬼、現板来人家殺人語第十八」に「侍ノ兵立タル」とあり、侍が本質的には兵（武士）と区別されていたことが明白である。

（56）儀式において、装飾・調度などの設置および撤去、あるいは清掃を行ったことが史料に見える。かかる事例は枚挙に暇がないが具体例を挙げると、『中右記』大治四年四月十三日条、『兵範記』天承二年七月七日条、『台記別記』久安六年正月二十日条など。
　こうした場合、後述するように侍所司に従って奉仕する例も散見するが、一般的には行事家司や職事の統率下にあったと考えられる。儀式の重要性や、その頻繁な回数を考えると侍にとってこの職務がかなり重要な意味をもっていたものと思われる。

（57）中原注（6）前掲論文にその事例が掲載されている。

（58）注（56）でもふれたように、所司に統率された例もあるがこれはきわめて少ない。また行事職事の監督下で奉仕する場合、一応侍所別当が侍を統率する形にはなるが、本文で後述するように職事は儀式全般を監督するのであり、とくに侍をのみ統率したわけではない。

（59）『台記別記』久安六年正月十九日条に、頼長の養女多子が女御として入内した際に補任された侍所職員の名が見られる。それによると、

　　蔭子正六位上宮道朝臣重能
　　　久安六年正月十九日
　被レ仰云、件人宜レ令レ候二侍所一者。
　　同年同月同日、別当正四位下行尾張守藤原朝臣親隆、奉。

とあって先述した令旨と同一形態の補任辞令が発せられ、侍所に候すことが命じられている。

（60）たとえば佐藤進一『新版　古文書学入門』（法政大学出版局、一九九七年、初出一九七一年）二三六頁以下によると、「着到状」とは地頭御家人などの武士が不測の変事に際して、召集を受けたり、自発的意志によって幕府などへ参着したことを記して提出する文書で、その初見は鎌倉末の正応三年であったという。これは出仕者名を主人の側が記してゆく貴族の着到とは全く異なる（ただし目的は共通しているが）。また、佐藤氏が「宿直番文類似の文書」と評した『雑筆要集』所収の着到の例文もやはり形態を異にする。この貴族の着到と類似したものとしては『吾妻鏡』治承四年十二月十二日条所載の源頼朝の新邸移徙に関する記事が指摘しうる。この時、参集した御家人は侍所で二行に対座し、侍所別当和田義盛が「候二其中央一着到」したとあり、目的・記入形態とも貴族の着到と共通している。両者の関係が注目されよう。

(61)『兵範記』仁平二年四月十三日条など参照。詳しくは後述する。

(62)『平安遺文』四〇三四号。「侍所見参注文」(鹿田文書)。

(63)『殿暦』永久二年二月十六日条、『中右記』大治五年六月七日条など。また『三条中山口伝』第四甲にも、「掌灯役人」は「摂政家ニハ蔵人五位侍等役レ之」とある。

(64)石井進「中世成立期の軍制」(『石井進著作集　第五巻　鎌倉武士の実像』岩波書店、二〇〇五年、初出一九六九年)。

(65)『吾妻鏡』建暦二年六月七日条によると、幕府の御所の侍所で、宿直の「田舎侍」が闘乱したとあり、侍所と宿直の関係が窺われる。また時代は下るが、将軍頼経の時、小侍所や西侍で御家人が宿直していた(同書嘉禄元年十二月二十一日条、安貞三年正月十三日条など)。

(66)別当と所宛の関係は一般に説かれるところで、宮中や諸院・宮などの所々別当は「所宛」において任じられたとされる。しかし本文でふれたように摂関家の政所、侍所別当は元服などに際して補されており、他の所宛とはやや性格を異とする。

(67)「大間」というと、除目の際に任ずべき人名と官職名を記した大間書が想起されるが、この場合は明らかにこれと異なる。内容は前後より判断するしかないが、大間書と名称が共通していることからみて、おそらくは宛行うべき所課と人名を記したものであろう。

(68)侍所の職員として勾当が存在することはすでにふれてきた。その補任例としては『台記別記』久安四年八月十四日条に、頼長がその養女多子の侍所勾当を補した記事が挙げられる。摂関家における勾当の活動は多様で階層も五・六位にまたがり、人数も各家に数名程度いたらしい。

さて、この所課担当者中で「勾当」と記されているのが、侍所勾当にあたると思われる。勾当の語も、所課の勾当に由来するのではなかろうか。また注(72)に引用した女御家侍所牒にも勾当が署名しており、侍所宛所課の担当がその本来の職務であったことを裏づける。他の職務はいずれも断片的であるが、侍の引率(『中右記』長治二年十二月八日条)、文書の取り次ぎ(『台記』保延二年十二月二十八日条など)、儀式の開催を告げ廻る(同書仁平二年正月十一日条)ことや、家人の参仕の有無を主人に伝える(同書久寿二年九月十四日条)ことなどが指摘される。

(69)『執政所抄』については、かつて義江彰夫氏が「摂関家領相続の研究序説」(『史学雑誌』七六—四、一九六七年)で詳細な検討を加えている。それによると成立時期は元永元年ないし保安二年の間とし、忠実・忠通らの家政機構を記したものと考究した。また『執政所抄』は特定年の行事を記したものではなく、当時の摂関家々政機構の一般的な行事にふれたもので、永久元年を先例とする基実の所宛の前提となった行事内容とおおむね一致するものと考えられる。

(70)『執政所抄』の春日祭御幣神馬事の記事には「年預下家司。任二蔵人所仰一。兼日渡二御厩一。御厩請取。摺調二進蔵人所一。乗尻参入給レ之。」とある。同書によると、家司の所課などもこうして下家司を経て調進される例が多く見られる。

(71)先にも引用した『玉葉』文治二年八月六日条には、「蔵人所々役之中、殿中御簾、職事二人所役也」とある。

(72)『台記別記』久安六年正月十九日条には頼長の養女多子の侍所牒が記されている。

女御家侍所牒　能登国衙

可四早令三進二上垂布十五段一事、

牒。侍所用途料、可二進上一之状、牒送如レ件。故牒。

久安六年正月十九日

顕方 別当散位藤原朝臣　　為経 所司治部丞中原朝臣在レ判

頼方 刑部少輔藤原朝臣在レ判　　憲親 散位藤原朝臣在レ判

盛憲 散位藤原朝臣在レ判　　散位藤原朝臣在レ判

憲頼 勾当藤原朝臣在レ判 今案可レ書二台盤所一

また、『兵範記』仁安二年正月二十七日条の、女御平滋子の侍始では「今日即成二侍所牒一。雑具等召二諸国一。職事連署加レ判」とある。

(73)注(44)でもふれたが、『中右記』大治五年二月二十七日条には、中宮の侍所所司に侍の上﨟二人を任じているし、藤原師長・隆長らの所司も、ともに侍の中から任じられている（『兵範記』久安五年十月十九日条、『台記別記』仁平元年二月十六日条）。このほか史料に見出される所司はいずれも五位または六位で、典型的な侍品に属する者であった。

(74)通常、見参とは主従関係締結の儀式そのものを意味するが、この場合はそれと異なり、本文中に記した通り儀式などへの出仕者の交名であった。見参は出仕の確認という点では着到と共通しているが、出仕者の側で記入することもあり、また着到のように毎日の出仕者を記入した例はないことなどの相違が見られる。

(75)見参に関する記事は、元三や正月四日の阿弥陀堂修正など六例あるが、三月晦日の仁和寺理趣三昧事に「事畢、行事進二見参一」とあるのを除いて、いずれも蔵人所と関係している。

(76)正月四日の阿弥陀堂修正には「所司進二見参一」とあるほか、正月十四日の修正結願事、二月二日の宇治殿忌日、十二月四日の法成寺御八講結願などに所司の見参召集などの記載がある。
(77) 二月二日の宇治殿忌日の例。
(78) 正月十四日の修正結願事の例。
(79) 元日の御出事にはじまり、一年中の主な祭礼、儀式などに関して、催促の記事が見られる。
(80) 正月晦日の晦日御祓事、三月一日の河原御祓所事、四月上酉日の梅宮祭奉幣事などで、こうした人々が政所に催促されている。また、いずれの儀式でも彼らは政所に催されており、陰陽師や仕丁と政所との関係が注意される。
(81) 六月晦日の御祓事の例。
(82) 元日御節供事、三月一日の河原御祓所事、六月晦日の御祓事などの例がある。
(83) 三月一日の御灯御祓御出事の例。このほか祭使、前駈などを催す例は多いが、これらも家政機関職員以外の者を含むこともあったと考えられる。
(84) 『兵範記』長承元年十一月十九日条。
(85) 『兵範記』長承元年十二月二日条。
(86) 『玉葉』治承元年十二月二十九日条。
(87) 『台記』久安四年十一月二十五日条。
(88) 『兵範記』久安五年十月十九日条。
(89) 随身・祭使の例はいずれも『玉葉』治承二年十一月二日条。
(90) 『山槐記』治承二年十一月一日条。『兵範記』長承元年十二月八日条(中宮の例)。
(91) 『台記別記』久安四年八月十四日条。
(補注) 『歴史学研究』四九一(一九八一年)に発表された井原今朝男氏の力作「摂関家政所下文の研究—院政期の家政と国政—」(のち井原今朝男『日本中世の国政と家政』校倉書房、一九九五年、に収載)には、本章と関連した記述が見られるが、投稿後であったため参照しえなかった。井原氏の諒承を乞いたい。

初出一覧

総論　院政の展開と内乱（元木泰雄編『日本の時代史7　院政の展開と内乱』吉川弘文館、二〇〇二年）

第一部　公武政権の展開

第一章　院政期の権門―内乱と武士政権の分立―（院政期文化研究会編『院政期文化論集一　権力と文化』森話社、二〇〇一年）

第二章　源氏物語と王権（瀧浪貞子編『歴史と古典　源氏物語を読む』吉川弘文館、二〇〇八年）

第二部　官位と身分秩序

第一章　五位中将考（大山喬平教授退官記念会編『日本国家の史的特質　古代・中世』思文閣出版、一九九七年）

第二章　平安末期の村上源氏（上田正昭編『古代の日本と渡来の文化』学生社、一九九七年）

第三章　諸大夫・侍・凡下（今井林太郎先生喜寿記念論文集刊行会編『国史学論集』今井林太郎先生喜寿記念論文集刊行会、一九八八年）

第三部　受領と院近臣

第一章　院政期信濃守と武士（『信濃』六五―一二、二〇一三年）

第二章　伏見中納言師仲と平治の乱（『朱』四八、二〇〇五年）

第三章　藤原成親と平氏（『立命館文学』六〇五、二〇〇八年）

講演　平安後期の伊予守と源平争乱（『伊予史談』三九〇、二〇一八年）

第四部　王権と都市

第一章　京の変容―聖域と暴力―（『古代文化』四五―九、一九九三年）

第二章　福原遷都の周辺（『兵庫のしおり』四、二〇〇二年）

第三章　福原遷都と平氏政権（『古代文化』五七—四、二〇〇五年）

付章　平安後期の侍所について—摂関家を中心に—（『史林』六四—四、一九八一年）

解　説

佐伯智広

本書は元木泰雄先生（以下、著者）の二冊目の論文集である。前著『院政期政治史研究』（思文閣出版、一九九六年）に続き、日本中世前期の政治史に関する十四篇の論考を収録している。

本書の刊行を進められている最中、著者は二〇二四年四月九日に病のため逝去された。筆者（佐伯智広）は著者の生前に刊行の補佐を委託されていたため、著者の逝去の後は、御遺志に基づいて、筆者が刊行のため必要な作業を行った。

本書の構成は、著者自身の決定によるものである。収録した論考の中には、初出より三十年以上が経過しているものもあり、健康状態が許せば、著者による増補改訂などが施されたのではないかと推量される。残念ながらそれは叶わぬこととなったため、刊行に際しては、筆者が必要最小限の範囲で修正を行った。この点、ご了解をいただきたい。

総論「院政の展開と内乱」は、同名の編著の総論として書かれたものである。院政の成立、平清盛による軍事独裁と源平の争乱の発生といった政治史上の重要な事象を、荘園・公領体制の成立とイエの成立によって権門の併存する状況が生じた結果として論じている。著者の研究視角が明瞭に示された重要な論文であり、本書の総論として置くにふさわしい。治暦四年（一〇六八）の後三条天皇即位から、文治元年（一一八五）の源平の争乱における源頼朝の勝利までという、百年余りにおよぶ長いスパンでの通史叙述という点でも貴重である。

第一部「公武政権の展開」は、摂関政治〜鎌倉幕府成立にかけての政治構造の変化にかかわる論文二篇を収めている。

第一章「院政期の権門」は、著者が『院政期政治史研究』で提唱した概念である複合権門について、各権門の性格や実態を個別に比較・分析することでより明確化するとともに、貴族政権から軍事権門たる平氏・鎌倉幕府が分立する過程を論じたものである。黒田俊雄氏の提唱した権門体制論が、鎌倉期の政治構造の静態的な把握にとどまっており、その成立に至る動態的な分析を欠く、という著者の指摘は、高橋典幸「鎌倉幕府論」（『岩波講座日本歴史　第六巻　中世二』岩波書店、二〇一三年）など広く共有されているが、本論文は、まさにその問題に正面から向き合ったものといえるだろう。

第二章「源氏物語と王権」は、『源氏物語』の内容を、歴史上の事件や摂関期の政治構造と比較・検討したものである。天皇の血縁・姻戚関係にあるミウチが共同で政治を担ったミウチ政治を存立基盤とした摂関政治から、父院が天皇に対する父権を背景に権力を独占する院政への転換を示したうえで、紫式部が光源氏を准太上天皇とし、王権の一環を構成する存在として描いたことを、摂関政治の不安定さを見抜き、院政の出現を予期していた「炯眼」と評する著者の見解は、政治史研究者による『源氏物語』論として重要である。

第二部「官位と身分秩序」は、中世前期における身分秩序の問題に関する論文三篇を収めている。

第一章「五位中将考」は、院政期における摂関家嫡子の昇進を特徴づける階梯の一つである五位中将について、その成立過程と鎌倉期の変容を明らかにしたものである。中世前期の貴族社会を考えるうえで、摂関の地位を世襲する家としての摂関家の成立は重要な要素であり、摂関家嫡子の特権的な昇進階梯としての五位中将の成立は、摂関家成立の指標として重要である。また、鎌倉将軍家が五位中将に任じられたことをもとに、鎌倉将軍家が准摂関家というべき家格に位置づけられたことを明らかにした点も、重要な成果である。

第二章「平安末期の村上源氏」は、院政期の村上源氏について、その政治的立場と地位の変遷を明らかにしたものである。摂関家と密接な関係を有した村上源氏のうち、顕房の娘賢子が藤原師実の養女として白河天皇中宮・堀河天皇母となったことで、顕房流が天皇のミウチとなり地位を上昇させたこと、ミウチ関係の希薄化により勢力を後退させた顕房流が、近衛天皇母・二条天皇養母であった藤原得子、高倉天皇母であった平滋子、そして平氏、後白河院、丹後局と、時の有力者に奉仕して庇護を受けることで大臣家の家格を維持したことを明らかにしている。こうした村上源氏顕房流の動向は、貴族社会における最重要の要素である家格の成立について研究するうえで、重要な事例である。

第三章「諸大夫・侍・凡下」は、諸大夫（五位以上）・侍（基本的に六位）・凡下（無位）という中世前期における身分上の区別について、身分規定にかかわる公家法・幕府法の条文から検討したものである。公家法において被差別身分として位置づけられていた侍が、幕府法においては特権身分に位置づけられていたことが、幕府法の独自性であり、画期的な意義を持っていたという指摘は、きわめて重要である。

第三部「受領と院近臣」は、院政期の受領・院近臣といった中下級貴族に関する論文三篇と、講演一篇を収めている。

第一章「院政期信濃守と武士」は、院政期における信濃国の格式の変遷と、受領・知行国主の動向と信濃国に関係する武士の動向との関連を明らかにしたものである。院政期に信濃国の格式が上昇した背景に、武士による開発の進行があったこと、保元の乱に参戦した信濃国に関係する武士のうち、源義朝の配下として参戦した者は後白河天皇方の知行国主藤原忠通ないし伊通の動員によるものであったことの指摘は、院政期の荘園・知行国が果たした役割が経済面にとどまらない幅広いものであったことを示す具体例として重要である。

第二章「伏見中納言師仲と平治の乱」は、平治の乱で藤原信頼に与同して挙兵に参加した後白河院近臣源師仲について、乱までの事績や、乱での行動を明らかにしたものである。村上源氏俊房流出身で鳥羽院政期に地位を低下させていたが、母と姉妹が後白河院の母待賢門院の女房であったという縁によって後白河院の近臣となり、抜擢を受けて公卿昇進を果たした、という源師仲の経歴は、本書第二部第二章「平安末期の村上源氏」と合わせて、まだ家格の安定が達成されていない院政期の、上級貴族層の地位の不安定さを示す事例として重要である。

なお、本章では後白河院近臣中の第一人者であった藤原信頼についても触れられているが、信頼が平治の乱の時点で主要な軍事貴族や在京の武力を掌握していたことについては、本章注(13)で示されている著書『保元・平治の乱―平清盛勝利への道―』（角川学芸出版、二〇一二年、初出二〇〇四年）で詳細に論じられている。合わせて参照されたい。

第三章「藤原成親と平氏」は、鹿ヶ谷事件で平清盛によって処刑された後白河院近臣藤原成親について、事件に至る過程と背景を明らかにしたものである。平重盛を妹婿に迎え、「フヨウ（武勇）ノ若殿上人」と称された成親に、後白河院は下北面や知行国などの在地の武士を組織させ、平氏とは別個の武力・警察力の統率者とさせようとしていたという指摘は、中世前期の貴族と武士との関係を考えるうえで重要である。武力の統率者という点について、著者は「藤原信頼・成親―平治の乱と鹿ヶ谷事件―」（元木泰雄編『中世の人物　京・鎌倉の時代編　第一巻　保元・平治の乱と平氏の栄華』清文堂出版、二〇一四年）で、成親と藤原信頼の共通性を指摘し、のちの承久の乱における一条家や、南北朝内乱における親王将軍や北畠氏の先駆的存在と評価している。

講演「平安後期の伊予守と源平争乱」は、二〇一八年五月に行われた伊予史談会創立百五周年記念公開講演の講演録である。このため、学術論文の体裁はとっていないが、摂関・院政期の主要な伊予守について取り上げる中で、源義仲・義経などの武士や、藤原顕季をはじめとする院近臣などについて重要な知見が示されていることから、本書に採録した。なお、院政期に伊予国が播磨国と並んで受領の任国として最高の格式に位置づけられていた点は、著者が

「院政期における大国受領—播磨守と伊予守—」（『院政期政治史研究』所収）で明らかにした成果である。合わせて参照されたい。

第四部「王権と都市」は、中世前期の京都・福原と王権とのかかわりについて明らかにした論文三篇を収めている。第一章「京の変容」は、平安末期の京について、天皇をケガレから守るための聖域としての京が、本質的に殺生・傷害を伴う武芸・暴力を具有する武士の存在との間の軋轢・矛盾によってどのように変容したかを論じたものである。強訴を防衛するために動員された武士自身が、自力救済の論理によって治安の紊乱者となり、さらに自力救済の論理が一般貴族にも拡大して保元・平治の乱を引き起こしたこと、乱の勝利者となった平氏が聖域としての京を変質させたことを論じ、こうした京の変質が、平清盛による新都福原の建設の前提となったことを指摘している。

第二章「福原遷都の周辺」は、福原遷都について、その前提となった平氏と福原周辺地域との関係、都市福原の特色、福原での政務の実態を分析したものである。遷都以前に進行していた、福原周辺地域における領域的支配や在地勢力の組織化は、権門としての平氏の特質を考えるうえで重要な事象である。また、遷都後の福原の都市計画や政務運営の方向性といった問題は、平清盛の構想した新王権を評価するための要素として不可欠なものといえる。

第三章「福原遷都と平氏政権」は、福原遷都に伴う、国家的な宗教秩序および軍事組織の改編について論じている。平清盛が、新たな皇祖神たる厳島神社を頂点とした祭祀体系と、瀬戸内海を介した厳島・宇佐・安楽寺など西国の寺社との連携を構想していたという指摘は、これも平清盛の新王権を評価するうえで不可欠な論点である。また、平氏の武力が伊勢・伊賀を中心としたものから西国の武士団を幅広く組織するものへと拡大していった結果、一門間や家人間での矛盾や軋轢も蓄積されていったことは、平氏の達成と限界を考えるうえで重要な論点である。

なお、第四部で論じられている福原遷都の問題についての分析は、第一章注(57)などにも挙げられている「「福原遷都」考」（『院政期政治史研究』所収）の内容を前提としている。また、第一章で触れられている、清盛による還都後の京の改造については、福原遷都・還都の問題と合わせ、『平清盛の闘い—幻の中世国家—』（角川学芸出版、二〇一一年、初出二〇〇一年）で詳述されている。合わせて参照されたい。

付章「平安時代の侍所について」は、「摂関家政所に関する一考察」（岸俊男教授退官記念会編『日本政治社会史研究 中』塙書房、一九八四年）と合わせ、「摂関家家政機関の確立」として、『院政期政治史研究』に収められている。その際に本論文は内容が大幅に圧縮されたため、今回、独立した形で付章として採録した。摂関家の侍所の成立・組織・機能について詳細に明らかにしたものであり、その後の権門の家産機構に関する研究の嚆矢として重要な影響を及ぼした、今なお研究史上重要な位置を占める基礎研究である。

以上、本書に採録した論考は、個別の論点を越えて中世前期政治史の全体像を描き出しているだけでなく、社会史・都市史など、隣接する幅広い分野にかかわる重要な知見に満ちている。今後、この貴重な成果が、さらなる研究の発展に寄与することを願ってやまない。

内容が私事にわたって恐縮であるが、元木泰雄先生御自身について、少しく語ることをお許しいただきたい。

私がはじめて先生の御指導を受けたのは、今から二十八年前の一九九六年、京都大学の全学共通科目、『吾妻鏡』の講読においてであった。当時、先生は大手前女子大学に在職されており、京都大学には非常勤講師として出講されていたが、翌一九九七年に京都大学総合人間学部助教授に着任された。一方、私は当時京都大学文学部二年生であったが、一九九九年に京都大学大学院人間・環境学研究科に進学した。先生は人間・環境学研究科の指導教員も担当されており（総合人間学部と人間・環境学研究科が統合されるのは二〇〇三年）、私は先生のゼミの最初の院生となったのである。

本書に収められた論考の多くは、私が院生であった期間に執筆されたものであるが、先生は、執筆に先んじて、論考の内容を講義や研究会で話されるのが常であった。いわば、研究者が思考を練り上げて文章化するプロセスを、私はつぶさに実見させていただいたのである。

また、進学当初、日本中世史を専攻する院生は私一人であり、その状態が五年間続いた。修士論文の執筆の際など、先生には本当に何度も一対一での御指導をいただいた。そうした中でひしひしと感じたのは、研究に対する先生の厳しく真摯な姿勢である。史料の徹底した博捜と厳密な批判、分析対象への透徹した視線、本書を貫くそうした学問的姿勢に間近で触れることができたのは、私にとって何物にも代えられない経験であった。

一方で先生は、教え子に厳しくも温かく接してくださった。毎年夏のゼミ旅行に加え、折々に企画される遠足や見学会で、さまざまな史跡や博物館などをともに回らせていただいた。こうした催しや研究会のあとにはいつも懇親会が開かれ、先生を中心に、楽しい会話に花が咲いた。そんな和やかな場でも、学問的なことに話が及ぶと、厳しい口調に戻られるのが常であったが。

先生が療養のため入院されたのは、二〇二二年十二月のことであった。私が本書刊行に関する依頼をお受けしたのは、二〇二三年七月のことである。御退院の後にお目にかかって詳細をご相談する予定であったのだが、その予定が実現することはなかった。無念でならない。

だが、先生は最後まで研究に対する情熱の炎を燃やされていた。本書の刊行に関しても、スマートフォンでのEメールのやりとりを介して、病床から私に御意向をお伝えくださった。本書の構成も、そうした過程を経て決定されたものである。

本書の刊行を前に先生が逝去されたことは、悲痛の極みである。教え子として、先生への限りない敬愛と感謝の念を込めて、本書の刊行に携わらせていただいた。本書の刊行によって、先生が生涯を捧げられた政治史研究の成果が広く永く伝えられ、さらなる日本中世史研究の発展に繋がることを祈念してやまない。

最後になったが、本書の刊行をご快諾くださった吉川弘文館、編集の労をお取りくださった石津輝真氏・岡庭由佳氏に、心から感謝を申し上げる。なお、刊行に際しては、元木泰雄先生の近しい御後輩であり、先生とともに中世前期政治史の研究を牽引してこられた美川圭先生、私と同じく先生のもとで学んだ長村祥知氏・坂口太郎氏に、多大な御助力を賜った。厚く御礼申し上げる。

元木泰雄編

日本中世の政治と制度

〈残部僅少〉Ａ５判・四二四頁／一一〇〇〇円

武士政権の成立過程や、武士団の競合と連携、主要機関の構造や制度などから、鎌倉・室町幕府を再検討するとともに、戦国時代に至る戦乱と地域社会の関係を検証する。また、院・天皇・公家を、儀式・家族関係・家政機関から見直す。さらに、文書論・史料論など、多様な論点から、日本中世の政治と制度を問い直す、気鋭の研究者の論考を多数収録。

院政の展開と内乱

【日本の時代史】

Ａ５判・三三六頁・原色口絵八頁／三二〇〇円

王権の分裂と地域社会の変動のなか、新たな時代が胎動し始める。上皇と女院・摂関家、源氏と平氏、さまざまな人びとが権力をめぐって抗争を繰り返し、平氏政権が新王朝創出を目指して台頭する。だが、伊豆の流人・源頼朝の挙兵は日本史上かつてない規模の内乱を引き起こしていった。政治・社会・文化など多彩な面から、中世への一大転換期を描き出す。

元木泰雄著

源　頼義

【人物叢書】　四六判・二五六頁／二一〇〇円

平安中期、頼朝へと続く河内源氏の二代目当主。陸奥守として赴任、前九年合戦で安倍氏を滅ぼした。父頼信・弟頼清の活動や京で築いた政治基盤に着目し、『吾妻鏡』『陸奥話記』から創出された頼義像を見直し実像に迫る。

藤原忠実

【人物叢書】　四六判・二五四頁／一九〇〇円

平安時代後期の摂政・関白。関白罷免の屈辱を経験、復権後は次男頼長を支援、嫡男忠通と対立し摂関家分裂を招く。反面、院勢力に抗して中世摂関家の基礎を築いた。失脚・復権を経て保元の乱に至る波乱の人生を描く。

源　義経

【歴史文化ライブラリー・オンデマンド版】　四六判・二二四頁／二三〇〇円

平家を滅ぼした英雄、源義経。帝王学なき帝王・後白河院、鎌倉幕府の兄・頼朝、彼らを取巻く京や在地の武士たち。すべては政治という名の巨大な歯車を形成し、希代の英雄を搦めとっていく。その生涯と失脚の真相に迫る。

（価格は税別）

元木泰雄著

*＝佐伯智広・横内裕人共著

武士の成立

【日本歴史叢書】

四六判・二四〇頁・口絵一丁／二八〇〇円

平安中～後期にかけて、東国や京に現れた兵《つわもの》の家が、諸国に進出して地方支配の中心になるとともに、中央において政治的地位を向上させて武士政権が成立する。その過程を、職能論と在地領主の両面から解明する。

治承・寿永の内乱と平氏

【敗者の日本史】

四六判・二二四頁・原色口絵四頁／二六〇〇円

保元・平治の乱で勝利し、「平家にあらずんば人にあらず」と謳われるまでに栄華を極めた平氏は、なぜ劇的な滅亡を遂げたのか。敗北を必然とする『平家物語』等の通説的歴史観を克服し、知られざる源平合戦の真実に迫る。

平氏政権と源平争乱 *

【京都の中世史】

四六判・二九六頁・原色口絵四頁／二七〇〇円

貴族政権の内紛で勃発した保元・平治の乱を鎮めた平清盛は、後白河院を幽閉し平氏政権を樹立する。それが平氏と他勢力との分断を生み、源平争乱を惹き起す。荘園制の成立や仏教の展開にも触れ、空前の混乱期に迫る。

（価格は税別）

吉川弘文館

著者略歴
一九五四年、兵庫県に生まれる
一九七八年、京都大学文学部史学科国史学専攻卒業
一九八三年、京都大学大学院文学研究科博士課程指導認定退学
大手前女子大学助教授、京都大学教授を歴任
二〇二〇年、京都大学名誉教授
二〇二四年、没

〔主要著書〕
『院政期政治史研究』（思文閣出版、一九九六年）
『保元・平治の乱―平清盛勝利への道―』（角川ソフィア文庫、角川学芸出版、二〇一二年）
『源頼義』（人物叢書、吉川弘文館、二〇一七年）
『源頼朝―武家政治の創始者―』（中公新書、中央公論新社、二〇一九年）

中世前期政治史研究

二〇二四年（令和六）九月十日　第一刷発行

著　者　元《もと》木《き》泰《やす》雄《お》

発行者　吉川道郎

発行所　株式会社　吉川弘文館
郵便番号一一三―〇〇三三
東京都文京区本郷七丁目二番八号
電話〇三―三八一三―九一五一〈代〉
振替口座〇〇一〇〇―五―二四四番
https://www.yoshikawa-k.co.jp/

印刷＝株式会社　理想社
製本＝誠製本株式会社
装幀＝山崎　登

ISBN978-4-642-02988-9

索　　引

人名は名の音読の五十音順に配列した．地名は国以上の広域地名を除き，寺社名・邸宅名・殿舎名も掲載した．

Ⅰ　人　　名

あ　行

か　行

さ　行

た　行

な　行

は　行

ま　行

や　行

ら　行

Ⅱ　地　名

あ　行

か 行

さ 行

ま 行

や 行

ら 行

わ 行

Ⅲ 史 料 名

あ 行

か　行

さ　行

た　行

な　行

は　行

ま　行

Ⅳ　研究者名

な 行

は 行

ま 行

や～わ行